Decisiones difíciles

FELIPE CALDERÓN

Decisiones difíciles

DEBATE

Decisiones difíciles

Primera edición: agosto de 2020

D. R. © 2020, Felipe Calderón Hinojosa
D. R. © 2020, derechos de edición mundiales en lengua castellana:
Penguin Random House Grupo Editorial, S. A. de C. V.
Blvd. Miguel de Cervantes Saavedra núm. 301, 1er piso,
colonia Granada, alcaldía Miguel Hidalgo, C. P. 11520,
Ciudad de México
© 2020, de la presente edición en castellano:
Penguin Random House Grupo Editorial USA, LLC.
8950 SW 74th Court, Suite 2010
Miami, FL 33156

ISBN: 978-1-64473-277-9

Impreso en Estados Unidos – *Printed in USA*

Penguin
Random House
Grupo Editorial

*A mi amada familia: Margarita, pilar fundamental de mi vida,
y mis hijos María, Luis Felipe y Juan Pablo,
que son mi inspiración, mi equilibrio y mi fuerza.*

*A mis hermanos Luis Gabriel, Carmen de Fátima,
Luisa María (Cocoa) y Juan Luis.*

*A las y los servidores públicos que diariamente
ofrecen lo mejor de sí mismos a México,
especialmente a quienes lo sirvieron con honestidad
cuando fui Presidente de la República.*

Índice

1

La política como deber

Gobernar es decidir. No es ni remotamente algo simple. En las decisiones que se toman, sobre todo como Presidente de la República, lo que está en juego es el rumbo de la nación y las condiciones de vida de decenas de millones de personas. Si algo tenía claro a lo largo de los seis años de esa maravillosa experiencia de ser Presidente de México, es que estás ahí para tomar decisiones, no sólo las más importantes, sino las más difíciles, aquellas que nadie más en el gobierno puede o quiere tomar.

Gobernar también es el punto de encuentro de grandes dilemas éticos. Eso, claro, si lo que se pretende es gobernar con principios y valores que, siendo abstractos y generales, tienen que aplicarse a la dura, concreta realidad de los problemas nacionales. Si no existe una convicción ética al gobernar, los dilemas éticos tampoco se presentan. En mi caso, el imperativo de "decidir bien el bien" estaba presente en mis decisiones y ocupaba una buena parte de la pesada pero enormemente honrosa responsabilidad de gobernar nuestro gran país. En la cúspide de las decisiones que impactan la vida de los ciudadanos, al menos en un sistema presidencial como el mexicano, la mayor responsabilidad es la del Presidente, y por lo mismo, parece que la responsabilidad se delega "hacia arriba".

Me explico: cuando las decisiones son entre una cosa evidentemente buena y otra claramente mala, cualquiera se apresura a decidir. Decidir por el bien y alzarse con facilidad con el mérito de hacerlo cuando tienes la razón a los ojos de todos es muy sencillo. Lo es también decidir entre dos cosas que en sí mismas son buenas. Si acaso se complica un poco el valorar el alcance de los bienes cuando no es evidente, a fin de escoger el bien mayor. Sin embargo, si quien toma la decisión falla, las consecuencias son menores.

El verdadero problema —y ahí estriba una de las aristas más agudas al gobernar— viene cuando, en una decisión, todas las alternativas son negativas. Cuando todas las opciones, todas, de alguna u otra manera tendrán alguna consecuencia negativa, para una o varias personas, o para algunos intereses, en este caso menores que el muy incomprendido "interés nacional". Son este tipo de decisiones las que nadie quiere tomar. Implican altos costos personales, e incluso —al menos en mi gobierno— importantes riesgos para la seguridad personal y de la familia. En las decisiones entre una cosa buena y una mala, o entre dos opciones buenas, siempre habrá alguien que, presuroso, quiera arrogárselas: un secretario o subsecretario, delegado, gobernador, alcalde, diputado o senador. En cambio, cuando la decisión debe tomarse entre dos o más opciones de todas las cuales se desprenden consecuencias negativas, por mucho que en el conjunto contribuyan al bien común, nadie las quiere, son huérfanas. Es lo que los filósofos tomistas llamaron "la opción del mal menor". Se posponen siempre o simplemente se pasan "al escritorio del señor Presidente", "que decida el Presidente", "esto sólo el Presidente lo puede resolver". Y sí, por más consultas que se hagan y asesorías que se tengan, uno tiene que decidir, solo. Quizá ésta sea una parte de la soledad de la que tanto hablan. Ésas son las decisiones difíciles.

En este libro, correlato de uno anterior llamado *Los retos que enfrentamos*,[1] reflexiono sobre algunas de las decisiones más importantes —también de las más difíciles— que tomé al frente del Poder Ejecutivo, así como en diferentes momentos de mi vida que, en lo que toca a la parte pública, se extiende décadas mucho antes de la Presidencia de la República. Me tocó ser un espectador privilegiado de la transición democrática de México, y a veces actor en algunos de sus momentos fundamentales. Debo advertir que, al hablar de las decisiones, es inevitable relatar también las circunstancias, las vivencias, las ideas

---

[1] Felipe Calderón Hinojosa, *Los retos que enfrentamos*, México, Debate, 2014.

que rodean cada hecho. Por momentos esas historias prevalecen, lo cual también es inevitable.

Algo que agrega verdadera complejidad a la tarea de gobernar es que, por regla general, al Presidente le toca decidir en condiciones de incertidumbre. Si se supieran de antemano todos los posibles desenlaces de una sola decisión, las cosas serían mucho más fáciles. Pero no es el caso, hay que decidir, a veces en cuestión de minutos, los asuntos más complejos sin tener toda la información. Sí, con la mayor información posible, pero nunca toda la deseable. Y es en esos momentos cuando uno no puede flaquear: hay que hacer acopio de fuerza y carácter, sujetarse con firmeza a los principios y valores que se poseen, y decidir. La tarea, asumida con responsabilidad ética, te obliga a decidir a gran velocidad, a sabiendas de que puedes equivocarte, de que el alcance de la opción que no escogiste es simplemente historia por construir. Escenarios que pueblan "el cementerio de las hipótesis muertas", como decía Carlos Castillo Peraza. El "contra factual", siempre teórico, que muchos mencionan. Ésos no existen cuando se gobierna. Son, en cambio, el campo fértil de la crítica, a veces bien intencionada, constructiva, o crítica a secas. Pero a veces es también la despiadada vía de demolición de aquellos a quienes no les interesa tanto el país como descarrilar al gobierno. Una oposición sin responsabilidad, sin sentido de Estado que, en mi gobierno, siempre estuvo encarnada por quienes nunca aceptaron su derrota.

Para colmo, las decisiones presidenciales, por su importancia y repercusiones, suelen afectar poderosos intereses, y hay por lo general una mezcla de intereses encontrados. Lo que no puede faltar es la firmeza de carácter, la capacidad de preguntarse una y otra vez qué es lo correcto, y la disposición para reconocer y enmendar los errores a la mayor brevedad. Sólo una vez que la decisión ha tenido un desenlace podemos saber si fue acertada o equivocada, y debemos tener el valor de asumir sus consecuencias.

Esta aproximación a los dilemas éticos a la hora de gobernar no es tan común, porque esta concepción, la personal, la política como obligación ética de hacer el bien (común) es minoritaria. La abrumadora mayoría de los políticos y de los politólogos asume que la política es "el arte del poder". En términos de la época en que escribo, en esa lógica, la política es una combinación de *House of Cards* con *Game of Thrones*, porque, más allá de la fantasía, sí existe ese juego de ambiciones, de traiciones, representadas en tales series de ficción. En mi caso, sin embargo, la política la aprendí desde otra perspectiva muy distinta: la política vista como sacrificio, como utopía, como obligación moral, la política como deber. Una vocación que, en penalidades y sufrimientos, salva al hombre.

En efecto, mi incursión a la política no se dio en alguna candorosa elección de sociedad de alumnos, ni en la burocracia cortesana de la oficina de algún "político", a cuya sombra el aspirante se acoge y en lo que muchos se inician. El México en el que me tocó vivir, el de mi iniciación, fue el México de los setenta. Para entonces, todos los gobernadores pertenecían al PRI, lo mismo casi todos los alcaldes, todos los senadores y la abrumadora mayoría de diputados; todos los sindicatos también, cuyas voces estaban alineadas y manejadas desde el poder, lo mismo que prácticamente todos los medios de comunicación. Y cuando una generación se atrevió a discrepar, concretamente los estudiantes de México en el verano de 1968, habían sido masacrados en la plaza de Tlatelolco. No se sabe a ciencia cierta el número de muertos, pero fueron decenas, cientos quizá. El hecho es que ése era el México en el que me tocó nacer y crecer... e incursionar en la política.

En medio de ese México autoritario y represor, sin embargo, había pequeños brotes de esperanza, pequeñas islas de esfuerzo ciudadano. Había un puñado de almas que, contra toda probabilidad, buscaban construir una vía democrática en un México profundamente antidemocrático, y se proponían hacerlo por medios pacíficos en un ambiente violento. Uno de esos utópicos, "místicos del voto", como llegó a llamar de forma despectiva el Presidente Ruiz Cortines a los fundadores del PAN, era mi padre, que en mi natal Morelia, con la paciencia de Job, construía un México que, aparentemente, no existiría jamás.

Cuando yo nací, en 1962, mi padre tenía ya 51 años de edad. Su abuelo, originario de Atapaneo, una comunidad rural cercana a Morelia, decía que era "introductor de ganado", el resto del pueblo decía que era arriero. Todos tenían razón. Su padre, mi abuelo, escapó de esa miseria de fines del siglo XIX y empezó a trabajar como bolero en Morelia. Después aprendió a ser zapatero "remendón", de banquito, para aventurarse después a comprar una máquina usada para hacer zapatos por su cuenta; terminaría instalando una antigua zapatería en la esquina de la calle Real y el portal Matamoros. Mi abuela murió cuando mi padre tenía 4 años de edad. Criado con las tías —una de ellas, Lolita, la primera mujer graduada en la Universidad Michoacana—, se involucró como adolescente en luchas escolares por la libertad religiosa; sería mensajero entre los cristeros de la loma de Santa María, y después seguiría una larga carrera, alentado por los jesuitas, como dirigente en la Unión Nacional de Estudiantes Católicos. Era un orador privilegiado, "con timbre de campana mayor", como decía su amigo Armando Ávila. Escribió una veintena de libros y cientos de artículos y ensayos, honrando su profesión de escritor y maestro. Tuve el privilegio de que me diera clases de Sociología, en la preparatoria. Luchó al lado de Gómez Morin por la autonomía universitaria y luego lo acompañó en la fundación del PAN, en 1939. A pesar de la adversidad política en la que vivió toda su vida, era inquebrantable y gozaba de un gran sentido del humor.

Ése fue mi primer contacto con la realidad política. Un contacto familiar que desde la mirada infantil se percibe como parte de la vida cotidiana, algo "normal". Esa familia era todo menos ordinaria: recuerdo que mi padre, por ejemplo, era un eterno candidato de Acción Nacional. Me enorgullecía mucho eso, aunque al principio ni me cuestionaba por qué lo era. Después entendería: *era candidato porque nadie más quería ser candidato*. En ese México, ser candidato opositor era algo casi suicida. Recordar esos días me trae a la mente una frase de Efraín González Morfín, quizá el mayor intelectual de ese partido y uno de los mayores en el México contemporáneo, quien bromeaba: "Para ser miembro del PAN no es requisito indispensable estar loco, pero ayuda mucho".

Así que en mi casa la política estuvo marcada por privaciones y sufrimientos. Una vez que mi papá aceptaba ser candidato, por regla general perdía el trabajo. La inestabilidad laboral en casa —de ello me daría cuenta poco a poco, mientras crecía— fue una cons-

15

tante que, además, afectó la salud emocional de mi madre, preocupada siempre por las carencias de la familia. La recuerdo a ella, al anochecer, anotando puntualmente todos los gastos realizados en libretas contables, con una caligrafía envidiable y ordenada. No en balde había estudiado comercio, porque su padre, Luis Hinojosa, se opuso a que estudiara medicina como en realidad era su deseo. Prejuicios de la época. En su descargo, hay que decir que el abuelo fue un michoacano honesto, devoto, que trabajó arduamente toda su vida para mantener a sus 16 hijos; lo mismo tenía gallineros, instalaba redes eléctricas y generaba y vendía electricidad ("a peso el foco"). Esto último lo llevó a instalar el suministro eléctrico en varios poblados del Bajío, entre ellos Puruándiro, donde nació mi madre, y la que llegó a ser una de las ciudades más grandes del estado, Zitácuaro, en el oriente; asimismo construyó empacadoras de fresa y fábricas de hielo. Mi madre era brillante, y a pesar de las restricciones en la familia, gracias a ella nunca nos faltó nada. Nos sacó a todos adelante. También era orgullosamente militante del PAN y determinante apoyo de mi padre.

Siendo yo muy pequeño, unos cinco años quizá, ella fue, como siempre, a cuidar una casilla. En esa ocasión en el cuartel de la 21ª Zona Militar, en aquellos tiempos territorio hostil, dada la enorme presión política que entonces el gobierno ejercía sobre los militares. Llegaría muy tarde esa noche a la casa, así que al otro día muy temprano yo correría a su cuarto para que me contara cómo le había ido. A pesar de que todo había terminado, como siempre, en la aplastante victoria de la maquinaria del carro completo del PRI, hizo todo lo que pudo por narrarme de la manera más triunfal posible su jornada. Además de resistir la conducta hostil de los mandos militares en la casilla, me contó con una sonrisa que ahí había votado el candidato del PRI, Marco Antonio Aguilar Cortés —ahora muy respetado, entonces un santón del priismo—. Con grandes aspavientos dijo frente a los medios: "Mi voto es por el Partido Revolucionario Institucional", y cruzó su boleta frente a las cámaras. Mi mamá, indignada, le arrancó la boleta, igualmente frente a las cámaras la rompió y exclamó: "El voto es secreto", y lo obligó a votar de nuevo con discreción.

El pequeño gesto con tintes épicos hizo que me sintiera orgulloso. Cuando terminó la narración, esperaba ansioso el veredicto y pregunté: "Oye, mami, y entonces, ¿quién ganó?"

Con todo, la experiencia política para mí se parece más a la de cualquier niño que acompaña y aprende el oficio de los padres. En casa, después de comer, doblábamos propaganda, mientras mis hermanas preparaban engrudo en la cocina para los carteles que esa noche se fijarían en la calle. Al salir de la escuela, e invariablemente los fines de semana, me unía a la campaña a tocar puertas, repartir volantes, "perifonear" mensajes a través de un par de cornetas y un amplificador alimentados por la batería de una vieja Renault 4 que aprendí a conectar y operar. Con el tiempo se me autorizarían tareas más arriesgadas: salir a pegar propaganda en la madrugada, cuando ya se hubieran retirado las salvajes brigadas de la CROC que nos hostigaban y la destruían. Y apenas cumplidos los 16 logré que me permitieran ser representante de casilla. Mi alegato era que exhibir la "tarjeta" de elector era un requisito legal para votar, pero no para ser representante de casilla. Aunque sorprendidos y al principio renuentes, los funcionarios me dejaron participar en la casilla instalada en la Secretaría de Salud. Perdimos aplastantemente.

POLÍTICA CON PRINCIPIOS

A medida que crecía iba comprendiendo lo que en realidad pasaba. A mi alrededor la política no era, ni remotamente, una tarea compartida en familia como ocurría en la mía. Mis compañeros tenían fines de semana que yo no tenía: salían con su familia y acudían a fiestas a las que aquellas extenuantes jornadas electorales me impedían asistir. En la escuela comenzaban a pesar las burlas y los comentarios irónicos de mis compañeros, que veían en mi padre y en mí auténticos perdedores. No me importaba.

Yo seguía firme en lo que hacía hasta que, en alguna ocasión en que habíamos dado todo, teníamos un buen candidato a la alcaldía, e incluso habíamos ganado importantes casillas en la ciudad, fuimos

17

burlados descaradamente en las zonas rurales. Fui con mi padre, la noche misma de las elecciones, con una frustración incontenible. Le dije que ya no participaría en las campañas. "¿Qué caso tiene trabajar tanto y con tanto esfuerzo si la verdad la gente no nos hace caso, y cuando nos hace caso nos roban los votos y las victorias? Ya no quiero seguir, hasta aquí llegué", le dije.

Su respuesta fue más o menos así:

Entiendo tu enojo; siempre te voy a querer como mi hijo independientemente de cualquier decisión que tomes, pero tienes que saber varias cosas. Primero: esto lo hacemos no por ganar la elección, ni por ganar el poder... Lo que estamos haciendo es *cumplir un deber moral que tenemos con México*: *hacer política con principios*, y construir la democracia que le hace falta al país. Si no lo hacemos nosotros, nadie más lo va a hacer y México no va a cambiar. Segundo: en esta casa así entendemos el mandamiento de "Amarás a tu prójimo como a ti mismo"; para nosotros, *amar al prójimo es hacer política con principios*. Hacer el bien, y cuando quieres hacerlo para todos, haces el bien común. Tercero: respetaré tu decisión, cualquiera que sea —continuó—, pero si decides seguir en esta dura tarea, prepárate, porque probablemente nunca nos va a tocar ver a un gobernador del PAN... ¡y mucho menos a un Presidente de la República!

Me costó trabajo asimilarlo. Me alejé del PAN, hasta que algo pasó cuando cursaba la preparatoria con los hermanos maristas. En plena crisis vocacional, un grupo de hermanos decidió meterle compromiso social a la educación. Nos reunían los jueves a un grupo de voluntarios a discutir, orar y realizar desafiantes dinámicas que nos hacían cuestionarnos nuestra responsabilidad como cristianos. Los sábados íbamos a alguna comunidad rural. Ahí hacíamos trabajo comunitario: alfabetizar, empedrar calles, construir fosas sépticas, enjarrar —encalar los muros de adobe o piedra— la escuela o la capilla del pueblo... Además, cada julio había una reunión de los grupos organizados en Querétaro, Celaya, San Luis Potosí, Morelia y Estado de México para construir casas. Alguien conseguía el terreno, otro, materiales de construcción, y había un ingeniero o un maestro de obras que nos dirigía.

Un sábado regresábamos varios compañeros en la parte trasera de una *pick-up*. Habíamos tratado de excavar, inútilmente, una fosa séptica en una superficie rocosa, pero no le hicimos la menor mella al terreno. Discutí entonces con un chico que se la había pasado sin hacer nada, sólo socializando. Le reclamé, discutimos y al final me dijo: "Pues sí, pero tú tampoco hiciste nada. No se avanzó nada, estamos a mano. Y aunque hubiéramos hecho la fosa, ¿cuánto mejora eso las condiciones de insalubridad del poblado? ¿Así se van a arreglar los problemas de México? La verdad nunca. Yo al menos me divertí". La conversación, que parecía irrelevante, me hizo reflexionar sobre lo que mi papá me había inculcado. ¿Cómo resolver los problemas de salud, de educación, de drenaje y servicios de esa gente? No había más camino que hacer política, la que construye bien común, de la que hablaba mi padre, política con principios. Incidir en las decisiones públicas era la única manera de mejorar las condiciones de marginación de aquel pueblito, ahora fundido con la periferia de Morelia. Después de un par de años de haber abandonado toda actividad partidista me reincorporé al PAN, a las juntas, a las campañas. Así aconteció el llamado de la política. Mi padre tenía razón.

LAS PRIMERAS CAMPAÑAS

Al terminar el bachillerato me fui a estudiar la carrera a la Ciudad de México. Ocurría entonces que a los estudiantes del Instituto Valladolid, bachillerato "confesional y burgués", según la retórica políticamente correcta de la época, no nos reconocían nuestros estudios en la Universidad Michoacana de San Nicolás de Hidalgo, entonces atrapada en sus prejuicios ideológicos y dogmatismos marxistas. No me importaba mucho porque venía con gran ilusión al "ágora" universitaria de CU. Sin embargo, tampoco pude entrar a la UNAM porque Derecho estaba "saturada" y el pase automático les daba un privilegio a los estudiantes de las prepas de la Ciudad de México, independientemente de su desempeño. El hecho es que, por azares del destino, para mi fortuna, fui a parar a la Escuela Libre de Derecho. Ahí comencé una feliz etapa de estudiante de derecho, donde encontré a muchos de mis mejores amigos. Estudiaba y trabajaba al mismo tiempo en un despacho más o menos prestigiado de la Ciudad de México, y en cuanto pude me reincorporé a tareas partidarias, tanto en mi distrito en Coyoacán, como en el Instituto de Estudios y Capacitación Política, en donde me había invitado a participar Carlos Castillo Peraza. Esa experiencia tuvo un especial significado. Carlos había fundado el instituto con el propósito de formar a militantes en la ética y los principios del Humanismo Político. Cuando mi padre renunció al PAN, y yo tuve la misma tentación, Carlos me convenció de dar una última batalla a través de la formación y la capacitación política, una manera de recuperar los principios que, a nuestro entender, el partido venía perdiendo. Acepté el reto. Paradójicamente, Carlos había invitado a mi papá —y él aceptó con gusto— a ser el orador en la ceremonia de fundación del instituto, a pesar de estar ya fuera de la organización. Después escogió a una docena de seguidores, la mayoría jóvenes, entre los que estaban los hermanos Federico y Alberto Ling Altamirano, los primos Manuel Gómez Morin y Juan Landerreche Gómez Morin, Felipe Quiroga, Jesús Galván, Luz Chávez, Lupita Mejía Guzmán, Javier Paz Zarza y otros más. Nos reunía entre semana para una charla de formación acompañada de un enérgico debate de temas de actualidad, y solíamos rematar con café con leche y bisquets en el café de chinos de enfrente del partido en Serapio Rendón.

Por cierto, a esas oficinas llegamos, a pesar de que doña Josefina Uranga había cedido el edificio del PAN de avenida José Vasconcelos, antes Tacubaya, específicamente al instituto. Tensiones con el CEN que dirigía Abel Vicencio —a quien con el tiempo llegué a apreciar profundamente—, y que continuaron y se agravaron con el de Pablo Emilio Madero, nos quitaron aquella magnífica casa y nos redujeron a un espacio en el tercer piso del edificio sede del PAN en Serapio Rendón 8, en la colonia San Rafael. La presidencia del CEN estaba en el cuarto piso, donde sesionaba. Era tal nuestro deseo de diferenciarnos de esa dirigencia, que colocamos un letrero en la puerta del instituto, justo frente al elevador, que aclaraba al visitante: "AQUÍ NO ES EL CUARTO PISO".

En los años ochenta aquel pequeño grupo se abocó a recorrer el país dando cursos de capacitación. Yo mismo recuerdo haber ido en autobús a casi todo el país, de frontera a frontera, lo mismo Tijuana y Piedras Negras que Tapachula. Recuerdo con claridad un curso que nos hizo tomar un autobús y viajar toda la noche hacia Tuxpan, cruzar el Pánuco en panga, y luego viajar en la caja de una *pick-up* varias horas hacia dentro de la Sierra Madre Oriental, hasta Chicontepec, para dormir en casa de alguna familia de simpatizantes. En el patio dimos el curso a varios indígenas panistas con un intérprete náhuatl. Los "compas" eran indígenas catequistas de alguna comunidad, en tenso conflicto con ganaderos latifundistas de la región que frecuentemente "les movían las cercas". Fue una experiencia maravillosa que me permitió conocer cada rincón de la patria, a los panistas y a los comités del PAN, constatar el cariño hacia mi padre y descubrir la maravilla de seres humanos que hicieron posible la democratización paciente y esperanzadora del país. También conocí la cruel realidad de los problemas en las entrañas de México.

En 1985, a los 22 años, fui candidato a diputado federal. Cursaba el último año de la carrera. No era tampoco gran cosa: era candidato suplente, en fórmula con mi amigo Jesús Galván. Jesús y yo, como el pequeño grupo con el que hicimos campaña, éramos integrantes del Instituto de Estudios y Capacitación Política. Ciertamente, tampoco la responsabilidad de ser candidato en aquel distrito en 1985 era muy apetitosa: el distrito 35 estaba ubicado al oriente de la calzada de Tlalpan de la Ciudad de México, donde ningún candidato panista en aquel tiempo podía ganar. Ese distrito abarcaba las populosas colonias Lorenzo Boturini, Tránsito, parte de la Obrera, el antiguo pueblo de Santa Anita, la Nueva Santa Anita y otras más. Salvo algunas casas hacia el sur, lo que recuerdo es una sucesión más o menos contigua de vecindades y ciudades perdidas de interminables laberintos de casas de cartón, cortadas por islas de viejos departamentos. Un distrito verdaderamente proletario.

Descubrí otra realidad, para mí entristecedora y a la vez fascinante. Basura por todas partes. Pandillas drogándose en la calle y a plena luz del día. Las imágenes deprimentes y la cruel y triste circunstancia de las trabajadoras sexuales alrededor de las estaciones del metro en calzada de Tlalpan, víctimas de la peor explotación. Conocí las precarias condiciones de las familias en las vecindades, hacinados sus integrantes en un solo cuarto y compartiendo con muchas otras familias un solo baño, al fondo del patio. Vi por primera vez la magnitud del problema de las madres solteras, de las concubinas de hombres casados que cada vez las frecuentaban menos, que habitaban con sus hijos en esas condiciones deplorables. La intensidad de los mercados, particularmente el de la Viga y el de Jamaica, sus calles aledañas repletas de ambulantes, las ratas en medio de la basura en la calle, los rateros de coches... En esas circunstancias, recorríamos los barrios y hacíamos un llamado "a la conciencia cívica de los mexicanos". Después de la escuela y después del trabajo, aún dedicaba todo lo que podía a cambiar esa realidad. Así lo creía, ésa era mi ilusión, así lo soñaba.

La tarea era simplemente descomunal. Mientras nosotros tocábamos puerta por puerta, entregando un tríptico, atrás pasaba una brigada del PRI entregando despensas, juguetes, planchas, tinacos y un largo etcétera. Algunos días, a horas de un vehemente mensaje de los jóvenes candidatos que éramos nosotros, megáfono en mano, aparecía el candidato del PRI, Manuel Monarrez Valenzuela —entonces secretario del Sindicato de Comunicaciones y Transportes—, envuelto en una nube de paleros y cubierto por el manto sagrado de las matracas, los mariachis, la barbacoa y la cerveza. Era un proselitismo envilecedor, y por desgracia más efectivo que el nuestro. Para nosotros eso era inaceptable, además de impagable. Para ellos no había problema ético que discutir ni económico que solventar.

La nuestra fue una campaña muy digna. Se trató de una gran vivencia que, a pesar del mucho sacrificio que implicó para nosotros, me dio en conocimiento y experiencia más de lo que di. En aquella ocasión me ayudaron como representantes de casilla y a petición mía varios compañeros de la Escuela Libre de Derecho. Recuerdo a

Eduardo Revilla, Ramiro González Luna, Alejandro García Guadarrama o Julio Esponda, entre otros, hoy todos brillantes y reconocidos abogados. Uno de ellos era hijo de un distinguido priista. El día de la elección me dijo en broma: "Colega, conste que esto lo hago en contra de mis principios"; a lo que contesté, también bromeando: "Colega, no te preocupes, recuerda que tú no tienes principios". Reímos de buena gana. Rescato un hecho para el anecdotario del fraude: algún matemático que colaboraba en el partido había descubierto un algoritmo en el padrón electoral: por cada determinado número de votantes en el listado, había un votante demostradamente falso. En algunos estados pudieron demostrar que aquellos nombres falsos eran espacios para que operaran los mapaches incrustando electores en las casillas que necesitaran. Cuando se presentó la evidencia en medios —pocos—, Gobernación exhibió otros listados donde los fantasmas del algoritmo habían desaparecido.

Para aquella campaña yo ya conocía a Margarita. Fue precisamente en uno de los cursos de capacitación que me tocó dar en el instituto, en esos incontables sábados dedicados a "la formación y fortalecimiento de la conciencia democrática" de los mexicanos, según rezaban entonces nuestros estatutos. Me tocaba impartir un curso a un grupo de jóvenes del partido en las instalaciones de un albergue en el Ajusco. Yo conocía a Ignacio Gómez Morin. Al final de mi charla, conversando con él, vi a Margarita, guapa, inteligente y simpática, como lo es ahora. Recuerdo que se dirigía a él con el vocativo de "primo". Al saber su nombre, yo, ferviente admirador de Manuel Gómez Morin, fundador del PAN, y en consecuencia conocedor de que el maestro tenía una nieta de nombre Margarita, le dije: "¡No me digas! Entonces ¿tú también eres nieta de Gómez Morin? A lo que ella, dudando un poco, pero con un lance audaz y breve, escueta, asintió con la cabeza. Quedé impactado. A este respecto ella, como Joaquín Sabina, "lo niega todo".

Ahí conocí también, como expositor, a Manuel Clouthier. Lo cuestioné, dudaba, temía su impulsividad y desconocimiento del PAN que entonces parecía desprecio. Pero valoré desde entonces el gesto de ir con los jóvenes del PAN y como todos me asombré del impresionante empuje que tenía. Hacía falta alguien así, qué duda cabía. Volví a ver a Margarita como abanderada en una convención del partido, y después la invité a salir a una posada muy tradicional en Lindavista. Íbamos a bordo del "chicharito", mi primer auto, un Volkswagen 74 de un color verde horrible. Empecé a frecuentarla, sin éxito. Alguna vez en que mi auto estaba en el taller, la invité a salir. Bajamos en camión por la carretera al Desierto de los Leones, donde vivía, y la invité al King's Road, en Altavista. Le entregué un poema que le escribí, le pedí que fuéramos novios. Salí bateado a la estratósfera un par de veces más, hasta que ella me pidió que no insistiera. Y no insistí... cuando menos en los dos años siguientes.

Me recibí de abogado en la Escuela Libre de Derecho el 15 de mayo de 1987. Ése fue un gran día. Mi tesis *Inconstitucionalidad de la Deuda Pública Externa Mexicana (1982-1986)* resultó laureada por el jurado, presidido por mi querido maestro don Ramón Sánchez Medal, prestigiado abogado moreliano radicado en la Ciudad de México, y quien había sido compañero de mi papá en alguna lid de estudiantes católicos. Sánchez Medal, autor del mejor libro de contratos civiles, había sido también el abogado que presentó el amparo en contra de la expropiación bancaria de 1982. Estuvieron también los abogados maestros de la Libre Diego Martín del Campo, Miguel Alessio Robles, quien sería con el tiempo mi consejero jurídico durante la Presidencia de la República, Juan Miguel Alcántara Soria, algún tiempo secretario del Consejo de Seguridad Pública, y Álvaro Lozano, sinodal invitado y que era a la vez mi jefe en Comermex, quien con el tiempo sería director en Gobernación. Además de laurear la tesis, el jurado tuvo la generosidad de otorgarme una mención por el examen sustentado. ¡Doble mención honorífica! Nada mal para rematar los años inolvidables en la Libre de Derecho. Mis papás estaban ahí, orgullosos de su hijo y yo de ellos. Eso me consuela ahora que ambos han fallecido. Margarita, quien para entonces terminaba el segundo año de la carrera en la propia Escuela, había hecho a mano los carteles con los que la Sociedad de Alumnos anunciaba la realización de mi examen, como lo hacía en el caso de todos los graduados en la Escuela cuyo examen tendría lugar en sus aulas. Margarita y yo éramos novios desde el diciembre anterior. Narro la historia: después de casi un año de aquel episodio de Los Pinos, y casi dos de pretenderla, coincidíamos regularmente apoyando las campañas del PAN. En el otoño de 1986, durante la campaña de mi hermana Cocoa para presidenta municipal de Morelia, Margarita y otro grupo de jóvenes fuimos a hacer campaña un fin de semana en un Renault 18 que yo tenía (Pegaso le llamaba). Después de una larga jornada de proselitismo en los asentamientos irregulares al poniente de mi ciudad, nos sentamos a descansar y a tomar un refresco en los escalones de un tendajón de aquella colonia de láminas y lodo. Hay que ver el sol moreliano en octubre: como el de aquella tarde, estaba encendido en naranja y oro sobre el caserío, y se recortaba al atardecer en las primeras elevaciones visibles al poniente: un par de montañas boscosas que el padre Albor nos hizo escalar en la preparatoria a muchos de sus alumnos. "Mira —le dije después de un día de conversaciones triviales e importantes, donde el tema de fondo, que ni ella ni yo abordábamos, era la posibilidad de andar juntos. En medio de aquel asentamiento irregular—, *te regalo un sol con pueblo*." Después se hizo un silencio. No conversamos mucho más sobre el tema ese y los días siguientes. Para el 9 de diciembre de 1986 ya éramos novios. Comenzaban los días más felices de mi vida.

Poco después de recibirme, aunque mi trabajo profesional en Comermex se intensificó, lo que verdaderamente cambiaba era la vida política del país. Don Luis había salido del duro golpe que significó para él levantar la huelga de hambre (cuando surgía el tema entre discípulos suyos de confianza solía decirnos: "Quizá ha sido el peor error de mi vida"). Para bien de México, aceptó finalmente ser postulado como presidente nacional del PAN, y electo a los pocos meses. Al formar su propuesta de Comité Ejecutivo Nacional había incluido a Carlos Castillo Peraza. Sin embargo, Carlos fue rechazado agriamente por los que después serían integrantes del llamado Foro Democrático (Pablo Emilio Madero, José Ángel Conchello, Jesús González Schmal, Bernardo Bátiz, José González Torres y otros), argumentando las más absurdas y falsas descalificaciones; don Luis, tratando de conciliar, retiró el nombre de Carlos, y a sugerencia de este mismo puso otro nombre sobre la mesa: el mío. Tenía yo 24 años.

25

Admiraba tanto a don Luis que me puse a trabajar febrilmente para él. Aunque al principio no me gustó la tarea asignada: reimpulsar la organización de los jóvenes del PAN. Me parecía algo trivial, pensé que me encomendaría otra cosa "más seria". Estaba equivocado en mi apreciación. Entendí entonces, y sigo pensando ahora, que la organización y sobre todo la formación ético-política de los jóvenes es vital. Creo que ahí se subliman o se pierden las organizaciones políticas. De los muchos consejos que recibí, uno es el que recuerdo más intensamente, el de Norberto Corella. "Funda una organización —me dijo— donde tu problema sea qué hacer con tanta gente que quiere entrar, y no una en la que andes mendigando a todos que entren: 'Anda, vente con nosotros'." ¿Cómo poder hacer eso? Con algunos jóvenes: Margarita, Ignacio Gómez Morin, Mary Carmen Corral, Gaby León, Irma Islas, Armando Salinas, Juan Ignacio Zavala y destacados líderes en todos los estados, armamos una organización totalmente voluntaria. Nadie pagado, no teníamos un solo centavo de presupuesto, ni lo pedíamos al partido. Todo era entrega y sacrificio. "Aquí no venimos a pedir, sino a dar", "aquí lo único que te ofrecemos es un lugar en la trinchera para salvar a México", les decíamos a quienes buscaban puestos. Con ideas así, conformamos una poderosa organización que perdura hasta hoy: Acción Juvenil.

En esa época todos los militantes trabajábamos y la actividad partidista era completamente voluntaria, realizada en "horas cansadas". Salvo excepciones, no había políticos de tiempo completo en el sentido que ahora se conoce. Mi "derrota" en el distrito 35, por ejemplo, la había entendido como un deber, justo en el mismo sentido en que lo aprendí de mi padre, un deber con la patria, y lo hice con mucho gusto. Perdimos y, aunque hubo moretones anímicos, no hubo dolor para nadie, pues era un resultado que ya habíamos asimilado previamente. Nuestra lucha desde la oposición se articulaba con tenacidad. Con la convicción de que era lo correcto, que eso era lo que ordenaba el deber. Y nada más.

2

La transición política
vista desde dentro

El Secretario de Gobernación era Manuel Bartlett Díaz. Pasada la elección de 1985, asistía como voluntario a auxiliar a los candidatos en la defensa de su caso ante el Colegio Electoral, en ese momento la última instancia electoral, una mayoría política de diputados que resolvían sobre sus propios casos, juez y parte; absurdo. Fue ahí donde vi que el fraude electoral estaba rebasando los límites concebidos hasta entonces. Si bien sabíamos que el fraude se hacía en las casillas, en el robo de urnas, en el conteo de votos en ausencia de los previamente expulsados representantes de oposición, en esa ocasión había candidatos que habían ganado con amplia ventaja y tenían TODAS LAS ACTAS de casilla demostrando su triunfo. Sin embargo, durante el cómputo electoral, una semana después, aparecieron otras actas y otras boletas. Es decir, se fabricó material "votado" entre la casilla y el cómputo distrital. Aun con tan palmaria evidencia, esos casos fueron ignorados. Se trataba, por ejemplo, del distrito de Obregón de José Antonio Gándara, o el de Mexicali de Eugenio Elorduy, entre otros. Ese tipo de anomalías, la alteración del material electoral fuera de la vista de los votantes, de los funcionarios de casilla y de los representantes de los partidos, fue lo que dio lugar a la expresión *alquimia*. Los "alquimistas" eran aquellos operadores electorales, verdaderos magos para lograr que, quitando votos de la oposición y agregando votos para el PRI aquí y allá, en algunas casillas, y finalmente sustituyendo las actas por otras con firmas falsificadas, hacían que el conteo del Consejo Electoral "cuadrara" a favor del PRI, cualesquiera que fuesen las constancias de los partidos. Si de nada servía tener representantes en casilla, defenderse y conseguir a pesar de todo las actas, ¿qué más se podía hacer para defender el voto? A partir de entonces vino una exigencia constante: que el conteo de votos realizado en la casilla, a la vista de los funcionarios y los representantes de los partidos, tuviera primacía, y sólo se recurriera al recuento de votos en casos verdaderamente excepcionales y muy justificados. Con las sucesivas reformas electorales, esas exigencias quedaron plasmadas en la ley. Por eso no se podía recontar, sin justificación (que era en esencia la exigencia del "voto por voto, casilla por casilla" de 2006), casillas electorales. Algo que los expertos electorales de Andrés Manuel sabían perfectamente en 2006 —muchos eran abogados electorales del PRI en esas reformas electorales, como Ricardo Monreal—, pero por conveniencia política prefirieron ignorar esa *ratio legis*.

Lo que era evidente es que, contrario a la apertura inicial mostrada por el Presidente Miguel de la Madrid al inicio de su mandato —quizá orillado por la necesidad de abrir políticamente un sistema autoritario a punto de estallar por la grave crisis económica de 1982—, y que permitió que varios triunfos del PAN fueran reconocidos, en particular en las capitales de Durango y Chihuahua, esa pequeña ola democratizadora se cerró, y Bartlett volvió a lo que mejor sabe hacer: aplastar todo esfuerzo ciudadano democrático. Esos fraudes tan burdos que testifiqué en el Colegio Electoral de 1985 se volvieron la regla al año siguiente. En Chihuahua y Durango se celebrarían elecciones de gobernadores, con el antecedente de que en 1983 había arrasado el PAN, y que los candidatos de las ciudades más populosas de ambos estados, Francisco Barrio de Ciudad Juárez, y Rodolfo Elizondo de Durango, participarían ahora como candidatos a gobernadores. Las elecciones fueron un asco. Miles de las casillas en secciones cruciales para el PAN fueron cambiadas de lugar la víspera. El padrón no coincidía con el que llevaban los representantes de los partidos y miles de personas, obviamente simpatizantes de la oposición, fueron literalmente borradas del padrón en ambos estados.

Las protestas fueron intensas y dramáticas. Los candidatos en ambos estados iniciaron la "resistencia civil". En Durango un joven falleció a consecuencia de disparos realizados desde un edificio circundante a la plaza donde tenía lugar un impresionante mitin de protesta. En Ciudad Juárez, aún en la campaña, una joven murió después de que colonos del CPT (antecedentes del PT) apedrearan una caravana panista. En Chihuahua don Luis H. Álvarez, el hombre más congruente y la máxima autoridad moral en la transición democrática de México, se puso en huelga de hambre en el Parque Lerdo de la capital. Cuarenta días duraría su ayuno, que logró aglutinar la solidaridad, por primera vez, de intelectuales y líderes políticos de todo el espectro ideológico de México.

Las elecciones de 1986 serían cruciales para la transición democrática, aunque no como nosotros esperábamos. Es cierto que queríamos ganar y que esos triunfos fueran reconocidos. Pero el fraude que impidió que eso ocurriera, y sobre todo la gallarda protesta de los ciudadanos y, por primera vez en mucho tiempo, la solidaridad de algunos medios y de muchos intelectuales hizo que los casos de Durango y en especial el de Chihuahua se conocieran internacionalmente y se volvieran emblemáticos. El despertar ciudadano era cada vez más evidente. El ostracismo político era ya inútil para ocultar lo que políticamente ocurría en México. Yo digo que la transición democrática empezó ahí.

En nuestro pequeño mundo de la Ciudad de México seguíamos con rabia e impotencia lo que en Chihuahua y Durango —en cierta medida en Sinaloa también— ocurría. Me alistaba yo para participar, a nombre del Comité Regional del Distrito Federal, en los foros de consulta —unos de los cientos que se organizaban para aparentar apertura política— en la Secretaría de Gobernación. Hablaría del surgimiento del "Estado del Valle de Anáhuac", que así debió haberse llamado, según la Constitución, la entidad federativa donde se asientan los poderes federales. La víspera, sin embargo, me visitó en mi oficina de Multibanco Comermex un compañero panista. Me hacía una petición que quería que guardara con absoluto sigilo: que estuviera a las seis de la mañana en las oficinas del Comité Regional, en la calzada Tacubaya —donde años antes había estado el Instituto de Estudios y Capacitación Política—, entonces ya avenida Vasconcelos. Ahí estuve puntual. Para mi sorpresa estaban también Margarita Zavala y otros amigos jóvenes del PAN, además de dos o tres diputados. Nos pidieron que subiéramos a algunos vehículos, yo subí en la parte trasera del auto del diputado Turati, de Chihuahua. El comité estaba a una cuadra de avenida Constituyentes y prácticamente colindaba con el Bosque de Chapultepec, es decir, estaba muy cerca de Los Pinos. Hacia allá se enfiló Turati, y mientras manejaba, ansioso, nos explicaba de qué se trataba: Blanca Magrassi, esposa de don Luis H. Álvarez, había pedido audiencia con el Presidente De la Madrid para interceder por Chihuahua y por su esposo, que llegaba ya a casi 30 días en huelga de hambre. El plan era llegar a la puerta de Los Pinos, y quedarnos ahí en plantón, hasta que el Presidente aceptara recibirla. No hubo tiempo de dar punto de vista alguno. Turati sacó su "charola" de diputado, y ante la confusión de los miembros del Estado Mayor que cuidaban el primer punto de acceso, arrancó el auto y se enfiló rápidamente hacia la puerta uno de Los Pinos. Todo era confusión, llegué a pensar que nos dispararían. El trayecto debió ser de unos 80 metros, pero me pareció una eternidad. Al frenar, bajamos del auto, y como me habían instruido bajé una manta de la cajuela, que desplegué con alguien frente a la puerta uno. La manta tenía una paloma de la paz, con la leyenda: "Porque Chihuahua quiere ser libre, ¡exigimos Democracia!", que era el logo y el lema, en blanco y negro, de la resistencia civil.

Habían bajado ya de los otros autos Margarita y los demás amigos. Nos tomamos de los brazos, nos empujaban así, todos juntos, como en línea de golpeo de futbol americano, alejándonos de la puerta uno hasta que logramos medio detenernos y sujetarnos unos a otros y protegernos en la fuente que está enfrente, justo a la salida del estacionamiento subterráneo. Ahí alguien comenzó a negociar con quien estaba al mando. Estuvimos ahí casi 10 horas, hasta que pudieron irnos sacando poco a poco. Yo salí rumbo a Gobernación, donde estaba agendado para presentar mi ponencia sobre el Estado del Valle de Anáhuac. Estaba furioso. Cuando me senté, estaba frente al Secretario Manuel Bartlett, y a su alrededor, en mesas dispuestas en rectángulo, subsecretarios, directores y los representantes de los partidos. Leí lo que había preparado de los antecedentes constitucionales, pero alcancé a cambiar casi una página entera de mi ponencia y agregué, palabras más palabras menos: "Como muchas cosas, lo que dice la Constitución está, por desgracia, muy alejado de la realidad. También consagra la Constitución el sufragio efectivo y mientras aquí teorizamos sobre exquisitos diseños constitucionales para la Ciudad de México, en Chihuahua, Durango y Sinaloa el sufragio es atropellado impunemente [...] La democracia pasa ahora por el Parque Lerdo en Chihuahua, pasa por la Plaza de Armas en Durango, pasa por la Obregón en Culiacán". Y rematé: "Me da vergüenza estar sentado en la mesa de los asesinos de la democracia hablando de democracia". Miré hacia el frente: Bartlett me miraba fijamente, en aparente calma, pero vi muy claro cómo le temblaba el hoyuelo que se le hace en el pómulo del coraje. Estaba en verdad descompuesto. Seguí con mi alegato, y cuando terminé se hizo un silencio en la mesa que contrastaba con los murmullos y las rasgadas de vestiduras de la burocracia política de entonces, ahí presente. Quien rompió el silencio fue Eduardo *el Búho* Valle, que no sé por qué se puso el saco, y como para regañarme por la imprudencia que era, según recuerdo dijo, hablarles así a tan distinguidas personalidades. No sé si se ofendió porque usé el plural "asesinos" en lugar del singular. Gonzalo Altamirano, representante del PAN, se paró discretamente para pedirme que me tranquilizara y me retirara. Curiosamente quien me dijo que había sido muy valiente, que había que decirlo, pero que era importante que me retirara y se ofreció a sacarme en su auto de Gobernación —así lo hizo—, fue Rosalba Carrasco, entonces representante del Partido Comunista. ¡Qué gesto y qué mujer! Le estuve siempre agradecido. Y sí, junto al coraje de aquel día, sentí temor. Pero creo que se me pasó rápido. Pudo más el coraje.

Para 1988, siendo activo militante en el distrito 39 de Coyoacán y Portales, acepté sin muchos miramientos ser candidato a la I Asamblea de Representantes del Distrito Federal. La tarea no era sencilla, pero a esa edad todo lo parece. Dedicaría lo que me quedaba de las tardes después del trabajo y todos los fines de semana a recorrer casa por casa el distrito. Ésa era la consigna. Con una militancia voluntaria y generosa así lo hicimos. El efecto contundente de la campaña de Manuel J.

Clouthier en todo el país facilitó la tarea. Una campaña alegre, montada en el tremendo impacto del Maquío, nos llevó al triunfo por mayoría abrumadora; por primera vez en décadas el PAN ganaba elecciones de mayoría en la Ciudad de México, en varios distritos, uno de ellos, el 39 de Coyoacán y Portales.

Mi paso por la Asamblea fue inolvidable. De las iniciativas que presenté recuerdo la que crearía el primer ombudsman en la ciudad, tiempo antes de la creación de la Comisión Nacional de Derechos Humanos. Pero era sobre todo especialmente feliz participando en los debates políticos relevantes, ante la mirada desesperada del coordinador José Ángel Conchello y de su segundo, Gonzalo Altamirano. En la bancada del PRI —poderosa, sin duda, encabezada por Fernando Ortiz Arana y gente muy destacada como Santiago Oñate o Fernando Lerdo de Tejada— había rostros de incomodidad y preocupación, algunas veces franca irritación cada vez que yo subía. Ahí tuve mi primer contacto con la prensa, y creo que la primera vez que alguna declaración mía "subía" a la primera plana del *Excélsior* fue por una nota de Francisco Garfias.

Pesaba sobre todo el empeño por servir y representar a mis electores. Muy pronto dicho esfuerzo se toparía con la entonces poderosa maquinaria del PRI en la ciudad. En Coyoacán el entonces delegado Fausto Zapata me impediría a través de mil triquiñuelas asistir a las juntas de vecinos que se reunían en el edificio delegacional. Y en el caso de Benito Juárez el delegado Roberto Ortega —quien, paradojas de la vida, trabajaría en mi gobierno, por ser amigo muy cercano de Jesús Reyes Heroles, a quien nombré director de Pemex— designaría como gestor del sector correspondiente a mi distrito… ¡al candidato del PRI que yo había derrotado! ¡A mi propio contrincante! Naturalmente, sólo prosperaban las gestiones realizadas por él. Al mismo tiempo que luchaba contra esta obstrucción política real para servir a mis electores, organizaba Acción Juvenil y defendía a don Luis H. Álvarez frente a las andanadas injustas y soberbias del autollamado Foro Democrático. Estaba, pues, entregado totalmente a la tarea política.

Para 1991 fui postulado como candidato a diputado federal, nuevamente por el distrito 39. Y aunque las encuestas nos favorecían por amplio margen, poco a poco nos fue avasallando la maquinaria del PRI-gobierno a través de una de las trampas más burdas e indignantes: la manipulación del padrón electoral. Me explico. Uno de los mayores avances democráticos, resultado de los constantes esfuerzos del PAN por impulsar la transición y su apuesta al diálogo y a la negociación con el gobierno, fue haber logrado "la credencial para votar con fotografía". En efecto, pasar de un padrón electoral ciego y sin control, donde el gobierno podía insertar o excluir nombres de votantes, y al final utilizar "credenciales de elector", que en ese tiempo eran meros pedazos de cartón, sin ningún elemento de seguridad, sin otro medio de identificación más que la firma, sin fotografía, totalmente falsificables, a la "credencial para votar con fotografía" era un cambio singular, estructural, espectacular en el camino de transición democrática.

Sin embargo, su implantación en el proceso electoral de las elecciones intermedias de 1991 fue totalmente tramposa, al menos en mi caso. Resulta que en los distritos que había ganado el PAN en 1988, incluyendo el XXXIX en el que yo había ganado, la entrega de la nueva credencial con fotografía se hacía con pasmosa lentitud. A grado tal que Heberto Castillo, respetado líder político de izquierda del Partido Mexicano Socialista, y quien vivía en una de las colonias residenciales de Coyoacán (la Romero de Terreros) donde yo había ganado por amplio margen (casi tres a uno), se quejaba en su artículo semanal de que a pocas semanas de las elecciones no había recibido aún su nueva credencial para votar.

Ni tardo ni perezoso, teatral, el Secretario de Gobernación y presidente de la Comisión Electoral, Fernando Gutiérrez Barrios, se presentó esa misma semana a entregarle personalmente la credencial a Heberto Castillo. Bien por el ingeniero, pero el problema es que la mayoría de los vecinos de la colonia seguía sin recibir su credencial. Un día, tocando puertas en el Barrio de San Lucas de Coyoacán, donde tres años antes también habíamos ganado por amplio margen, con un par jóvenes que me acompañaron casi toda la campaña —Alma Hernández y Agustín Espinoza—, vimos a dos jovencitas que, listados en mano, también hacían visitas domiciliarias. Pensé que se trataba de personal de la Comisión Electoral que por fin estaba entregando las mentadas credenciales para votar. Ingenuo de mí. Les pregunté si estaban repartiendo las credenciales. Al verme, se pusieron visiblemente nerviosas. Como pudieron guardaron sus tablas de notas y los papeles que traían: eran listados electorales. "¿Son ustedes de la Comisión Electoral?", insistí. Comenzaron a caminar apresuradamente. Yo las seguí, cada vez más insistente, sorprendido por sus evasivas. "Yo no sé, pregúntele a nuestra jefa", atinó a decir una de ellas y aceleró el paso. "¿Quién es tu jefa? ¿A dónde van?" Las seguimos así unas tres o cuatro cuadras hasta llegar, ¡oh, sorpresa!, al comité distrital del PRI, en la calle de Hidalgo. Para colmo, había mucha gente, papelitos de colores de calle a calle y hasta mariachis: ese día visitarían el distrito los candidatos a senadores del PRI Luz Lajous y Manuel Aguilera.

Sin pensarlo mucho entré al comité siguiendo a este par de mujeres. Subí al segundo piso. "Ésa es su oficina", dijo una de ellas antes de desaparecer por otra escalera. En la oficina referida había un nombre: "Lic. Belem Riquelme". El nombre me sonaba muy conocido. Casi familiar. ¿Por qué? Lo entendí cuando ella abrió la puerta; la sorpresa de ambos fue mayúscula. Resulta que Belem Riquelme era la responsable de la operación electoral del PRI en ese distrito, de ahí que hasta oficina tuviera; pero al mismo tiempo ¡era la vocal del Registro Federal de Electores en ese distrito! Sí, justo la funcionaria más importante de la Comisión Federal Electoral (CFE), la encargada del reparto de la flamante nueva credencial para votar con fotografía por parte del Estado mexicano, trabajaba además para el PRI en el distrito del cual era responsable de "credencializar", y hasta oficina tenía.

El inimaginable encuentro siguió con reclamos, hasta que la turba ahí congregada empezó a sujetar a los muchachos que venían conmigo, tan enojados como yo. Salimos del local, con el coraje y la impotencia de ver que la propia autoridad electoral no sólo estaba en nuestra contra, sino que además tenía el descaro de operar desde la propia oficina del PRI. Eso explicaba además el notable retraso en la entrega de credenciales en las colonias donde habíamos arrasado tres años antes. Ese fin de semana hubo una reunión del Comité Ejecutivo Nacional del PAN del cual yo era integrante. El presidente, don Luis

H. Álvarez, había urgido a una evaluación del proceso. Diego Fernández de Cevallos hizo una larga descripción de la negociación y de las muy encomiables ventajas de la nueva credencial para votar con fotografía. Insisto, un salto espectacular en el proceso democratizador. Sin embargo, el proceso electoral de 1991 estaba totalmente sesgado. El peso de la maquinaria electoral, untada desde entonces con la entrega sin fin de despensas, sacos de cemento, etcétera, estaba a todo lo que daba. Y para colmo, la manipulación de la entrega de credenciales. Si pude descubrir de manera fortuita esa maniobra, imagino lo que ocurría en otros distritos.

En resumen, a la optimista perspectiva de Diego, repliqué molesto: "No es cierto, don Luis. Nos están haciendo fraude". Y expliqué lo que me acababa de pasar en el distrito. Fernando Gómez-Mont secundó a Diego —los tres éramos entonces representantes del PAN ante la CFE— y dijo algo que me incomodó: "Ustedes conocen el temperamento de Felipe, y todos sabemos lo que tensan las campañas", a lo que repliqué: "Y ustedes, Fernando, ya no saben lo que es una campaña electoral. Hace mucho que no huelen la pólvora".

El asunto terminó a gritos entre Diego y yo. Fuimos separados por aquellos venerables hombres que venían de la primera hora del partido: Juan Landerreche Obregón, Juan Manuel Gómez Morin y otros mucho más recientes, como Fernando Canales Clariond o Eugenio Elorduy. A Diego llegué a tenerle un sincero afecto, casi fraterno. Pero era y es imposible no discrepar en posturas y lineamientos que a mí me parecen esenciales. Don Luis tenía dos brazos fundamentales en su misión de impulsar la transición democrática a través del diálogo, tarea colosal que se echó a cuestas después de la dura experiencia de Chihuahua en 1986: uno era el intelectual, Carlos Castillo Peraza. Como lo dije el día de su muerte, Carlos es el ideólogo de la transición política en México. El otro era el operativo, Diego Fernández. Las dos tareas eran importantes, pero definitivamente el trabajo de Diego era el más controversial. Siendo ambos necesarios, su relación con el gobierno, especialmente obsequiosa con el Presidente Salinas, sus constantes impulsos para que el PAN acompañara al PRI al menor guiño, generaba una enorme repulsa entre los panistas.

Era natural que, a pesar del afecto, hubiera también constantes choques sobre temas controversiales. Lo fue sobre esa elección de 1991, y antes sobre la elección de Michoacán de 1989, donde estoy seguro de que el PRI obtuvo victorias arrebatadas al Frente Democrático Nacional de forma burda. Pascal Beltrán del Río documentó ampliamente el fraude en esas elecciones en el libro titulado *Michoacán, ni un paso atrás*.[2] Mi hermano Luis Gabriel siempre colaboraba como representante general o como representante del PAN ante uno de los distritos de Morelia, y fue testigo de cómo los "alquimistas" del PRI falsificaron actas (en los días que median entre la elección y el cómputo) para revertir victorias de los cardenistas. Ninguno de mis argumentos prosperaba con Diego, discutiendo en un pasillo del segundo piso del Comité Nacional, entre la oficina de don Luis y la de Abel Vicencio. Para él no tenía sentido hacer caso a los alegatos de fraude del Frente Democrático, porque para él eran igual de tramposos, y los "mapaches" del PRI en el estado ahora operaban para Cárdenas. Eso era cierto, pero no todo podía reducirse a eso. Había habido fraude y había que rechazarlo. Nuevamente engallados fuimos separados esta vez por Salvador Beltrán del Río, secretario de don Luis, y por el propio Abel Vicencio.

En descargo, debo decir que la intervención de Diego fue fundamental para que la estrategia de don Luis de dialogar y acordar con el gobierno una transición verificable a la democracia tuviera éxito. Ese mismo día de julio de 1989 habían tenido lugar las elecciones de gobernador en Baja California. Para México se generaba un hecho verdaderamente histórico: Ernesto Ruffo, candidato del PAN, ganaba las elecciones de gobernador, y a las pocas horas el presidente del PRI, Luis Donaldo Colosio, reconocía ante los medios de comunicación: "Las tendencias no nos favorecen". Supongo que Diego asumía un implícito *quid pro quo* de no meterse en los triunfos formales del PRI donde el reclamo fuera del cardenismo, con el fin de no arriesgar el reconocimiento del triunfo del PAN. No sé tampoco si eso implicó, para la existencia de un dilema ético, una deliberación desde este plano de esta sin duda decisión difícil.

[2] Pascal Beltrán del Río, *Michoacán, ni un paso atrás*, México, Proceso, 1993.

Vuelvo a la campaña de 1991. A pesar del escandaloso caso de la vocal del Registro Federal de Electores del distrito 39 que al mismo tiempo despachaba en una oficina propia en el PRI de ese distrito, y de la denuncia que hice al respecto, nada pasó. No hubo un apoyo del partido (Diego era quien tenía picaporte en el gobierno), o si lo hubo no sirvió. La señora siguió haciendo lo mismo, quizá ya no desde esa oficina. Yo por mi parte fui denunciado por "intento de secuestro" y "allanamiento de morada" y otras tonterías y tuve que ir varias veces al Ministerio Público de Coyoacán a declarar y a desahogar otras engorrosas diligencias orientadas a intimidarme, cosa que nunca lograron, y a hacerme perder el tiempo, lo cual sí consiguieron.

En cuanto a las credenciales de elector, la entrega siguió siendo increíblemente lenta en las colonias donde tres años antes yo había ganado. En todas ellas el promedio de entrega de credenciales para votar nuevas no superó 40 por ciento. En cambio, en las colonias donde había ganado el PRI la entrega fue de 100%, o más, porque las reposiciones por extravío o cambio de domicilio se entregaban de inmediato. Justo el día que cumplía 29 años fueron las elecciones marcadas por semejante ilegalidad. Recuerdo las enormes filas de gente enardecida en las casillas exigiendo votar y exhibiendo el talón de registro electoral correspondiente, alegando que no les había llegado la credencial. No pudieron hacerlo. Eran seguramente votantes nuestros.

Con los muchachos dibujamos —a mano, no había computadoras disponibles ni teníamos la habilidad de usarlas— dos mapas del distrito: uno poniendo en rojo (intenso o tenue) las secciones donde ganaba el PRI en 1988 y en azul las que ganaba el PAN. El otro mapa —también en colores intensos y tenues— tenía en rojo las secciones donde la entrega era superior a 50% y en azul inferior a 50 por ciento. Los mapas coincidían con impresionante exactitud. Armado con eso fui al Colegio Electoral, entonces improvisado en el auditorio del Seguro Social, dado que se había incendiado la Cámara de Diputados de San Lázaro. Dejé los mapas en las oficinas que compartíamos los diputados del PAN. Desaparecieron junto con algunos documentos notariados. Fue una ingenuidad mía dejarlos ahí y no había tiempo de reponerlos. Armé sólo mi defensa, lo cual considero que fue un error, porque, aunque presenté un caso sólido en tribuna, sin las evidencias gráficas era notablemente deslucido con respecto a la trampa colosal del padrón, que incluso fue documentado por el propio Registro Electoral a nivel federal.[3] A pesar de ello, entré como diputado federal por el principio de representación proporcional. Quien fue mi contrincante hizo uso de la tribuna en una ocasión, y moriría poco después, algunos dicen que de una misteriosa afección por un tratamiento heterodoxo, otros que por intoxicación.

LA CÁMARA

La bancada del PAN en la LV Legislatura fue una de las mejores, sin demérito de la pléyade de extraordinarios legisladores y tribunos que el PAN había dado hasta entonces. Coordinados por Diego Fernández de Cevallos, fuimos compañeros de los enormes tribunos Juan de Dios Castro y Gabriel Jiménez Remus; Jorge Zermeño, quien sería presidente de la Cámara en los históricos días de 2006, Fernando Gómez-Mont, Pablo Emilio Madero, Ana Tere Aranda, Fauzi Hamdan, Patricia Terrazas, Francisco José Paoli Bolio, Lydia Madero, Diego Zavala, y del PRI Fernando Ortiz Arana, Santiago Oñate, Fernando Lerdo de Tejada, María de los Ángeles Moreno, Gustavo Carvajal, Pedro Ojeda Paullada…, de otros partidos, recuerdo bien a Cecilia Soto. Había más nombres, unos más meritorios que otros, que espacio para esta lista.

---

[3] Incluso el "Informe de la Vocalía del Registro Federal de Electores a la Comisión Local de Vigilancia y al Consejo Local del Distrito Federal", señala en sus conclusiones: "En los casos individuales de personas que elaboran el registro y que queriendo aprovechar su posición para otros fines, distorsionaron los procedimientos, podríamos señalar que se trata de alrededor de 30 personas que propiciaron con dolo duplicidad de solicitudes de registro en el padrón, errores técnicos, captura incorrecta de los datos de los ciudadanos, entrega de credenciales sin las formalidades de ley, entorpecimiento de los trabajos normales. Su actuación se circunscribió a los distritos III, X, XVI, XXVIII, XXXIV y XXXIX (mi distrito)".

Yo aún no asimilaba mucho la llamada disciplina partidaria. Me gustaba escoger mis propios debates y entrarle prácticamente a la discusión en tribuna de todos los temas relevantes. Alguna vez Pedro Ojeda Paullada —venerado por los priistas— hizo interminables elogios del programa Solidaridad, del "señor Presidente Salinas de Gortari". Aunque la sesión parecía de trámite, pedí la palabra. Con una buena cantidad de argumentos numéricos —cursaba yo entonces la maestría en economía en el ITAM—, ataqué uno por uno los argumentos de Ojeda, ante la mirada de estupor de mi coordinador y los gritos de indignación de los priistas. Terminé mi intervención citando un refrán popular que amaneció pintado en la pared del Hospital para Pobres en la Ciudad de México durante la Colonia: "El señor Juan de Robles, con caridad sin igual, hizo este santo hospital... mas primero hizo a los pobres". En la bancada priista había un humor entre de guerra y de agravio. Uno a uno, representantes de los "tres sectores" fueron a exorcizar la tribuna; parecía que ofrecían disculpas en mi nombre al veterano intocable que había sido presidente del PRI, Secretario de Estado y algún tiempo sólido aspirante presidencial. José Antonio González Kuri, quien sería después gobernador de Campeche, recordaba una anécdota similar. Durante la glosa de algún informe subió a tribuna a realizar algún panegírico a Solidaridad y al Presidente Salinas. Lo mismo: subí a replicarlo. Disfrutaba tanto la tribuna que me permitía ya cierto sarcasmo y sentido del humor. Indignado, González Kuri quiso, comprensiblemente, replicar. "Ni se te ocurra", le dijo el coordinador Ortiz Arana para dejar la discusión en esos términos.

Me divertía mucho la Cámara, quizá por mi carácter de diputado opositor gozaba el papel de *enfant terrible*. En aquellos días la Mesa Directiva de la Cámara cambiaba cada mes. Como una distinción —eso dijeron—, o quizá para quitarme movilidad, Diego me integró en la propuesta; sería yo vicepresidente, según la costumbre de que el presidente fuese el PRI, un vicepresidente del PAN y otro del PRD. No hay duda de que estar en "la periquera" —como se le llama al presídium— me mantendría ocupado y lejano a la tentación de debatir. Eso era cierto, en particular porque el presidente, Rigoberto Ochoa

Zaragoza, líder del sindicato tabacalero y perteneciente a la dirigencia de la CTM —los cargos dentro del PRI en la Cámara respondían a criterios de cuota de poder, no de funcionalidad—, se desatendía rápidamente de la conducción de las sesiones y yo con frecuencia tomaba su lugar. Pero un día cambiaron las cosas. El Presidente Salinas había enviado dos importantes iniciativas de reforma constitucional: una para reformar el artículo 27 para concluir el reparto agrario, que cumplía ya casi siete décadas, y con lo cual se daría por fin algo de certidumbre a la tenencia de la tierra, y otra para reformar el artículo 130 mediante el cual se reconocía finalmente la personalidad jurídica de las iglesias en México, incluyendo la católica, y que era desconocida desde la Guerra Cristera de 1926.

Por su naturaleza, ambas reformas coincidían con postulados del PAN. A pesar de los resabios hacia el gobierno, en particular derivados de la reciente elección de 1991, el PAN apoyaría esas reformas. Sólo que había, entre muchos, un problema operativo: ¿quién conduciría debates tan importantes? Con el presidente Ochoa —después sería gobernador de Nayarit— tuve muy poco trato; era impulsivo, hosco, y en general detestaba los formalismos parlamentarios. Quizá gozaba los privilegios económicos —que yo no conocí— de ser presidente de la Cámara, pero odiaba el cargo. Para entonces se comenzaban a formar serias rebeliones en distintos frentes. En lo que toca al 27, no sólo era la izquierda en general, encabezada por el PRD —ya ni se diga la exacerbación, al borde del infarto, de los filoestalinistas del vetusto PPS—, sino en el propio PRI. La reforma en materia agraria afectaba serios intereses económicos y políticos, además de revolver todos los prejuicios de la CNC, la central que organizaba los intereses de caciques y productores agrícolas en el PRI. Por su parte, la reforma en materia Iglesia-Estado tocaba la fibra más sensible de la masonería, que hasta entonces integraba una médula espinal del priismo nacional, y cuyos más prominentes miembros de logia comenzaban a hablar de un sabotaje a la reforma por las "concesiones inadmisibles al clero". Creo que a Ortiz Arana, coordinador del PRI, le pareció un riesgo dejar la conducción de tan importantes procesos en manos de alguien que quizá carecía de la formación jurídico-parlamentaria. El hecho es que Diego me llamó y, palabras más palabras menos, me dijo que tanto él como Ortiz Arana habían comentado la posibilidad de que yo dirigiera los debates y me preguntó que si podían confiar en mí. "Por supuesto que sí, cuenta conmigo", le dije.

Entiendo que Rigoberto Ochoa representaría a México en una importante serie de reuniones parlamentarias en Europa. Tomé la presidencia de la Cámara un día a las 10:30 de la mañana y la dejé a las 12 horas... del día siguiente. Era joven, con la adrenalina a tope en ese momento. Sabía el reglamento de la Cámara casi de memoria. El PRD, que había amenazado con boicotear el debate, comenzó a presentar diversas mociones. Las admití todas, conforme al reglamento. La primera vez que abrí a debate una moción vi nerviosismo en la bancada del PRI. Ortiz Arana asintió con la cabeza a los diputados más inquietos. El debate fluyó con agilidad, un buen debate, por cierto. Pocos días después presidía yo la discusión del 130 constitucional. Nuevamente con aguerridos debates, pero con la fluidez debida. Otra jornada ininterrumpida hasta la mañana del día siguiente. Me quedó un gratísimo sabor de aquellos días en que presidí lo que, a mi juicio, fueron las reformas constitucionales más importantes en muchos años en la historia de México.

Como no era yo de la simpatía ni tenía cercanía con Diego, no tuve oportunidad de presidir ninguna comisión. La mayor responsabilidad que tuve fue la de ser secretario de la Comisión de Comercio —había tres secretarios, tampoco era gran cosa—, a donde me llevó mi propia vocación cada vez más económica. Ahí entregué mis mejores esfuerzos. Por fortuna, el tema del Tratado de Libre Comercio de América del Norte surgió como uno de los más importantes de la Legislatura. Me fui interiorizando a profundidad y especializándome en el asunto. Al poco tiempo yo lideraba la opinión del PAN al respecto. Aunque con enormes dudas y reservas, que se hacían indispensables en la discusión pública de un tema contra el cual una buena parte del país estaba prejuiciado, yo apoyé el tratado en general, tanto en la prensa como en particular en la gran revista ideológica *Palabra* que dirigía Carlos Castillo. Dentro del propio PAN había voces fuertes, como la de José Ángel Conchello, opuestas por completo al TLC y que auguraban una catástrofe, que sumaban muchísimo a la poderosa corriente de opinión que se oponía al tratado. El miedo a lo estadounidense era general, y en materia agropecuaria era de auténtico pánico. A un cuarto de siglo de aquellas discusiones es curioso cómo todos los criterios se han unificado finalmente. Gracias a Trump y sus amenazas de cancelar el TLC, no hay una sola voz seria en México que se alce para cancelar dicho tratado. Se asume lo que además ha sido demostrado de manera abrumadora por la realidad: que ha sido tremendamente benéfico para México. Me alegra haber sostenido entonces la postura correcta.

Mi cercanía con Carlos Castillo Peraza desde los tiempos del Instituto de Estudios y Capacitación Política se había estrechado a su regreso de Mérida, a donde se había mudado, supongo que oyendo el llamado de la tierra, entre otras cosas, para ser candidato a alcalde de Mérida y a gobernador de Yucatán. Supongo también que regresó a la Ciudad de México empobrecido, como solía ocurrirles a quienes eran candidatos, al menos entonces. Y desde que se le planteó a Luis H. Álvarez la posibilidad de ser presidente del PAN, una vez pasada la amarga pero valiosísima experiencia del fraude electoral y la consecuente huelga de hambre de 1986, Carlos se volvió uno de sus principales asesores. Habíamos hecho sus —me atrevo a decir— discípulos un grupo muy compacto. Quizá por ello, cuando Carlos decidió buscar la presidencia del PAN, me mantuvo cerca de él, salvo los días en que tuve que avocarme a los preparativos de mi boda con Margarita, y al viaje correspondiente.

El día de la elección del presidente del PAN Carlos me designó como orador para presentarlo y hablar en su favor ante el Consejo Nacional conforme al reglamento. Así lo hice. En esa ocasión di un discurso francamente insípido. Cuando tuvo que irse a una segunda ronda de votación la elección, Carlos pidió poder hablar él mismo en su favor. Salvó la elección. Aun así, al integrar su Comité Ejecutivo Nacional me incluyó, y en la primera sesión del comité me propuso como secretario general. Tenía yo 30 años. A pesar de las reticencias que sé que existían entre algunos de sus miembros, la propuesta fue aprobada. Comenzó un periodo intenso, fascinante, de mi vida política. Ser tan cercano colaborador de Carlos me formó intensamente en todos los planos indispensables, en particular en el ético, en el análisis político, en la filosofía y en la política misma.

1994

Hacia el último tercio de 1993 surgió la cuestión acerca de quién debería ser postulado como candidato a la Presidencia. No era un tema que absorbiera tanta energía de los militantes como ocurre ahora. Una noche después de alguna junta en las oficinas de Ángel Urraza, Diego Fernández de Cevallos se quedó conversando conmigo en mi oficina. El tema de la elección surgió de manera inevitable y le dije con franqueza lo que pensaba: que él podía ser una gran opción para el partido. Fingió, con poco énfasis, rechazar la idea. Lo que yo no sabía es que Carlos se había hecho a la idea de que también él podía ser candidato. Finalmente, Diego contendería por la Presidencia de la República después de haber derrotado en una convención nacional a Adalberto *el Pelón* Rosas, controvertido líder de Ciudad Obregón, y a Javier Livas, un excéntrico regiomontano, heredero de fortuna de algún político de la vieja guardia. De aquella convención en el Palacio de los Deportes lo más memorable sería el discurso que como presidente del PAN dio Carlos Castillo Peraza.

La campaña transcurría de la manera tradicional que yo conocía, sin grandes novedades, con mítines de cuando en cuando concurridos, lo que nos hacía pensar en la victoria; esa ilusión óptica de la política que son las plazas públicas. De pronto la campaña se llenó de hechos inusitados: el día que entraba en vigor el nuevo Tratado de Libre Comercio una rebelión que le declaraba la guerra al gobierno mexicano estallaba en Chiapas, enarbolando las causas indígenas. Octavio Paz escribía al respecto:

El conflicto ha hecho correr poca sangre y mucha tinta. Lo primero es muy triste y todos debemos lamentarlo, sin hacer distinciones entre los caídos […] En cuanto a los mares de tinta que ennegrecen los diarios: al principio producían un cosquilleo intelectual: hoy provocan un invencible bostezo.

Señalaba que lo de Chiapas no era una revolución ni por sus proporciones, ni por su doctrina o ideología. Tampoco era un movimiento "posmoderno", como pretendían algunos, puesto que sus demandas de justicia —justificadas— eran una aspiración tan vieja como la Revolución Mexicana. Sin embargo, decía:

> Los insurgentes de Chiapas sí son decididamente ultramodernos en un sentido muy preciso: por su estilo. Se trata de una definición estética más que política [...] Revelaron un notable dominio de un arte que los medios de comunicación modernos han llevado a una peligrosa perfección: la publicidad.

Paz auguraba desde aquellos momentos el ocaso del movimiento:

> Desde hace más de treinta años vivimos en lo que un agudo escritor francés ha llamado "la sociedad del espectáculo" [...]: los antiguos tenían visiones, nosotros tenemos la televisión. Pero la civilización del espectáculo es cruel: los espectadores no tienen memoria; por eso tampoco tienen remordimientos ni verdadera conciencia. Viven prendidos a la novedad [...] Los Comandantes y los Obispos están llamados a sufrir la misma suerte; también a ellos les aguarda el Gran Bostezo, anónimo y universal, que es el Apocalipsis y el Juicio Final de la sociedad del espectáculo.[4]

Años después dos extraordinarios periodistas, Maite Rico y Bertrand de la Grange, por la vía periodística y mediante la crónica de lo ocurrido develarían la esencia de este tema en un libro cuyo título lo dice todo: *Marcos, la genial impostura*.[5] Manuel Camacho Solís, que de

---

[4] Octavio Paz, "Chiapas: hechos, dichos y gestos", en *Vuelta*, No. 208, marzo 1994.
[5] Bertrand de la Grange y Maite Rico, *Marcos, la genial impostura*, México, Aguilar, 1997.

manera poco discreta se había inconformado en contra de la designación de Colosio como candidato —el "dedazo"—, súbitamente resultó habilitado y se puso bajo los reflectores al ser nombrado representante del gobierno para las negociaciones de paz, sin puesto ni goce de sueldo, lo cual le permitía salvar el impedimento para ser potencialmente candidato a la Presidencia. En el priismo, y con razón, se entendía como una jugada que erosionaba la candidatura de Colosio. En ese entorno de enorme confusión política es asesinado Luis Donaldo Colosio. El crimen conmocionó al país. Al menos dos versiones se manejaron acerca del asesinato. La sostenida inicialmente por el primer fiscal, Miguel Montes, quien habló de "una acción concertada" para asesinar a Colosio. Recuerdo que los videos que sostenían su afirmación y que fueron en una primera instancia mostrados al público, en los que se observaban conversaciones sospechosas entre los presuntos implicados en el complot justo durante el mitin, no dejaban lugar a dudas. La versión se fortalecía con las sospechas del director de la Policía de Tijuana, el panista Federico Benítez, cuyos elementos habían detenido momentos después del asesinato a un agente del Cisen que salía del lugar con la ropa ensangrentada y quien diera positivo en la prueba de radizonato. Tanto Benítez como el gobernador Ruffo hablaban de información que hacía pensar en la existencia de una segunda arma. Esto coincidía con lo dicho por la doctora Patricia Aubanel, que formó parte del equipo médico que trató de salvarle la vida, y que señaló que las heridas provenían de dos calibres diferentes. Antonio Lozano Gracia, quien sería Procurador General de la República un año después, decía tener un video donde una persona se aleja del sitio del asesinato mientras los cientos restantes se acercan a Colosio; en un momento de la toma pasa por atrás de otra persona y parece que se mete algo a la bolsa de la chamarra (¿una pistola?). Todas esas pruebas, entiendo, fueron descartadas o controvertidas por diferentes fiscales, hasta el último, González Pérez, quien sostuvo en su dictamen final que Mario Aburto fue un asesino solitario. Sobre la segunda bala sostenía, por ejemplo, que ésta había perforado el abdomen de la víctima, perforado y quemado su chamarra y, súbitamente, caído al suelo por gravedad sin hacer perforación o impacto alguno en la tierra. Decía en corto a un grupo de diputados que lo cuestionábamos que eso ocurría porque "las balas no tienen palabra de honor". Esta tesis la compartía también, aunque por otras razones, el respetado periodista Jesús Blancornelas, quien, según me dijo, llegó a esa convicción después de entrevistar a Mario Aburto, el asesino material.

El hecho es que la campaña de 1994 se desarrolló en un ambiente de crispación y de ansiedad generalizada. En algún momento comentamos con Carlos la conveniencia de acompañar al candidato con la representación del Comité, y poco a poco me fui sumando a la campaña. Así me vi en aquel autobús que era emblema de la campaña presidencial. El momento culminante de la campaña sería el debate entre los candidatos presidenciales, el primero en la historia de México y quizá el mejor. Diego tuvo el acierto de suspender varios días de gira para preparar el debate. Todavía ese día por la mañana me presenté en su casa a entregarle algunas sugerencias que había preparado para él. Eran cifras de crecimiento, resultados negativos de la gestión de Zedillo como subsecretario de Programación y Presupuesto. Le sugería algunas frases. Ya por la noche, en el Museo Tecnológico de la CFE, donde tendría lugar el histórico debate, estuvimos un reducido grupo de personas, además de su esposa e hijos. Diego arrasó con sus oponentes. Un debate que todo interesado en política debe ver.

Su campaña se catapultó como nunca. Las plazas se abigarraban. Lo acompañé en un recorrido por la ruta México-Querétaro-León-Guadalajara. Era ya una campaña ganadora. También vinieron los primeros golpes y los tropiezos. En una entrevista que parecía intrascendente, cuando se le preguntó que cómo haría para atraer el voto de las mujeres y los jóvenes, contestó que "la muchachada y el *viejerío* están con nosotros". Tenía razón, pero la expresión *viejerío* le generó una andanada de acusaciones de misoginia que comenzó a minarlo. Venía una estrategia mediática bien diseñada para cancelar la ventaja que tenía en la única encuesta que conocíamos, la de Zogby.

Contra lo que suele decirse, la campaña no redujo su intensidad, pero tampoco cambió en sentido estratégico. Siguieron los recorridos y los mítines concurridos, pero no había mensaje nuevo ni frescura en la estrategia. Lo que sí fue evidente fue que, según le reconocería Salinas a Diego personalmente después, la televisión, por instrucciones del gobierno, simple y sencillamente, le quitó toda cobertura noticiosa. Este *agandalle* mediático enardecía al panismo y a quienes creíamos de corazón que podíamos ganar las elecciones.

Mientras tanto, en la gira cundían la desesperación y la irritación. En un hotel de Guadalajara estábamos viendo los noticieros con Diego, horas después de uno de los mítines más concurridos en la historia de esa bella ciudad. Venía el segmento de Jacobo Zabludovsky acerca de las campañas. A diferencia de 1988, las actividades de Cuauhtémoc Cárdenas eran difundidas con meticulosidad, ya no digamos las de Ernesto Zedillo, candidato del PRI, hasta empalagar a la audiencia; vaya, hasta al candidato del Partido Verde, Emilio González —el padre—, que bailaba disfrazado de indígena en torno a un copal en un quiosco vacío, le dedicaban al menos un par de minutos en horario triple A. De pronto terminaba el segmento sin una sola mención a la campaña del PAN, para pasar a "Toros y Deportes", después de unos comerciales. "Apaga esa fregadera", nos dijo Diego. ¡Se repetía una y otra vez, todos los días, la misma injusticia! ¡Qué coraje!

Las denuncias públicas y las protestas no se hicieron esperar. Carlos Castillo habló con el Secretario de Gobernación, Jorge Carpizo, quien dio una promesa vaga de revisar y corregir esa situación. Incluso se reunió con Emilio *el Tigre* Azcárraga pidiéndole una rectificación de Televisa. Un día tuvimos una gira extenuante. Comenzamos en Mazatlán ante un estadio de beisbol lleno a toda su capacidad. De ahí volamos a Torreón; la gente sin moverse, "al rayo del sol" de junio, a las dos de la tarde. De ahí volamos a Ciudad Juárez, donde hubo un mitin extraordinario que tuvo una profusa difusión televisiva... ¡en el Paso, Texas! Pero absolutamente nada en Juárez, ya no digamos a nivel nacional. De todo ese fin de semana, Televisa rescató en su noticiero matutino del lunes una imagen de Diego bajándose del autobús, a la llegada al hotel, a punto de tropezarse con un portatraje que traía en la mano. Menos de 20 segundos para decir que había ido a Ciudad Juárez. Al día siguiente, atendido un evento en la mañana con mujeres, volvimos al hotel a recoger nuestras cosas. Ahí apareció un reportero de Televisa. Preguntaba dónde estaba el señor Diego Fernández, pues tenía instrucciones de entrevistarlo porque se habían quejado "en México" de que Televisa no lo cubría. Molesto, Diego se identificó con él y le preguntó.

—¿En serio eres de Televisa?

—Sí —respondió el reportero.

—A ver, enciende tu cámara.

Una vez encendida, y antes de que el reportero pudiera articular una pregunta, Diego le espetó, con el puro encendido en la mano:

—Dile a tu jefe, *el Tigre* Azcárraga, que vaya y chingue a su madre.

—¿Cómo? —balbuceó el reportero con estupor.

—Que le digas a tu jefe, *el Tigre* Azcárraga, que vaya y chingue a su madre.

Fue el fin de la entrevista, y de la campaña, quizá.

La reacción no se hizo esperar. Diego fue aplastado por el silencio mediático más abrumador, sólo roto por los ataques incesantes a su persona, familia, negocios, ideas, y un largo etcétera. Quizá el dardo más envenenado era aquel que decía que había abandonado la campaña y se había vendido. Esto es falso, me consta que siguió trabajando, incluso con serias afectaciones en la voz hacia el final. Pero sí hubo algunos cambios que nos afectaron. Diego se volvió más receloso y cancelaba una y otra vez eventos ya convocados. Mostraba una preocupación constante por sus mensajes. Al verle posibilidades de ganar, los medios especializados comenzaron a interesarse, entrando mucho más en detalle a temas complejos, y los adversarios estaban a la caza de sus vulnerabilidades, especialmente en temas económicos y financieros. Él mismo pedía a gritos que lo cuidaran, que no lo pusieran en evidencia. Palabras más, palabras menos, él mismo decía: "Por el frente, muy elegante, de frac y corbatín; pero tengo que caminar de lado, pegado a la pared, porque el traje no trae nada por detrás".

Muchos teníamos la esperanza de que el segundo debate que estaba comprometido y anunciado traería a Diego nuevamente a la vanguardia, e incluso que podría darle la victoria en la contienda. Pero una noche después de una reunión, aún a bordo de su camioneta afuera de su oficina de Virreyes, comentó que se había entrevistado con altos dirigentes de la campaña de Zedillo, y aunque no lo dijo, no sé si con él mismo. Que le habían dicho que ya no celebrarían el segundo debate como estaba pactado... Me sorprendió muchísimo el comentario de Diego. Suponía yo que convocaría a una rebelión, denunciaría a sus interlocutores. Simplemente alzó los hombros y se despidió de nosotros. No hubo *casus belli* sobre el tema. Me asombró que lo tomara con tal resignación, y que no derivara eso en un señalamiento público encendido. No hubo denuncia del hecho, ni movilizaciones exigiendo segundo debate, ni convocatoria a ello, nada. Ahí se perdió toda esperanza. Por lo demás, su cierre de campaña fue espectacular en el Zócalo de la Ciudad de México. Y obtuvo una alta votación, muy por encima del PRD y Cuauhtémoc Cárdenas.

El fin de la campaña le dio un respiro al propio Carlos Castillo, quien, una vez desahogada la toma de posesión del nuevo Presidente Ernesto Zedillo, decidió llevar a sus hijos de vacaciones al Mediterráneo. Dado que yo era su secretario general, asumí en su ausencia, gustoso, las funciones del presidente *ex officio*. Todo parecía indicar que ese diciembre sería, como en otras áreas de la vida de México, un mes de asueto y tregua. Sin embargo, en lo económico, lo social, hasta en desastres naturales, ese diciembre fue todo lo contrario.

Habría que aclarar a los lectores jóvenes que en aquel entonces no había la fluidez de internet que hay ahora, no había redes sociales, el correo electrónico era más bien incipiente y el uso de celulares más bien excepcional, a costos prohibitivos. En ese contexto de verdadera lejanía, impensable en este siglo de la información y de redes sociales, Carlos enviaba desde la Acrópolis su colaboración para *Reforma*: "Desde el Orden de las Piedras", una reflexión acerca de la plenitud y el ocaso de la civilización griega.

Uno de esos días acudí a Los Pinos por petición de Zedillo. Más tarde, en la noche, llamé a Carlos para informarle de mi encuentro. "¿Cómo estás?", me preguntó.

Todo bien, salvo algunas cosas —respondí—: el Presidente Zedillo te buscó y fui en tu lugar. Él pide el apoyo del PAN. Dice que se agotaron las reservas del Banco de México y mañana abrirán los mercados sin ese respaldo y con un nuevo régimen de libre flotación. En pocas palabras, se espera una devaluación brutal que va a sacudir al país. ¡Así que cuida tu tarjeta de crédito! Por otra parte, el subcomandante Marcos volvió a declararle la guerra al gobierno y dice que se volvió a levantar en armas… al menos eso dijo. Los mercados también reaccionaron mal ante eso. El gobierno, nervioso y en busca de la paz, ha llamado a la creación de una Comisión de Concordia y Pacificación en Chiapas, ¿y adivina quién la va a presidir? ¡Don Luis H. Álvarez! Para colmo, me comentó que el Popocatépetl está teniendo la peor erupción en casi un siglo… *pero fuera de eso, todo tranquilo, ¿tú cómo estás?*

En efecto, lo que Zedillo me platicó era estremecedor. Recién se había presentado ante el Congreso el Presupuesto de Egresos de la Federación y ya el Presidente estaba nulificando su propia propuesta, al reformularlo y proponer un recorte draconiano en las partidas, y buscaba el apoyo del PAN, que en ese momento yo representaba. La megadevaluación ocurrió, fruto de una insostenible política de tipo de cambio fijo sostenida con las reservas del Banco de México, a pesar de sufrir el país una constante sangría de capitales registrada desde el homicidio de Luis Donaldo Colosio. Comenzaba una de las peores crisis económicas de México inducidas por errores de política pública y decisiones gubernamentales. Aun así, algunos diputados seguían sin entender la magnitud de los problemas e insistían en sus particulares exigencias. Se las transmití al Presidente y me contestó: "Licenciado, créame, ¡no se puede hacer nada ya, ayúdeme!" Su voz se oía angustiada, entrecortada incluso. La llamada me acercó de golpe a la dramática situación del país. Sentí una enorme responsabilidad con México en esos momentos, una responsabilidad que era compartida. Hice todo lo que estuvo de mi parte para que la diputación del PAN apoyara al Presidente. No fue fácil.

El regreso de Carlos Castillo permitió encauzar esos primeros meses complejos de la crisis económica. Mientras tanto, disfrutaba a plenitud mi responsabilidad como secretario general del PAN. Recorría de nuevo el país intensamente. Un día, en alguna reunión con militantes, que por lo común eran reuniones de amigos, Alejandro Ruiz López, un panista michoacano de enorme calidad humana que, aunque unos 20 años mayor que yo, era igualmente hijo de uno de los fundadores del PAN en Michoacán y muy amigo de mi padre, abordó el tema de las elecciones venideras en ese 1995. Michoacán no sólo había sido priista siempre, sino que además era la cuna del cardenismo. Tres Cárdenas habían gobernado el estado: Lázaro, Dámaso y Cuauhtémoc (Lázaro hijo lo haría después). El general Cárdenas había escogido su propia tierra para iniciar el reparto agrario y aún después de ser Presidente siguió ejerciendo su influencia, entre otros a través del cargo que los gobiernos subsecuentes le habían dejado de vocal ejecutivo de la Comisión del Río Balsas, una comisión muy poderosa, dotada de amplio presupuesto.

De manera que no era sólo el tradicional dominio político del PRI, sino, al mismo tiempo, la creciente influencia del cardenismo, que como ya he señalado, muy probablemente había ganado las elecciones intermedias en el estado en 1989. En 1992 se habían realizado las de gobernador, y aun habiendo resultado triunfador el priista Eduardo Villaseñor sobre el perredista Cristóbal Arias (en medio, claro, de una campaña profundamente inequitativa), al primero le fue hecha la vida imposible, incluso con la complicidad de otros priistas que habían permanecido en control político del estado. El PAN, aun con el heroico esfuerzo de Fernando Estrada Sámano, había obtenido una votación marginal.

"Oye, Felipe, ¿por qué no nos ayudas? —soltó Álex Ruiz tomándome del hombro con una mano y con su cigarro en la otra—. Sabes que necesitamos un candidato a gobernador, ¡anímate!" Era una decisión fácil: había que declinarla por inaceptable. Al mismo tiempo, toda mi formación personal conspiraba para aceptarla. El argumento de Álex era directo, terriblemente simple: el PAN tenía nulas posibilidades de ganar, por lo mismo nadie quería ser candidato. Se requería de una candidatura que permitiera al partido salir del rincón donde lo tenía el conflicto entre el PRI y el PRD. Una candidatura de sacrificio que le diera al PAN la posibilidad de crecer y organizarse; sólo así podría crecer como organización política y algún día aspirar a ganar el estado o la Presidencia de la República. Un sacrificio, un deber moral con la patria, los mismos argumentos que había oído una y otra vez en casa.

Así que, pasado un breve periodo de reflexión, y después de platicarlo con Margarita, tomé la difícil decisión de aceptar la invitación para ser candidato a gobernador de Michoacán. A Carlos no le gustó la idea, pero de todos modos generosamente me apoyó. En julio era yo el candidato a gobernador por el PAN. Contra el pronóstico generalizado de la prensa y de los partidos, la campaña desequilibró por completo el escenario político que se entendía perfilado a una contienda donde sólo existían dos invitados: el PRI y el PRD. Sin recursos económicos, sin estructura en la mayoría de los municipios del estado (en dos terceras partes de los municipios el PAN tenía menos de 5% de la votación y en la mitad no tenía comités ni militancia), me lancé a recorrer por carretera uno por uno los 113 municipios de la entidad. Puse la logística en manos de mi hermano Juan Luis, y mi otro hermano, Luis Gabriel, me acompañó todo el camino. Jaime Rivera, un politólogo michoacano de reconocida capacidad y honestidad intelectual, describía así el momento:

> Sin nada que perder y mucho por ganar en Michoacán, el PAN decidió lanzar a la contienda a una de sus mejores cartas: el entonces secretario general del Comité Nacional, Felipe Calderón Hinojosa. Éste es un político muy joven, hijo menor de uno de los fundadores del PAN, que en pocos años se había forjado un lugar prominente en los círculos dirigentes del partido, al lado de Carlos Castillo Peraza. Con un estilo político brillante y agresivo, Calderón se colocó en seguida en el centro del ruedo electoral.[6]

Además de la campaña presidencial, la de Michoacán ha sido la más apasionante que he realizado. Era enfrentarse a lo imposible. Sin embargo, a los 32 años, todo era entusiasmo. En medio de aque-

---

[6] Jaime Rivera Velázquez, "Michoacán 95: Tripartidismo, mayorías y minorías", en Manuel Larrosa y Leonardo Valdés (coords.), *Elecciones y partidos políticos en México*, 1995, pp. 111-119, disponible en: http://dcsh.izt.uam.mx/cen_doc/cede/Anuario_Elecciones_Partidos_Politicos%20/1995%20div/Michoacan%20.pdf.

lla increíble experiencia una noticia nos alegró: Margarita y yo esperábamos nuestro primer hijo. Poco a poco las dificultades fueron encarnándose. En primer lugar, los medios: la cobertura de mi campaña era totalmente nula. El PRI controlaba prácticamente todo. Sólo algunos medios comenzaban una incipiente independencia, pero eran afines al perredismo. Debo reconocer, sin embargo, que algunos periodistas, a pesar de las circunstancias, observaron objetividad y rigor en su trabajo, en especial Teresa Gurza, corresponsal de *La Jornada*, y Andrés Resillas, corresponsal de *Reforma*.

Sin organización ni presencia partidista, sin cobertura mediática, sin propaganda en medios impresos o electrónicos y con apenas cierta presencia de gallardetes y pintas en bardas nos fuimos abriendo paso. En las cabeceras municipales donde no había nadie que nos recibiera armábamos un escándalo como si una caravana triunfante de miles de simpatizantes marchara anunciando lo que verdaderamente creíamos, la llegada de una fuerza política renovadora. Entrábamos por la carretera echando cohetes —literalmente—, a veces con una banda de viento, la mayoría de ellas con equipo de sonido interpretando "Caminos de Michoacán", "Juan Colorado", "El ausente" y, por supuesto, "El hijo desobediente". La gente se asomaba, con curiosidad y asombro. Poco a poco la campaña se fue llenando de entusiasmo. Encontré un sorprendente hartazgo de la polarización PRI-PRD. Si era necesario, hablaba en la plaza con 15 o con 50 transeúntes. Mis mensajes estaban llenos de convicción y fuerza como si la plaza estuviera a reventar.

Hubo también penalidades: nos dirigíamos a Churumuco a la orilla del Balsas, con la preocupación de llegar tarde a un evento. Íbamos a gran velocidad cuando de pronto la carretera se cortó de tajo en un río: después de la ilusión óptica de una pequeña elevación no había ni puente ni vado, sólo el cauce del arroyo. La camioneta en que viajábamos salió disparada por los aires. Por fortuna sólo tuve algunos moretones, pero el camarógrafo que me acompañaba resultó con un brazo y la clavícula rota. Hubo otro evento especialmente triste: a un mes y medio de las elecciones perdimos al bebé que esperábamos con gran ilusión.

Hacia el final crecía el respaldo de la gente, pero se fueron esfumando los apoyos económicos. En las últimas semanas pagaba con mi tarjeta de crédito el diésel del autobús (*El Huracán*) en el que me transportaba y el de la camioneta que me acompañaba. No había propaganda ni dinero para cierres, menos para el día de las elecciones. La prensa local, exigiendo el pago de onerosos "convenios" como condición para informar, nos relegó en el mejor de los casos a notas incidentales en páginas interiores. Fue difícil terminar, sin embargo, el cierre de campaña fue espectacular: un mar de gente llenó la plaza de armas y varias cuadras de la Calle Real de Morelia, plena de decenas de miles de esperanzas. Una tarde inolvidable.

El día de las elecciones los resultados sorprendieron a muchos. No a nosotros, que llegamos a pensar en la victoria. De hecho, en los resultados preliminares íbamos arriba en los conteos hasta bien entrada la noche. Al final, aun sin ganar la gubernatura, el PAN obtenía más distritos electorales que el PRD, y triunfamos en 11 de los 15 municipios más grandes del estado, incluyendo Morelia, la capital, donde gané dos a uno, y también la segunda ciudad más grande, Uruapan, y la tercera, Zitácuaro, tierra del candidato priista, además de Zamora y una decena más de municipios del estado. Con ello el PAN gobernaría casi 40% de la población de Michoacán a nivel municipal, mucho más que el 25% que gobernaría el PRI. Había ganado yo arrolladoramente en las zonas urbanas. El PRD había triunfado en las zonas rurales. Sin embargo, el ganador de dos segundos lugares, el urbano y el rural, el PRI, se quedaría con la gubernatura a pesar de haber perdido en todas partes. A final de cuentas, como decía el siempre querido y ocurrente Luis Mejía, su candidato Víctor Tinoco tendría que gobernar "como quinceañera: sin saber ni dónde pararse".

Dadas las circunstancias, la campaña de Michoacán había sido una auténtica proeza. La votación del PAN pasó de 7 a 28 por ciento. Una campaña de garra, de coraje, un verdadero desafío que asumí con la mayor fuerza de mis años jóvenes. La recuerdo con afecto, como el reencuentro con mi bellísima tierra en "tiempo de aguas", reconfortado con la generosa y entusiasta respuesta de los michoacanos. Con todo, al final de la campaña estaba sin empleo y sin dinero, y con muchas deudas de campaña. Para pagarlas hicimos rifas y eventos, incluyendo una velada de salsa inolvidable en el Salón México. Margarita era diputada, y ella me mantuvo mucho tiempo. La crisis económica desatada en ese 1995 hizo que las mensualidades de la hipoteca de nuestra casa en México se fueran por las nubes y nos era imposible pagarlas. Margarita y yo, abogados al fin, evaluamos la situación y un día decidimos que demandaríamos la nulidad de las cláusulas draconianas de las Udis. Seguramente ganaríamos. Sin embargo, no iba con nuestro talante. Al día siguiente pensamos que deberíamos intentar primero negociar con el banco. Eso hicimos.

Pasada la coyuntura de Michoacán, había que redefinir la vida hacia delante. Esperaba que Carlos me volviera a invitar a colaborar con él. Como era lógico, me había sustituido de manera definitiva en la Secretaría General el querido Federico Ling. Habría que esperar, una vez que ocurriera la muy lógica y esperada reelección de Carlos Castillo. Creo que no había en México una sola persona, incluido yo mismo, que no creyera que Carlos buscaría y obtendría sin sobresaltos la reelección al frente del PAN. Sin embargo, una noche me pidió acompañarlo a una cena con empresarios —de esos que piden cuentas, exigen propuestas, califican, descalifican, y al final poco hacen y menos aportan, no todos, pero muchos son así—. De pronto, a mitad de la cena, pidió que lo disculpáramos: se dirigió a mí, que estaba lleno de estupor al igual que los comensales, y me pidió que siguiera la conversación con ellos, pues tenía que atender una entrevista muy importante con Jacobo Zabludovsky, el conductor del principal noticiero de televisión. En plena cena me enteré, en la conversación con mis interlocutores, de que Carlos había anunciado que no buscaría la reelección para presidente del partido, algo contrario a lo que reiteradamente había comentado con nosotros sus colaboradores desde meses antes. El inesperado anuncio provocó un enorme descontrol en el partido, hecho a la idea de reelegirlo sin oposición. De inmediato se generó un enorme bullicio en búsqueda de su sucesor. Sonaba Ernesto Ruffo, primer gobernador del PAN en

Baja California. Por mi parte, no supe en un principio qué hacer. Entre mis colaboradores, que lo eran también en su mayoría de Carlos, se fue fraguando la idea de lanzar una candidatura propia, afín. Dada la enorme cobertura y proyección que me había dado la campaña de Michoacán, a los pocos días se perfilaría la mía. El día que tomé la decisión de participar tuve una pesadilla: estaba vestido de luces en una plaza de toros. El cartel anunciaba mi participación en la corrida de esa tarde. Llegado mi turno, aparecía en el ruedo un enorme toro al que yo miraba asustado desde el burladero. "¿Cómo le explico a la gente que yo no soy torero? ¿En qué momento se me ocurrió aceptar esto? ¿Cómo me echo para atrás? ¡Me va a matar!" Al día siguiente compartí mi reflexión con algunos de los más cercanos, titubeaba acerca de la decisión. Uno de ellos, Adrián Fernández, me empujó decididamente: "¡Estás mal! ¡Claro que vamos a ganar y lo vas a hacer muy bien!" Su determinación me contagió y llenó de ánimo. Desde ese momento no habría marcha atrás ni titubeos ni por un segundo. Todos los pronósticos auguraban una estrepitosa derrota frente a Ernesto Ruffo. Sin embargo, yo conocía a todos los dirigentes del partido y había visitado todos los comités estatales o municipales del país. Conocía cada rincón del panismo, había estado al lado de los más sencillos, en las buenas y en las malas. Poco a poco fui ganándome la confianza de los consejeros. Y al final, en un resultado que tomó por sorpresa al país, gané la presidencia del PAN el 9 de marzo de 1996. Comenzaba una etapa nueva, distinta, extraordinaria en mi vida.

Aún no terminaba la sesión del Consejo Nacional en la que resulté electo, después de un extraordinario discurso de presentación del queridísimo Juan de Dios Castro, cuando recibía yo la llamada de felicitación del Presidente Ernesto Zedillo. Curiosamente la presidencia de Carlos Castillo había terminado en pleito con el gobierno. No se hablaba con Zedillo. Estaba en medio el asunto del reconocimiento de la victoria del PAN en un pequeño pero milenario poblado de Puebla, Huejotzingo, que el déspota gobernador Manuel Bartlett había arrebatado a nuestros compañeros. Aunque cortés y agradecido con la llamada del Presidente, le informé que sostendría la postura asumida por mi predecesor: el PAN no sostendría diálogo político con el gobierno mientras no se solucionara el agravio de Huejotzingo. Habrían de transcurrir semanas, incluso meses, antes de que la cuestión avanzara y, sin embargo, avanzó… a regañadientes, Huejotzingo fue restituido al PAN. A los pocos días acudí a una ceremonia del Presidente en el Museo de Antropología, y ahí, con una enorme sangre fría, cinismo, madurez política, o todas las anteriores, Bartlett me saludó como si fuéramos viejos amigos. Me sorprendió. Atrás de él, en las monumentales paredes del Museo de Antropología estaba escrito, casualmente, el poema náhuatl que se conoce como "El canto de Huejotzingo":

> ¿He de irme como las flores que perecieron?
> ¿Nada quedará de mi nombre?
> ¿Nada de mi fama aquí en la tierra?
> ¡Al menos mis flores, al menos mis cantos!

Ser presidente del PAN ha sido una de las responsabilidades más satisfactorias y a la vez más retadoras en mi vida política. Me sentía a mis anchas abrigado por el afecto casi familiar de decenas de miles de panistas en todo el país. Sin embargo, implicaba también una enorme tensión: no hay cosa más desgastante que los conflictos internos, las disputas de poder entre supuestos camaradas. Tenía que conducir los asuntos internos con justicia y con una referencia clara a los principios que procuraba defender. Por otra parte, había un sector de la cúpula del partido, particularmente muchos de los norteños arribados al Comité de don Luis, que no podía asimilar la derrota propinada a una de sus mejores cartas. En alguna entrevista, el querido Norberto Corella no pudo expresarlo de mejor manera: "¡No se puede dirigir el partido con puros niños!" En efecto, al "agravio" de mi edad —tenía yo 33 años al asumir la presidencia del PAN— se agregaba el hecho de que una buena parte del equipo era gente extremadamente joven, muchos de los cuales me acompañarían en distintas etapas subsecuentes, incluyendo la Presidencia de la República, 10 años después: Aitza Aguilar, Alejandra Sota, Ángeles Arronte, Gerardo Ruiz, Jordi Herrera, Sigrid Arzt, Alejandra Gutiérrez, Jesús Galván, Héctor Villarreal, Virgilio Muñoz, Rafael Giménez (otros, como Juan Ignacio Zavala, no estuvieron conmigo en la Presidencia, pero pertenecían a aquel grupo). Lo tomábamos con buen humor. La presión y la desconfianza permanecían y se sentía en temas cruciales.

Una vez resuelto el tema de Huejotzingo había que renovar y reforzar los esfuerzos de diálogo con el gobierno. El Presidente insistía en explicarme la gravedad de la situación económica del país. La inflación general en 1995 había superado el 50 por ciento. En sus momentos más críticos las tasas de interés rebasaron el 100 por ciento. De no ser por la ayuda del Presidente Clinton, que con valentía estiró al máximo sus facultades ejecutivas para darle liquidez al gobierno mexicano, México hubiera vivido de nuevo una estrepitosa crisis de falta de pagos de su deuda. En esencia, lo que quería el Presidente era contar con el apoyo del PAN para afrontar la crisis económica, petición que se haría más relevante a partir del año siguiente, pues en 1997 el PRI perdería la mayoría absoluta en la Cámara de Diputados y, en consecuencia, el control de las principales decisiones legislativas, comenzando por la aprobación presupuestal.

Era mi convicción honesta ayudar al gobierno a salir de la crisis, una de las más graves de México, de la cual, estoy convencido, Zedillo no tenía mayor responsabilidad. Sostener una política de tipo de cambio fijo en medio de severos desequilibrios presupuestales y gran turbulencia política había sido un grave error del gobierno saliente, y el entrante manejó con enorme impericia la situación. Tenía grabado en la memoria un texto del primero de los "principios de doctrina" del PAN, no sólo un referente ideológico, sino una guía ética: "El interés nacional es preeminente; todos los intereses parciales derivan de él o en él concurren. No puede subsistir ni perfeccionarse la persona humana si se agota o decae la colectividad, ni ésta puede vivir si se niegan los valores personales". Así que lo apoyaría. Pero no incondicionalmente.

LA REFORMA ELECTORAL "DEFINITIVA"

El gobierno había ofrecido una reforma política, y a pesar de haber transcurrido casi año y medio no registraba avances. Incluso la reforma estaba detenida por el diferendo del fin del periodo de Carlos con Zedillo, dadas las irregularidades electorales registradas en Yucatán y el ya mencionado caso poblano. Más o menos le comenté: "Presidente, entiendo la problemática y sé que requiere el apoyo del PAN. Tengo la convicción de que lo correcto es apoyarlo, pero usted tiene que hacer una parte muy importante". Frunció un poco el ceño. No le gustaban mucho los "peros". "El PRI hace mucho que le debe al país una reforma política de verdad. Sé que ha habido muchas reformas recientemente y llevamos años de que se nos explica que son pasos adelante, son avances graduales. Ha llegado la hora de una 'reforma definitiva'." Un poco molesto, dijo que no era necesario que lo dijera, que ése era su propósito. "Estamos de acuerdo, pues. Mientras usted siga empujando una reforma política de fondo, nosotros le ayudamos en lo económico." Así quedamos.

La idea de una reforma política de fondo implicaba la exigencia de que, en primer lugar, los órganos electorales fueran independientes y ciudadanos; en segundo, que se designara por consenso a los nuevos consejeros; en tercer lugar, que se pusiera fin al financiamiento ilegal que el gobierno proporcionaba al PRI y que, por lo mismo, se estableciera un régimen financiero transparente y equitativo a los partidos políticos y a las campañas electorales; cuarto, era vital que se corrigiera la llamada cláusula de gobernabilidad, mediante la cual cualquiera que hubiera sido el porcentaje de votación obtenido por el partido mayoritario —siempre el PRI—, así fuera 30% o menos, automáticamente se le otorgaba más de 50%, es decir, la mayoría absoluta de la Cámara de Diputados: una aberración. A pesar de las sucesivas reformas electorales que habían tenido lugar en 1989, 1993 y 1994, el PRI había insistido con éxito en mantener esa cláusula y que se le asignaran diputados de representación proporcional hasta garantizar mayoría absoluta en el Congreso. Eliminar esa excesiva sobrerrepresentación era para mí un tema irreductible.

Y aunque se había avanzado en algunos asuntos, en este tema no había sido así.

Primero me uní al impulso para que el Consejo Electoral fuera completamente ciudadano. La opinión prevaleciente en el PAN era la de Diego, quien consideraba que la presencia del Secretario de Gobernación a la cabeza del organismo era indispensable para hacer cumplir en el gobierno las disposiciones del órgano electoral. Cuando asumí la presidencia cambié la posición oficial del PAN: ahora exigíamos la plena ciudadanización de los órganos electorales. A regañadientes, el gobierno entendió que para llevar a cabo una verdadera reforma ése era un paso indispensable. Muy emparejado con ello vino la decisión de impulsar un tribunal que fuera de plena jurisdicción, y no meramente un órgano administrativo, como lo era hasta entonces.

Finalmente entramos a la discusión de la cláusula de gobernabilidad. La exigencia perredista era la representación proporcional pura. Era de tal manera inadmisible para el gobierno que la discusión estaba muerta. Al final le ofrecí a Emilio Chuayffet, Secretario de Gobernación, buscar una salida intermedia, para lo cual negociamos de manera bilateral y con una enorme discreción varias semanas. Mi propuesta era que, respetando la composición que derivara de las urnas al elegir en un sistema dual, la sobrerrepresentación resultante estuviera sujeta a un límite constitucional. En resumidas cuentas, proponía que ningún partido pudiera tener, entre diputados de mayoría y proporcionales, una sobrerrepresentación mayor a 6 por ciento. El Secretario de Gobernación comenzó a aceptar la posibilidad, limitándola a un 14 por ciento. Luego cedió un poco y se plantó, parecía que con firmeza, en una sobrerrepresentación de 12 por ciento. En las encuestas de la época sabían además que si las elecciones de Congreso general fuesen en aquel 1996 ganaría el PRI con un porcentaje de 46%, es decir, una sobrerrepresentación de 5% les bastaría para controlar el Congreso.

En todo el proceso Porfirio Muñoz Ledo se engolosinaba frente a la prensa. Resumía las negociaciones, daba sus puntos de vista y los de los demás, etiquetaba, pronosticaba, sancionaba. Todo un *showman*, pero para la negociación esos métodos no son los mejores. Una buena dosis de discreción aumenta la confianza recíproca y eso permite profundizar las cosas. Seguí con mi negociación bilateral con Chuayffet, hasta que una noche, después de las dos de la mañana, llegamos a un acuerdo y, con ello, al cierre de la negociación de la reforma. Discutíamos sobre números, él no cedía, yo tampoco. Expresé como pude un ultimátum: el PAN aceptaría una cláusula de gobernabilidad siempre y cuando se limitara al 8% de sobrerrepresentación sobre la votación obtenida. En esta lógica, casi bastaba tener más de 42% de votación para tener mayoría absoluta en la Cámara de Diputados —de ahí sale la conocida cifra de 42%, que en realidad no existe en la Constitución—. Al fin me pidió un espacio para consultarlo con el Presidente. Fue atrás de su escritorio, abrió una puerta misteriosa y entró a un pequeño cubículo cuyas paredes estaban totalmente recubiertas de material aislante; marcó la red presidencial y cerró la puerta tras de sí. Minutos después salió y me dijo que el Presidente estaba de acuerdo. Tendríamos pues reforma electoral. Salí en la noche fría al patio de Gobernación, donde solía arremolinarse la prensa para entrevistar a quien saliera o entrara al edificio. Son las entrevistas "banqueteras", el "chacaleo". Ese día, con un acuerdo bajo el brazo, quería dar la primicia a los reporteros. No había nadie.

REFORMA HABEMUS

Al día siguiente, en la tarde, se anunciaba ya la reforma electoral en el Palacio Nacional. Luego vino el otro asunto importante: los consejeros. Todos hacíamos propuestas, algunos nombres alcanzaban consenso. De entre los muchos nombres de académicos que propuse había dos con los que me mantuve firme: Alonso Lujambio y Juan Molinar. Llegó un momento en el que me pidieron escoger a sólo uno de los dos. "¿Puede ser cualquiera?", pregunté. "Sí", respondieron Chuayffet y Oñate. "Pues si puede ser cualquiera significa que ustedes aceptan a los dos, no veo por qué no considerar a ambos como parte del consenso." Me sostuve hasta el final y quedaron. Otro de los casos de consenso era el de Jorge Alcocer, antiguo militante del Partido Comunista Mexicano y luego uno de los fundadores del PRD, cuya capacidad y honestidad era reconocida por todos. El consenso se decantó por él para presidir el Consejo. Cuando estábamos a punto de firmar, Porfirio se echó para atrás, pues al parecer Cuauhtémoc Cárdenas no quería a Alcocer como presidente. Entonces sería Woldenberg. Sin embargo, parece que Cárdenas tampoco estaba convencido.

"Secretario, coméntele al Presidente que es José Woldenberg o hasta aquí llegamos", le advertí a Chuayffet. "No hace falta decirle, usted tiene razón", respondió. "El nombramiento sale con el PRI y el PAN, si quieren subirse en el PRD, bienvenidos", dicen que le dijeron a Porfirio. Éste, que percibo que en lo interno estaba de acuerdo con Woldenberg, aceptó ir con la reforma a pesar —decían— de no contar con el apoyo del ingeniero Cárdenas. Se nombró a José Woldenberg como consejero presidente. Así fue como plantamos la semilla de un instituto electoral imparcial, totalmente controlado por ciudadanos electos por consenso, que le permitiría a México aspirar a una transición democrática eficaz.

El Instituto Federal Electoral establecido en la reforma electoral de 1996 ha sido uno de los mayores logros de la transición democrática de México. El consejo presidido por José Woldenberg ha sido el de mayor credibilidad y fortaleza en la historia de los órganos electorales del país. Bajo esa legislación y bajo ese IFE, el PRI perdería por primera vez la mayoría absoluta en la Cámara de Diputados en 1997, y se lograría la alternancia en la Presidencia de la República en el año 2000 con Vicente Fox. Me siento muy orgulloso y emocionado por haber sido parte de esa hora histórica.

LA PRIMERA ENCUESTA

Por lo que toca a la vida interna del partido, a los pocos meses de llegar a la dirección del CEN me tocó organizar una asamblea estatutaria en el gimnasio Juan de la Barrera de la Ciudad de México. Un ejercicio democrático real donde se debatía, se discutía, se tomaba la palabra, se hacían aclaraciones y al final se votaba ante cinco o seis mil personas reunidas. Era complejo y arriesgado. El PAN era entonces radicalmente demócrata. Días después *Reforma* dio a conocer los resultados de una encuesta entre los asistentes en que la pregunta era quién les gustaría que fuera el próximo candidato a la Presidencia de la República. Vicente Fox estaba muy bien posicionado y lideraba los sondeos; figuraban asimismo Diego Fernández de Cevallos, quien acababa de ser candidato, y Carlos Castillo Peraza. Con asombro, vi que mi nombre también aparecía en la lista, rezagado, pero estaba ahí. Fue la primera vez que consideré seriamente la posibilidad de ser candidato a la Presidencia de la República, aunque la guardé en el cajón y me dediqué de lleno a afrontar los retos urgentes de Acción Nacional.

Se sabe que en los partidos políticos las envidias, los jalones y las disputas por el poder son feroces, y el PAN no era la excepción. Quizá era, como decían algunos, demasiado joven, entre otros en un aspecto: era demasiado sensible a lo que decían de mí. Supongo que me faltaba aplomo y más determinación para mandar a volar las opiniones de mucha gente. Pero a la vez a esa edad sueñas todo, enfrentas todo, avanzas a pesar de todo. Benditos 33. Pronto llegaría la campaña de 1997, un momento histórico, pues por primera vez se elegiría por votación popular al jefe de Gobierno del Distrito Federal. Por principio, por lo que considero un error que cometimos, todos los spots que mandamos hacer eran parte de una promoción institucional del PAN, es decir, no hacían promoción específica del candidato, e iban dirigidos de manera frontal a criticar el PRI y a promover la idea de cambio entre el electorado. Lo que se debió haber hecho desde el principio era una campaña agresiva para posicionar individualmente a Castillo Peraza como candidato al gobierno de la capital, por un lado, y describir con mayor precisión el tipo de cambio que el PAN representaba: el cambio pacífico, el cambio responsable, etcétera, para diferenciarse del PRD de entonces. Por desgracia, había una desventaja desde las encuestas, pues el candidato esperado era Diego Fernández de Cevallos, que finalmente no aceptó la candidatura. La de Carlos Castillo, una vez formalizada, empezó a naufragar casi desde el primer día, con fallas garrafales en el diseño de la estrategia. No se empezó con lo elemental: las campañas se inician primero por tus lados fuertes, en tu electorado duro, fortaleciendo tus propias alianzas y construyendo otras con los más afines. A partir de ahí puedes tomar líneas más avanzadas. Ése no fue el caso. La campaña no inició en los distritos de clase media, más proclive al PAN, sino que dio inicio en Iztapalapa. Y no empezó con diálogos con vecinos o universitarios —lo fuerte de Carlos—, sino recorriendo los tianguis de la ciudad. Al mismo tiempo, su equipo nunca planteó una campaña penetrante en medios de comunicación masiva. Rodeado en su primer círculo de yucatecos —a quienes admiro y por quienes siento un profundo afecto e identidad—, de gran calidad, pero muy distantes de la problemática de la Ciudad de México, hasta los automóviles que usaron los compraron en Yucatán, y cada responsable de organización requería una especie de chofer-guía por la ciudad. La relación entre el equipo de Carlos y el Comité Nacional comenzó a tensarse inútilmente. La campaña se encaminaba al fracaso.

En aquella ocasión la producción de los spots del PAN corrió a cargo de la agencia de Alejandro González Iñárritu, quien varios años después ganaría el Oscar de la Academia de las Artes en Estados Unidos por sus películas. La calidad artística, pues, era insuperable. Varios spots se hicieron acreedores a premios de la época. A través de la frase "Por el México que todos queremos ver" le dimos mucha visibilidad al tema del cambio, pero no fue suficiente. El PRD, con Cuauhtémoc Cárdenas como candidato a jefe de Gobierno, logró desplegar una campaña más precisa que nosotros, definiendo con nitidez lo que querían para la ciudad. Con nuestra publicidad convencimos a todos los mexicanos de buscar el cambio, de sacar al PRI. Pero el PRD fue capaz de capitalizar toda la persuasión de cambio que lográbamos. No pudimos articular qué tipo de cambio queríamos ni por qué nuestro cambio era superior al de otros. Metafóricamente, nuestra campaña estaba centrada en tirar todas las manzanas del árbol, y lo logramos. La campaña del PRD se concentró en recoger con su canasta las manzanas del suelo que nosotros tirábamos. Nosotros persuadimos a la gente de cambiar, pero ellos se quedaron con la opción de los votantes.

Más allá de todo, la jornada electoral de julio de 1997 trajo resultados históricos para el PAN. Por primera vez en la historia ganamos dos gubernaturas en una jornada electoral: Querétaro y Nuevo León, con Ignacio Loyola y Fernando Canales, respectivamente. Se agregaría un año después la gubernatura de Aguascalientes, que ganaría Felipe González. La jornada había sido también por sí misma histórica: el PRI perdía la mayoría en la Cámara de Diputados. La diferencia fue en la elección de la Ciudad de México, donde el ingeniero Cárdenas ganó de manera aplastante. Quedamos en tercer lugar.

Esta condición determinante, también por primera vez en la historia, en la aprobación de las decisiones de la Cámara de Diputados, señaladamente la aprobación del presupuesto, fue capital para el crecimiento del PAN rumbo a su triunfo a la Presidencia de la República. En la discusión del primer Presupuesto de Egresos puse empeño en lograr que las partidas fueran asignadas directamente a los municipios del país, sin intermediación de las tesorerías de los gobiernos estatales, muy en línea con la vocación municipalista del PAN. El gobierno federal al final lo aceptó. Fue el origen de los ramos 28 y 33 presupuestales, que contienen participaciones y aportaciones que van directo a las tesorerías de los municipios. "Muchos alcaldes se lo agradecerán… ojalá lo apliquen correctamente a los servicios públicos", me dijo Zedillo en una llamada telefónica para agradecerme el apoyo. Hay que subrayar también que había un especial empecinamiento de funcionarios de Hacienda —cuyos enormes márgenes de negociación eran hasta entonces desconocidos— por "pichicatearnos" nuestras exigencias y una increíble falta de tacto para corresponsabilizarse de las decisiones. Por ejemplo, en alguna negociación presupuestal con los diputados que coordinaba Carlos Medina Plascencia, Hacienda alegaba que no había manera de aumentar ciertas partidas que aquéllos exigían. Sugerían que en todo caso había que subir impuestos, nunca planteaban las posibilidades de reducir algunas otras partidas. En las opciones que mostró Hacienda a los diputados estaba una en la que la secretaría ya había insistido en años anteriores, una especie de obsesión: aumentar los impuestos especiales, en este caso a la cerveza. Era evidente que querían hacerlo y necesitaban el apoyo del PAN, que de esta manera lograron. En lugar de agradecerlo y corresponsabilizarse de la medida, cuando los empresarios de la industria protestaron por el incremento, el Secretario Guillermo Ortiz dijo que el aumento de los impuestos a la cerveza había sido "una exigencia del PAN". Una verdadera vileza. Nunca se apreciaba nuestro esfuerzo y el enorme sacrificio que implicaba cooperar con el gobierno en una Cámara que por primera vez estaba sin mayorías.

Un año después, estando ya José Ángel Gurría al frente de la secretaría, la negociación se había extendido por días sin avances significativos. Harto del juego, mandé el mensaje: o aceptan nuestras exigencias o no hay presupuesto. Molesto, les pedí a los diputados que dejaran la interlocución con Hacienda y le pedí a Beto, un leal colaborador que trabajaba como chofer y mensajero, que me llevara a mi casa. Vivíamos Margarita y yo en la primera casa que tuvimos, por camino al Desierto de los Leones en la Ciudad de México. Entonces la recepción de los pesados teléfonos celulares fallaba enormemente, y desde casa era casi imposible comunicarse. Llegué a casa, platiqué con Margarita, le di un beso a mi hija en su cuna y me dormí. Al día siguiente, muy temprano rumbo a la oficina, recibí la llamada de José Ángel Gurría. Estaba desesperado. Hablaba en nombre del Presidente para decirme que se aceptaban las condiciones que les habíamos señalado en el último documento, pero a la vez me reclamaba que hubiera cancelado todo contacto durante la noche. Resulta que, al no poder localizarme por teléfono, buscaron por todos los medios hasta dar con el de Beto. Le exigían que les diera otro número, a lo que contestó que no tenía otro; "Denos entonces su dirección", y él les contestó: "Bueno, yo sé llegar, pero no tengo el domicilio…" No le creyeron, pero les hablaba con la verdad… Paradójicamente, eso hizo creíble el ultimátum.

La elección de 1997 había significado un triunfo en términos de las gubernaturas ganadas y los votos y diputados obtenidos, pero se leía como derrota al considerar el Distrito Federal y el avance del PRD, entonces presidido por Andrés Manuel López Obrador. Para las elecciones de 1998 el PAN seguía registrando avances, señaladamente ganamos la gubernatura de Aguascalientes. Sin embargo, muchos de los triunfos obtenidos en 1995 en alcaldías se revertían, entre otras razones, por mal desempeño de algunos alcaldes, pero casi siempre buscaban que el presidente nacional fuera el chivo expiatorio. Ahí aprendí mucho de la hipocresía de la política y de la condición humana, reflejada en un refrán popular que conocí, también, del moreliano Luis Mejía: "El éxito tiene muchos padres, sólo el fracaso es huérfano". Para colmo, el responsable de la parte electoral, Jorge Manzanera, abandonó el cargo a semanas de la elección de la manera más irresponsable, por un verdadero capricho. Lo relevó Emilio González Márquez, que con todo hizo un esfuerzo muy meritorio por enderezar las cosas. No alcanzó. En esos resultados influyó una estrategia mezquina del PRD de acusarnos de las dificultades del país al haber contribuido a resolver el problema financiero y evitar una crisis financiera mayor. La incomprensión fue también interna. Estaba cansado especialmente de esto último. A pesar de tener las condiciones para reelegirme, antes de la Navidad de 1998 anuncié que no buscaría la reelección. Llegué a pensar que era el fin de mi carrera política; muchos lo pensaron. No me arrepentía de haber impulsado una solución al entonces más grave de los problemas urgentes del país, derivado de los yerros terribles en política económica. Tenía la convicción de haber actuado pensando en México, en el interés superior de la nación por encima de los del partido o los personales, en el valor de las convicciones propias, y si ése era el precio que había que pagar, estaba dispuesto a hacerlo. Había que rediseñar la vida, y por primera vez en casi 20 años, todos ellos vertiginosos, me puse a buscar otra cosa que no fuera dedicarme en cuerpo y alma a la vida pública, a la política. Nunca había concebido la política como una "carrera", pero si tal cosa existía, para mí había terminado. Decidí solicitar mi ingreso a la Universidad de Harvard, a la Maestría de Administración Pública; me aceptaron, y en esos meses concentré mis esfuerzos en conseguir el apoyo económico para hacerlo. Gracias a la Fundación México en Harvard, y a un generoso donativo que después supe era del regiomontano don Bernardo Garza, pude irme a estudiar la maestría. Margarita, valiente y generosa como siempre, me acompañó con mis dos niños, uno apenas de meses de edad, a Boston. Pensé que sería una etapa sombría, me equivoqué: hasta entonces fue la mejor etapa de mi vida. Pensé que se había acabado mi carrera política, también me equivoqué. Ahí empezó otra que, seis años más tarde, me llevaría a la Presidencia de la República.

DE REGRESO

En Boston seguía con atención la evolución de la campaña presidencial del año 2000. Con otros mexicanos nos reuníamos para ver los debates, muchos de ellos egresados de economía del ITAM y con tempranas carreras en el gobierno eran simpatizantes del PRI, y poco a poco fueron compartiendo ideas y propósitos conmigo, como Antonio Vivanco, Lía Limón, Daniel Karam o Salomón Chertorivski. Al final la mayoría me apoyó desde que renuncié a la Secretaría de Energía, aun antes de anunciar mi candidatura a la Presidencia, y se convirtieron en leales y eficientes colaboradores en el gobierno.

Regresé a México en cuanto pude. Todavía pude acompañar a Vicente Fox en sus últimas giras de campaña, donde coincidí con Jorge Castañeda y Adolfo Aguilar Zínser. El día de las elecciones estuve en el cuarto de guerra del edificio del PAN que, aun con algunas áreas en obra negra, pudo ser habilitado para la ocasión. Había preparado una carta a mi familia, en la idea extrema de que un triunfo del PAN no fuera reconocido y hubiera que actuar después desde la clandestinidad, para lo cual me había preparado. En lugar de ello, ganamos, y escribí un artículo que me pidió Julio Scherer para *Proceso* acerca de lo que significó la elección del 2 de julio del 2000. Se llamó "El largo camino del PAN".

Por lo demás, el Comité Nacional que presidía Luis Felipe Bravo me había propuesto en la lista de candidatos a diputados de representación proporcional. En las primeras reuniones (la bancada más grande que haya tenido Acción Nacional, pues con la incorporación de un diputado del Partido Verde llegamos a ser 207 diputados federales), mis compañeros me eligieron, con lo que Luis Felipe me nombró coordinador parlamentario. Empezaría de nuevo mi vida política, de manera intensa y a la vez agotadora. De mis responsabilidades públicas, la de coordinador parlamentario del partido en el gobierno, con una bancada tan grande y tan nulamente habituada a la idea de ser gobierno, ha sido la de mayor exigencia personal. Maravillosa pero extenuante.

Mis diferencias con Fox comenzaron a aflorar al sufrir el desprecio que él y algunos Secretarios de su gabinete sentían por el Congreso. Anunciaban desde Los Pinos acuerdos que aún no se concretaban, arruinando nuestras negociaciones. En el primer año, Fox había presentado una reforma fiscal muy agresiva, sin ni siquera avisarnos a sus diputados. La leí en el periódico. Y no hubo voz más activa al defender el tema que la mía; sin embargo, los diputados nunca tuvimos la menor atención. El gobierno apostaba a un acuerdo con el PRI —que decían tener—; a pesar de esto, yo me daba cuenta de que la reforma en el IVA no pasaría nunca. Así que me apersoné en Los Pinos. Le dije al Presidente que no habría reforma; mientras tanto Santiago Creel y Francisco Gil insistían en que no veían ningún problema. "No va a salir —les dije—; no vengo siquiera a discutir eso. Sólo quiero saber qué ocurrirá cuando la reforma se fruste al haber aprobado ya un presupuesto con un gasto tan elevado, basado en expectativas de gasto que no se van a cumplir." No me hicieron caso. Mientras nosotros seguíamos al pie del cañón en la Cámara —y ahí nos quedaríamos hasta Año Nuevo—, se anunciaba casi una semana antes de Navidad que el Presidente y su familia se iban de vacaciones al "rancho", una versión a la mexicana de los episodios de Trump y Mar-a-Lago. Por supuesto la reforma no salió y, en su lugar, en la madrugada, Hacienda propuso, para compensar, los impuestos más disparatados. Un desastre.

En 2001 continuaron los agravios. Todo el capital político del triunfo electoral de 2000 fue invertido en el tema de los zapatistas. De hecho, el Movimiento Zapatista había organizado una marcha que pretendía llegar a San Lázaro. Fiel al pensamiento construido por Carlos Castillo y Juan Molinar en el PAN, defendí las posturas del partido al respecto. Para razonar el porqué los panistas nos oponíamos a que el subcomandante Marcos o cualquier representante del zapatismo hablara en tribuna, tomé la palabra, invoqué a Cromwell, al inicio del parlamentarismo frente al rey, que daba sentido entre otras cosas a la inmunidad del recinto parlamentario, y me centré en un argumento:

quien opta por la democracia, la ley y la vía pacífica tiene derecho a hablar en la máxima tribuna de la nación, si los votos que obtiene se lo permiten; pero quien opta por la violencia y las armas no puede pretender utilizar los medios de la democracia, entre otros el parlamento, sin renunciar a las armas... fue un gran debate, en el cual incluso varios priistas secundaron con su voto nuestra postura. Esa noche, en el noticiero más importante de la televisión, Carlos Fuentes hizo un emotivo elogio de mi discurso. El problema es que la llegada a la Ciudad de México y la posibilidad de que los zapatistas hablaran en tribuna ya habían sido acordadas por Fox y Creel, sin que a nosotros, los diputados del PAN, nos hubieran informado, ya no digamos pedido nuestro consentimiento.

Alguien atinó en Los Pinos a hacer una reunión de evaluación; me invitaron. Dije todo lo que pensaba y lo que tenía que decir; que los diputados y los panistas estábamos siendo tratados sin respeto y sin consideración. Vicente y yo, a quien tuteaba como siempre —llegué a la conclusión de que le molestaba que no se le hablara de usted— terminamos abiertamente enfrentados. Me di cuenta de que había tomado la decisión de quitarme por todos los medios posibles de la Cámara. Para mi sorpresa, me habían invitado a Davos con el Presidente. En una escala en Bermudas, me citó aparte y me dijo que si no me quería ir a Banobras. Me agradó la idea, le dije que lo pensaría, y a los pocos días le dije que prefería seguir en la Cámara de Diputdos. No le gustó.

Los agravios se multiplicaban. Fox vituperaba a los diputados sin distinguir a los suyos. Un día de diciembre de 2002, supimos de una manifestación del Barzón y la CNTE hacia la Cámara de Diputados, con tractores y caballos. Desde las 10:00 a.m. que lo supe llamé a Creel, y le pedí protección para el recinto parlamentario y los diputados. Me dijo que la ayuda iba en camino, y seguimos la sesión. A las 12:00 p.m. nadie había llegado. Me dijo que ya había hablado con Gertz, Secretario de Seguridad, y que fuerzas federales arribarían al recinto. Creel dejó de contestarme las llamadas y la ayuda nunca llegó... Por la tarde, habían roto las puertas del Palacio Legislativo de San Lázaro, y caballos y jinetes avanzaban hacia el salón de sesiones. Cuando organicé una reunión entre nuestros diputados para decidir qué hacer, aquella bancada de jóvenes me recordó mis propias palabras sobre la inviolabilidad del recinto, y de lo imperativo que era defenderlo frente a los violentos. Decidimos quedarnos, el PRI insitía en abandonar el palacio. Nuestros jóvenes diputados armaron barricadas con sillones (curules), para impedir el paso de los violentos. En mangas de camisa, sostenían las puertas, devolvían los objetos que lanzaban. Mientras los diputados del PRI que quedaban se agrupaban lejos de las puertas, detrás del presidium y del huipil de Beatriz. Decían que estaban acuerpando a su líder. Se veía exactamente al revés. Los agresores pretendieron quemar una de las puertas, lo cual pudo derivar en una conflagración histórica. Los nuestros, valientes, resistieron y con extinguidores no sólo apagaron el fuego, sino que arrojaron su contenido sobre caballos y jinetes, que salieron despavoridos.

Ahora que escribo, aún se agolpan todas las emociones de esos momentos. Por la noche salí a denunciar el hecho. En el noticiero de Ciro Gómez Leyva, todavía en el desaparecido CNI Canal 40, debatí con Rosario Robles, presidenta del PRD. "Usted es la culpable, aquí está usted, señora", le dije mientras mostraba el diario donde aparecía ella alentando días atrás a los manifestantes a marchar así a la Cámara de Diputados. Al día siguiente no pude contener mi coraje. Rosario Robles había alentado, Martí Batres adentro había sido cómplice, pero ¿y el gobierno?, ¿cuál gobierno?, si no hay, le dije a Adela Micha en un noticiero de la mañana. Pocos momentos después me llamaría el Presidente y no quise contenerme. "No tienen vergüenza, Vicente. Nos abandonaron, pudieron habernos matado y ustedes no hicieron nada. Por lo menos ten el valor para decirme si fue deliberado." Después, en la plenaria, nuestros diputados estaban jubilosos de la hazaña. Me aplaudieron varios minutos y fue gratificante. Lo único que atiné a decirles fue que "uno va por la vida cabalgando con una caja de convicciones a la grupa. Sin embargo, la cajita va vaciándose con los golpes del camino. Pero llega un día que vuelve a llenarse de razones para seguir adelante; gracias por llenar de nuevo mi caja…"

Un año y medio después, cuando surgieron insidias y ambiciones en el grupo parlamentario, casi al terminar la Legislatura, le dije a Ramón Muñoz que me gustaría participar en el gobierno. La invitación fue a la misma posición, director de Banobras. Los caricaturistas bromeaban diciendo que era "una caída para abajo", por tratarse de un cargo administrativo de segundo nivel después de haber estado en un cargo tan importante como la Coordinación del PAN en el Congreso. Sin embargo lo acepté. Quería irme y al mismo tiempo poner en práctica mis conocimientos económicos y administrativos adquiridos tanto en el ITAM como en Harvard. Me desempeñé a fondo en el banco, me involucré hasta la raíz en los planes y programas de infraestructura, apoyé como no se había hecho hasta entonces a los municipios, en fin… lo disfruté mucho y, meses después, Ramón Muñoz me transmitiría la invitación del Presidente para ser Secretario de Energía. Después de todo, había sido una decisión acertada. Una invitación que, obviamente, me llenó de alegría. Las decisiones habían sido las correctas.

3

Contra toda probabilidad

GUADALAJARA

El ser Secretario de Energía era un reto enorme, lleno de satisfacción y realización para mí. Era un área que marcaba un desafío en la vocación que yo sentía en los temas económicos y para los cuales me había preparado a conciencia. Pero también abría la puerta a la especulación, y sí, a las posibilidades de buscar la candidatura presidencial. Desde aquel 2003 había ya una gran especulación acerca de la sucesión presidencial.

Puse todo mi esfuerzo en el desempeño de la secretaría: reorganicé una estrategia para impulsar la reforma energética; hablé con todos los sectores, e incluso pedí presentar el tema ante la dirigencia del PRI, y en un hecho sin precedentes asistí a las oficinas del PRI a presentar y discutir sobre la reforma energética. Gobernadores, senadores, diputados, exsecretarios de Estado, como Manuel Bartlett, acérrimo objetor de la reforma, estaban ahí. Me recibió el presidente del partido, Roberto Madrazo, y durante horas presenté y discutí mis puntos de vista. Fue un gesto bien recibido y que abría la puerta y el ambiente político para la reforma, cuyos primeros pasos se concretarían ya en mi gobierno y los segundos, definitorios, en la administración del Presidente Peña Nieto, con el apoyo del PAN.

Sin embargo, el tema de la sucesión presidencial se aceleraba. Era evidente el esfuerzo de Vicente Fox por promover a su favorito, el Secretario de Gobernación Santiago Creel Miranda. Todo el aparato estatal funcionaba a su favor. Con algunos amigos comenzamos a calibrar la idea de participar. Aunque, a decir verdad, las posibilidades eran extremadamente remotas. En alguna encuesta de *El Universal* mi nombre no aparecía siquiera entre los 10 primeros posibles candidatos presidenciales.

Uno de los amigos con quien reflexioné este tema fue con el entonces gobernador de Jalisco, Francisco Ramírez Acuña. Militante jalisciense desde muy joven, había apoyado al grupo que saldría del PAN a finales de los setenta, básicamente agrupados en torno al liderazgo y pensamiento de Efraín González Morfín —efrainista, como mi padre y yo mismo—. Retirado un tiempo como muchos de aquel grupo, había vuelto a la vida partidista activa. Yo lo había apoyado decididamente y acompañado como presidente del PAN para que él fuera alcalde de Guadalajara y después gobernador, y manteníamos una sincera amistad cuando él ocupaba la gubernatura. Paco mismo tenía la intención de ser candidato presidencial. Sin embargo, una noche nos reunimos a cenar en la Ciudad de México y me dijo, con una sinceridad que admiro, que "sus números" en las encuestas no le alcanzaban para serlo y que habría que valorar mi propia candidatura. Le agradecí, y en honor a la verdad, me entusiasmé. Quedamos de hablar, y en la siguiente reunión tenía él incluso algunos bosquejos e ideas para organizar mi campaña. Acordamos evaluarlo; me insistió que no había tiempo que perder. Se movilizaba ya el aparato del gobierno a favor de Santiago Creel, alguien a quien respetábamos, pero cuya falta de carácter, entre otras cosas en su rol de Secretario de Gobernación, le había hecho un enorme daño al primer gobierno panista y a México. Convenimos en comenzar a organizarnos, y a propuesta de él convocaríamos a los panistas de Jalisco para tratar el tema. Me pareció lo más razonable. Creo que, sabedores de que ello implicaba dar ya un paso audaz, nunca imaginamos las consecuencias a cabalidad. Mi secretaria se puso de acuerdo con la suya en una fecha tentativa: estaría yo el 27 y 28 de mayo de ese 2004 en Guadalajara, y el sábado siguiente, ya siendo día inhábil, podríamos tener la reunión sugerida.

En esos dos días previos se realizaría la Cumbre América Latina-Unión Europea, que congregaba a los principales líderes políticos de ambas regiones. De manera tal que la cumbre se realizó con éxito el jueves y el viernes. Sin embargo, las cosas se aceleraron: el equipo de Marta Sahagún difundía en los medios y en la propia sala de prensa de la cumbre una serie de folletos donde se presentaban encuestas que la ubicaban como "la mujer más popular de México", porcentajes de personas que estarían de acuerdo con que fuera Presidenta de México, cosas así. Estaba prácticamente impulsando su candidatura. Santiago Creel hacía lo propio, hablando con estructuras de Acción Juvenil en México, antes de ir a la cumbre, sobre su proyecto y en reuniones con su equipo promotor en Jalisco. Yo, por mi parte, recibía llamadas del secretario particular del Presidente, Alfonso Durazo, quien me pedía que no anunciara mi candidatura. Le dije que sentía un enorme compromiso por asistir y que me parecía una grosería y un absurdo no ir, reiterándole además que no anunciaría candidatura alguna. "Lo que decidas te apoyamos", dijo Durazo al final.

Por otra parte, la comida misma ya se había complicado. Ésta se celebraría en el rancho de la familia de Abraham González Uyeda, propietaria de una empresa lechera de gran tradición en Jalisco, quien era además colaborador de Ramírez Acuña y amigo mutuo. Al mismo tiempo, panistas con afectos y afinidades distintas a los del gobernador promovían el encuentro. Entre ellos, por ejemplo, con visiones discrepantes en algunos temas internos, Tarcisio Rodríguez, amigo mío desde nuestros tiempos de jóvenes militantes en la época del autoritarismo, Emilio González Márquez —quien sería también gobernador después—, Alonso Ulloa, Miguel Ángel Martínez y un largo etcétera. La comida, pues, poco a poco fue convirtiéndose en un evento que permitiría demostrar "músculo" a cada uno de los grupos internos que convivían en Jalisco. Salvo Beto Cárdenas —quien a la postre, y legítimamente, ganó la interna en Jalisco, debido a su indiscutible credibilidad y liderazgo— y la extrema derecha que Fernando Guzmán representaba, todos los demás estaban ahí.

Ese sábado 29 de mayo acompañé a Fox a una entrevista con el entonces líder cocalero y candidato presidencial Evo Morales. Él pretendía llamar a la cordura a quien ya se perfilaba como líder, candidato y probable Presidente. Entre la ingenuidad de uno y la tozudez del otro terminó la reunión. Me despedí y me dirigí al rancho de Abraham, preocupado por mi retraso. A mi llegada, lo que vi era espectacular: se habían congregado ahí más de 5 mil personas. A varios los conocía de nombre y a muchos de vista; habían venido desde varios municipios de Jalisco. El ambiente era de fiesta. Las palabras de Francisco, de Emilio y de otros fueron verdaderamente emocionantes. Sin embargo, el evento fue hasta cierto punto anticlimático, los jaliscienses querían de plano un lanzamiento de candidatura, un anuncio de arranque de campaña. Yo hice lo posible por evitarlo, era aún muy pronto, y más con la presión enorme de Los Pinos. En su lugar, compartí mis emociones, comenzando por lo que significaba para mí estar reunido entre tantos amigos, algunos de ellos viejos amigos, siendo todos entonces —considero— jóvenes. Yo tenía entonces 41 años. Y en cuanto a la candidatura, dije que agradecía que se me considerara, pero que ahora había que seguir trabajando unidos para sacar adelante el gobierno panista encabezado por Fox. Fui leal a él, al PAN, al gobierno al que servía, a mi propia palabra de que no habría ningún pronunciamiento de candidatura. Ello provocó cierta desilusión en la gente. Apenas terminó la comida me lancé a Veracruz a apoyar la campaña del entonces candidato a gobernador Gerardo Buganza, independientemente de que él apoyara a Santiago Creel.

El encuentro resultó incómodo también para mis detractores. Resulta que el rancho de la familia González está ubicado en un predio contiguo a la pista del aeropuerto de Guadalajara. Justo en el momento de la comida despegaban el Presidente, su esposa Marta, su secretario particular Durazo y otros colaboradores y Secretarios, y al anuncio de alguno de ellos: "Miren, el evento de Felipe", se precipitaron a las ventanillas para ver a la multitud ahí congregada. Hubo caras largas y, por un momento, un silencio fúnebre en el TP-01. Después, todo fueron acres comentarios el resto del trayecto a la Ciudad de México y más silencios.

Al día siguiente, domingo, todos los periódicos nacionales daban cuenta del evento. Confieso que estaba contento con el resultado, tanto con la respuesta como con la reacción mediática. A pesar de la frustración de los jaliscienses por no haber anunciado mi candidatura ni autorizado iniciar campaña, el evento fue un éxito.

Después de la cumbre comenzaba la visita de Estado del Presidente de Colombia, Álvaro Uribe, a quien admiro y considero tener con él una respetuosa y sincera amistad, y a quien conocí ese día. Ese domingo estábamos convocados los miembros del gabinete al almuerzo de bienvenida. Mientras Fox y Uribe daban una rueda de prensa, los invitados nos encontrábamos en una antesala contigua al salón López Mateos, donde se ofrecía un coctel previo al almuerzo. La espera, sin embargo, resultó incómodamente larga. Resulta, según supe después, que incluso antes de las conversaciones con el Presidente Uribe y su equipo, hubo una reunión del equipo cercano a Fox, donde se encontraban Marta Sahagún, Santiago Creel, Ramón Muñoz y Alfonso Durazo, entre otros. Básicamente buscaban la manera de darme un escarmiento, "una lección", me diría Fox al día siguiente. Estuvimos más de hora y media en espera. Cuando la conferencia terminó, nos dirigimos al salón López Mateos de Los Pinos, donde tendría lugar la comida. A la entrada, saludando a los invitados, estaban los Presidentes. Fox le dijo a Uribe: "Éste es el Secretario de Energía, el del petróleo". El almuerzo transcurriría sin más contratiempos hasta que llegó un mensaje a mi teléfono mientras servían los postres. Era Max Cortázar, mi director de comunicación social: "¿Que te regañó Fox?", preguntó. "No, aquí estamos en el almuerzo, comiendo muy tranquilos", respondí.

Finalmente me enteré de que, en la rueda de prensa, a pesar de que se les había advertido a los reporteros que sólo se permitirían preguntas que no se refirieran a la visita de Estado, hubo una pregunta "sembrada" acerca de nuestro evento en Guadalajara, a la que Fox respondió de manera impulsiva y, contra su costumbre, leyendo una tarjeta cuidadosamente redactada. "Fue más que imprudente [y] estuvo fuera de lugar y fuera de tiempo", sentenció el Presidente sobre mi intervención en Jalisco. "Por eso hemos propuesto precisamente una iniciativa de ley electoral —remató Fox—, a fin de que se tenga uniformidad y equidad en todo lo que es el proceso, así como la reducción del tiempo de las campañas y de los recursos económicos que se destinan en ellas. La iniciativa de ley electoral busca subsanar estas situaciones y también va a marcar reglas para evitar situaciones como la de ayer en Guadalajara."

Desconcertado por lo que acababa de ocurrir, intenté verlo antes de que concluyera el almuerzo. El protocolo marca que el Presidente sale sin detenerse junto con su ayudante y escolta cuando concluyen los actos, pero de cualquier manera lo alcancé como pude y le dije: "Oye, Vicente, me extraña, no me comentaste nada personalmente y están diciendo una serie de cosas sobre mí en la prensa que me parecen muy injustas". Me pidió que nos viéramos al día siguiente en su oficina.

Preocupado por el hecho, molesto, abrumado, me dirigí con Margarita a casa. Había que hacer un análisis detallado de lo ocurrido. En el trayecto le pedí al conductor que se detuviera en un teléfono público ubicado a un costado del Sanborns de Barranca del Muerto, no quería usar mi celular. Desde la caseta telefónica me comuniqué con el gobernador Ramírez Acuña para contarle el incidente. Le sorprendió mucho lo dicho en la rueda de prensa y me brindó todo su apoyo. "A mí sólo me pueden regañar los jaliscienses, nadie más, aunque sea Presidente de la República", diría al día siguiente.

Una vez instalado en mi casa, decidimos convocar con urgencia a algunos amigos. Nos reunimos Margarita, Juan Camilo Mouriño, Alejandra Sota, Juan Ignacio Zavala, Javier Lozano, Germán Martínez y Max Cortázar. También llegaría Guillermo Valdés, un buen amigo que en aquel entonces era ya un gran analista político en quien siempre había tenido una enorme confianza y que sería, durante mi gobierno, director del Cisen. Vía telefónica me comuniqué con Jorge Fernández Menéndez, un periodista al que respeto y quien me invitara en los años ochenta a colaborar en un diario por primera vez, en aquel entonces *unomásuno*, y con Alonso Lujambio, entonces director del Instituto de Transparencia.

En la sala de la casa en la calle de Cóndor, en la colonia Las Águilas, que sigue siendo el lugar donde vivimos, hicimos una improvisada reunión de evaluación. Con un rotafolio, cuyas hojas pegamos en las ventanas de la casa, comenzamos a analizar integralmente la problemática. ¿Qué hacer? La salida parecía simple al principio: dar una explicación y asumir las consecuencias de la reacción del Presidente, superar el incidente y "volver a la normalidad" lo más pronto posible. A nadie satisfacía esa opción, las cosas ya no podían seguir como antes. La discusión derivó pronto en torno de si era posible permanecer en la Secretaría de Energía o no y, en consecuencia, si debía renunciar. Una de esas decisiones difíciles que marcan toda una trayectoria de vida. Analizábamos las implicaciones de la descalificación presidencial en el trabajo del Secretario de Energía y, por otra parte, cómo podría afectar una eventual candidatura. Si este último proyecto se decidía y crecía, era claro que la Secretaría de Energía resultaba una plataforma útil para llevarlo a cabo; no obstante, continuar como Secretario implicaba asumir con toda responsabilidad el reto que me había echado a cuestas de sacar adelante la reforma energética. Creía en ella, la impulsé como legislador, como Secretario de Estado y como Presidente. Sin embargo, el Presidente mismo me había desacreditado públicamente frente a mis interlocutores y colaboradores. Al mismo tiempo, era consciente de que si presentaba mi renuncia las posibilidades de la candidatura se reducirían de manera drástica. "Es un salto al vacío", comenté al grupo, y externé con franqueza qué pasaría con ellos y con muchos que me habían seguido hasta la secretaría. De inmediato dijeron que era lo menos relevante. Hacia las 8:00 p.m. salieron a una taquería cerca y me dejaron meditando la decisión. Esa noche llegué a la conclusión de que la descalificación y desautorización presidencial hacía imposible continuar con el encargo. Se trataba además de un señalamiento injusto, como injusto era el trato que Fox mismo dispensaba a quienes teníamos aspiraciones presidenciales.

Así que ahí mismo redacté mi renuncia. Le pedí al director jurídico de la secretaría que se convocara al Consejo de Pemex temprano por la mañana para concluir con algunos pendientes. La oficina del Presidente me había citado a las dos de la tarde. Sabíamos también que si se filtraba la información de mi renuncia, el aparato de comunicación del gobierno, manejado precisamente desde Los Pinos, con el apoyo de las cadenas de televisión y otros medios, me haría pedazos.

Al día siguiente acudí a la cita con el Presidente a las 2 de la tarde. Aunque llegué en la camioneta del Estado Mayor que me proporcionaban, pedí que llevaran también mi auto, un Golf 1993 que le compré a Carlos Castillo Peraza y que aún conservo. Con actitud distante, ignorando en lo absoluto lo que se había desatado, Vicente Fox me recibió sin poder disimular su molestia, pretendiendo que nada había pasado. Yo también estaba molesto.

Apenas nos sentamos a la mesa de su oficina, le agradecí la invitación y le dije:

—Hubiera querido tener esta oportunidad de conversar contigo antes de la declaración que hiciste a la prensa. La verdad me parece muy injusto lo que dijiste, sin darme la oportunidad de saberlo, de conocer tu molestia y razones y yo darte las mías: aquí te entrego copia del discurso de Guadalajara para que veas que jamás mencioné la candidatura. Si algo hice, como le conté a Durazo, fue defender tu gobierno y pedirles a todos los panistas que trabajáramos sin descanso al lado tuyo. Abogué por el éxito del gobierno panista que es tuyo y mío. Se ve que no supiste realmente cuáles fueron mis palabras, por eso te traigo personalmente el discurso que pronuncié, vale la pena que lo leas. Discrepo de tus razones, pero el daño ya está hecho, por eso también te presento mi renuncia irrevocable al cargo de Secretario de Energía —agregué y le entregué ambos documentos.

—No es necesario, no te preocupes. No necesito eso, sólo quería que entendieras.

—Creo que quien no está entendiendo eres tú, Presidente. Me regañaste públicamente sin escuchar mis razones, sin tener siquiera la atención de comunicármelo personalmente. Me descalificaste totalmente como Secretario. Yo ya no te puedo servir así. Te agradezco mucho la confianza que me diste al nombrarme, hice mi mejor esfuerzo y pienso que las cosas iban razonablemente bien. Pero no puedo seguir. Te fui leal, y siempre seré leal a este gobierno, no tanto por ti sino porque es del PAN y pienso que debe tener éxito.

Me levanté de la mesa.

—Dame unas horas para arreglar esto.

—Sinceramente, Vicente, ya no tiene arreglo —sabía que en unas horas acabarían mediáticamente conmigo y dirían que él me despidió, no que renuncié—. Te agradezco la confianza y muchas gracias y muchos saludos en casa —le tendí la mano, estaba helado y con el rostro de asombro; atinó a corresponder el saludo, me despedí y salí.

Abordé el Golf, y antes de encenderlo le hablé a Max para que enviara el boletín de renuncia. Si fueran estos tiempos, quizá hubiera enviado ahí mismo un tuit. Pero en aquel 2004 ¡qué redes sociales ni qué nada! Había que dar la noticia de alguna forma. Joaquín López-Dóriga había sido muy insistente en tener la primicia de la noticia tanto por radio como para su noticiero nocturno. Así se dio inicialmente a conocer el tema.

Así que le dije a Max y a Juan Zavala que ya había entregado mi renuncia y que podían hacerla pública como consideraran más conveniente. López-Dóriga había tenido que estirar el programa porque se había alargado la reunión y sin aprobación no podía dar la nota. Finalmente, leyó la carta. Esa noche fui a su noticiero para hablar en vivo sobre lo que había sucedido en la tarde. Confieso que esa noche desperdicié una gran oportunidad, dada, entre otras cosas, la gran audiencia de Joaquín y el golpe político que, sin que yo me diese cabal cuenta, había asestado. No había, al menos en el pasado inmediato del país, registros públicos de Secretarios que le renunciaran al Presidente por discrepancias por su actuar. Así que, con el rostro compungido, entristecido sinceramente por el desenlace, reiteré algo que era cierto: que no había decidido mi candidatura. Pienso que habría sido mejor que, con el rostro alegre y "echado pa'delante", hubiera anunciado que buscaría la candidatura para ser Presidente de México. Ni modo. Así son las cosas, hay aprendizajes que ya no sirven mucho para el futuro. Al menos esta oportunidad, y en mi específico caso, ya no podía repetirse.

Así fueron las circunstancias de mi renuncia. Una decisión compleja, pero que el tiempo demostraría que fue la acertada. Entonces dio inicio la verdadera batalla. Después de haber navegado en aquel enorme barco que es el gobierno federal, la decisión equivalía a tirarme al mar en medio de la noche y valerme de mis propios medios para sobrevivir. Era una decisión tomada. Desde ahí empezamos a construir la candidatura.

CAMINO A LO IMPOSIBLE

Tras mi renuncia a la Secretaría de Energía, empecé a reunirme con mi equipo en la cochera de una vieja casa de la colonia Nápoles, la cual me había conseguido Abraham Cherem. Ahí comenzamos a planear la estrategia de campaña desde la cochera, donde había sólo tablones y sillas de plástico. Había pocos recursos y mucho trabajo.

Afortunadamente, el primero que decidió saltar del barco conmigo fue Juan Camilo Mouriño, subsecretario de Electricidad. Siempre se le imputó que tenía un conflicto de intereses porque su padre era dueño de empresas gasolineras; la realidad es que era subsecretario de Electricidad y nunca tuvo responsabilidades en áreas vinculadas con hidrocarburos. Su integridad fue una de las razones por las que lo había invitado a la secretaría: además de ser una extraordinaria persona, era un economista brillante, con un "sentido común" para los asuntos públicos, poco frecuente entre los abundantes aficionados a la comentocracia. Después se vendrían Ernesto Cordero, y poco a poco, muchos más.

Sabíamos que vendrían meses, quizá años de aislamiento mediático. Les decía a mis colaboradores que estaríamos pasando por "la cara oscura de la Luna". Me refería a esa etapa en la que los astronautas pierden toda comunicación con la Tierra, por pasar precisamente por el otro lado de la Luna, el que no es visible desde la Tierra. Así que lo primero era tratar de sostener el interés de la opinión pública, por lo cual decidimos dejar en suspenso mi participación en la contienda electoral, anunciando que no sería hasta julio cuando tomara una decisión, y luego de consultar a ciudadanos y militantes de todo el país.

El 11 de julio de 2004, tal como lo habíamos prometido, anuncié mi candidatura en uno los auditorios del Centro Banamex de la Ciudad de México. Ante miles de seguidores di un discurso que invitaba a la aventura, "a luchar, sin descanso, hasta ganar la Presidencia de la República". Pronto comenzaría el trabajo, cada vez más cuesta arriba. Unos paisanos morelianos intercedieron ante otro, Fernando García Gutiérrez, para que nos facilitara una oficina muy digna, cerca del World Trade Center, cosa que hizo. Fruto de la perseverancia, la precampaña comenzaba tímidamente a prender, cosa que nos permitió que quien había facilitado la casa en la calle de Sacramento al equipo de Vicente Fox para su campaña, ahora nos la facilitaba. La inauguraríamos en los primeros días de 2005. Todo se encaminaría a dar la pelea en las elecciones internas del PAN. A sugerencia de la lúcida inteligencia de Alonso Lujambio, el equipo impulsó, y el CEN del PAN aceptó, que se eligiera candidato en elecciones directas entre el entonces más de un millón y medio de militantes, y escalonadas, es decir, divididas en etapas regionales —como de alguna manera se hace en Estados Unidos— que de alguna manera permitieran ir despertando el interés en la ciudadanía en el proceso interno del PAN, cosa que finalmente ocurrió.

Naturalmente, otras candidaturas surgieron en la contienda. La muy "cantada" de Santiago Creel, otras esperables como las de Francisco Barrio y Carlos Medina, y otra, sorprendente, de Alberto Cárdenas. Para el primer trimestre de 2005 Carlos Medina, sopesando sus propias posibilidades, persuadido sensatamente por muchos, declinó su candidatura para buscar la presidencia del PAN, que en ese momento ocupaba Luis Felipe Bravo Mena. Carlos tenía muy buenas posibilidades de llevarse la victoria. Se había combinado una serie de liderazgos de muy diverso tipo, prácticamente la totalidad de exgobernadores, precandidatos como Francisco Barrio, Alberto Cárdenas y yo mismo, expresidentes del PAN, consejeros permanentes, etcétera. Sin embargo, en días previos a la votación, de la oficina presidencial comenzaron a salir consignas y amenazas a los consejeros que trabajan en el gobierno. Hubo un pacto entre Manuel Espino, Marta Sahagún y Vicente Fox. El día del consejo, el grupo de consejeros vinculados a organizaciones "secretas" de extrema derecha, es decir, quienes ahora militan o en su juventud militaron en organizaciones como el Movimiento Universitario de Renovada Orientación (MURO), El Yunque, al que había pertenecido Manuel Espino, decidieron apoyar al propio Espino en esos últimos momentos. La intervención de estos grupos en el PAN, aunque minoritarios, lo ha dañado recurrentemente: juegan a ser fieles a la balanza y terminan con posiciones internas o de representación política mayores a las de su propia fuerza. Se trata de organizaciones que, aunque reducidas, siguen operando con un sistema propio de organización y disciplina. Muchas veces su poder les ha permitido actuar con un pragmatismo que va más allá de lo ético. Por amistad con Carlos Medina, algunos miembros del Yunque, como Marco Adame y Cecilia Romero, habían acordado apoyar su candidatura, pero no fue así. La derrota de Carlos Medina se debió en buena parte a una traición de los *yunques*, que finalmente pactaron dejarlo solo. No fue la primera ni la última vez.

El 5 de marzo de 2005 se llevó a cabo la elección de Manuel Espino. Medina, indignado, se retiró del consejo sin negociar la integración del CEN, lo cual le dio aún más poder a Espino. Su llegada representaba claramente una derrota para todos los que habíamos apoyado a Carlos Medina. El horizonte era en verdad abrumador. Con la derrota a cuestas, nos trasladamos a casa de mi hermana Cocoa, que vivía entonces en un condominio de la Colonia del Valle. Ahí rumiamos los sucesos. Después de darle vueltas al asunto, me puse de pie y le dije al equipo: "Hasta aquí los lamentos, esto no se repetirá. A partir de mañana nos vamos a concentrar única y exclusivamente en ganar votos en la primera ronda. No habrá una sola actividad que no tenga que ver con eso; aunque tengamos al partido en contra, vamos a ganar".

Con esa lógica en mente, cambiamos radicalmente el diseño de la precampaña, no sólo en la agenda, sino en la forma de hacerla. A los lugares que iba me quedaba a dormir en casa de los panistas. Lo mismo en una casa clase media en las colonias de Guadalupe en Nuevo León que en una casa precaria, de apenas bloques de cemento y mampostería en obra negra, rodeada de maizales, en las zonas rurales de Tlaxcala. Dormí en casas modestas de panistas de todo el país, desde Chetumal o Tapachula hasta Agua Prieta, Tijuana o Matamoros. Sólo estando ahí se logra ver cómo vive la gente más humilde y las necesidades que enfrentan todos los días.

Para entonces habíamos conseguido prestado un camión al que bautizamos como *El Hijo Desobediente*. Alude ese nombre a un corrido mexicano —uno de los que de cuando en cuando cantaba en casa mi madre— donde el protagonista, que efectivamente desobedece a su padre, se llama Felipe. Dado el diferendo con Fox, el título del corrido estaba que ni mandado a hacer. El autobús en un inicio funcionó muy bien y resultaba cómodo, pues sólo viajábamos tres o cuatro miembros del equipo. Cuando la prensa se sumó a las giras, la convivencia en el camión se volvió muy complicada.

Con las estadísticas aún en mi contra, los precandidatos a la representación del PAN fuimos invitados al programa de Héctor Aguilar Camín, al cual acudimos sólo Alberto Cárdenas y yo. Aunque el programa transcurrió sin sobresaltos, en un momento quise hacer un lance sobre Alberto, haciendo comentarios imprudentes sobre la gestión ambiental del gobierno, a sabiendas de que fue Secretario de Medio Ambiente y antes director de la Conafor. Por supuesto que fue un error, algo indebido, me equivoqué rotundamente. Con Alberto había tenido una muy buena relación desde que fue candidato y gobernador de Jalisco. Juntos peleamos la mayor partida presupuestal que hasta entonces se les había asignado a los asuntos forestales del país, siendo él director de la Conafor y yo coordinador de los diputados del PAN. Ese momento ríspido que tuvimos en televisión me generó una animadversión del propio Alberto cuando su apoyo era fundamental para obtener respaldo en el proceso interno. Debí haber hecho frente a los embates y manejarlo de manera distinta. Claramente fue una de las equivocaciones que pesarían a lo largo del camino. Aprendí la lección y me enfoqué por completo en buscar los votos en la zona uno, tal como lo habíamos planeado. Por su parte, Francisco Barrio se retiró antes de que iniciara la interna y enseguida logramos generar cierta empatía con él, lo cual sería útil un poco más adelante.

A pesar de que poco a poco avanzábamos en las encuestas, teníamos un rezago importante en la estructura electoral. La tarea era titánica, y los militantes dentro del PAN se alineaban unos más fácilmente que otros al aparato de Santiago Creel, quien iba adelante en las encuestas. Aunque avanzábamos, íbamos a un paso muy lento, parecía que no llegaríamos. Comenzamos a percibir un problema en el PAN que con el tiempo se convertiría en debilidad y en nuestros días es un cáncer al parecer incurable: el apoderamiento de las decisiones internas por pequeños grupos. La estructura de militancia que tiene hace que grupos de poder controlen las decisiones de militancias que han reclutado. Ante la cerrazón del partido a nuevos miembros, este proceso se ha exacerbado hasta hacer del PAN un partido inservible, no democrático en nuestros días. Unos cuantos controlan el padrón interno, porque han controlado la puerta de entrada al mismo, y sólo han registrado a quienes forman parte de sus grupos, y a los que alimentan, con dádivas, candidaturas, puestos en gobiernos, posiciones internas y un largo etcétera. En aquel 2005 aún era marginal este efecto, ante un padrón de miembros activos y simpatizantes que rebasaba el millón y medio de participantes (en la actualidad el PAN cuenta con menos de 250 mil militantes).

Las complicaciones seguían. Un día hicimos un evento de fuerza en el Hotel de México, al que asistieron casi 5 mil de nuestros seguidores. Fue una auténtica fiesta. Al día siguiente, en los noticieros sólo aparecían las actividades de mis oponentes. En el caso de Beto se reporteaba en televisión una rueda de prensa donde sólo aparecían él y dos personas más en una mesa, además de los reporteros enfrente. De Creel, una reunión con algunas decenas de militantes. De nuestro multitudinario evento, absolutamente nada. A los pocos días comí con Carlos Loret, de los jóvenes reporteros más promisorios de Televisa y con quien tenía una buena relación. Me dijo que, a petición del gobierno, en la empresa se había dado la orden de no cubrir nuestros eventos. Cobertura cero. La ley del hielo mediático. Se veía y se sentía. De manera paralela, un empresario de enorme reputación nacional, ahora retirado, me compartía que, en una cena entre empresarios destacados, la frívola y provincianamente autodenominada "pareja presidencial" habló maravillas de Santiago y reconoció algunas cualidades en medio de críticas a Beto Cárdenas. Cuando este empresario preguntó qué opinaban de mí, Fox, tajante, le dijo que ni remotamente sería yo candidato. "Ése no cuenta y ni se les ocurra apoyarlo."

Ante la dificultad del camino, un día regresando en *El Hijo Desobediente* a México después de una gira no muy exitosa, reflexionábamos acerca de la situación: perder en la primera ronda regional, en especial por amplio margen, significaría un golpe brutal que no podríamos soportar. Seguir en las dos rondas restantes, sin recursos económicos, sería un calvario mayor al que ya teníamos. Así que desde la carretera entre San Luis y Querétaro llamé a Juan Camilo para conversar sobre el tema y, sin sorpresa, coincidía por completo en la reflexión. Lo más probable era que perdiéramos —así lo decían las encuestas— la primera ronda; el tema era por cuánto. Al cabo de unos minutos llegamos a una decisión: si perdía yo la primera ronda por un margen superior al 10% de los votos, abandonaría la contienda declinando a favor de Santiago Creel.

El hecho de que la conversación haya sido telefónica es relevante puesto que, a los pocos días, Santiago hacía exactamente esa propuesta en alguna entrevista: él proponía que si cualquiera de los precandidatos perdiera la primera ronda por un margen superior a 10% de los votos declinaría a favor del ganador. Era el colmo. Podía tratarse de una coincidencia, pero para nosotros era evidente que, aparte de tener todo el aparato del Estado en contra nuestra, o quizá por la misma razón, éramos espiados.

A pesar de la indignación y cierto desánimo, seguimos adelante hasta que se abrió una ventana de esperanza: Televisa había accedido, a petición de la comisión electoral interna del PAN, a realizar un debate televisado entre los precandidatos conducido por Joaquín López-Dóriga. Debo confesar que tengo una predilección especial por los debates. Los considero instrumentos indispensables de la vida democrática, incluyendo la parlamentaria. Hay una anécdota que viene desde la entrega apostólica de mi padre a la causa del PAN: preocupado por la pobreza dialéctica de algunos líderes y parlamentarios del partido, mi papá les hizo llegar un prontuario de respuestas a los temas polémicos. Así preparó un libro llamado *Respuestas*. Para armarlo, literalmente cortó y pegó copias de fragmentos de discursos, conferencias y declaraciones en la prensa sobre todo tipo de temas, en especial los más controversiales. Para mí la lección fue doble: hay que investigar a fondo todos los temas, y hay que tener siempre respuestas puntuales.

Influido por esas ideas, toda mi vida me he entrenado minuciosamente para esos momentos. Desde mis pininos esporádicos en la radio en Morelia, hasta los primeros programas recurrentes en la W de la Ciudad de México con el periodista Francisco *Paco* Huerta, siempre me preparo a conciencia, sabedor de que la estrategia y la planeación del discurso son armas poderosas si se utilizan de manera correcta. Un debate ganado puede ser clave en los procesos electorales. Con el tiempo justo, improvisamos un *set* para prepararme para ese debate interno. Cada quien representaría a uno de los precandidatos. En conjunto, teníamos que revisar mis discursos para sostener los mensajes y resistir las críticas durante el debate, y a la vez revisar los de Santiago y los de Alberto con el propósito inverso. Era importante proyectar escenarios de las posibles réplicas y ataques. Los papeles se distribuyeron de la siguiente manera: Juan Ignacio Zavala como Alberto Cárdenas y Javier Lozano como Santiago Creel.

Entrenamos tres o cuatro días, durante los cuales analizamos detalladamente las características de los discursos y las entrevistas de mis contrincantes. Santiago Creel, por ejemplo, utilizaba una expresión con cierto desdén, refiriéndose a mi renuncia como Secretario: "Yo no soy de los que abandonan el barco a la primera tempestad". Cuando Javier Lozano me dijo esa frase durante uno de los ensayos, respondí solemnemente: "No, Santiago, tú no eres de los que abandonan el barco, tú eres de los que lo hunden". El ensayo terminó a carcajadas, pero en definitiva la frase fue descartada.

Llegamos muy preparados. Además, a sugerencia de Antonio Sola, a quien conocí cuando él tendría unos 23 años y yo 29, y que tiempo después me ayudaría, enviado por el CEN, en la candidatura a gobernador de Michoacán, empecé a presentar algunas propuestas concretas. Incluso ensayamos el presentarlas con pequeños carteles a cuadro: "Seguro médico universal", "Impuesto de tasa única", etcétera. El debate transcurrió en gran medida como lo esperábamos y el resultado fue razonablemente bueno para nosotros. Por lo pronto en la encuesta telefónica de *Reforma* habíamos ganado el debate. No sabíamos cuál sería el impacto real, pero Juan Camilo y yo nos habíamos trazado como objetivo de la primera ronda acercarnos a Creel y tratar de romper el *bandwagon effect*, es decir, subirse al "vagón de la banda de música". Es el "efecto arrastre" de lo que sería la primera votación regional, que ocurre cuando la gente se alinea con el ganador. En México diríamos que "a la cargada". Si perdíamos por menos

88

de 10, seguiríamos en la pelea con la idea de que la gente dijera: "Está competido". Si perdíamos por más, nos retiraríamos. En cualquier caso, ese mismo día deberíamos haber empezado actos en la nueva etapa de campaña, sin siquiera conocer los resultados de la primera jornada.

El día de las votaciones de la primera ronda, sin esperar los resultados, me fui a arrancar la precampaña en la segunda región con un gran evento en Boca del Río, Veracruz, que pertenecía a la segunda región. Después atendí una entrevista de radio en la U, estación propiedad de Baltazar Pazos. Al salir de la entrevista, mientras bajábamos por el elevador, Juan Camilo, que venía consultando la encuesta de salida que habíamos contratado, me dijo: "Ya tengo el primer corte; los números no vienen mal…" Imposibilitados de platicar más por las personas que nos acompañaban en la camioneta, esperamos con ansiedad concluir nuestro traslado al aeropuerto para platicar y conocer los datos más a detalle. Antes de subir al avión de regreso a la Ciudad de México me comentó: "Tengo más resultados y estamos casi empatados. En una de ésas y hasta podemos ganar". Margarita iba en el asiento frente al mío. Imposibilitado de conversar en voz alta, recordé un gesto que hacía cuando tenía la certeza de ganar una partida Enrique De Esesarte, un querido compañero y amigo de la Libre aficionado a los juegos de mesa. Así que me tapé un ojo con la mano y le dije: "¡Ya ganó el tuerto!" En cuanto aterrizamos, buscamos una conexión a internet para constatar los datos que lanzaban las encuestas. La primera había salido solamente un punto arriba de nosotros. Para el siguiente corte estábamos arriba, ¡no lo podíamos creer!

Ganamos la primera ronda por más de nueve puntos. Al llegar aquella tarde soleada y fresca a la casa de campaña, el equipo de campaña, todos jóvenes, me esperaba verdaderamente jubiloso en la terraza. Fue, otra vez, un día de enorme alegría, de los muchos con los que he sido bendecido en la vida. Entonces la presión cayó sobre Santiago y el *bandwagon effect* se vino de nuestro lado. A partir de ese momento la campaña fue sobre ruedas y empezaron a fluir recursos. La segunda ronda, el 2 de octubre de 2005, fue prácticamente un paseo triunfal; el ánimo en el equipo era muy distinto y no sólo eso, entre los propios panistas comenzaba a correr la esperanza de triunfo en las elecciones presidenciales, que se había perdido.

A pesar del giro esperanzador que le dimos a la precampaña y en general al PAN, que volvió a inyectarle un optimismo perdido a los militantes, se produjeron algunas situaciones muy tensas hacia la segunda elección regional. En el caso de Oaxaca hubo un acuerdo entre los operadores de Creel y el gobernador Ulises Ruiz para que Santiago ganara en las casillas por medio del reparto de despensas y de urnas rellenas en algunas zonas del estado. Se trataba de movimientos muy despreciables que mancharon el proceso electoral. En Tenosique, Tabasco, en la frontera con Guatemala, ocurrió lo mismo. En Chiapas sorprendimos a personal de Conasupo repartiendo despensas con propaganda de Santiago. Las evidencias de alteraciones eran burdas. Aun así, la ventaja que logramos en esa región fue significativa, mucho más amplia que en la primera elección regional.

Paradójicamente, la acusación de fraude y el despliegue mediático y político del gobierno para desacreditar la elección se dio en sentido contrario. En Yucatán, donde había yo ganado por amplísimo margen, incluso armaron un verdadero *casus belli*, argumentando que yo había participado de manera desleal. Humberto Aguilar, coordinador de la campaña de Creel, se refería a mí y a mi equipo como "mapaches". Querían anular las votaciones de Yucatán e incluso llegaron a hablar de la anulación de la elección entera: un delirio absoluto.

Las cosas se pusieron cada vez más difíciles y con ese panorama nos fuimos a la tercera ronda, que se celebraría el 23 de octubre. Esa noche fue espectacular, de nuevo, una de las más agradables de todas estas jornadas que contienen un poco de historia; en la última jornada electoral volvimos a vencer con amplio margen, con la excepción de Jalisco, donde el liderazgo genuino de Alberto Cárdenas nos derrotó. Una anécdota singular es que los medios cubrían al mismo tiempo el cuartel de campaña de Santiago Creel, donde todo era desolación. En ese momento los padres de Santiago Creel pasaron por la sala de prensa que habían habilitado. Su señora madre, en todo su derecho, expresó algún comentario crítico hacia mí. En cambio don René Creel, formado en ese panismo heroico de los años sesenta y setenta —Santiago siempre había rechazado afiliarse al PAN, hasta poco antes de ser precandidato—, dijo que "también hay que tener en cuenta lo que hizo el equipo de Felipe: ahí sí había mística, entrega, espíritu de lucha…" Don René fue fulminado por la mirada de su esposa y otros asistentes. Entonces, de manera muy simpática, hizo un gesto con la mano mediante el cual simulaba que cerraba un zíper sobre su boca y guardaba silencio.

Ese día era ya, para todo efecto práctico, el candidato del PAN, ante la incredulidad de muchos. Por una feliz coincidencia, ese mismo día México ganó el campeonato mundial de futbol Sub 17 en Perú. En el mensaje que les di a mis simpatizantes y a los medios esa noche hice alusión a los muchachos que acababan de ganar y desde entonces abracé el discurso del México ganador. Para mí siempre fue importante romper con el estereotipo, con la caricatura del mexicano sentado bajo un nopal con la cabeza agachada y el rostro cubierto por un sombrero. Sabía que había que proyectar un México que estuviera de pie: "Es así como nuestros jóvenes están poniendo el ejemplo para una nueva generación que ve las cosas de manera distinta. Yo los invito a todos a caminar juntos sin descanso hasta lograr ese México ganador, fuerte y seguro de sí mismo", proclamé esa noche de júbilo y entusiasmo.

Los días siguientes los dedicamos a tender puentes, cerrar heridas, unificar al PAN. Tanto Santiago como Beto terminaron siendo muy generosos y se sumaron. En general, el PAN se unificó sólidamente sin que hubiera mayor necesidad de operar. El panista se sentía con la posibilidad de ganar nuevamente la Presidencia, posibilidad que por dos años se había esfumado ante la abrumadora ventaja que López Obrador mostraba en las encuestas. La toma de protesta como candidato la hicimos en el Palacio de los Deportes el domingo 4 de diciembre en la mañana. Transmitimos en vivo por radio y logramos conectar una transmisión televisiva en un segmento de comercialización. A partir de ese momento las cosas empezaron a caminar a nuestro favor. Entre la inercia de la campaña interna y lo cuidado que fue el lanzamiento, en la encuesta que realizó *Reforma* unos días después me encontraba a un punto de Andrés Manuel López Obrador, un candidato que ya era conocido por todos. Se cerró notablemente la diferencia y, ahora sí, dio inicio la verdadera contienda por la Presidencia de la República.

4

¡Hasta la victoria!

El siguiente objetivo era concreto y abrumador: ganar la Presidencia de la República. López Obrador llevaba ya varios años encabezando las encuestas, en algunos momentos por amplísimo margen de más de 20 puntos. Sin embargo, el hecho de luchar a contracorriente dentro del mismo PAN nos dio una enorme seguridad en nosotros mismos y un aprendizaje: toda desventaja se puede remontar. De hecho, el margen de ventaja de López se había pulverizado al finalizar la contienda interna del PAN: una encuesta de *Reforma* de diciembre de 2005 registraba —transitoriamente— un empate técnico.

Una de las primeras críticas que enfrenté, primero en el PAN, y ya como candidato en la opinión pública y también frente a los empresarios y analistas, era que mi equipo era demasiado joven e inexperto. Con ese tufo de arrogancia me pedían insistentemente darle mayor *seniority* al grupo; debo confesar que temía que tuvieran razón. Y lo que más me pedían es que la coordinación de campaña estuviera en manos de alguien "con presencia y experiencia", no en un joven como Juan Camilo. Y flaqueé: al final cedí a sus prejuicios. Me equivoqué.

Hasta entonces, en efecto, la campaña había parecido una propuesta de jóvenes, lo cual había tenido su encanto y, después de todo, ¡había tenido éxito! Sin embargo, tuve que pensar en la reestructuración del equipo para ajustarlo a la dinámica que se perfilaba en la carrera por la Presidencia.

Durante la disputa dentro del partido me apoyaron abierta y valientemente algunos Secretarios de Estado, como Rodolfo Elizondo y Florencio Salazar, que se mostraron muy comprometidos; siempre les reconoceré su lealtad. Más discretamente pero con firmeza, Josefina Vázquez Mota, con quien yo había desarrollado una gran amistad. A ella la conocí cuando fui electo coordinador parlamentario del PAN, recién ganada la Presidencia de la República y la mayor representación parlamentaria hasta entonces, puesto que ella formaba parte del grupo de diputados que llegamos a la Cámara. La nombré subcoordinadora de temas sociales y le encargué varias tareas relacionadas con presupuestos de asuntos importantes. De hecho, en una comida que organicé en el hotel Camino Real para acercar al Presidente electo Vicente Fox con el grupo parlamentario del PAN antes de su toma de posesión, y con el cual se había mostrado alejado —se sentía en el grupo—, me comentó que estaba a punto de concluir la integración del "gabinetazo" y que le faltaba alguien para la Secretaría de Desarrollo Social. Buscaba expresamente una mujer. Ya el PAN le había rechazado —ante los rumores filtrados a la prensa— la idea de nombrar a las perredistas Amalia García o Rosario Robles. Fue entonces cuando le presenté a Josefina, enfatizando sus credenciales académicas como economista, de gran oratoria y trato humano. A los pocos días la invitó como Secretaria. Ya ella en su encargo y yo como diputado y luego en la administración, nos seguimos frecuentando y nos volvimos cercanos. He tenido diferencias con Josefina. Pero a pesar de eso siempre le he tenido un especial afecto. Josefina realizó una brillante tarea al frente de la Secretaría de Desarrollo Social. Con la experiencia que la antecedía, tomé la decisión de invitarla como coordinadora de campaña para mostrar el *seniority* requerido.

Mi idea era que Josefina desempeñara el papel público en la organización, que fuera la vocera y la responsable de relaciones públicas, mientras que la tarea técnica operativa la llevara a cabo Juan Camilo Mouriño. Desafortunadamente el esquema nunca funcionó y creo que el primer error fue mío al no ser lo bastante claro con ambos acerca de mi plan. En estos casos, insinuaciones, señales, "valores entendidos" no funcionan. Si un consejo puedo dar es que hay que ser absolutamente claros, pragmática, drásticamente claros acerca de lo que se espera de un colaborador. Quizá por eso las cosas empezaron a fallar. El equipo de Josefina buscaba intervenir en cada tramo y en cada área operativa y Juan Camilo no estaba de acuerdo. El nombramiento mismo de Josefina había significado un golpe anímico y estuvo a punto de renunciar al equipo de campaña. Recuerdo una gira por la zona mazahua del Estado de México en la que pasé todo el día tratando de comunicarme con él por teléfono. Al final recapacitó generosamente. Creo que si eso no hubiera ocurrido yo habría perdido la Presidencia.

En cualquier caso, el nombramiento de la coordinadora provocó una crisis interna muy fuerte que hizo trastabillar la campaña. Mientras encontraba la manera de recomponer al grupo, los partidos opositores, el PRI y el PRD, efectuaron maniobras para debilitar el sorprendente ascenso de nuestra candidatura, acusándome de presuntos actos de proselitismo político fuera del tiempo pactado. El IFE había decretado una tregua en la que se estipuló que del 11 de diciembre de 2005 al 18 de enero de 2006 no se llevarían a cabo actos de campaña. Pues bien, en ese periodo acudí a una obra de teatro, y el solo hecho de que la prensa diera cuenta de mi presencia ahí motivó una sanción electoral. De igual manera, se me sancionó por el hecho de asistir a un desayuno con la directiva de la Cámara Alemana-Mexicana de Comercio, a pesar de que el evento era privado, formaba parte de la agenda habitual de la Cámara y la prensa no estaba convocada. Seis años después, en 2012, en el periodo de tregua los candidatos hacían giras por todo el país reuniéndose con sus bases, pronunciando discursos difundidos profusamente por la prensa y el IFE no los tocó ni con el pétalo de una amonestación. Algo peor ocurrió en la campaña presidencial de 2018, en la que todos los candidatos postulados por las distintas coaliciones —incluyendo, por desgracia, el del PAN— usaron y abusaron profusamente del dinero público y de los spots durante los tiempos de precampaña sin recato alguno, ¡sin tener ningún contendiente interno! Y una vez más la autoridad electoral (INE) miró para otro lado. Muy distinto aquel proceso de 2006: así transcurrió la tregua para nosotros. Por desgracia, en ese ínterin se siguieron dando eventos demasiado negativos. En sustitución de Josefina en la Secretaría de Desarrollo Social fue nombrada Ana Teresa Aranda, militante panista de largo aliento y a quien también le guardo especial afecto.

Para mi sorpresa, Josefina no ocultó su antipatía hacia la nueva Secretaria e hizo todo lo posible por hacerla pública. Para empezar, hizo que "su equipo" —incluyendo a todos los subsecretarios—, el cual había sido conservado íntegro en la Sedesol, renunciara masivamente en un arrebato público, inmaduro e inoportuno. Ese choque personalizado comenzó a dañar la campaña, debido a que el debate giraba alrededor de la sucesión en la Sedesol y no de la Presidencia de México. Prevalecían las filtraciones de Josefina y su equipo sobre Ana Tere, los errores increíbles de ésta al replicar en la prensa y, en general, el diferendo de las señoras ensombrecía cualquiera de los argumentos a nuestro favor esgrimidos para actuar y ganar. Todo eso operó en contra nuestra y nos cortó el impulso que traíamos de la precampaña y la toma de protesta.

EL ARRANQUE

Cuando la campaña arrancó oficialmente, había logrado convencer a Juan Camilo de que se reincorporara y ya tenía yo una idea muy clara de cómo debían plantearse los primeros días de trabajo. En efecto, antes de presentarme como postulante registrado, ya había dado a conocer mi declaración patrimonial ante Transparencia Mexicana. Había certificado nuestras cuentas bancarias, tanto de Margarita como las mías, ante notario y contadores públicos. Lo mismo había hecho con las cuentas de precampaña. Una década antes de que se empezara a hablar en México, por ejemplo, de mecanismos de transparencia y rendición de cuentas como la "Tres de Tres", Margarita y yo ya habíamos rendido pública cuenta de nuestro patrimonio, ingresos y egresos. De esta manera, cuando se dio el banderazo de salida por la Presidencia, uno de mis primeros actos oficiales sería presentarme ante el IFE para presentar mi declaración patrimonial y mi autorización a que esa institución verificara mis cuentas, renunciando así de antemano al secreto bancario.

Lo que yo tenía en mente era realizar por las mañanas un evento que fuera a la vez mediático pero que proveyera de contenido a las notas informativas, sea con propuestas o, en este caso, con una nota clara de transparencia y honestidad, uno de los mensajes más importantes que buscábamos transmitir a los ciudadanos. Así que el primer mensaje sería sobre nuestro patrimonio ganado con "el sudor de la frente" y nuestros ingresos. La gente debía identificarnos como un equipo comprometido con la honestidad como un valor que empieza en casa. El plan era que el primer día terminara, una vez generada la "nota" principal, con un evento masivo, cuidadoso, donde yo diera un mensaje de las alternativas que estaban en juego en esa campaña: el pasado autoritario y corrupto que el PRI representaba, el pasado populista y autoritario que representaba Andrés Manuel, frente a la alternativa que nosotros proponíamos: un México futuro con Estado de derecho, democracia efectiva, economía abierta, competitiva y generadora de empleos, un Estado igualador de oportunidades y fuertemente comprometido con el medio ambiente.

Se tuvieron esos eventos, sí, pero sucedieron en medio de un mar de ocurrencias que diluyeron el mensaje que quería dar y que en definitiva echaron a perder el arranque. Aunque, en efecto, habíamos empezado la víspera, justo a la medianoche, develando un espectacular en Insurgentes con la imagen de campaña —cosa que nos dio buenas notas impresas al arranque y que se ha convertido en una tradición de arranque de muchas campañas—, me encontré con una agenda muy distinta a la planeada. En lugar de acudir al IFE a presentar mi declaración a media mañana, estaba a las 6:30 a. m. rumbo a Iztapalapa, camino a un desayuno masivo convocado como inicio de arranque de campaña. Llegué a un campo de futbol llanero, donde se habían instalado decenas de mesas y donde se servían frijoles y chilaquiles. Un entusiasta y estridente maestro de ceremonias, sin la menor idea de política, menos del PAN, organizaba porras y presentaba alguna banda que amenizaba el evento. A la entrada saludaba yo a los asistentes, muchos de ellos conocidos y muchos más desconocidos, no sólo para mí, incluso me encontré algunos que no tenían idea de quién era yo. "¿Qué es esto, Dios mío?", dije para mis adentros.

Cualquier campaña electoral debe comenzar por realizar eventos absolutamente seguros, así sea modestos, y organizados en torno al núcleo duro de simpatizantes, al corazón de los votantes. En este caso, exfuncionarios de la Sedesol, entonces en el equipo de Josefina, habían cedido a la vieja tentación de "mandar un mensaje de estar con la gente más pobre, un candidato popular", etcétera. que es tan común. Ello me recordó a Carlos Castillo, a quien también otros llevaron a iniciar su campaña fallida en Iztapalapa. Al equipo de Josefina se le ocurrió apoyarse en alguno de los tantos líderes que merodean, que "bajan recursos" de las dependencias como la Sedesol. Hay que decir que en medio de miles de liderazgos auténticos hay también muchos vivales. En este caso, el personaje en cuestión que había organizado el desayuno masivo en Iztapalapa —no recuerdo su nombre— parecía uno de estos abusivos, e incluso, al paso de los años, nuestra propia Procuraduría terminó por encarcelarlo por algún fraude cometido con recursos públicos.

Total que, después de tal desayuno, todavía me pararon en algún semáforo a repartir volantes y, finalmente, pasado el mediodía hice la presentación de mi declaración patrimonial ante el IFE. Las entrevistas de radio a mediodía giraron en torno al desayuno, con la cauda de cuestionamientos mediáticos para este tipo de eventos. De mi declaración patrimonial y del mensaje de honestidad y transparencia, ninguna palabra. Hay medios y reporteros que tienen su propia agenda y por lo general evaden la del candidato, pero tampoco hay que dar materia para ello. Para colmo el evento masivo en el toreo de Cuatro Caminos esa noche estuvo a punto de terminar en desastre: en lugar de ser un evento que me permitiera dar un mensaje sobre los ejes discursivos de la campaña, se convirtió en un acto partidista totalmente adverso. Francisco Gárate, el presidente del PAN en el Estado de México, insistió en hacer uso de la palabra y se le concedió. Su discurso fue tan malo y largo que, aunado a la alta conflictividad que él tenía como jefe estatal, llevó al respetable a realizar una andanada de rechiflas y mentadas que daba pena. Seguiría una larga lista de oradores:

candidatos a diputados, a senadores, "la voz de las mujeres, la voz de los jóvenes", etcétera. Cuando me di cuenta de que entre el público había grupos comenzando a retirarse, hablé con Manuel Espino, presidente nacional, y presioné para que pudieran darme la palabra de inmediato. Finalmente lo logré, abrevié todo lo posible mi mensaje antes de que se notaran los huecos entre el público y evitamos una auténtica tragedia.

La misma dinámica siguió las semanas siguientes. Mi agenda estaba saturada de eventos, desde muy temprano hasta tarde. Era imposible fijar un tema en los medios, aunque éstos actuaran de buena fe, porque yo mismo estaba realizando varios eventos y abordando varios temas al mismo tiempo. Era muy riesgoso, pues en lugar de planear uno o dos eventos muy bien hechos, al hacer seis o siete corríamos el riesgo de que alguno saliera mal, y ése se convertía en la nota del día.

En lo que toca a la publicidad, la estrategia era la de un "spoteo" inicial muy intenso diseñado por Paco Ortiz acerca de mí, de quién era, y con qué principios me conducía. Sin embargo, las transmisiones se repetían con tal intensidad que resultaron contraproducentes. Es decir, su primer impacto fue muy bueno, pero a la vuelta de las semanas el mismo spot insistente comenzaba a ser aversivo. El televidente comienza a cansarse y a encontrar fallas en los mensajes, a fijarse en detalles que resultan negativos. Por ejemplo, el spot se grabó en una casa que se consiguió en Valle de Bravo. Yo jamás en mi vida he tenido casa ahí, y de hecho he ido muy pocas veces. Margarita y yo siempre hemos tratado de vivir una vida discreta, y la verdad no somos afectos a los lujos, no nos gustan. Sin embargo, el lugar donde se grabó el spot era una lujosa residencia con vistas campestres impresionantes y picaderos de caballos. La imagen era la de una persona privilegiada y la publicidad, a fuerza de ser repetitiva, comenzó a hacer estragos.

La campaña se fracturaba. A diferencia de lo que nosotros estábamos haciendo, la campaña de Andrés Manuel iba viento en popa. Basado en su amplia presencia construida durante dos largos años, realizaba un evento masivo por día. Cuando aparece la nueva encuesta de *Reforma*, hacia el final del primer trimestre, la ventaja que llevaba López Obrador sobre el PRI y nosotros ¡era de más de 10 puntos! Se reflejaba ahí lo que las campañas habían sido hasta ese momento: la de López Obrador, una serie de exitosos actos masivos. La nuestra, una cadena de errores. Aunado a la presión de revertir los sondeos, las tensiones internas seguían presentes en el equipo. Comparando la encuesta publicada con las nuestras, que reflejaban la misma tendencia, nos reunimos una mañana Juan Camilo, Rafael Giménez, Antonio Sola, algunos otros miembros más del equipo y yo en la oficina de la casa de campaña de Sacramento, en la colonia del Valle. Había que cambiar la estrategia, no estaba funcionando. Poco a poco fuimos desahogando nuestras inquietudes. Había que empezar de nuevo la campaña, "reseteando" las giras, los mensajes, los lemas, la publicidad.

Ese mismo día tendría una entrevista radiofónica con Joaquín López-Dóriga y obviamente me preguntó por la encuesta de *Reforma* en donde aparecía con una amplia desventaja. "No voy a entrar en el juego de negarle credibilidad a las encuestas porque, en general, creo en ellas —le dije—. Sé que hay muchas que pueden manipularse, pero no creo que éste sea el caso. Efectivamente, así están, me ha ido mal, la campaña ha sido mala y les ofrezco una disculpa a los panistas y a la gente que cree en mí. Les pido que me den otra oportunidad. Voy a rectificar la campaña, vamos a cambiar, vamos a empezar otra vez", respondí con convicción. Daríamos un golpe de timón, y hablaba en serio.

A pesar de que algunos panistas juzgaron que esas declaraciones me habían hecho ver vulnerable, la realidad es que la honestidad con la que hablé me permitió recuperar un poco de credibilidad entre la gente.

Decidimos cambiar la campaña, de arriba abajo. Cuando yo había iniciado la lucha por ser candidato del PAN, por ejemplo, habíamos diseñado un lema que siempre me gustó: "Mano firme, pasión por México". Reflejaba mucho de mi percepción sobre los problemas del país —señaladamente la falta de compromiso del gobierno con el Estado de derecho— y, por otra parte, expresaba lo que para mí es la política: una pasión, una pasión por México. Al ser ya candidato elaboramos sobre la misma temática y sustituimos la "Mano firme" por "Valor", tratando de dar un doble sentido: valor en el sentido de valentía y a la vez de valores y principios como los que inspiran al PAN, por lo que el lema inicial de campaña fue "Valor y pasión por México". Muy elaborado, sí, pero que no significaba nada claro para el grueso de la gente. Así que lo cambiamos por algo más simple y evidente "Para que vivamos mejor". Mucho más claro, directo y fácil de recordar. En ese periodo de ajustes fue Josefina, apoyada por su equipo, quien sugirió la idea del "Presidente del empleo", y lo utilizamos también como un complemento. Funcionó.

La nueva campaña mediática era mucho más frontal: tratábamos asuntos enfocados en los temas que a mí realmente me interesaban, como atraer inversión, qué hacer con la educación, escuelas de tiempo completo, seguro universal, becas para los jóvenes "para que tu única chamba sea estudiar", etcétera. Con esos asuntos hicimos spots de 10 segundos, ya no de 30, ni los de dos minutos que habíamos realizado al principio y que no habían funcionado. Se trataba de transmitir una idea, bien formulada, en tan sólo 10 segundos.

La discusión sobre la nueva campaña implicaba abordar la dificultad de alcanzar a Andrés Manuel en las encuestas. En la mesa del comedor del departamento que la familia Mouriño tenía en Polanco discutimos con algunos asesores la posibilidad de hacer críticas a nuestros oponentes, una campaña de contraste. Estábamos Juan Camilo, Francisco Ortiz, un asesor externo —por cierto, ninguno de los que se han atribuido la autoría de la frase estaba ahí— y yo. La discusión fue incómoda, pero la conclusión casi unánime: la publicidad de la campaña debería también reflejar por qué éramos mejores que nuestros oponentes, cuáles eran sus debilidades y qué opinábamos abiertamente de ellos, tanto del PRI como del PRD y sus candidatos. Así se acuñó el eslogan "López Obrador, un peligro para México". Se ha criticado enormemente esta campaña, pero era lo que en realidad pensábamos de él, y considero que, por desgracia, algunas de las cosas que dice y hace parecen confirmar aquel temor. Sus ideas, sus propuestas echeverristas, populistas, proteccionistas —desde creer que todo lo puede hacer el gobierno, creer que las importaciones son "malas" y las exportaciones "buenas", hasta establecer precios "de garantía" a productos agrícolas—, la intolerancia a la prensa y voces disidentes, la destrucción del medio ambiente, el rechazo a la ciencia, la pequeñez internacional, el desprecio por el derecho y las instituciones y un largo etcétera parecen refrendar esa afirmación.

Con el cambio de estrategia vinieron también cambios en el equipo de trabajo. Uno de los que pagó, quizá injustamente, el pato, fue el jalisciense Alonso Ulloa, con quien era amigo desde la juventud en el PAN. Alonso era el encargado de la planeación de eventos y giras. Cuando conversamos acerca de la necesidad de mostrar voluntad de cambio en la campaña y que eso incluía cambios en el equipo, me dijo que lo entendía, pero me aseguró que él no había decidido los eventos que tanto daño nos hicieron, como los del primer día de campaña que ya he descrito. "Yo no los hice, fue el equipo de Josefina, pero si te sirve mi remoción, adelante, siempre contarás con mi apoyo", me dijo, y en efecto, siempre conté con él. El otro que salió fue el propio Paco Ortiz, quien había trabajado en el equipo de Presidencia y era responsable de publicidad. Finalmente decidí darle más atribuciones a Juan Camilo para que coordinara la campaña con más fuerza.

Con las encuestas todavía mostrándonos en mucha desventaja, ocurrió un hecho que parecía insignificante. Organizamos un partido de futbol contra el grupo de periodistas que cubrían mi campaña. Uno de los voluntarios conocía a alguien de la Federación Mexicana de Futbol e invitó a un pequeño grupo de integrantes de aquel equipo de la Sub-17 que había ganado el campeonato mundial a jugar con nosotros. Ahí tuve la oportunidad de conocer el secreto de la victoria de este equipo en Perú. Todos hablaban de la preparación psicológica que les daba el técnico Jesús Ramírez, y la psicóloga del equipo. Uno de los jugadores compartió:

Antes del entrenamiento físico teníamos entrenamiento psicológico. Acostados en el pasto, la terapista nos hacía imaginarnos el partido de la final. Cada uno de nosotros debía visualizarse alzando la copa de campeones. Y antes, visualizar cada jugada, al grado de que, si eras delantero, por ejemplo, tenías que imaginar cómo tirabas, y cómo y por dónde entraba el balón a la portería contraria. Todo el día teníamos en la mente bien clavada la idea de que íbamos a ganar.

Esos comentarios me sacudieron mentalmente. Se convirtieron en una inspiración para el equipo de campaña y generaron un cambio de mentalidad significativo. El partido estuvo divertido, con muchas patadas para el lateral izquierdo que era yo, eso sí. En un momento dado se decretó un penalti. *El Gonini* Vázquez Ayala, que nos acompañaba ese día me dijo: "Tíralo, Felipe, lo vas a meter". Todo el equipo de campaña sintió pánico, empezando por mí. Una parte del discurso del México ganador que yo venía manejando tocaba la idea de que México debería dejar de ser "el equipo que falla los penaltis". Y mi historia como futbolista, y en particular como anotador, era bastante mala. Ni hablar: puesto frente al balón y la portería, me concentré, tiré con fuerza, y fue gol. Ganamos uno a cero. El júbilo no se hizo esperar, la nota en los medios fue muy buena y transformó el tono de la campaña. Es increíble que un detalle tan insignificante haya influido en algo tan importante.

DE NUEVO: UN DEBATE

A pesar de ciertas críticas, muchas de ellas genuinas, otras francamente mal intencionadas, la campaña comenzó a repuntar poco a poco. Los eventos fueron menos pero mucho más cuidados. Se acercó una fecha crucial: el primero de los dos debates a organizar por el Instituto Federal Electoral. Era tal la ventaja en las encuestas de Andrés Manuel, y tal la soberbia de él y de su equipo, que anunció que no asistiría al debate, porque según él "sólo se organizaban debates para atacarlo". Es obvio que en los debates se definen propuestas, pero también se expresan críticas a los contrincantes. ¡Para eso son los debates! Un instrumento medular de las democracias. La decisión de Andrés Manuel de no asistir ha sido probablemente uno de los grandes errores de su carrera política.

Al igual que con el debate en la interna del PAN, nos encerramos tres días a preparar el contenido. Esta vez Roberto Madrazo era representado por Javier Lozano, Juan Ignacio Zavala representaba a Andrés Manuel, Patricia Mercado era Alejandra Sota y Rogelio Carbajal personificó a Roberto Campa. Con los roles establecidos preparábamos una y otra vez los argumentos. La preparación de ese debate y el desempeño en el mismo fue quizá el trabajo interno más importante de toda la campaña.

Como se había anunciado, López Obrador despreció la convocatoria y no asistió. Ese 25 de abril el debate comenzó con un round de tanteo y en la segunda ronda ya hubo ataques muy directos de todos los participantes hacia mí. Roberto Madrazo había enunciado sus propuestas y de repente exhibió un periódico en cuya primera plana aparecían varias cabezas humanas clavadas sobre la reja de la presidencia municipal de Acapulco, Guerrero —ya desde entonces estaba presente el tema de la violencia y decapitados, que aunque injustamente me lo imputan, empezó a ocurrir años antes de que yo llegara a la Presidencia—, y acusaba al gobierno del PAN de ser el causante de la violencia y la inseguridad. Le contesté: "Yo resumiría que el problema del narcotráfico es el fruto de la corrupción que su partido estableció en México como una institución durante 70 años".

Y a propósito de la corrupción, me enfoqué en el argumento fundamental de la vida política en ese entonces: el PRI es sinónimo y símbolo mismo de la corrupción en México. Desgraciadamente eso ahora lo comparten varios partidos, incluido el PAN.

"Ignoro cuál sea la situación fiscal del señor Roberto Madrazo, lo que sí sé es que por sus departamentos en Miami no ha pagado impuestos, departamentos de casi un millón de dólares cada uno, que compró a través de mecanismos diseñados precisamente para evadir impuestos", dije mientras exhibía un cartel con la fotografía del edificio donde tenía su departamento en Miami el candidato del PRI. Y rematé: *"A usted, señor Madrazo, como al nopal… cada vez le encuentran más propiedades"*.

Sonreí al final de mi intervención. Había conectado ya varios golpes y creo que funcionó bastante bien como una reacción exitosa a su ataque. Él volvió a la carga. Sin embargo, hacia el final del debate se le caen los papeles y cuando se inclina para recogerlos la toma de televisión sigue enfocando su podio vacío durante decenas de angustiantes segundos. Ese instante lo aproveché para empezar a hacer mi cierre, a tambor batiente. El resultado: en todas las encuestas telefónicas realizadas se mostraba que yo había ganado el debate.

Para el 25 de abril las ocho columnas de *Reforma* informaban: "Rebasa Calderón a AMLO". En efecto, ya no estaba 10 puntos debajo de López Obrador como en la encuesta anterior, sino que ¡estaba tres puntos adelante de él! Treinta y ocho por ciento contra 35. Habíamos dado la vuelta a la campaña. Tras la victoria en el debate y el cambio en la tendencia del voto ciudadano, en el equipo se sintió un gran alivio. Pienso que eso nos hizo incurrir en un exceso de confianza y perdimos de alguna manera el tiempo. Por ejemplo, hicimos un spot largo en el que yo le hablaba a un hipotético auditorio, que definitivamente no gustó. No lo corregimos.

Aunque se ha criticado mucho nuestro eslogan de "Un peligro para México" —insisto, una verdad de a kilo—, la campaña negativa de López Obrador y el PRD hacia mí fue mucho más intensa, difamatoria y en verdad calumniosa, con un pautado mucho más voluminoso porque conjuntaba el de varios partidos políticos. Nadie menciona nada de eso. Incluso se refieren a mi campaña como "guerra sucia" —apelativo que alude a la campaña contra la guerrilla en los años setenta basada en asesinatos y desapariciones, cosa totalmente distinta—. "Una campaña de contraste —comenta Antonio Sola— no equivale a lo que se ha mal llamado 'guerra sucia'. Contraste, es decir, bajo las reglas del juego, quién soy yo y quién creo que es mi adversario." No es lo mismo. Nosotros sí criticamos abiertamente a López Obrador, y con razón. Una campaña negra, en cambio, inventa mentiras y las propala dolosamente, a veces por vías ilícitas o subrepticias; eso nunca lo hicimos.

A su vez, la campaña de López Obrador, que dispuso de muchos más spots televisivos que la mía, tuvo una intensa publicidad negativa contra mí; recuerdo por ejemplo aquella con la que me atacaban a propósito del Fobaproa. Me acusaban de ser responsable de la quiebra bancaria y del costo del saneamiento del sistema financiero. Como presidente del PAN había apoyado al Presidente Zedillo en la imperiosa necesidad de resolver el tema de la quiebra del sistema financiero del país. En general, como presidente del PAN decidí respaldar al Presidente de México apoyado en el principio ético descrito en la declaración de principios del PAN: "El interés nacional es preeminente, pero discrepábamos en la solución técnica que su equipo había propuesto; nuestra propuesta de solución divergía en la forma de solucionar el tema. Nuestro enfoque era que los recursos fiscales que se utilizaran fueran reembolsados en el tiempo al Estado, que el apoyo se diera como garantía de depósitos a los ahorradores y no como compra de activos tóxicos a banqueros irresponsables, y que se canalizaran apoyos fuertes a deudores hipotecarios y pequeños empresarios. Varias de esas cosas se lograron, otras no. Pero en ese momento era imposible armar una réplica de 20 o 30 segundos a un asunto tan complicado técnicamente y cuya discusión tomó meses, si no es que años, sin decantarse claramente casi una década atrás. Quienes estaban en el cuarto de guerra no atinaban a diseñar una respuesta. Al mismo tiempo, debo decir que mi mamá me había estado buscando insistentemente esos días. A la gran Mary Mojica, mi secretaria, yo lo decía: "Dile que luego le hablo", y cosas así. Por supuesto que ahora que no está me arrepiento de no haberle contestado a tiempo. Sin embargo, en uno de esos recados, dice mi secretaria en voz alta: "Doña Carmen dice que no se preocupe, que entiende que debe estar muy ocupado, pero dejó un recado: que no es justo que lo estén criticando, tan no es cierto que usted firmó los famosos papeles del Fobaproa, que en la tele sale una mano derecha firmándolos, y que todo mundo sabe que usted es zurdo". Seguíamos en cuarto de guerra, buscando una solución al ataque devastador de AMLO con el tema bancario. Nos cayó en gracia la buena voluntad de mi madre. Sin embargo, a los pocos minutos, alguien del equipo sugirió: "mientras no tengamos una solución mejor, de aquí a mañana podemos poner un desmentido con ese argumento". La propuesta causó estupor, incluso indignación y bromas en el equipo, pero una hora después no había ninguna alternativa. Así que, así fue: el spot antídoto contra la acusación del Fobaproa fue uno titulado:

"El PRD miente", en el que aparecía la imagen de su propio spot, supuestamente mi mano derecha firmando los míseros papeles, y un video real mío de algún evento en la Secretaría de Energía firmando con la mano izquierda. Fue un éxito.

El segundo debate estaba programado para el 6 de junio de 2006. Esta vez sí participaría López Obrador —lógico— y eran de esperarse de él varios ataques. Nuestra campaña, por su parte, seguía con mucho éxito y mucha alegría. Me gustaba cantar corridos en algunos mítines. Cantaba "Sangre caliente", donde cambiaba los vocativos de "el negro, el blanco y el giro me las tienen que pagar", por "el PRI, Madrazo y El Peje me las tienen que pagar", y en lugar de 2 de noviembre, cantaba: "Me gusta el 2 de julio, y ayer fue día primero". También cantaba "El Moro de Cumpas" —que relata cómo el caballo retador le gana una parejera al indiscutible favorito— y muchas otras. Creo que me regalaron cuatro o cinco gallos de pelea en la campaña. El primero lo guardé en un pequeño baño que tenía en la planta alta de la casa junto a una pequeñísima biblioteca. Muy a mi pesar, resultó insufrible su "quiquiriquí" en las madrugadas y regresó a un buen criadero de gallos de pelea. Por otra parte, la gente me daba todo tipo de imágenes religiosas para llevar conmigo, rosarios —por respeto a la gente, Margarita terminó poco a poco rezándolos todos, usando uno a la vez de los que me regalaban—, crucifijos, pirámides, tréboles… Sin embargo, muchos de esos símbolos, incluyendo imágenes religiosas, comenzaron a ser discreta pero severamente criticados por cristianos protestantes que nos acompañaban como voluntarios en la campaña. De igual manera, muchos católicos rechazaban varios de esos símbolos (tréboles, pirámides, piedras, etcétera) y me pedían que los desechara porque eran "distractores que el demonio ponía en manos de los creyentes" para desviar la atención hacia Dios. Aparecían personas diciendo que habría símbolos del demonio que debía evitar o vencer. Incluso había voces en los recorridos que aseguraban que la elección de 2006 era una lucha entre Dios y el demonio que se disputaban México. Respeté mucho siempre las opiniones religiosas de la gente, independientemente de las mías, pero no le presté importancia a estos temas, no lo tenían. La verdad es que no reparaba mucho en esos argumentos. Sin embargo, la presión se fue acumulando.... Para las vísperas del segundo debate no hubo tiempo ni voluntad de prepararlo a conciencia como el primero. Incapaces de concentrarnos a fondo en el equipo por el ritmo de campaña y la tensión que teníamos, en un momento dado les dije que mejor prepararía yo solo mis intervenciones. Ciertamente necesitaba concentración personal, de lo que no había dispuesto en un buen rato. Y ya solo en casa, aunque tardé varias horas en concentrarme, tomé por fin papel y lápiz y comencé a escribir. Como suelo hacerlo, empiezo por poner la fecha en mis propios borradores, y escribí con números la fecha del debate: 6 de junio de 2006, y de mi puño y letra escribí: 666. Tal coincidencia de día, mes y año formando el número que, de acuerdo con el Apocalipsis, es el número de la Bestia, me recordó todas las voces que me advertían las semanas previas que enfrentaría los *signos del demonio*.[1] Sentí por breves instantes un escalofrío. Volví a concentrarme y preparé mis intervenciones.

Ya en el segundo debate, Madrazo fue con todo en contra mía, atacándome desde sus primeras intervenciones; en una de ellas dijo: "En noviembre del año pasado presenté mi libro, y hoy veo que el candidato del PAN ha tomado 23 de las propuestas que tiene el libro, enhorabuena, que sea para bien de México". A lo que contesté: "Celebro que coincidamos, licenciado Madrazo, yo también presenté mi libro con propuestas, sólo que se publicó un año y un mes antes que el suyo, en octubre de 2004; se pueden reproducir las propuestas siempre y cuando se cite la fuente". Al mismo tiempo exhibía un ejemplar del libro *El reto de México*,[2] que por fortuna traía entre el material de ayuda que había llevado al atril.

Fue un golpe de suerte, la ironía funcionó y entonces me desentendí de él y me enfoqué totalmente en López Obrador, con quien tomé

---

[1] "Que el inteligente calcule la cifra de la Bestia; pues es la cifra de un hombre. Su cifra es 666." Apocalipsis, cap. 13, 18. https://www.bibliacatolica.com.br/es/la-biblia-de-jerusalen/apocalipsis/13/.
[2] Felipe Calderón Hinojosa, *El reto de México*, México, Partido Acción Nacional, 2006.

108

una actitud mucho más beligerante. Parecía yo el retador, aunque en las encuestas estaba por delante de él. Como era de esperarse y como lo habíamos preparado, López Obrador retomó la línea de ataque de su publicidad negativa diciendo que yo era el responsable del "atraco" del Fobaproa. Nuestra respuesta a un tema tan complejo debía ser impactante, convincente, visual, rápida. No dispondría yo de más de 30 segundos, y así fue. Había preparado una enorme cartulina con un póster original de la propaganda del candidato del PRD al Senado por Tabasco, Arturo Núñez. En ella aparecían tanto López Obrador como él dándose la mano y sonriendo. La mostré a la cámara y le dije:

> Voy a contestar este tema de una vez por todas: miente usted, señor López Obrador, el Fobaproa no fue un problema creado por el PAN, ni tampoco lo firmé ni lo aprobé, usted lo sabe, lo ha reconocido públicamente, incluso lo ha publicado en su libro. Miente usted porque no le dice a la gente que, si se desconoce el apoyo a los ahorradores, todos los televidentes perderían inmediatamente sus ahorros en el banco y entraríamos a otra crisis económica como a las que usted le gustan. Miente también porque desconoce un dato fundamental: ¡quiénes fueron los verdaderos responsables! Y aquí usted tiene que contestarle al auditorio y darle una explicación del porqué se le olvida el Fobaproa a la hora de postular candidatos al Senado o a las gubernaturas por el PRD, porque concretamente usted postuló a Arturo Núñez, el coordinador de los diputados del PRI en esa época. ¡Él sí defendió, aprobó y votó el Fobaproa y ahora es candidato a senador del PRD por Tabasco, su estado, por cierto! Yo creo que esta incongruencia, este doble mensaje de usted es inadmisible y tiene que explicarlo a la gente.

Blandía a la cámara el cartel en el que él y Arturo Núñez sonreían y pedían el voto. Creo que nunca —al menos en la campaña— me volvió a atacar por el tema. Hacia el final del debate vino de su parte un ataque inesperado, básicamente por tratarse de hechos falsos: la acusación de que yo había favorecido como Secretario de Energía a mi cuñado Diego Zavala con contratos de miles de millones: "Nada más para decir que voy a entregar un expediente donde el cuñado de Felipe, cuñado incómodo, tiene una empresa que le trabaja al gobierno que ha recibido contratos precisamente de la secretaría, mejor dicho del sector energético cuando Felipe fue Secretario, tuvo ingresos por 2 mil 500 millones y no pagó impuestos".

Tan seguro estaba de la falsedad de las acusaciones que lo negué rotundamente. En mi última intervención me defendí: "Bajo mi mandato en la Secretaría de Energía ni un solo contrato fue otorgado discrecional o en los términos de la propia reglamentación a algún pariente mío, de tal manera que miente usted, y miente además en el ingreso, 2 mil 500 millones de pesos ni soñando, hágasela buena".

Sin embargo, la ponzoña estaba clavada y el veneno estaba planeado para dispersarse en los días subsecuentes. A la par del debate la publicidad del PRD se volvió personal contra mí, con muchas mentiras, empezando por las imputaciones de los contratos de Diego.

Lo que en realidad había pasado es lo siguiente: desde que yo pretendía a Margarita, Diego trabajaba desde su casa en programación y sistemas computacionales, carrera que había estudiado. De hecho, la primera computadora que yo conocí fue la de él: una pantalla oscura con líneas verdes. Poco después, mientras él ocupaba el escritorio de su habitación, tenía un ayudante trabajando sentado al pie de su cama. Con el tiempo, Diego desarrolló la empresa Hildebrando, de servicios de sistemas, como una de las más exitosas en México en aquella época: ¡llegó a tener más de mil empleados! Su crecimiento era tal que pudo ir comprando otras empresas que eran sus competidoras. Una de ellas, a la que hacía referencia López Obrador, tenía contratos con Pemex de tiempo atrás que se venían renovando continuamente, pero propalados muchos años antes de que yo fuera Secretario de Energía. De hecho, yo ignoraba la existencia de esa empresa y su relación con Pemex. Nada tenía que ver, ningún contrato había sido otorgado por mí, ni por mediación o instrucciones mías, como perversamente había afirmado López Obrador en el debate. La otra acusación de evasión fiscal nunca se probó y ni siquiera llegó a señalar con precisión en qué consistía la presunta evasión.

En esa ofensiva mediática, los pejistas habían echado todo contra mí, sin resistencia alguna de los medios, incluidas las televisoras más importantes, que parecían regodearse dándoles apoyo. En medio de esos ataques, y a unos días de la elección, busqué y obtuve una cita con los directivos de Televisa; en ese entonces su presidente era Emilio Azcárraga y el ejecutivo más prominente de la empresa, Bernardo Gómez. Tuvimos una conversación difícil pero productiva: expuse mi preocupación por el sesgo que en opinión de algunos comenzaba a tener Televisa a favor de Andrés Manuel, y mi petición respetuosa de imparcialidad en los comicios. Terminada la reunión en términos cordiales, me acompañó a la salida la secretaria de Bernardo, quien había salido un poco antes. Impaciente porque el elevador no llegaba, presionado por la agenda del día, tomé la decisión de bajar por las escaleras. Su secretaria reaccionó con enorme preocupación: siendo ella tan amable (en verdad lo es), me pedía a gritos que esperara el elevador: "No, no, no", me dijo al verme enfilar a la escalera. "No se preocupe —le dije—, son unos cuantos pisos." Trató de detenerme sin éxito. Al bajar por la escalera, me encontré una sorpresa mayúscula: Bernardo Gómez estaba en el descanso de la escalera, supongo que esperando a que yo bajara por el elevador. Estaba precisamente con... ¡Andrés Manuel López Obrador! Saludé a ambos con un: "¿Qué tal, cómo están?", pero a los cuantos pasos no pude aguantarme y mirando hacia ellos les deslicé un comentario que me pareció simpático y socarrón: "Conque negociando en lo oscurito, ¿eh?" No volví a verlos sino después de la elección. Se corrió el rumor, tiempo después de ésta, de que un hijo de Andrés Manuel estuvo en la oficina de Bernardo durante el día de la votación. No tuve manera de confirmarlo, pero la imagen de los dos personajes, esperando en aquel descanso de la escalera que rodea los elevadores de Televisa Chapultepec, no es algo que se pueda olvidar. Mi relación con Emilio Azcárraga siempre fue respetuosa y amable. Con Bernardo, tensa al principio, terminó por ser respetuosa y amable también. Entendíamos que cada quien estaba en su trinchera y luchando por lo que cada uno hacía.

El feroz pautado de la coalición de izquierda repetía una y otra vez las afirmaciones calumniosas de López Obrador. Dos o tres días después del debate, en los medios anunciaron que llevarían "las evidencias" de los contratos que supuestamente yo había autorizado de manera ilegal a las oficinas del Comité de Campaña. Yo estaba de gira, y Juan Camilo me llamó para pedirme instrucciones respecto de qué hacer. "Van a venir los perredistas —dijo—. Los recibimos, o de plano cerramos y regresamos cuando se vayan." "No, no, recíbanlos", le dije. "Recíbanlos e incluso consignan un notario que dé fe del material que lleven, documento por documento." Así lo hizo. A media mañana, en medio de una nube de fotógrafos y una gran parafernalia, Claudia Sheinbaum y Noroña, con la hipocresía que a éste caracteriza, se acercaron al comité empujando cada uno un "diablito" con cuatro cajas de supuestos documentos en cada una de ellas. Hicieron su show en la entrada del comité, incluso hubo algún conato de golpes entre Ernesto Cordero y Noroña. Finalmente le dijeron a la prensa, abigarrada ahí: "Aquí les dejamos las pruebas de los contratos de Calderón a favor de su cuñado". Iban a dar media vuelta cuando César Nava los interrumpió: "Un momento, no se retiren sin antes darnos su nombre y generales". Se quedaron estupefactos, no atinaban a dar sus nombres al notario que se los preguntaba. Sin salir de su asombro, el notario los requirió para que se identificaran, y se dispuso a revisar las cajas. De nuevo trataron de retirarse y el notario les pidió que se quedaran para que él pudiera dar fe de su contenido. Una a una las fue abriendo. "La primera caja que tengo a la vista y que procedo a abrir en este momento contiene lo siguiente: está vacía", certificó el notario al abrirla. "La segunda caja… también está vacía. La tercera caja… vacía", y así sucesivamente hasta completar las ocho cajas. Sólo una tenía una hoja con un diagrama en Power Point que había exhibido López Obrador en el debate, sin sustento ni fuente alguna, pero nada más. Fue un fiasco el teatrito de los perredistas. A partir de ahí nos volvimos a levantar. Armamos rápidamente un spot con lo ocurrido frente al notario y nos enfilamos victoriosos al cierre de las campañas.

Habíamos solicitado por escrito utilizar el Zócalo para el cierre de campaña el miércoles 28 de junio. Sin embargo, el jefe de Gobierno Alejandro Encinas le contestó al PAN que el espacio había sido solicitado con anterioridad, curiosamente por el propio López Obrador. ¡Qué casualidad! Sin arredrarnos, preparamos entonces otro tipo de cierre de campaña. Cerraríamos en el Estadio Azteca, ni más ni menos. Aunque parece difícil de creer, implica un reto tanto o más grande como llenar el Zócalo. A pesar de que muchos asistentes fueron saboteados, pues la policía del Distrito Federal impidió el paso de varios autobuses en las entradas de la ciudad, llenamos el Estadio Azteca y fue un evento fantástico, muy colorido. Fue un éxito total. Con las imágenes del estadio lleno y fragmentos de mi discurso armamos para los últimos tres días de campaña dos spots que reflejaban un ánimo de victoria y de esperanza. Funcionaron. En el *tracking* (encuesta de seguimiento diario) de la última semana estábamos un par de puntos por encima de López Obrador. Él, en cambio, hizo el cierre de su campaña el miércoles en el Zócalo, en medio de un gran aguacero. Dado que al día siguiente iniciaba la veda previa a las elecciones no pudo hacer publicidad de su evento. Habíamos ganado la última jugada y nos enfilábamos con las encuestas arriba hacia la victoria ese domingo.

2 DE JULIO DE 2006

En la mañana del día de las elecciones yo estaba francamente optimista, seguro de ganar. Las últimas semanas habían sido duras, pero desde el fiasco de Noroña y Sheinbaum íbamos viento en popa. Margarita y yo queríamos ir a misa, pero ante el riesgo de que se interpretara como una jugarreta electoral, le hablamos al padre Lorenzo, un sacerdote alemán de la orden de los capuchinos de inteligencia brillante que entonces dirigía a los hermanos de la parroquia de nuestra querida colonia Las Águilas. Vino con discreción a la casa, y en la sala ofició alguna celebración religiosa para nosotros. Nos confortó enormemente. Nos encomendamos a Dios y luego salimos a votar, eran casi las 12. Nuestros vecinos se arremolinaban en la calle para saludarnos y alentarnos. No sólo en mi condominio: todo el barrio estaba ahí. Margarita había recorrido puerta por puerta varias manzanas a la redonda durante la campaña. Era una caminata de júbilo y de victoria hacia la casilla, que se prolongó varias decenas de minutos antes y después de votar. Los vítores de esa multitud, transmitidos en vivo en televisión, contrastaban con el frío desplante de las imágenes de López Obrador, solo, sin emoción alguna, formado para votar horas antes en Copilco.

De vuelta en casa, Juan Camilo ya tenía los resultados del primer corte y estaba por recibir los del segundo de las encuestas de salida. Tal como lo esperábamos, en el primer corte veníamos ligeramente abajo. ¿Por qué? Porque los estados en que estábamos más fuertes, en el oeste del país, la votación abría una hora después, y en el noroeste, las Baja Californias, Sonora y Sinaloa, incluso dos horas después. En el primer corte venía la votación del Distrito Federal predominante, en el segundo se equilibraba con todos los estados del occidente y superábamos con los del noroeste. En efecto, en el segundo corte ya veníamos empatados y al tercero y último corte estábamos arriba con una ventaja consistente. Me alegré y preparé para ir a celebrar la victoria al Comité Ejecutivo Nacional.

Como era de esperarse, las elecciones fueron muy reñidas. Conforme se cerraban las casillas y se daban a conocer algunos conteos preliminares, el panorama fue muy esperanzador. Al final, ¡ganamos las elecciones! Fue increíble ser testigo del alcance que había tenido el esfuerzo invertido desde el día que decidí luchar por la Presidencia.

En el equipo de López Obrador estaban seguros de su triunfo, sobrados, confiados, arrogantes. Durante toda la jornada electoral no se presentaron protestas en ninguna casilla. Ni ese día ni en los subsecuentes. De hecho, quien lo representaba en la sesión del Instituto Federal Electoral, el representante de la Coalición por el Bien de Todos (CPBT), el perredista Horacio Duarte, seguro de la inminente victoria de su candidato, afirmaba ante el pleno y los medios:

Estamos convencidos de que los diversos instrumentos electorales que se han dotado por parte del Instituto Federal Electoral tienen un rango de aceptabilidad que nos permite concluir el día de hoy la jornada electoral con buenos resultados [...] queremos reconocer en todos nuestros contendientes un ánimo que si bien estuvo a veces marcado por la rispidez, por el debate, por la dureza, siempre ha sido en el mejor ánimo de la lucha democrática que nos ha distinguido a todas las fuerzas políticas.

Reunidos en el Comité Nacional, esperábamos los resultados tanto de las encuestas de salida como de los conteos rápidos del Instituto Federal Electoral. En ambos casos —los conteos rápidos son mucho más precisos, porque se levantan no sobre entrevistas a votantes sino sobre resultados ya computados de casillas seleccionadas con significación estadística robusta—, habíamos ganado.

Lo sabíamos porque así nos lo habían hecho saber funcionarios del propio IFE. Luis Carlos Ugalde, entonces consejero presidente del IFE, escribiría años después, en su libro *Así lo viví*[3] que "el 2 de julio de 2006 el IFE no dio a conocer un ganador porque la elección estaba muy cerrada, a pesar de que Calderón iba ligeramente a la cabeza" (p. 267). También afirmaría que "López Obrador construyó la historia de un fraude que no existió. Tergiversó la realidad y mintió en varios momentos del periodo postelectoral" (p. 402). Lamentablemente, ante estas mentiras el IFE no actuó con el vigor debido, y Ugalde mismo reconoce que debió "rebatir con mayor contundencia y claridad las acusaciones de fraude electoral después del 2 de julio" (p. 407). Pero no lo hizo, con lo cual se permitió que López Obrador manipulara de forma irresponsable la opinión pública, dañara enormemente la confianza ciudadana en el IFE y le hiciera un terrible daño a México.

Así, sin fundamento alguno y contra lo establecido en la ley electoral, López Obrador salió a anunciar de manera totalmente mentirosa una victoria que no existía. Dijo que tenía más de medio millón de votos de ventaja y que tenía encuestas que lo colocaban 10 puntos porcentuales arriba de mí. Sigo esperando la encuesta y los datos 13 años después. Nunca existieron. En cambio, la empresa que le hacía sus encuestas (Covarrubias y Asociados) reconocería meses después que en sus propias encuestas habían perdido. "Andrés, perdimos", le habían dicho esa noche en su propio comité, según narra Carlos Tello en su libro *2 de julio*, quien tuvo acceso a la información

[3] Luis Carlos Ugalde, *Así lo viví,* México, Grijalbo, 2008.

de lo ocurrido dentro del comité de Andrés Manuel. Por su importancia, me permito citar aquí algunos fragmentos:

Covarrubias y Asociados dejó de publicar sus encuestas en marzo de 2006, cuando las tendencias comenzaron a desfavorecer a López Obrador. En abril, la situación fue crítica [...] las cifras de verdad, producidas por Ana Cristina, eran otras: 34 por ciento López Obrador, 31 por ciento Calderón y 21 por ciento Madrazo. Un mes después, a principios de mayo, tocaron fondo: 29 por ciento para López Obrador y 34 por ciento Calderón, de acuerdo con el estudio de Covarrubias. Andrés Manuel había palidecido al ver los números.

En efecto, Ana Cristina Covarrubias dejó de publicar sus encuestas a partir de marzo. Para mayo sabían que íbamos ganando y lo callaron. Por lo que toca a los resultados de la jornada electoral, la hipocresía se convirtió de plano en cinismo. Tello continúa su narrativa acerca de lo que ocurrió en el círculo cercano de López Obrador la noche del 2 de julio de 2006: "A las 9:21 de la noche, sorpresivamente, el conteo rápido arrojó este dato: AMLO 37, FC 36, y poco después, a las 9:55, este número, increíble: AMLO 36, FC 36. ¡Estaban empatados!"

Y más adelante cita a Claudia Amador, asistente de Federico Arreola, director de *Milenio*:

Federico me lo dictó desde el templete del Zócalo [...] me acuerdo que no le entendía nada. [...] Federico sabía, mientras dictaba su texto [titulado "Ganó Andrés Manuel, pero el IFE falló"], que la realidad era distinta. Ana Cristina Covarrubias acababa de hablar con él para darle el corte de las 12:15: FC 37, AMLO 36. Por primera vez en su conteo rápido, por primera vez en toda la jornada, *Calderón estaba arriba de López Obrador*.[4]

La propia Ana Cristina Covarrubias reconocería públicamente sus resultados en una entrevista radiofónica con Ciro Gómez Leyva el 6 de diciembre de 2006. "En el conteo rápido me sale exactamente

---

[4] Carlos Tello Díaz, *2 de julio*, México, Planeta, 2006.

igual que lo que publicó el Instituto Federal Electoral, o sea, una ventaja, no significativa, empate, pero empate a favor de Felipe Calderón."[5] A pesar de las evidencias en contra, incluidos los datos de su propia casa encuestadora, López Obrador, a sabiendas de que sus propios datos le decían que había perdido, salía a la plaza a insistir en que me había ganado. En lugar de madurar esa derrota salió a la calle a tratar de incendiar el país.

Una hora después de los titubeos del IFE y el desplante de López Obrador decidí bajar al salón principal del PAN a confirmar nuestra victoria. Hice referencia a las cifras de las numerosas encuestas que nos favorecían, expuse que todos los conteos rápidos estaban a nuestro favor y mencioné los datos que a esa hora ya arrojaba el programa de resultados preliminares del IFE, que también nos favorecían.

Había sido, qué duda cabe, una elección terriblemente competida, la más reñida en la historia del país, dado el estrecho margen que nos separaba. Pero también era la elección más vigilada. Más de un millón de ciudadanos, entre funcionarios de casilla insaculados y representantes de partidos y candidatos, incluidos los de Andrés y los míos, vigilaron la elección. Gané la elección presidencial de 2006 y la gané limpiamente.

Hace poco me enteré de una anécdota: María, mi hija, esperaba con Margarita y unos amigos en una antesala del Comité Nacional. Cuando bajé al salón principal a tratar de neutralizar las mentiras de AMLO en los medios, Margarita me acompañó y María, entonces de nueve años de edad, se quedó ahí, con mis amigos, y exclamó, asustada: "Nos va a matar El Peje". Así de violentos eran los mensajes y las señales que mis hijos recibían de López Obrador y sus seguidores. Uno de mis amigos, por supuesto, la consoló y tranquilizó. Esto lo supe muchos años después. No alcanzo a dimensionar el sufrimiento de mi hija en ese momento. Más allá del oportuno consuelo de ese buen amigo, no puedo olvidar el daño que la irresponsabilidad de López Obrador causó no sólo a mis hijos, entonces niños inocentes, sino a todo México. Es incalculable.

[5] Entrevista con Ciro Gómez Leyva en Radio Fórmula, 6 de diciembre de 2006.

La víspera de las elecciones había preparado dos discursos: uno de victoria, que era el que esperábamos, en el que invitaba a la conciliación y a la unidad, con la prudencia necesaria que advirtiera que esperaríamos los resultados oficiales. El otro de derrota, si era el caso. Estaba yo decidido: si estaba abajo en nuestros conteos, así fuera por un voto, reconocería la derrota. Hubiera sido imposible revertir el resultado dado el fanatismo de Andrés Manuel y sus seguidores, a costos impagables para México. Si no lo derrotaba en el primero y más importante de los impulsos, en el voto contado de los ciudadanos, no podría hacerlo judicialmente, no valdría la pena. Pero si yo ganaba, así fuera por un estrecho margen, defendería la decisión de los ciudadanos con toda determinación. Eso ocurrió y eso hice. Nunca, nunca pensé que Andrés Manuel fuera a reconocer su derrota. Nunca lo ha hecho en su vida, y vaya que ha tenido varias, por una sencilla razón: porque no es un demócrata. Más allá de sus numerosas virtudes, es un hombre que no tiene valores democráticos. *In pectore*, es un hombre profundamente autoritario, alguien que se consideró siempre predestinado a ser Presidente y fustiga a quien no comparta esta verdad con la virulencia e intolerancia que es propia del más rancio de los fanatismos religiosos.

Me fui a dormir tardísimo la madrugada de ese 3 de julio, a la espera de los datos del programa de resultados preliminares y de la recopilación de nuestra propia contabilidad. Sabía yo que había ganado, y la ventaja de más de medio millón de votos que ya tenía correspondía a la perfección con el margen a favor que nos daban prácticamente todas las encuestas de salida. Sin embargo, un par de horas después mi equipo me pidió que fuera al programa matutino de Carlos Loret de Mola. Así lo hice. Reiteré mis argumentos, di los datos que teníamos —para entonces ya aventajaba yo con casi 600 mil votos en el programa de resultados preliminares—, refuté las afirmaciones calumniosas de Andrés Manuel. Habíamos ganado la elección limpiamente y también ganaríamos la batalla por el apoyo mayoritario de la población. Aquel primer alegato televisivo salió bastante bien.

El martes por la mañana, sin embargo, surgieron otras complicaciones. El IFE, por algún asunto procedimental, debía desagregar, del

118

conteo total, aquellas casillas con alguna imperfección: un dato mal asentado, el registro de algún incidente, algún error "de dedo". Es decir, errores comunes en las actas que no son necesariamente ilegalidades, sino eso, errores. No las había desagregado, y al hacerlo, la diferencia de casi 600 mil votos a mi favor se redujo a la mitad. Eso abonaba al desconcierto, a la confusión y a la desconfianza que se empeñaba en sembrar Andrés Manuel, pues alimentaba la versión de que había "irregularidades generalizadas", cosa que era completamente falsa.

Es entonces cuando él empieza a insistir en su discurso de fraude en las más diversas y absurdas versiones. En distintos momentos llegó a hablar de que existía un "algoritmo", algo así como el mexicanísimo "quítale el número que pensaste" al sistema de cómputo y que teóricamente cambiaba dentro de las computadoras los resultados. Algo absurdo, difundido sin el menor indicio que lo sostuviera y con enorme irresponsabilidad periodística, entre otras personas por Carmen Aristegui. Una absoluta mentira. No hubo entonces ni después alguien que presentara un solo indicio de alteración que proviniera del sistema de cómputo. Al darse cuenta del fiasco, cambia AMLO su discurso y ahora habla de fraude "a la antigüita", es decir, compra de votos, "carrusel", "ratón loco", etcétera. Utiliza como ejemplo una casilla con errores contables en el estado de Guanajuato. A las pocas horas es su propio representante de casilla (del PRD), quien, ofendido por los insultos proferidos a él y a cientos de miles de representantes de casilla, lo desmiente explicando en qué consistió el error y que éste había sido rectificado en el cómputo mismo. Desacreditadas las versiones del "algoritmo" y del "fraude tradicional", alega que lo que existió fue "un fraude hormiga", y que no lo puede probar porque, por definición, ¡es imperceptible! De risa loca.

Para el martes habíamos terminado de recopilar prácticamente todas las actas de casilla de nuestros representantes, complementadas con las de otros partidos y respaldados con los propios datos publicados en el PREP. En la sumatoria se confirmaba que habíamos ganado. Es en este marco que llega el conteo del miércoles siguiente. La estrategia que podíamos deducir del comportamiento ordenado por Ricardo Monreal a los representantes de Andrés Manuel era la siguiente: contabilizar todas las casillas donde Andrés Manuel hubiera ganado e impedir, por cualquier medio, que se contabilizaran las casillas donde yo hubiera ganado. Lo que Monreal, Arreola y otros estrategas de AMLO buscaban —no sé si estaba en ese círculo Manuel Camacho— era que al final del primer día del conteo, dado que sólo se habrían contabilizado las casillas que lo favorecían, los resultados parciales mostraran que Andrés Manuel iba adelante, sabedores de que el conteo se revertiría cuando se contabilizaran las casillas donde yo había ganado —y cuyo cómputo habían ordenado obstaculizar—. El país "se iría a dormir" con la idea de que AMLO había ganado y "se despertaría" con la novedad de que el resultado se había revertido "por la noche" a mi favor. Una sorpresa para los mexicanos —suponían—; el marco mediático inmejorable para comprobar el fraude: resultados "cambiados" por la noche.

Por diversos medios, incluyendo información de perredistas verdaderamente demócratas que, de buena fe, más allá de sus simpatías con el candidato, mostraban ya gran preocupación por su comportamiento, supimos que ésa era su estrategia. Hacia media mañana, con Juan Camilo, Juan Molinar, Juan Zavala, Ernesto Cordero, Javier Lozano y otros miembros del equipo discutíamos las alternativas. Había básicamente un dilema en esta decisión difícil: o exigíamos desde el principio el conteo de todas las casillas sin excepción, tal como mandaba la ley, y sin permitir una ventaja indebida mediática al perdedor, lo cual implicaba retrasar y poner en riesgo el cómputo electoral entero, o permitíamos que fluyera la votación, así se dejara hasta el último el conteo de las casillas donde ganamos en todos los comités distritales del país. Optamos por esto último. Era mejor avanzar en el conteo, así fuera en sus condiciones, que permitir una obstrucción total del conteo que llevaría al país a una parálisis en los resultados y crearía un ambiente de incertidumbre que evidentemente buscaba y a todas luces favorecía al perdedor.

Así transcurrió la jornada. Todo el día y la tarde computando sólo las casillas ganadas por AMLO y prácticamente ninguna a nuestro favor, dada la obstaculización sistemática de los pejistas en los comités distritales. Por todas partes nos llegaban llamadas y mensajes angustiados de empresarios, periodistas, embajadores y, por supuesto, de nuestros propios seguidores. ¿Qué estaba pasando? ¿En realidad sí había ganado el Peje? ¿Estábamos seguros de haber ganado? No podíamos más que reiterar a todos los datos de nuestras actas y hacer evidente la estrategia perversa de nuestros opositores. Pagaríamos un alto costo, a sabiendas de que los noticieros de la noche cerrarían diciendo que iba ganado él, y quizá los de la mañana dirían que había ganado yo… Sin embargo, con la mediación oportuna y persistente de Carlos Abascal, Secretario de Gobernación, las televisoras y algunas radiodifusoras accedieron a no interrumpir, al menos en alguno de sus canales, la transmisión continua de los resultados del conteo de votos provenientes de los comités distritales electorales. Esa noche México no durmió: pendientes de la televisión, millones de mexicanos siguieron minuto a minuto y durante toda la noche el interminable conteo.

Ernesto Cordero, economista, pero antes que eso actuario de corazón, había estado trabajando con Juan Molinar y sus respectivos equipos en el estudio de los números. Sabíamos que la tendencia comenzaría a cerrar la diferencia para luego favorecernos. Y así fue. Fue una noche larguísima. Era la una de la mañana y aún seguíamos abajo. El país estaba en vilo, y nosotros, tensos y exhaustos, seguíamos adelante, reunidos en el salón del Comité Nacional, con el equipo y miembros del CEN. Todos nuestros esfuerzos se concentraban en recabar la información e impulsar a nuestros representantes en los comités distritales a que no abandonaran la trinchera hasta alcanzar la victoria. La generosa entrega de toda esa gente logró que se contabilizaran todas las casillas. Juan Molinar, en su tono peculiar, acuñó una expresión que repetiríamos en broma una y otra vez: "Ya estááá… ya estááá". Tanto él como Ernesto presentaban en una pantalla las proyecciones gráficas de conteo y sus tendencias. Las líneas se cruzarían, pronosticaban, y en efecto, eso ocurrió a las 4:06 de la mañana del jueves 6 de julio de 2006. "¡Ahí viene, ahí viene!", se escuchaba en la sala. Y con la siguiente casilla, se revertía el resultado: ¡estábamos ya adelante de López Obrador!, una situación que no se revertiría jamás hasta el final del conteo. Estalló el júbilo en la sala, y estoy seguro de que en los hogares de millones de familias mexicanas también. Nos abrazábamos, yo primero que a nadie, a Margarita, que estaba ahí, firme, sonriente, positiva, como siempre. Fue un momento de enorme alegría, que disfrutamos enormemente. Sin embargo, fue relativamente breve. Esa noche y durante los días previos ya imaginaba lo que iba a venir: enfrentar a un impostor, que intentaría por todos los medios cancelar la voluntad de los mexicanos e imponer la propia. Como quiera que sea, celebramos más la victoria esa madrugada del 6 que la noche del domingo 2. El conteo distrital fue un segundo triunfo, indubitable y sonoro.

LA DEFENSA DEL TRIUNFO

En protesta por el resultado electoral, Andrés Manuel y su gente comenzaron a desplegar una serie de actitudes verdaderamente violentas. Nuestras oficinas eran asediadas y asaltadas una y otra vez por sus huestes, manipuladas y azuzadas por cierto porro de la política mexicana. A los pocos días diría que su movimiento entraría en "resistencia civil" y al mismo tiempo anunciaba la toma del Zócalo y del Paseo de la Reforma. Dentro de lo preocupante, yo encontré un motivo de alivio. Combatiríamos en un terreno que yo sí conocía: el de la resistencia civil.

El tema de la no participación electoral, "para no legitimar al régimen", es decir la abstención deliberada, formó siempre parte de los debates más importantes, desde sus inicios, en la vida del PAN. Incluso el dilema ético de recurrir o no a opciones violentas frente al régimen autoritario estuvo presente en determinados momentos de la historia de ese partido político, particularmente en los tiempos de la opresión. De niño y adolescente escuchaba las fascinantes historias contadas por mi padre acerca de oaxaqueños, chihuahuenses o bajacalifornianos que, desprendidos del pregón no violento de los viejos fundadores del PAN, incurrieron en la tentación armada.

La última vez que surgió tan singular debate fue en los años ochenta, después del fraude electoral cometido en Chihuahua en

1986. Por fortuna, en esos años el pueblo filipino había logrado derrocar, por la vía pacífica, al régimen dictatorial de Ferdinand Marcos. En el camino, el apoyo de los militares había sido crucial. A alguien del equipo de don Luis H. Álvarez se le ocurrió patrocinar la visita de dos o tres de esos fantásticos héroes cívicos de la época. Y reunidos en el salón de juntas del Instituto Mexicano de Doctrina Social Cristiana (Imdosoc), un par de docenas de personas acudimos a abrevar de la experiencia filipina acerca de la resistencia civil. Entre los asistentes estábamos Raymundo Gómez, chihuahuense, del equipo de Luis H. Álvarez; mi hermana Cocoa, que se volvió la gran experta en el acompañamiento de causas ciudadanas por la vía de la resistencia civil; Rafael Landerreche, nieto del fundador del PAN, Gómez Morin, entonces ya radicado en Chiapas y Tabasco, y quien se volvería el estratega de resistencia civil de López Obrador en los años subsecuentes en Tabasco; Norberto Corella, bajacaliforniano, con un gran sentido estratégico, de larga trayectoria democrática —su vida personal era más interesante todavía— y quizá una de las personas de mayor confianza de Luis H. Álvarez, y yo mismo.

Más allá de las anécdotas, los filipinos nos ilustraron acerca de qué sí y qué no era la resistencia civil. No es el lugar para explicar las implicaciones de esta estrategia, que merecería capítulos, libros aparte. En efecto, conocía yo la esencia y los alcances de la lucha civil, activa, no violenta, que lo que busca es persuadir la conciencia del adversario para hacerlo cambiar. Por eso tiene que ser pacífica en las palabras, en los actos, porque la violencia es la negación misma de la posibilidad de persuasión de una conciencia a la que de buena fe se pretende penetrar y persuadir. El evangelio en sí mismo, centrado en el mensaje de amor al prójimo, es un caso de persuasión de conciencias de manera activa, pacífica, amorosa en momentos clave, que con el ejemplo pretende y logra cambiar la conciencia de millones. Ése es un tema muy grande, pero en esencia es lo que aprendimos desde entonces. De manera que si López Obrador tomaba vías violentas pretendiendo bautizarlas como resistencia civil pacífica, estaba rotundamente equivocado y lo derrotaríamos de nuevo, ahora en este terreno.

Lo segundo es que la resistencia civil, independientemente de lograr o no su objetivo de persuadir la conciencia del adversario, busca que el gran público observador, que es un tercer conjunto distinto al de los oponentes, pero mucho mayor al de ambos, pueda entender quién tiene la razón y apoyarlo. Había, pues, que disputarse al gran público que no era ni panista ni perredista, pero que veía estupefacto la disputa poselectoral. A eso me dispuse, a convencer a la gente de que teníamos la razón, y lo logramos.

Para ello dimos pasos consistentes e insistentes para demostrar la verdad. Para empezar, publicamos una copia de todas las actas, las de todas las casillas, a lo largo del Paseo de la Reforma y alrededor del Zócalo. En una de las primeras marchas de los lopezobradoristas fueron destruidas. Aunque el hecho fue poco conocido, era la reiteración de nuestra estrategia. Luego publicamos una nueva copia de las actas en una bodega cercana al Periférico y lo dimos a conocer a la prensa. La verdad es que prestaron poca o nula atención a ello quienes cubrían nuestra campaña. La razón y las evidencias contra la violencia. Perseveraríamos hasta ganar.

También busqué dialogar con el propio López Obrador. Personalmente había marcado a su oficina la víspera de las elecciones. Es probable que la telefonista no me creyera. Pero ya en lo poselectoral busqué encontrarme con él a través de varios intermediarios. Uno de ellos fue, por ejemplo, el doctor Juan Ramón de la Fuente. El proceso avanzaba, sin embargo, en la semana en que probablemente concretaríamos algo, la revista *Proceso* sacaba en la portada al propio Juan Ramón, titulándolo "Presidente interino". Quienes a todas luces pretendían descarrilar el proceso y simplemente no dejarme tomar posesión, más allá de los argumentos por sus fobias personales hacia mí, habían llegado demasiado lejos. La intermediación de De la Fuente terminaría con esa publicación.

No obstante, le dirigí una carta a Andrés Manuel invitándolo a dialogar para encontrar la manera de terminar de forma responsable el proceso y que se respetara la voluntad de los ciudadanos. Él me contestó con un escrito exigiéndome que aceptara que hubiera un recuento total de los votos. Yo le respondí con otra misiva, donde básicamente le decía que no tenía objeción a que se recontaran los votos, siempre y cuando lo autorizara el Tribunal Electoral y que se hiciera en la forma que éste dispusiera. Mis reiteradas invitaciones a dialogar nunca las contestó.

Pocos días después, los abogados del equipo y representantes ante el IFE, César Nava y Germán Martínez —que hicieron un extraordinario papel—, presentaron en una reunión de estrategia sus argumentos y preocupaciones sobre el recuento propuesto por Andrés Manuel. Yo en lo personal me inclinaba por aceptarlo, porque estaba seguro de que de nuevo resultaríamos ganadores. Pero ellos expusieron con claridad hacia dónde llevaba jurídicamente el recuento total e indiscriminado: a la anulación de las elecciones, justo lo que quería Andrés Manuel. Explicaron que, de acuerdo con los precedentes y la jurisprudencia del Tribunal Federal Electoral, el *recuento por sí mismo anularía la elección* independientemente de que no hubiera anomalías de fondo en ella. Es decir, *el recuento injustificado se había convertido en una nueva causa de nulidad*, según la interpretación de causales de la ley, confirmada en la resolución del Tribunal Electoral que había anulado la elección de gobernador de Tabasco celebrada en octubre de 2000. En efecto, en ese estado, por acuerdo de los partidos, se habían recontado todos los votos. El criterio del tribunal fue que el órgano electoral actuó indebidamente al hacerlo y por esa sola razón ¡anuló la elección! Era muy clara la intención de nuestros adversarios: ante la carencia de elementos de fondo que demostraran el supuesto fraude que alegaban, querían seguir la estrategia de Tabasco, donde a partir de una desviación en el procedimiento poselectoral lograron conseguir la causal de nulidad que no tenían.

Aquí es importante repasar los precedentes que llevaron al Código Electoral vigente en 2006 a permitir el recuento de votos sólo en los casos que lo justificaran plenamente. ¿Por qué es más importante el conteo que se hace el día de las elecciones en las casillas por funcionarios y representantes de partidos que un potencial recuento?

Durante años, el PRI cometía fraude electoral en las casillas mismas. Sin representante del PAN —la única oposición—, hacían lo que querían con el material electoral antes, durante o después de la votación en la casilla misma. Sin embargo, el PAN y otros partidos evolucionan, se organizan y logran cuidar todas las casillas. Durante muchos años nuestros representantes eran expulsados de casillas críticas. Sin embargo, la perseverancia, la creciente opinión pública y también la presión internacional, cada vez más importante dadas las necesidades crecientes del gobierno de legitimarse, provocan que, en términos generales, nuestros representantes puedan cubrir todas las casillas. El triunfo sonríe a los opositores así organizados. Sin embargo, cuando ya no es fácil realizar el fraude el día de la jornada electoral, se traslada ahora la trampa al recuento de votos, ocho o tres días después, según el caso, en los "cómputos distritales o municipales", esto es, se hace fuera de la vista de los representantes de los partidos. A pesar de que la oposición ganaba, e incluso tenía todas las actas, el PRI fabricaba nuevo material electoral, fundamentalmente boletas cruzadas y actas nuevas que introducía en el material electoral "resguardado" en los comités electorales, y el día del "cómputo", ¡oh sorpresa!, ganaba el PRI, porque las actas y boletas que aparecían en los paquetes recién elaboradas favorecían a quien había perdido, y aunque fueran distintas a las elaboradas el día de la elección, las del cómputo tenían prevalencia. Esto se lo hicieron al PAN infinidad de ocasiones, lo mismo en Baja California que en Sonora o Michoacán, al PRD también, justo en su primera elección regional, las intermedias de 1989.

Por eso, en las sucesivas reformas electorales que forman parte de la transición democrática de México iniciada en 1986, una demanda recurrente de la oposición era que prevaleciera el cómputo público de la casilla y no el recuento que se da cuando el material electoral ha estado varios días fuera de la vista de los ciudadanos y de los representantes de los partidos. Éste es el origen de que el cómputo y las actas levantadas el día de la elección sean los válidos, prevalentes sobre cualquier otro, y sólo podía haber recuentos —así decía la ley electoral vigente en 2006— por causa justificada. Es decir, la única acta que contaría es la que se levanta en la propia casilla, a la vista de los ciudadanos funcionarios de casilla y de los ciudadanos representantes de los partidos políticos. De hecho, se distribuyen copias de esta acta a todos los representantes, lo cual refrenda el valor probatorio y la validez de la votación ahí emitida y contabilizada. Una certificación del mismo cómputo se coloca a la vista de los ciudadanos afuera de la casilla. Esta regulación expresa una de las exigencias más firmes en la transición democrática de México: hacer valer el principio de inmediatez en la validez de los resultados electorales: un hito, un logro muy importante en la llamada "gradualidad" de la transición.

Al darle validez al acta de casilla se evitaba el fraude perpetrado a través de los recuentos. *Por eso la ley electoral vigente en la elección de 2006 establecía la prohibición de recontar los paquetes electorales sin causa justificada.* Por supuesto que en caso de alteración física o discrepancias podía hacerse, pero era excepcional. De hecho, si se hubieran recontado los votos de todas las casillas, la mayoría sin justificación (como lo pretendía López Obrador), *se habría tenido que anular la elección, no porque hubiera anomalías, sino porque el recuento en sí mismo habría sido la anomalía.* Es por esa razón que nuestros abogados, César Nava y Germán Martínez, insistieron en sostener el criterio de la ley. *Nosotros queríamos sostener la validez de la elección,* AMLO *quería anularla. Así de simple.*

En la lógica de demostrar la verdad, personalmente me presenté al Tribunal Electoral en audiencia con todos los magistrados. Uno a uno revertí los argumentos de anulación invocados por López Obrador y su gente. Señalé sus contradicciones: primero él había hablado de un fraude cibernético, luego dijo que no, que no era cierto, sino que se trataba de un fraude a la antigüita, carrusel, tacos, etcétera. Ninguna evidencia había aportado de eso. ¡Ninguna! Luego dijo que no, que había sido un "fraude hormiga". Ninguno de sus argumentos se sostenía.

El tribunal decidió hacer el recuento de los votos *en todas las casillas protestadas por el* PRD. Nosotros no impugnamos esa decisión. Con nuestra anuencia fueron recontadas 11 mil 839 casillas. Es decir, todas las casillas sobre las cuales el PRD tuvo alguna objeción fueron recontadas, ¡todas! Eso a pesar de que durante la jornada electoral ni López Obrador ni los partidos que lo postulaban presentaron ninguna protesta en ellas.

Por otra parte, aunque se impugnaron por el PRD esas 11 mil 839 casillas, de 149 distritos distintos, curiosamente no impugnaron *ninguna* en la elección del Congreso, tanto para diputados como para senadores, a pesar de que se celebraron en los mismos lugares y en las mismas mesas, ante los mismos funcionarios, con prácticamente los mismos resultados. En fin, el hecho es que el tribunal ordenó recontar *las casillas impugnadas.* No obstante, al final de ese recuento la diferencia entre él y yo no sólo no se cerró, sino que se amplió. En medio de una gran tensión —todo tipo de rumores se propalaban respecto de la decisión del tribunal— el 5 de septiembre, y por decisión unánime, el Tribunal Federal Electoral declaró válida la elección. Al día siguiente me entregaría mi constancia de mayoría, en medio de una violenta y agresiva protesta de los seguidores de AMLO. Pretendían intimidarme para que no asistiera a recoger la constancia. Asistí, a pesar de pedradas y huevazos que recibieron algunas de las personas que me acompañaron.

A la vez que resistíamos todas estas presiones y agresiones violentas, incluso físicas, nunca dejé de trabajar durante esos largos meses en la preparación de mi mandato como Presidente. Trabajé en la planeación y organización del futuro gobierno con verdadera ilusión. Sin embargo, había que tener éxito para vencer la resistencia de quien hacía todos los esfuerzos posibles por desestabilizar el país y descarrilar el nuevo gobierno. Más allá de sus virtudes personales, Andrés Manuel López Obrador tiene un perfil profundamente antidemocrático; le niega toda legitimidad a quien discrepa de él: o es parte de la mafia, o es "fifí", o conservador, o corrupto, o todas las anteriores. Es incapaz de reconocer la decisión de los ciudadanos que le implique un resultado adverso. Nunca lo ha hecho, ni en elecciones para gobernador ni en las presidenciales, ni siquiera en las internas del que era su propio partido. El único resultado electoral que ha reconocido es su propia victoria —muy merecida— de julio de 2018. Y sobre todo, tiene un profundo desprecio al entramado institucional que le implique algún contrapeso, así se trate del Poder Judicial, por ejemplo, ya no digamos las instituciones autónomas que, ahora en el poder, insiste en desmantelar.

Así, paralelo a las tareas de preparación del nuevo gobierno, había que continuar con la estrategia de resistencia civil desde una postura pacífica; queríamos persuadirlo a él mismo de contribuir a la construcción de una nueva etapa para el país, queríamos dialogar sobre el proceso electoral y discutir acerca de sus propias inconformidades, pero nunca le interesó. Estoy seguro de que sabía que había perdido, pero su apuesta siempre fue a la ruptura y al desorden. Siempre ha jugado así. De nuestra parte queríamos dejar perfectamente claro que había apertura al diálogo para llevar a cabo un proceso en paz. Con ese propósito, me reuní con los líderes más relevantes de todos los sectores del país, tanto políticos como profesionales. En las postrimerías de la elección hablé con casi todos los candidatos a la Presidencia, incluyendo por vía telefónica con Roberto Madrazo, a quien le extendí la invitación a dialogar acerca de la posibilidad de formar un gobierno de coalición.

Quizá la reunión más importante que tuve fue con la dirigencia del PRI en las oficinas que teníamos en la calle de Sacramento. Ahí recibí a Mariano Palacios Alcocer, entonces presidente del PRI, a Beatriz Paredes —responsable de la Fundación Colosio—, conocida mía desde hacía tiempo y con quien había coincidido en el liderazgo de la Cámara de Diputados en el año 2000, así como a Manlio Fabio Beltrones. Reunidos en la oficina, intercambiamos puntos de vista sobre la situación del país. Les dije que en campaña había ofrecido tener un diálogo constante con el Congreso, que consideraba que lo que le hacía falta al país era un mínimo de acuerdo mayoritario, incluso un consenso entre las fuerzas políticas, y por ello formalmente les propuse integrar un gobierno de coalición con el PRI y otras fuerzas políticas que quisieran hacerlo. Les comenté que mi deseo había sido cerrar ese acuerdo, en primer lugar con el PRD y con Andrés Manuel, pero había sido imposible dialogar con él, no obstante, sostenía mi palabra y se lo ofrecía al PRI.

Aún no entiendo por qué a la dirigencia del PRI le tomó por sorpresa esta propuesta, como si hubieran considerado que fuera sólo una proclama de campaña, o nunca la hubieran escuchado de plano. En ese momento la rechazaron, dijeron que no, que la tarea de gobierno tendría que ser una responsabilidad exclusivamente mía; que el PRI colaboraría hasta donde fuera posible con la vida institucional del país, pero nada más. Palacios Alcocer fue muy firme en su postura, así que esa oportunidad quedó cancelada.

También dialogué con diversos sindicatos. La primera reunión importante con grupos obreros fue con el Sindicato Único de Trabajadores Electricistas (Suterm). Nos reunimos con Víctor Fuentes y otros integrantes de la dirigencia en sus oficinas, a media cuadra del plantón que ya había organizado Andrés Manuel. El Suterm me ofreció un trato institucional, muy respetuoso. También había comenzado a dialogar con el SNTE y su líder, la maestra Elba Esther Gordillo, y aunque cordial al principio, comencé a recibir una enorme presión sobre la integración del gabinete. En esencia, lo que la maestra y su grupo hacía valer era darle continuidad a un acuerdo propalado con el gobierno de Vicente Fox, según el cual el SNTE podía proponer a directores del ISSSTE y de la Lotería Nacional, así como a un alto funcionario de la Secretaría de Educación Pública. En este caso la presión no era por algo menor: la propia maestra Elba Esther consideraba que ella debería ser nombrada Secretaria de Educación Pública. Y no era sólo ella, también el propio Fox sostenía que ese acuerdo se debía respetar. Efectivamente, Vicente se lo había ofrecido y celebrado con ella, y dirigió las políticas educativas en concertación con Elba Esther desde el inicio de su mandato. Eran incluso amigos y compañeros del llamado Grupo San Ángel, formado con Jorge Castañeda y otros "intelectuales". Por ejemplo, Fox había decidido en consenso con ella que el Secretario de Educación Pública de su sexenio fuera Reyes Tamez, y que su yerno, Fernando González, estuviera a cargo de la educación básica del país. Así fue desde el año 2000.

Dada la gravedad de las circunstancias que me tocó enfrentar entonces, y el riesgo grave de ingobernabilidad y fractura que Andrés Manuel estaba provocando en la calle, no tenía yo mayor margen de maniobra como para provocar una ruptura con el sindicato de maestros que tenía entonces más de un millón y medio de agremiados y el pleno apoyo de la dirigencia y de los gobernadores del PRI —comenzando por el poderoso gobernador del Estado de México, Enrique Peña Nieto—, apoyo del que disfrutó ampliamente a lo largo del sexenio. Lo que le concedí a Elba Esther fue que Fernando González, que ya estaba en la

Secretaría de Educación, permaneciera en sus tareas relacionadas con la educación básica como subsecretario para educación primaria, pero me opuse tajantemente a nombrarla a ella como Secretaria de Educación o de Desarrollo Social, como se pretendía. Una vez cancelada esa posibilidad, ella trató por todos los medios de obstaculizar el nombramiento de Josefina Vázquez Mota como Secretaria de Educación. Ignoro las razones de tal animadversión personal desde entonces y que creció durante la administración, pero sostuve mi decisión y nombré a Josefina Secretaria de Educación, muy a su pesar. Desde el momento en que salí como el candidato ganador estaba latente la amenaza de un rompimiento con el SNTE y su millón y medio de trabajadores con un gobierno cuyo proceso de integración era frágil y se encontraba amenazado permanentemente con el derrocamiento antidemocrático impulsado por López en la calle. Lo que menos necesitábamos era agregar vulnerabilidad a la vida institucional.

En medio de la atención demandada por todos estos asuntos me aboqué a la preparación de la toma de posesión, la cual planteamos en diferentes escenarios posibles. Tres meses antes de la toma de posesión, la tarde del 1 de septiembre de 2006 reunidos en mi oficina de la Colonia del Valle, contemplábamos en la televisión un espectáculo bochornoso: Vicente Fox fue impedido físicamente, por la fuerza, de entrar al recinto de la Cámara de Diputados para entregar el "informe sobre el estado que guarda la Nación", tal como los obligaba la Constitución, tanto a él como al Congreso. Un grupo de diputados del PRD había tomado la tribuna y bloqueó el acceso del Presidente al recinto cameral de San Lázaro. De una manera vergonzosa entregó el documento a un grupo de diputados del PAN en la antesala del Palacio Legislativo.

Además del coraje y la pena que daba contemplar tan indigno espectáculo, desde ese día era obvio imaginar cuál sería la estrategia a seguir por parte de López Obrador el 1 de diciembre, día de la toma de posesión: bloquear a toda costa mi acceso a la tribuna de la Cámara de Diputados. A diferencia de la ausencia del Presidente en la entrega del informe, la falta del mismo en la toma de posesión sí tenía una gravísima consecuencia constitucional: *si el titular del Ejecutivo no se presentaba a rendir protesta, el Congreso debía nombrar un Presidente interino.* Era justamente lo que buscaba quien había sido derrotado en las elecciones: forzar el nombramiento de un Presidente interino, por la vía violenta, para reventar la voluntad popular y la elección de millones de mexicanos. Una maniobra así no atenta contra ningún artículo constitucional en específico, atenta contra toda la Constitución. Se pretendía un auténtico golpe de Estado. Había que preparar a toda prisa la manera de evitar que se consumara semejante atraco.

Desde ese mismo 1 de septiembre nos pusimos a trabajar.

Esa misma tarde, minutos después de contemplar en televisión el claudicante espectáculo de Vicente Fox en el Congreso, llamé al general Jesús Castillo, entonces ya asignado como responsable de mi seguridad personal por parte del Estado Mayor Presidencial, y a quien nombraría después, por su sencillez, esforzada preparación militar y conocimiento en temas de seguridad nacional, pero sobre todo por lo que para mí era indudable lealtad, jefe del Estado Mayor Presidencial, un ejemplo del enorme valor que tenía para la nación ese cuerpo, hoy tristemente desaparecido. Le dije: "General, es importante asegurar de inmediato una puerta que está en el estacionamiento de la presidencia de la Cámara de Diputados". Él me replicó: "No se preocupe, señor Presidente, el Estado Mayor Presidencial tiene todos esos detalles contemplados en el Procedimiento Sistemático de Operación que se sigue rutinariamente cada seis años con motivo de la toma de posesión del nuevo Presidente". "Creo que no me he dado a entender, general —expliqué—, es importante tomar el control de esa puerta desde ahora." "Sí, señor Presidente." No sé si desde esa misma noche, pero a los pocos días corroboré con amigos diputados que alrededor de esa puerta había un par de "lavacoches" y "afanadores" que no se apartaban de la puerta. Era personal del Estado Mayor.

Supe de la existencia de esa puerta por una situación casi fortuita. Como lo he relatado, en 1991 fui, por circunstancias inesperadas, presidente de la Cámara de Diputados y, en consecuencia, conduje los importantes debates de las reformas a los artículos 27 y 130 constitucionales. Ya relaté mi experiencia al respecto, y ahora hago referencia a detalles logísticos, pues en mi calidad de presidente —al menos por unas semanas— tuve oportunidad de conocer las oficinas inherentes al cargo. Atrás de la Mesa Directiva se yerguen dos imponentes banderas nacionales. Detrás de ellas hay una enorme oficina, conocida como Tras Banderas, que está reservada al presidente en turno. En ella estaba dispuesto un escritorio, una larga mesa de reuniones, un par de pequeñas salas, un baño y un privado. Aquí lo relevante es que en uno de los muros existe una puerta simulada, sin cerradura aparente, que se abre presionando el panel de la pared. La puerta da a un pequeño pasadizo que llega justo a la puerta lateral del fondo de la sala de prensa de la Cámara, y de ahí sigue por otra puerta directo hacia el estacionamiento del presidente de la Mesa Directiva. Aunque la puerta era muy familiar para el personal de la presidencia de la Cámara, para mí era totalmente novedosa. Divertida incluso. ¡Todo el esfuerzo arquitectónico para las comodidades del presidente!, pensé.

Las imágenes de aquella puerta, el pasadizo, el acceso privado al estacionamiento venían a mí entrelazadas con las imágenes de un Presidente derrotado ante la protesta del PRD que estaba viendo en la televisión. Supe desde aquel momento que bloquearían mi toma de posesión, y ya buscaba yo la solución, las salidas. Por eso al terminar la transmisión de la fallida entrega del informe le di instrucciones al general Castillo para asegurar ese acceso casi secreto.

Eso no implicaba de manera alguna que yo me resignara a que así tenía que ser; por el contrario, durante los tres largos meses que siguieron hasta la toma de posesión tratamos de idear la mejor manera de dar cumplimiento al mandato constitucional. Formamos un equipo de trabajo encargado de atender en exclusiva ese tema, y periódicamente presentaba las diferentes alternativas para hacerlo. Suponíamos, por ejemplo, que el PRD bloquearía la tribuna. Entonces buscamos qué otros lugares, dentro del recinto mismo, eran aptos para rendir la protesta constitucional.

Analizamos, por ejemplo, hacerlo desde el lugar asignado a los Secretarios de Estado o a los ministros de la Suprema Corte, a los lados de la tribuna. Una de esas laterales estaba lo suficientemente cerca de la bancada del PAN como para poder ser defendida por nuestros legisladores. Otra opción, que desechamos pronto, fue la de rendir protesta desde el palco principal, donde suelen sentarse los jefes de Estado invitados al evento y la esposa del Presidente en turno, con un micrófono inalámbrico. Aunque el alegato era correcto, en el sentido de que se estaba dentro del recinto, como mandataba la Constitución, era absurdo. Y aunque nunca estuvo en nuestra mesa de discusión, incluso algunos simpatizantes llegaron a hablar con el excompañero diputado del Estado de México, Lionel Funes, con quien compartía cierto parecido físico, a fin de que actuara como un señuelo en lo que entraba yo al Congreso.

El Estado Mayor, por su parte, se había tomado con toda seriedad esta amenaza. Sus elementos planeaban e imaginaban distintos escenarios para protegerme y permitirme llegar a San Lázaro primero y a la tribuna principal después para rendir protesta. Incluso en las instalaciones del deportivo del Estado Mayor Presidencial de la Ciudad de México, dentro del Picadero de Caballos techado, construido en los años noventa, estableció un set con sillones, escaleras y pasillos que imitaba la distribución y los espacios del recinto del Congreso. Por desgracia una fotografía de ese escenario fue filtrada a la prensa y el set de entrenamiento fue desmontado.

Tomar posesión dentro del recinto era una cuestión esencial. Si no rendía protesta ahí exactamente, el Congreso podría nombrar un Presidente interino, consumando con ello el golpe constitucional que estaba fraguando López Obrador. En efecto, el artículo 85 de la Constitución General de la República establece que *"si al comenzar un periodo constitucional no se presentase el Presidente electo [...] se encargará desde luego del Poder Ejecutivo, en calidad de Presidente interino, el que designe el Congreso de la Unión, o en su falta con el carácter de provisional, el que designe la Comisión Permanente".*

Así que había que rendir la protesta solemne a que hace referencia el artículo 87 constitucional exacta e invariablemente en el recinto del Congreso. Ni más ni menos. Construir una coalición mínima de factores de poder que permitiera que dicha ceremonia tuviera lugar, a pesar de las amenazas, era una tarea formidable... empezando por el Presidente, que se mostraba renuente a enfrentar el problema y buscaba todas las formas posibles de evadirlo, y siguiendo con el PRI, el único partido con el número suficiente y con el que podríamos contar para integrar el quorum correspondiente. El otro problema, en verdad grave, era cómo llegar a San Lázaro sin ser agredidos y bloqueados por las huestes de Andrés Manuel, que ya para entonces habían invadido el Zócalo —a unas cuadras apenas del Congreso— y las avenidas Juárez y Paseo de la Reforma de la Ciudad de México.

Por lo que tocaba a la parte interna del recinto, una equivocada interpretación de la inmunidad del recinto parlamentario había llevado a los legisladores de varios partidos, temerosos de aplicar el orden legal en su propia casa, a la cómoda conclusión de que no podría haber ningún tipo de fuerza pública en el recinto. Es cierto, la inmunidad parlamentaria impide que cualquiera fuerza pública *externa o ajena* a la Cámara misma pueda intervenir en ella, pero no impide que quien tiene la autoridad *dentro de ella*, es decir el presidente del Congreso, pueda disponer bajo su mando de la fuerza que requiera para preservar el orden e incluso resguardar el recinto. Esa bárbara interpretación era la causa de una terrible anarquía dentro de la Cámara de Diputados, donde un puñado de legisladores, por la fuerza, estaba en posibilidad de dar un golpe constitucional impidiendo la toma de posesión y, por ende, prácticamente destituyendo al Presidente constitucional electo.

En un descomunal despropósito, toda acción relativa al orden cameral tenía que estar concertada prácticamente por consenso entre los grupos parlamentarios, lo cual era punto menos que imposible. En una cámara donde los diputados opositores tenían mayoría y dentro de ello el grupo más numeroso lo constituía precisamente el PRD, el consenso para establecer el orden nunca podía llegar. La estrategia de la izquierda consistía, en esencia, en bloquear mi toma de posesión. Impedirla físicamente, impedirla de manera violenta.

Había que diseñar una estrategia para el interior del recinto. Eso ya iba en curso. Pero también había que estar bien seguros de que se tendría el acceso franco desde el exterior. En concreto, que se me permitiera salir de mi casa, llegar y entrar al Palacio Legislativo de San Lázaro, incluso con el apoyo de la fuerza pública. Esto que es obvio en cualquier democracia no estaba ni remotamente claro en México en

135

aquel diciembre de 2006. La fuerza policiaca local estaba en manos del mismo PRD. De hecho, ya había ocurrido un episodio de consideración: se negaron a desalojar el Zócalo capitalino para permitir la ceremonia de Independencia, el tradicional "grito" desde el Palacio Nacional. Uno supondría que al menos contaría con el apoyo de las fuerzas federales, pero ni eso resultaba claro.

Por lo que toca a la parte interna, desde que se constituyó el grupo parlamentario en septiembre mantuvimos una constante comunicación y una relación extraordinariamente cordial con aquel valiente grupo de diputados, a quienes conocía desde la campaña electoral misma o desde mucho antes. Juan Camilo Mouriño y yo decidimos hablar con los más cercanos y leales, quienes organizarían a sus compañeros en pequeños grupos para tener una guardia permanente responsable de salvaguardar, incluso físicamente, la tribuna de la Cámara en caso de que los diputados del PRD, muy a su estilo, quisieran ocuparla para impedir la toma de protesta.

En los días previos a la toma de posesión, y una vez que ya había anunciado a los principales Secretarios integrantes del gabinete, me reuní casi diario con un pequeño grupo de colaboradores con el fin de completar los nombramientos del equipo completo de gobierno. Recuerdo que en una oficina que habíamos habilitado en el departamento de Juan Camilo Mouriño en Polanco estaba dibujada en rotafolios y pizarrones la estructura completa del gobierno, y en cada uno de los cuadros correspondientes a los cargos públicos poníamos pequeños post-its con ternas que intercambiábamos una y otra vez, hasta afinar poco a poco todos los nombramientos.

En eso estábamos la mañana del 28 de noviembre cuando, en la televisión que teníamos todo el tiempo encendida y sintonizada en el Canal del Congreso, observamos que se interrumpía la sesión. No nos quedaba claro qué ocurría. Mouriño telefoneó al diputado Manuel Minjares, quien confirmó nuestros temores: era evidente que un grupo de perredistas se preparaba a tomar la tribuna y llamaba a sus compañeros para hacerlo. Teníamos que actuar. Mientras Juan Camilo buscaba a Jorge Zermeño —era imposible contactarlo, puesto que estaba negociando con los coordinadores acerca de ese mismo tema— llegamos a una conclusión lamentable, pero claramente práctica: había que tomar la tribuna antes que los perredistas, y defenderla hasta donde la fortaleza física y anímica de nuestros compañeros en el recinto lo permitiera.

Así que les transmitimos la decisión a los diputados: a Manuel Minjares, por una parte, y al coordinador Héctor Larios, por la otra, y de inmediato comenzó la operación que nuestros compañeros tenían planeada. Primero los más valientes, los más decididos, aquellos a quienes les habíamos encomendado estar listos para actuar en cualquier momento. Entre ellos recuerdo muy bien a quien años después sería gobernador de Querétaro, Francisco Domínguez, o a Ángel Deschamps, quien había sido un excelente alcalde en Boca del Río, Veracruz, estuvieron también Maru Campos, ahora alcaldesa de Chihuahua, y muchos más.

Desde ese momento los diputados integrantes de la bancada de Acción Nacional hicieron una defensa permanente de la tribuna de la Cámara de Diputados, que me atrevo a calificar de patriótica. Sin ellos hubiera sido imposible tomar posesión el 1 de diciembre, y se hubiera consumado la ruptura constitucional que irresponsablemente preparaba López Obrador. Durante casi cinco días y cuatro noches, 24 horas al día los diputados del PAN se turnaron para defender la tribuna. En particular los primeros momentos fueron tremendamente difíciles, violentos. Los nuestros ocupaban las escalinatas y formaron una valla a lo ancho del frontispicio de la tribuna, hombres y mujeres por igual. Los perredistas arremetieron contra ellos a puñetazos, patadas y sillazos. Los nuestros aguantaron a pie firme, incluyendo algunos golpes de regreso. Lograron sostener la posición. Lo que siguió fue todo un esfuerzo para mantenerse ahí. Durante todo el día, y en particular en la noche, hacía yo personalmente llamadas constantes al teléfono celular de algunos de los diputados que en su turno mantenían su posición en la tribuna. "Diputado, estás haciendo un enorme favor a México, es la única manera que nos han dejado de defender la voluntad popular, te mandamos un saludo muy cordial, lleno de gratitud." "Aquí estamos, Felipe, aquí te esperamos", y se multiplicaban las porras y los gritos de victoria.

Por lo que toca a la parte externa, había que asegurar el respaldo y la protección de las fuerzas federales a mi arribo y acceso al recinto. ¿Cómo podía ser eso posible, si quien estaba al mando de ellas, Vicente Fox, anunciaba que no se atrevería a cumplir con su deber? Y desde luego, la gran pregunta que todo mundo se hacía… ¿Qué hubiera pasado si yo no hubiera logrado llegar a la tribuna de la Cámara y rendido la protesta constitucional? Semanas antes de la toma de posesión abordé abiertamente este tema con el entonces Presidente Fox. "Vicente —le dije—, no vayas a dudar en la responsabilidad de cuidarme para que pueda entrar al recinto." Su respuesta estuvo llena de dudas y evasivas. Al final me dio a entender que él no utilizaría la fuerza pública, que no quería quedar marcado con ningún hecho de violencia o etiquetado como represor, como que "ya la había librado" e iba de salida. "Entonces dame el mando de la fuerza pública —le dije—. Yo asumo la responsabilidad, yo corro el riesgo." Para mí estaba claro que lo que estaba en juego era la vida institucional y constitucional del país. Que el poder del Estado debía emplearse para preservar al Estado mismo. Para él no.

Por esa razón decidimos poner en práctica una medida preventiva: hacer una transmisión de mando virtual, provisional si se quiere, a reserva de ser formalizada con la debida solemnidad. De ahí surgió la idea de hacer la ceremonia de transmisión de poderes previa al acto solemne de toma de posesión.

Y lo que planeamos es que a la medianoche entre el 30 de noviembre y el 1 de diciembre estaría yo recibiendo la bandera nacional de manera simbólica de manos del Presidente saliente. Esta sencilla pero solemne y emotiva ceremonia tendría un poderoso significado: de acuerdo con el artículo 83 de la Constitución entonces vigente: "El Presidente entrará a ejercer su encargo el 1 de diciembre y durará en él seis años". Entendemos que desde el primer momento de ese día. Ciertamente, la solemnidad se consuma en el acto formal de la "toma de posesión" y la formulación de la correspondiente protesta constitucional. Pero la Constitución hace únicamente referencia al día como el inicio del encargo.

Aquí se derivaba una serie de consecuencias complejas para la vida del país. Como ya he explicado, dado que una de las causas para llamar a un Presidente interino era que el electo no se presentase a tomar posesión del cargo, toda la estrategia de Andrés Manuel López Obrador estaba centrada precisamente en impedir que yo tomara posesión. Ante la eventualidad de que pudiera consumar su amenaza, decidimos organizar la ceremonia de transmisión provisional del mando en Los Pinos con el fin de evitar un vacío constitucional derivado de su irresponsable actitud.

Pero también, y en primer lugar, la ceremonia buscaba que Vicente Fox me dejara el mando de la fuerza pública desde el primer momento de ese día. Si él no quería hacerse responsable de resguardar el orden constitucional haciendo incluso valer el orden público, yo asumiría esa responsabilidad constitucional, política e histórica. La manera que ideamos para asumir a cabalidad el control de la fuerza pública fue precisamente esa ceremonia de transmisión de poder público desde el primer momento del 1 de diciembre de 2006. De esta manera surgió la ceremonia de transmisión preliminar a las cero horas del día. Esa misma ceremonia se repetiría seis años después, cuando yo entregué simbólicamente la bandera nacional en el Palacio Nacional y con ella el mando de la fuerza pública —elemento esencial del poder— al Presidente Enrique Peña Nieto.

Durante ese día recibí constantes llamadas de Santiago Creel, coordinador de los senadores. Insistía en que se podía llegar a un acuerdo con otras fuerzas políticas si aceptábamos mover la toma de posesión a algún lugar que no fuera el recinto de San Lázaro. "Lo entiendo, Santiago, pero lo haremos en San Lázaro o no lo haremos, no los hagas abrigar esperanzas de que podemos hacerlo en otra parte, por favor —le dije—. Tenemos que ser firmes." Estuvo de acuerdo —eso me dijo— y nos vimos una hora y media antes de la ceremonia que habíamos acordado con Vicente Fox.

Esa noche estaban reunidos en el salón Adolfo López Mateos de Los Pinos todos o la mayoría de los miembros de su gabinete, y todos los integrantes del mío que había venido anunciando las semanas previas. En una ceremonia protocolaria, Fox entregó a un cadete militar la banda presidencial que utilizó a lo largo de su mandato. Ahí mismo anuncié que al día siguiente acudiría al Congreso para cumplir con el artículo 87 constitucional, tras lo cual un cadete del Heroico Colegio Militar me entregó de forma solemne la bandera. Acto seguido, se la entregué a otro escolta, quien se retiró marcialmente. Ese gesto con la bandera simbolizó la transmisión inicial del mando. En el acto designé a los Secretarios de Gobernación, Seguridad Pública, Defensa, Marina y al Procurador General de la República. Previamente, en distintos momentos, había hablado con cada uno de ellos. Desde el mismo día en que les anuncié que los nombraría Secretarios y Procurador, les advertí lo delicado que sería enfrentar ese día. Nadie podía echarse para atrás. Era su responsabilidad que, en caso de ser necesario, el Estado mexicano actuase, sin armas de fuego, pero con toda determinación para garantizar el orden constitucional en el más solemne e importante de los actos que prevé la Constitución. Así que en los primeros minutos de ese día asumí el mando de la fuerza pública, y con ello la responsabilidad política, legal e histórica de lo que pudiera pasar horas más tarde.

Margarita me había acompañado todo ese día y la noche. Ya en el auto de regreso a casa, en la madrugada, le dije: "Mira, Márgara, tomémoslo así: mañana a estas mismas horas todo habrá terminado. Sabremos que tomé posesión, daré el mensaje, atenderé a los invitados, y a esta hora estaremos descansando. Sólo 24 horas más". No habíamos llegado a casa cuando recibí la llamada de Beatriz Paredes. Con la confianza que siempre nos hemos dispensado, habló para felicitarme por la ceremonia, y a propósito de ello, me hacía entender que ya no sería necesario arriesgar al propio Presidente, a los legisladores y a los invitados especiales. "Felipe, hay gente armada, tenemos información de que estos p… perredistas han metido algunos explosivos. No sé si sean cohetones, o algo más serio, pero de que tienen material muy peligroso lo tienen, hay rumores de que han introducido armas, y la verdad es que nadie ha revisado qué traen los perredistas al entrar a la Cámara, ¿para qué arriesgar?" "Beatriz, voy a tomar posesión en San Lázaro, es lo que dice la Constitución." "Pero se puede lograr un acuerdo para habilitar un recinto alterno, y en ello contarás con el apoyo del PRI." "Beatriz, si no tomo posesión ahí, aunque se habilite a última hora, nunca voy a poder gobernar, seré un Presidente que esté fuera de sitio, escapando del primero al último momento." Todavía, genuinamente preocupada, me preguntó si llevaría chaleco antibalas. Le agradecí mucho su preocupación y terminamos la conversación. Más tarde, ya de madrugada, recibí en mi casa otra llamada. Era de Emilio Gamboa, coordinador de los diputados del PRI. Me insistió en buscar un acuerdo para usar un recinto alterno, y me insinuó que incluso era posible contar con el acuerdo o al menos la anuencia *de facto* del PRD. Y le repliqué los mismos argumentos. "Señor Presidente, arriesga la Presidencia, arriesga su vida, respetuosamente sugiero que busquemos la alternativa", me dijo, y le contesté: "Diputado, lo he pensado muy bien: sé todo lo que está en riesgo, pero prefiero afrontarlo a ser un Presidente que da la espalda a las circunstancias adversas. Tomaré en el recinto parlamentario de San Lázaro posesión como Presidente de la República, y rendiré ahí la protesta constitucional. Estoy obligado a hacerlo, diputado, voy a cumplir con mi deber con la nación, y le pido, diputado, que usted y sus compañeros cumplan con el suyo. Nos veremos mañana en la sesión del Congreso General". "Está bien, señor Presidente, el PRI respaldará la decisión que usted tome siempre y cuando se apegue a la Constitución. Cumplo con mi deber de advertirle los riesgos y presentarle alternativas." "Así lo entiendo, diputado, muchas gracias por ello, muy buenas noches y nos vemos mañana." "Buenas noches, señor Presidente."

Pude dormir poco antes de las 3 a.m.; sin embargo, a las 6:30 ya estábamos de nuevo en pie. Como siempre, visité rápidamente el lugar donde dormían mis hijos, y me aseguré de que la televisión que tenemos en la salita entre sus recámaras y la nuestra estuviera en algún canal de caricaturas; hice un poco de ejercicio mientras monitoreaba a través de mi teléfono con el Estado Mayor y con Juan Camilo cuál era el avance en la Cámara. Con Jorge Zermeño, el presidente de la misma, había acordado reducir, si era necesario, la ceremonia a la toma de protesta constitucional, pues era la única solemnidad requerida por la Constitución para asumir el cargo. Él mismo me comentó que arrancaría en cuanto hubiese quorum, pero esa mañana los priistas seguían en sus oficinas y no se habían presentado al pleno. Me di un baño rápido y cuando estaba rasurándome entró mi hijo Luis

Felipe, entonces de siete años de edad, a mi habitación: "Papá, ya les están pegando a los del PAN". "¿Cómo?", corrí a la televisión, y vi, al igual que muchos mexicanos, esas escenas donde, en una actitud bárbara, violenta, los legisladores perredistas la emprendían contra los panistas, en particular contra los senadores que acababan de entrar, como Santiago Creel, Heriberto Félix y otros. Ramón Galindo, quizá en recuerdo de sus bien aprendidas lecciones de resistencia civil en Chihuahua, obstruía con su cuerpo el avance del más agresivo de los perredistas, pero sin levantar las manos y llamándolo a moderación. Era un caos, los ánimos estaban muy caldeados. Luis Felipe insistía en que lo llevara, que algún vecinito le había enseñado a boxear... me dio mucha ternura, la verdad. En cambio me preocupó mi hija María, quien, asustada, desde su cuarto veía la televisión por el filo de la puerta entreabierta. Terminé rápidamente de vestirme y urgí a Margarita a que nos fuéramos a la brevedad posible.

Estuvimos listos a eso de las ocho de la mañana. Sin embargo, cuando le dije al general Castillo que estábamos listos para salir, él me comentó que teníamos que esperar, porque el Presidente Fox estaba lejos de estar listo. Mientras tanto seguía la conversación con Jorge Zermeño y el monitoreo, ahora prácticamente de todos: Cisen-Gobernación (Carlos Abascal jugó un papel discreto pero crucial desde su secretaría, y actuaba ya en coordinación con Francisco Ramírez Acuña), la información de Juan Camilo proveniente de los propios legisladores y lo que me decía el propio Zermeño. Además, lo que ocurría era evidente, estaba siendo transmitido en vivo, ahora ya no sólo por el Canal del Congreso sino prácticamente por todos los canales de televisión. Pasada la primera escaramuza de golpes, comenzaron a entrar los priistas por una de las puertas laterales. Traían banderas nacionales en las manos. "Ya están entrando los priistas", me dijo Zermeño. Emilio Gamboa cumplió con su palabra, y con el resto de los priistas, con su deber. Respiré profundo. Pero al mismo tiempo los medios daban cuenta de lo que estaban haciendo los legisladores perredistas: ¡estaban bloqueando los accesos al recinto con cadenas! Algo increíblemente peligroso. De haber ocurrido una tragedia ahí, un incendio o una explosión, por ejemplo, los más de 600 legisladores y asistentes presentes en el registro no tendrían manera de salir. El tamaño de la irresponsabilidad y la barbarie era insólito. "Ya vamos a arrancar, ¡en cuanto esté el quorum abro la sesión, vente!", me dijo Zermeño, con lo cual estaba yo totalmente de acuerdo.

"Vámonos", le comenté a Margarita, y salimos, urgiendo al personal del Estado Mayor y a nuestros hijos a abordar los vehículos. Tenía la tensión y la urgencia de llegar, y al mismo tiempo la obligación de mantener y transmitir calma y alegría a mis hijos. ¡Qué difícil! Al salir de mi casa (en la colonia Las Águilas, un condominio horizontal en la calle de Cóndor, donde hemos vivido desde 2001 a la fecha) me comentaron Max y Juan Camilo: "Hay prensa". Miré hacia la entrada principal, y mientras la puerta se abría, dejaba ver decenas de cámaras y muchísimos medios. Caminamos hacia la entrada con nuestros hijos, saludamos y abordamos nuestros vehículos. En ese momento todo era transmitido en vivo, tanto el maremágnum en el recinto parlamentario como nuestra salida familiar de la casa.

Avanzó el convoy. Con todo y camarógrafos que nos seguían y transmitían para la televisión, hicimos una parada totalmente anticlimática al entrar a Viaducto. "¿Qué pasa, general?" "Tenemos que esperar al Presidente Fox", contestó. La situación comenzaba a incomodarme, aunque habían transmitido mi mensaje al expresidente, quien pasó la noche en una habitación del hotel Presidente —por cierto, la casa o cabaña en Los Pinos nos fue entregada con tan poca anticipación que yo no tuve oportunidad de verla. Llevaba una maleta y un portatrajes en la camioneta para mudarme ahí ese día, si todo salía bien.

Tras minutos interminables de espera, llegó el convoy de Fox, y siguiéndolo, avanzamos por Viaducto. Sólo que… a una velocidad increíblemente baja, no sé cuánto. De nuevo me dirigí al general Castillo: "¿Por qué vamos tan despacio?" "Es que dice mi general Tamayo que vamos muy anticipados y que hay que ajustarse al horario de la agenda." Terminé por desesperarme. "Mire, general, usted dígame a quién le voy a dar instrucciones en calidad de jefe de mi Estado Mayor, ¿al general Tamayo o a usted? ¡Tenemos que llegar a la Cámara antes de que eso termine por descomponerse!"

Castillo entendió, dio las órdenes que debía dar y finalmente aceleramos rebasando al convoy de Vicente Fox. De hecho, él llegó varios minutos después de mí al recinto. Así llegamos a San Lázaro. La transmisión de la televisión se interrumpió cuando nuestra camioneta entró al sótano del Palacio Legislativo, todo era expectación e incertidumbre. Ya en el sótano, la camioneta se desvió hacia el estacionamiento de la presidencia de la Cámara. Seguía resguardada, ahora más fuertemente por elementos del Estado Mayor. Ahí me recibió una comisión plural de diputados y senadores de varios partidos, con excepción del PRD y sus aliados. Como lo había imaginado, aquel 1 de diciembre entramos a la sala de prensa, cruzamos el fondo de la misma a través de la puerta simulada discretamente sobre la pared que daba justo al salón Tras Banderas, oficina del presidente de la Cámara. Entré por un pasadizo lateral, al lado de la bandera izquierda, mirando de frente a la tribuna de la Cámara. Margarita decidió entrar conmigo, porque no habría tiempo de subir al palco asignado a la primera dama.

Aquello era un verdadero campo de batalla. El espacio era estrecho, pero ingresé entre apretones de manos, palmadas en el hombro y gritos de entusiasmo de nuestros compañeros y la resistencia, centímetro a centímetro, con los perredistas que querían tomar la tribuna. Layda Sansores (hija del mayor cacique político de Campeche, priista de largo aliento ella misma, y ferviente seguidora de Andrés Manuel desde 2006) había usurpado en el presídium el asiento del presidente de la Corte, y se disponía a tomar la tribuna. Finalmente, estando yo por alcanzar la tribuna, llegó arriba también Manlio Fabio Beltrones, presidente del Senado, y don Mariano Azuela, el querido presidente de la Suprema Corte, que no sé de qué artes se haya valido para persuadir a Layda para que le devolviera su lugar. Zermeño fue al grano: "Se reanuda la sesión, tiene la palabra el licenciado Felipe de Jesús Calderón Hinojosa, Presidente constitucional de los Estados Unidos Mexicanos", los panistas aplaudían, los perredistas gritaban, insultaban, empujaban, sacaron silbatos con los que hacían un último intento de sabotaje. Yo me concentré, ignoré todos esos ruidos, sentí la fuerza del recinto parlamentario y lo que para mí significaba, sentí la fuerza de los votos, de mis convicciones, la fuerza de México. Y con la mano derecha extendida comencé a rendir la protesta constitucional, la cual había aprendido de memoria, previendo que la tarjeta con el texto escrito podría ser arrancada por cualquiera del atril del presídium:

> Protesto guardar y hacer guardar la Constitución Política de los Estados Unidos Mexicanos, y las leyes que de ella emanen, y desempeñar leal y patrióticamente el cargo de Presidente de la República que el pueblo me ha conferido, mirando en todo por el bien y prosperidad de la Unión, y si así no lo hiciere, ¡que la Nación me lo demande!

El júbilo estalló en el recinto de San Lázaro. En general en todo el país. En los aeropuertos, restaurantes y otros lugares públicos la gente aplaudía entusiasmada. Lo mismo ocurría en el Auditorio Nacional, donde estaban congregados 10 mil invitados especiales. En el recinto de San Lázaro alcancé a reconocer a entonces su Alteza y ahora rey de España, Felipe VI, a George Bush padre, y a Álvaro Uribe, Presidente de Colombia. Levanté la mano para saludarlos y agradecerles. Acto seguido, el presidente de la Mesa Directiva dijo: "Y ahora vamos a entonar nuestro Himno Nacional". Así lo hicimos. Fue vibrante entonar sus notas. Los propios perredistas, en su mayoría, lo hicieron. Salimos por donde entramos. Al llegar a Los Pinos, entramos al despacho presidencial, donde nos esperaban nuestros hijos, nos fundimos en un abrazo los cinco. Julia de la Borbolla, querida psicóloga y amiga nuestra, les había dicho a los niños que la banda era algo que tenía poderes mágicos, pero que podía desequilibrar a las personas y a sus hijos. Que había que estar tomando "ubicolitos" para estar en equilibrio…

Después de las ceremonias, el almuerzo, las visitas y finalmente la cena de Estado, ese día, como a las 11 de la noche, nos sentamos Margarita y yo en el comedor de la que sería nuestra nueva casa, la cabaña 1 de visitas de Los Pinos. "¿Ya ves? Te dije que todo terminaría en menos de 24 horas." Nos reímos de buena gana. Empezaba una nueva vida.

5

La transición

La victoria electoral fue muy gratificante, pero a la vez estuvo marcada por enormes desafíos; a pesar del entusiasmo que se vivía dentro de mi equipo, hubo varios episodios de tensión. Aun después del triunfo, la relación con Vicente Fox continuó áspera y distante. El periodo de transición mexicana es uno de los más largos del mundo, y por lo mismo uno de los más desgastantes. En los cinco meses que median entre el día de las elecciones (2 de julio) y el de la toma de posesión (1 de diciembre) nos vimos sólo en tres ocasiones, ciertamente amables, incluyendo una visita a su rancho en Guanajuato. Me queda claro que eran totalmente insuficientes, cosa que traté de corregir en mi propia sucesión, cuando organicé reuniones semanales entre nuestros equipos, muchas de ellas encabezadas por nosotros mismos, las cuales duraron hasta que el equipo entrante consideró que ya habían sido suficientes. Durante la campaña, muchas de las acciones de Fox habían causado innumerables problemas. La resolución del tribunal señaló en términos generales que la elección en sí misma se había desarrollado conforme a derecho, pero que, aunque no eran una causa que invalidara total o parcialmente la elección, eran reprochables algunas intervenciones del Presidente.

La dualidad del poder que termina y el que inicia deteriora al Estado y reduce mucho la gobernabilidad. Por ejemplo, su oficina se opuso a que tuviéramos un encuentro hasta que el tribunal resolviera en definitiva, cosa que ocurrió hasta el 5 de septiembre. Durante todo ese lapso sólo recibí una felicitación telefónica suya que en el contexto de tensión que vivíamos fue verdaderamente lacónica. Incluso en esos días el Congreso de Colombia me invitó como Presidente electo de México a asistir a la juramentación del segundo mandato del Presidente Álvaro Uribe. Era una buena oportunidad, pues se trataba de un encuentro con el que fortalecería la legitimidad internacional ya como Presidente electo. Sin embargo, y con gran pena por parte de mis amigos del Partido Conservador que tenían la Mesa Directiva y del Partido de la U del Presidente Uribe que me habían invitado, me llamaron para decirme que tenían que revocar la invitación que me habían formulado para asistir... ¡a petición de la propia cancillería mexicana! En efecto, de la oficina de Luis Ernesto Derbez se hicieron gestiones para que me fuera cancelada la invitación, cosa que ocurrió, y que me confesaron, con asombro e indignación, mis amigos colombianos. "¿Que no son de tu mismo partido?", me preguntaron.

Me reuní por primera vez con Fox a los pocos días del fallo del tribunal, y a pesar de lo importante que era para mí la reunión, se había convocado a la prensa, por lo cual nuestro encuentro fue breve y casi meramente protocolario, mediático. Me urgía entrar en detalles y no fue posible. Fue para la foto, que no estaba mal, pero no era suficiente.

Entre las tensiones internas del partido y las protestas de Andrés Manuel López Obrador, un día recibí una llamada de Daniel Cabeza de Vaca, quien todavía era Procurador General de la República. Me pidió que habláramos personalmente. Debido a la cercanía con mi domicilio, fui a la casa que tenía la Procuraduría General de la República y que él habitaba, la cual estaba sobre la avenida Las Águilas, muy cerca de la mía y en la colonia del mismo nombre. Alrededor de las nueve de la noche me recibió en su sala. Después de los saludos de cortesía y los comentarios superficiales que suelen hacerse antes de entrar al fondo de una conversación delicada, me dijo: "Mira, Presidente, nos ha llegado información tanto del Ejército como de agencias americanas con las que tenemos contacto muy frecuente, de que sus informantes tienen la certeza de que existe un plan para asesinarte", me dijo con esa voz pausada, por momentos monótona. Me quedé helado. Trataba de asimilar lo que me estaba diciendo. Me repetía mentalmente el mensaje, resistiéndome a aceptarlo.

Daniel continuó con la noticia, me detalló que la información que los estadounidenses habían proporcionado decía que se trataba de Osiel Cárdenas, quien, aunque estaba preso en el penal de Almoloya, seguía controlando una buena parte del Cártel del Golfo, del cual era líder indiscutible. "Dicen que él y su equipo consideran que es altamente inconveniente para sus intereses tu llegada a la Presidencia." En ese momento empecé a sentir el peso de la responsabilidad de gobierno que estaba por asumir. Esa noche no dormí. La primera vez en mucho tiempo que me ocurría por una preocupación de trabajo, sí, pero que esta vez implicaba mi seguridad y la de mi familia.

Al día siguiente no terminaba de creerlo. Le pedí al Procurador que me arreglara una cita con el general Vega García, Secretario de la Defensa, para comprobar la credibilidad de la información y la procedencia del mensaje. Me reuní con él y con el general Aguilera, jefe de inteligencia del Ejército. "Efectivamente, hay informantes que están trabajando para la DEA y el FBI insertados en la organización de Osiel Cárdenas —me dijeron—. Ellos han corroborado por distintas fuentes la decisión del cártel de asesinar al Presidente electo. Hemos interceptado conversaciones que lo confirman." Escuchaba, entendía, pero tardé en asimilarlo. Advertí un sentimiento de vulnerabilidad del que no había sido consciente.

"¿Y qué puedo hacer?"

"Nosotros ya hemos tomado medidas para incrementar su nivel de protección a través del Estado Mayor Presidencial", me contestó escuetamente el general Vega. Me pidió que de ahí en adelante no usara sino vehículos blindados. "¿Cómo puedo estar en contacto con usted? ¿Cómo puedo tener conversaciones sin que me intercepten estas personas? Me imagino, me han dicho que el Nextel es seguro", dije. A lo que respondió el general Aguilera: "Ningún teléfono es seguro. Todos, absolutamente todos se pueden intervenir". Me despedí del general Vega y, en efecto, desde mi salida ese mismo día de la Secretaría de la Defensa me percaté del incremento de la seguridad en mi escolta. Comenzó a haber vigilancia permanente en mi casa y a mis hijos. Mis giras se acotaron también de manera importante.

En medio de la presión y la incertidumbre marcada por esta información, más el asedio y la intención golpista de López Obrador y sus huestes para desestabilizar al país hasta lograr mi derrocamiento, empecé a preparar el gabinete que me ayudaría a enfrentar los grandes retos del país.

EN BÚSQUEDA DEL EQUIPO

Para los panistas fue muy claro que el gobierno de Vicente Fox había sido construido ignorando al PAN casi en su totalidad. Se podían contar con los dedos de una mano los Secretarios que tenían una militancia en el PAN. Todos los demás eran apartidistas y algunos de plano abiertamente priistas. Y si eso era en el primer nivel de gobierno, la situación era todavía peor en los niveles medios y por completo adversa al nivel de delegaciones federales. Sabedor de ello, fui insistente en el tema durante las elecciones internas. Al referirme a los criterios con los que integraría mi equipo de trabajo, solía citar una frase atribuida a ese gran escritor y Presidente de la República Checa que fue Václav Havel: "Prefiero inexperiencia temporal que sabotaje permanente".

Y en efecto, fueron tres criterios los que consideré a la hora de escoger equipo de gobierno: honestidad, capacidad y lealtad. Con eso en mente me di a la tarea de su integración. Para algunos puestos el panorama era bastante claro y los candidatos se perfilaban casi en automático. Sin embargo, había áreas en las que parecía necesario hacer un verdadero estudio de los aspirantes, su experiencia, su carácter, su perfil profesional, etcétera. Este análisis resultó en un ejercicio muy enriquecedor que me permitió tomar las decisiones que en ese momento consideré las más acertadas.

Una parte muy importante de mi tiempo durante el periodo de transición la dediqué a conocer a fondo las diferentes áreas de gobierno. Al menos una vez a la semana me reunía con el Secretario, subsecretarios y principales funcionarios de cada una de las secretarías del gabinete, salvo las de las fuerzas armadas. Fueron muy importantes para mí las de Salud con Julio Frenk, a quien considero de una capacidad extraordinaria, y a la vez de una gran sencillez. Fue realmente muy ilustrativo. Lo mismo en Educación, con Reyes Tamez, quien, más allá de su vinculación con Elba Esther Gordillo, tenía una clara experiencia y conocimiento de su área. No había tenido la oportunidad de tratar profundamente a Francisco Mayorga hasta esas sesiones. Me causó buena impresión y a la postre lo nombraría, con el tiempo, Secretario de Agricultura de nuevo. Al final, casi todos los Secretarios de Estado pasaron por mi oficina para exponer con detalle los proyectos de sus respectivas áreas. A las reuniones también asistían los subsecretarios, gente cercana de mi staff y expertos que convoqué para analizar los programas que estaban en curso. Al frente del equipo técnico de transición estaba Ernesto Cordero, actuario y maestro en economía, con quien coincidí en algunos cursos de la maestría en economía en el ITAM, y que ha sido siempre de mi absoluta confianza, honesto y de gran capacidad técnica.

En la mayoría de los casos hice una lista previa de personas que me interesaba que trabajaran conmigo. Sin designarles una secretaría en específico, elaboré un bosquejo con los que serían mis allegados y ensayaba la dinámica de equipo que podría desarrollarse. Buscaba evitar a toda costa un conflicto como el que tuvo Fox con varios miembros de su gabinete, a quienes puso a competir públicamente en ternas, muchas de las cuales terminaron peleadas antes de que él tomara posesión. Preferí evitar esa mala experiencia y, para impedir la politiquería entre los posibles integrantes del equipo de trabajo, decidí mantener ese proceso de deliberación sólo con Juan Camilo Mouriño, la persona de mayor confianza, y quien me acompañó de forma decidida durante la precampaña, la campaña, los debates, la elección y la primera parte del gobierno, hasta el trágico accidente aéreo en el que perdió la vida. Nos reuníamos continuamente. Revisábamos los currículums, contábamos con análisis de inteligencia de cada uno de los candidatos que nos proveía, entre otras fuentes, el Cisen, y aun esta información tratábamos de corroborarla con otras fuentes. Buscábamos que los miembros del gabinete no tuvieran antecedentes de corrupción. En cuanto a la capacidad, consideraba primordiales las trayectorias académicas. En las áreas económicas más importantes todos tenían posgrado, incluso doctorados, y había trayectorias académicas y profesionales impresionantes. Buscaba que todo funcionario público contara al menos con una formación en elementos cuantitativos, que entendiera presupuestos y principios básicos de contabilidad púbica, economía y administración, al margen de la secretaría que tuviera a su cargo, lo cual sólo exceptuaría en los casos en que hubiera una experiencia legislativa o de gobierno que acreditara la capacidad del funcionario. Existe una gran diferencia entre quien entiende los números y quien simplemente no los maneja. Fueron criterios a los que, en general, traté de apegarme durante mi gestión. En muchos casos recurrí también, sin hacerlo público, a *head hunters*, que me ayudaron a realizar entrevistas más profundas a los candidatos, evaluar a detalle los resultados en su trayectoria de trabajo, y en general acompañaba mi decisión con todos los elementos de juicio posible.

El proceso era lento, pero sistemático y riguroso. Ya para operarlo, y para mantener la confidencialidad de las decisiones, con toda la información disponible tomé la decisión sólo apoyado por Juan Camilo. Eso nos obligó a hacerlo personalmente, y de manera casi artesanal: teníamos dibujado en un gran pizarrón un esquema con toda la estructura de gobierno, y sobre ese diagrama colocábamos nombres dependiendo del área. Para cada vacante, desde secretarías hasta subsecretarías y direcciones relevantes, asignábamos hasta tres posibles nombres, cada uno anotado en post-its, diferenciados por colores. Al principio podía haber varios post-its con el nombre de la misma persona, es decir, podíamos considerar a alguien para distintas posiciones al mismo tiempo. Luego fuimos agregando la restricción de que sólo pudiera haber una por cada nombre, es decir, en un ejercicio de aproximaciones sucesivas, acotábamos los nombres a un solo cargo, así fuera en ternas, luego duplas, hasta que al final logré integrar un gabinete muy sólido que cumplía, en general, con los principios que me había impuesto: *honestidad, capacidad* y *lealtad*.

ECONOMÍA Y HACIENDA: EN BUENAS MANOS

Quizá la primera secretaría para la que tenía un candidato claro fue la de Hacienda. Estaba consciente de la importancia de dar señales de capacidad, honestidad y reputación técnica a los inversionistas y a los mercados en general. Y en honor a la verdad, desde hacía mucho tiempo que tenía pensado invitar a Agustín Carstens Carstens, a quien considero uno de los mejores economistas del mundo, por lo menos entre quienes desempeñan un servicio público.

A Agustín lo conocí en el año 2000, yo era coordinador de los diputados del PAN ya en el gobierno de Vicente Fox y él subsecretario de Hacienda con Francisco Gil. Coincidimos en una reunión en la que platicamos sobre su proyecto de reorganizar Banrural.

Tiempo después, cuando fui nombrado director de Banobras, Agustín fue mi jefe. La relación siguió siendo respetuosa y cordial, de él aprendí muchísimo y siempre conté con su apoyo. Así que busqué hablar con Carstens. Para entonces él trabajaba en el Fondo Monetario Internacional, y tenía una de las posiciones técnicas más relevantes dentro del mismo. Cuando conversamos, sabía perfectamente para qué lo buscaba y aceptó gustoso, al menos esa impresión me dio. Por fortuna decidió sumarse, lo cual le dio una enorme ventaja al equipo que estaba formando. Se trataba de un representante central para liderar los trabajos en uno de los asuntos más importantes para el futuro del país. Como subsecretario de Egresos nombré a Ernesto Cordero, hombre de mi confianza; Agustín lo entendió y aceptó, no sólo por eso sino porque conocía a Ernesto, a quien me había traído prácticamente arrancado de sus estudios de doctorado en Pensilvania para nombrarlo director de la Fundación Estrada Iturbide en el año 2000, cuando fui electo coordinador parlamentario y decidí darle un enorme peso técnico, tanto en lo económico como en lo jurídico, a esta área especializada de apoyo a los diputados del PAN. Con ello buscaría imprimir el sello del nuevo gobierno y garantizar la intervención de mi proyecto dentro de la propia Secretaría de Hacienda. A través de Ernesto impulsaba mis propias prioridades y preocupaciones en el presupuesto.

Del equipo de economía que había creado Fox, una de las personas más valiosas del gobierno era Eduardo Sojo, quien se desempeñó como coordinador de asesores de políticas públicas. Aunque con muy bajo perfil, fiel a su estilo personal, Sojo siempre me apoyó y alentó. Decidí encomendarle la Secretaría de Economía con una misión relevante para mí: generar una transformación que insertara a México en las filas de la competitividad sin los resabios proteccionistas que a veces reflejaba el propio Fox y que yo no compartía.

Completarían el equipo económico Georgina Kessel, brillante doctora en economía, a quien nombré como Secretaria de Energía. Ella ya conocía bien el sector energético porque durante su paso por la Secretaría de Hacienda tuvo la responsabilidad de dar seguimiento y supervisión a las áreas presupuestales vinculadas con el sector energético, que son de las más importantes. Con ella había tomado clases en el ITAM: Políticas de Estabilización en Economía Abierta y Finanzas Internacionales. Excelente maestra por cierto.

EL COMPROMISO SOCIAL
Y LA RESPONSABILIDAD POLÍTICA

En la Secretaría de Gobernación opté por la experiencia política y la enorme confianza que tenía en Francisco Ramírez Acuña. Aunque antes de decidirme pensé varias opciones, incluyendo al propio Juan Camilo y a Josefina Vázquez Mota. A Paco le dije con toda franqueza que tenía más opciones para ese cargo, y más opciones para él. El día que se lo anuncié le dije que lo propondría como Procurador; en el teléfono hubo un silencio, luego le dije: "No es cierto, te voy a nombrar Secretario de Gobernación". Por otra parte, nombrar a Josefina nuevamente Secretaria de Desarrollo Social, aunque era una de las secretarías más apreciadas entonces, definitivamente no hubiera llenado sus expectativas, y hubiera sido visto como algo insuficiente para ella. Así lo conversamos. Ella había analizado bien el tema y surgió la posibilidad de que fuera Secretaria de Educación. Me pareció muy bien, era un perfil adecuado para la tarea. Aún no había recibido la exigencia de la maestra Elba Esther Gordillo de ser ella misma la Secretaria. En el caso de la Sedesol nombré a la todavía diputada Beatriz Zavala, quien era entre los parlamentarios la más familiarizada con el tema de desarrollo social, además de Margarita Zavala.

Hubo varios michoacanos en el gabinete. Uno de ellos fue Juan Rafael Elvira, quien fue un buen alcalde en Uruapan, y luego delegado de la Procuraduría del Medio Ambiente en Michoacán. El ingeniero Luis Mejía, uno de los panistas más respetados de México, comprometido ciudadano, y cuando se le pidió, excelente servidor público, había sido delegado de Desarrollo Social en Michoacán y de alguna manera "pastoreaba" al resto de los delegados, y él mismo me avaló la trayectoria de Juan; a Luis lo nombraría subsecretario de Desarrollo Social. Sabedor de su compromiso ambiental, con el cual yo coincidía, a Juan Elvira lo nombré Secretario de Medio Ambiente y Recursos Naturales. Otro michoacano fue Germán Martínez Cázares, con quien había compartido muchas batallas, algunas de ellas junto a Carlos Castillo Peraza, y lo nombré Secretario de la Función Pública. Había sido además un brillante representante del PAN ante el IFE y responsable, junto a otro michoacano, César Nava, de la defensa legal de nuestro triunfo en 2006. A César, quien fue eficaz dirigente juvenil del PAN y diputado federal en la bancada que encabecé, lo nombré mi secretario particular. Con el tiempo, cuando Germán decidió buscar la presidencia del PAN, sería sustituido por Salvador Vega Casillas (michoacano también), quien había sido joven candidato a alcalde de Lázaro Cárdenas cuando me lancé a la cruzada de levantar al PAN de Michoacán; acorde con su profesión, Salvador se había especializado en temas de auditoría de la contabilidad pública.

En la Secretaría de Salud tuve que tomar una decisión difícil: optar entre Julio Frenk, quien desempeñó el cargo con Vicente Fox y creó el Seguro Popular, o José Ángel Córdova Villalobos, también muy reconocido y capaz, que, como diputado federal surgido de la sociedad civil en León, me había acompañado y apoyado a lo largo de la campaña. Opté por la experiencia y la cercanía política de José

Ángel, lo cual además me pareció justo después de haberse manifestado abiertamente a favor mío en los peores momentos de la contienda interna del PAN, aunque siempre me acompañó un sentimiento de pesar por no haber podido retener a Frenk (ensayamos juntos un modelo de coordinador de proyectos estratégicos en Salud que no funcionó). Sin duda la experiencia con Córdova fue muy positiva y tuvimos grandes logros en la materia. Julio Frenk sería nombrado director de la Escuela de Salud Pública de la Universidad de Harvard, donde coincidimos de nuevo después de mi Presidencia, y luego presidente de la Universidad de Miami. Es quizá el mexicano con el más alto cargo académico en el mundo. Bien merecido.

MÉXICO FRENTE AL MUNDO

Por las mismas razones de honestidad, capacidad, lealtad y cercanía política llegué a pensar en nombrar a Arturo Sarukhán como Secretario de Relaciones Exteriores. Ése era mi plan y, honestamente, se lo había comentado. Sin embargo, el gabinete estaría muy desequilibrado en términos de género. Hasta el 2018, el mío era el gobierno en el que más mujeres habían ocupado cargos de primer nivel en el gabinete en la primera línea de batalla, ocho en total: desde Secretarias (Patricia Espinosa, Josefina Vázquez Mota, Beatriz Zavala, Georgina Kessel, Gloria Guevara y Rosalinda Vélez), hasta Procuradora general de la República (Marisela Morales), además de la jefatura de la Oficina de la Presidencia (Patricia Flores). En consecuencia, traté de que la Secretaría de Relaciones Exteriores no sólo fuera ocupada por personal del Servicio Exterior —en el último medio siglo de la vida del país ha sido el único periodo donde la cancillería ha estado encabezada durante los seis años por personal de carrera del servicio diplomático, de principio a fin—, sino que procuré que fuera además una mujer. En el proceso de selección consideré a tres fuertes contendientes, la primera de ellas fue Sandra Fuentes-Berain, quien se desempeñaba como Embajadora de México en Países Bajos. Las otras dos candidatas eran Lourdes Aranda, subsecretaria durante el gobierno saliente y de nuevo subsecretaria del ramo a lo largo de mi mandato, y Patricia Espinosa, entonces embajadora de México en Austria. A Patricia la había tratado antes, primero cuando era embajadora de México en Alemania, adonde acudí a una serie de reuniones en la sede de la Fundación Konrad Adenauer en Berlín. La volví a ver en Austria, en donde se encontraba la sede del Organismo Internacional de Energía Atómica, al cual acudí como Secretario de Energía. En el proceso incluí varias consultas con legisladores de diversos partidos, y concluí que quien convenía en el cargo era Patricia Espinosa.

Por otra parte, Arturo tenía y tiene una increíble habilidad para conocer y relacionarse en la política y en los medios de Estados Unidos. Lo nombré embajador de México en Washington, cargo que, si se desempeña bien como Arturo lo hizo, es tan importante como la cancillería misma. Creo que no ha habido mejor embajador de México en Estados Unidos que Arturo Sarukhán, lo digo con sinceridad. Y aunque pensaba que podría hacer un relevo al frente de la cancillería en algún momento del gobierno, me pareció que la combinación de Patricia en la cancillería y Arturo en Washington estaban en las posiciones ideales al servicio de México.

LAS PIEZAS SE ACOMODAN: CAMPO, MOVILIDAD Y TRABAJO

Para la Secretaría de Agricultura tenía al menos dos candidatos proyectados. Me preguntaba si debía seguir con Francisco Mayorga o nombrar a Alberto Cárdenas, que era Secretario del Medio Ambiente, y que a mi parecer había hecho una gran labor como gobernador de Jalisco en materia agrícola. Alberto es un hombre que pone manos a la obra con ahínco, que tiene muy buena formación en materia de planeación y con un gran liderazgo en el campo, además de ser originario de una zona con mucha población rural. Ingeniero y maestro, tuvo quizá uno de los desempeños más brillantes en la gubernatura de Jalisco. Bajo su mandato ese estado tomó el liderazgo nacional en materia agrícola en muchos aspectos. Conocedor del tema, organizado, metódico, trabajador, honesto y siempre leal. Por eso lo nombré Secretario de Agricultura. Y finalmente, Rodolfo Elizondo, gran amigo, experimentado funcionario y al igual que Alberto también panista, y a quien refrendé en el cargo de Secretario de Turismo.

Para la Secretaría de la Reforma Agraria había también dos candidatos muy fuertes, bien preparados ambos: Florencio Salazar, quien se había desempeñado en ese cargo con Fox, y que se sumó a mi campaña con enorme lealtad y entusiasmo, y Abelardo Escobar Prieto, quien también fue mi compañero legislador en la Cámara de Diputados y me había acompañado con franqueza y entrega desde entonces en mis proyectos. Abelardo era agrónomo de profesión —falleció mientras escribía yo sobre estas decisiones— y era gallardo descendiente de una familia de agrónomos con enorme raigambre en Chihuahua y en todo México, a grado tal que una de las escuelas de agronomía más famosas del país radicada en Juárez llevaba el nombre de su padre y sus tíos, Hermanos Escobar. Abelardo tenía muy buen dominio de la Secretaría de la Reforma Agraria, a pesar de que siempre había sido un organismo político y conflictivo. Al final opté por Abelardo, quizá por la cercanía, por su experiencia también, y quizá influido por el hecho de que provenía del PAN heroico de Juárez —había sido secretario del memorable ayuntamiento que encabezó Francisco Villarreal—. Fue muy difícil la decisión, por la amistad que también tenía con Florencio, a quien conocí cuando él era diputado del PRI y yo del PAN, en los años noventa. Fui testigo del enorme impacto que tuvo en él el asesinato de su mentor, José Francisco Ruiz Massieu. Al final, Florencio Salazar lo asumió con gran lealtad e institucionalidad. Después de dialogar en torno a las alternativas y a sus propias perspectivas, le pedí que me ayudara como embajador de México en Colombia.

A la campaña se sumaron cuadros valiosos del PRI. En especial algunos que habían colaborado, de una manera u otra, en el gobierno de Ernesto Zedillo. Era el caso de Luis Téllez, Jesús Reyes Heroles, Javier Lozano, Genaro Borrego y Juan Manuel Carreras, que habían tenido el valor de deslindarse de Roberto Madrazo y a final de cuentas del PRI. De ellos, los dos primeros habían sido mis predecesores en la Secretaría de Energía, ambos de sólida formación económica. Les asigné en consecuencia responsabilidades dentro del gabinete económico de primer nivel: a Téllez lo nombré Secretario de Comunicaciones y Transportes y a Jesús Reyes Heroles director de Pemex. Con Javier Lozano, buen abogado y hábil en relaciones personales en el mundo del trabajo, había coincidido también en la Escuela Libre de Derecho, aunque no fuimos compañeros. Se había unido desde la precampaña y le pedí encargarse de la Secretaría del Trabajo. Lamento no haberle pedido a Genaro Borrego una encomienda de mayor responsabilidad. Pensaba ponerlo al frente de Luz y Fuerza, pero la complejidad de la empresa no me permitió definir con claridad esa situación, y nombré ahí a quien ya había tenido la experiencia como director, el ingeniero Jorge Gutiérrez Vera, quien lo hizo muy bien, especialmente en los aciagos días del cierre de Luz y Fuerza.

SEGURIDAD, EL TEMA MÁS DIFÍCIL

Sin duda, el gabinete más difícil de decidir era el de seguridad. No era para menos: era entonces, y es ahora, el problema más grave del país y en consecuencia el nombramiento de los responsables de abordarlo era complejo también. Sin embargo, el diálogo con los titulares de las áreas de seguridad —lo que en el gobierno de Fox se llamó al principio el gabinete de "orden y respeto"— me permitió familiarizarme con ellos y con la forma en que abordaban los problemas. Tenía ya una relación con Eduardo Medina-Mora desde que era director del Cisen, y ahora con Fox Secretario de Seguridad Pública, y nuestra comunicación se había acentuado a partir de que le pedí a Vicente Fox que dejara resuelto de manera correcta el problema de Oaxaca. A Daniel Cabeza de Vaca, el Procurador, lo conocí desde que era consejero jurídico, y su origen guanajuatense facilitaba las cosas. En esas reuniones conocí a Genaro García Luna y también traté más de cerca al subsecretario de Seguridad, Miguel Ángel Yunes.

Para saber de dónde partíamos, le pedí a cada uno que presentara un balance de su gestión durante el sexenio anterior: los problemas más importantes, las soluciones que habían implementado, sus dudas y los puntos más críticos. Sólo así tendríamos un panorama mucho más claro del estado en el que se encontraba México. Por supuesto, uno de los temas más urgentes que debían atenderse era el de seguridad. Entre Eduardo Medina y Genaro García avanzaban en un programa al respecto. Fue entonces cuando se mencionó por primera vez el tema de la gendarmería: volver a la figura de militares desplegados en áreas rurales ("gendarmes"), o guardias rurales de formación militar. Al final opté con el tiempo por crear una nueva policía, mejor equipada y más confiable que la Federal Preventiva, que se integraba por soldados uniformados de policías civiles para cada ocasión, pero sin verdadero espíritu de cuerpo, más los policías de caminos, muchos de ellos leales servidores públicos, otros desgraciadamente comprometidos por corrupción.

En la Procuraduría, la decisión estaba entre continuar con Daniel Cabeza de Vaca o darle una oportunidad a Eduardo Medina-Mora. Al final me decidí por esto último, entre otras cosas después de escuchar a los representantes de varias organizaciones de la sociedad civil, encabezadas a través de sus representantes, entre ellos María Elena Morera. Medina-Mora estaba familiarizado con las fuerzas del orden público, y como abogado y exdirector del Cisen tenía conocimiento de la problemática nacional. Además, su reciente desempeño en la difícil recuperación de las calles de Oaxaca había sido importante en mi propia decisión. Recuerdo que una vez, preparando la integración del gabinete con Juan Camilo, Medina-Mora nos ponía al tanto de la operación para reabrir las calles y rescatar la ciudad de Oaxaca, tomada violentamente por la CNTE y la APPO. Con el paso de las horas, Medina-Mora nos confesó que los soldados que se había comprometido —algo así como 3 mil— a habilitar como policías preventivos en la operación nunca llegaron. Entendí en ese momento que tenía que formar una policía que no dependiera del Ejército.

García Luna y Medina-Mora me presentaron una propuesta muy interesante en materia de seguridad pública formulada prácticamente en conjunto. Ambos coincidían en que el Ministerio Público sólo debía dedicarse a llevar adelante los procesos legales, auxiliado por una policía eficaz, unificada, que hiciera su labor preventiva, pero que también coadyuvara en términos de investigación.

Tanto Daniel Cabeza de Vaca como Medina-Mora presentaron, por separado, uno de los temas pendientes más acuciosos y más sensibles de la administración de Vicente Fox. Se trataba de varias solicitudes de extradición hechas por el gobierno de Estados Unidos, cuyo trámite legal interno había concluido o estaba por concluir. Los casos de Osiel Cárdenas, líder del Cártel del Golfo, y Héctor *el Güero* Palma, líder del Cártel de Sinaloa, eran los más notorios. Ignoro por qué no se había procedido a ejecutar tales extradiciones, pero puedo suponer que no hubo en el Presidente anterior la voluntad política de dejar este problema resuelto, y prefirió pasarme los costos y los riesgos a mí. A los pocos días de gobierno se tomó la decisión de dar cumplimiento a tales órdenes de extradición, de manera discreta y colectiva, con el fin de maximizar su eficacia.

Un factor clave era la información de la amenaza de Osiel. En el material de seguridad que revisé apareció un dato: el Ejército había descubierto un plan fraguado por el Cártel del Golfo y los Zetas para liberar a ese capo del penal del Altiplano. Incluso se hablaba de mapas del centro de readaptación y de un campo de entrenamiento descubierto por el Ejército en Zacatecas, donde se simulaba la prisión y se ensayaba la operación de rescate.

Yo tenía a Medina-Mora y a Cabeza de Vaca, indistintamente, en la Consejería Jurídica de la Presidencia y en la Procuraduría. Al final me decidí por Medina-Mora en la PGR. En cuanto a Seguridad Pública, me convencía el conocimiento de la materia que tenía Genaro García Luna. A su favor valoré también su formación durante muchos años en el Centro de Inteligencia y Seguridad Nacional (Cisen), la institución más estricta hasta entonces en el control de confianza del personal que en ella labora, e incluso su propia formación en ingeniería industrial; consideré que podía ser de utilidad en el diseño, ejecución y control de procesos como se requería para la formación de una nueva institución como era la Policía Federal, quizá uno de los legados institucionales más importantes que fueron creados durante mi gobierno, que fuese abandonada en el sexenio siguiente y destruida ahora, y también el sistema único de información criminal. Una propuesta formulada desde la campaña y de la que estaba cada vez más convencido. Para mí era imprescindible la reconstrucción institucional, el diseño, implementación y fortalecimiento de una gran base de datos, la tecnificación de bases de datos, con toda la información posible sobre el tema de seguridad, desde un reporte de tránsito hasta los antecedentes de personas sentenciadas, procesadas o de todos los integrantes de los cuerpos de seguridad, incluso de las armas que portaban. Su experiencia y la planificación de sus propuestas me parecieron un motivo válido para nombrarlo como Secretario de Seguridad Pública.

Por otro lado, el tema del manejo de Gobernación tampoco era un asunto fácil. Juan Camilo Mouriño me parecía un muy buen candidato; había mostrado una gran habilidad política y poseía un sentido de compromiso y lealtad inigualables. Sin embargo, también lo veía muy joven para un cargo que es de enorme importancia. Otro de los posibles era Francisco Ramírez Acuña, quien había sido un gran impulsor de mi campaña, pero con quien no había tenido cercanía durante algún tiempo. También consideré a Josefina Vázquez Mota, aunque siempre la visualicé encabezando responsabilidades en el área social. Finalmente, en la medida en que la inseguridad y la falta de un Estado de derecho aparecieron como los grandes problemas de México, se volvió un requisito indispensable que fuera alguien que tuviera firmeza en sus decisiones y una formación jurídica. Aunque barajamos varios nombres, llegué a la conclusión de que el mejor candidato para Gobernación era Ramírez Acuña. Después de un tiempo, Juan Camilo también llegaría a ocupar ese puesto, hasta que sobrevino la tragedia de su muerte.

LAS FUERZAS ARMADAS

Con el tiempo comencé a conocer y a entender la dinámica de las fuerzas armadas. El Ejército mantiene una rigurosa estructura jerárquica y vertical, la cual es poderosa. Quienes la controlan, comprensiblemente tratan de ejercer toda su influencia incluso para controlar la sucesión dentro de la propia institución. Durante el periodo de transición noté una gran inconformidad con el método que se había utilizado durante el sexenio de Fox, por medio del cual se alteró sustancialmente la jerarquía y la antigüedad militar y naval, el "escalafón" en la elección de Secretarios a través de los *head hunters*. Eso irritó de manera notable a las fuerzas armadas. Se generó así la idea de que un Presidente electo podía actuar con desdén hacia las Fuerzas Armadas y sus "tradiciones".

Mientras intentaba ser cuidadoso y evitar los puntos sensibles, también buscaba no ser presa de ninguna imposición por parte de cualquiera de las dos instituciones. Mi lógica era tratar de respetar la jerarquía al máximo, siempre y cuando el militar o marino responsable cumpliera los criterios de honestidad, capacidad y lealtad, no política, sino la lealtad institucional propia de las fuerzas armadas.

En sendos desayunos me reuní con los militares y marinos de más alto rango. Primero con los generales de división y con el general Secretario Clemente Vega. Cada quien, cuidando las formas, aportó su punto de vista. Cuando tocó el turno al general Galván, el Secretario de la Defensa lo trató de una manera ruda. No hubo insultos, pero sí actitudes e indirectas que me parecieron inadecuadas para una reunión de esa naturaleza. Tras el encuentro me quedé inquieto y decidí preguntarle al general Vega sobre el general Galván. Su respuesta fue insuficiente y ambigua; según sus argumentos, el general Galván ya había sido subsecretario y la regla era que quien ya hubiera sido Secretario o subsecretario debía dejar el lugar a los demás. No me convenció. Poco después averigüé que el general Galván era el de mayor jerarquía y antigüedad en su rango.

Así, empecé a acotar la lista de aspirantes, que compartí sólo con Juan Camilo. Al final quedaron cuatro generales muy destacados. A todos los entrevisté exhaustivamente. Cienfuegos era el más joven de los cuatro. Me pareció que debía yo apegarme lo más posible a la antigüedad de los candidatos. Si no hubiera de mayor antigüedad y edad optaría por él. Tomás Ángeles Dauahare era el más político de todos, tenía habilidad para meterse en las redes del poder, hacía su propio *lobbying*, era muy pertinaz. Casi siempre lo vi de traje, más que en uniforme militar. Pariente de Felipe Ángeles (creo que sobrino nieto), circulaba entre los militares la versión de que ese parentesco era el verdadero impulsor de su carrera. No me importó eso, pero era el que menos años de experiencia tenía en mando de tropas en las zonas militares del país, pues su trayectoria era sobre todo administrativa y diplomática.

Después de Cienfuegos y Ángeles, hablé con el general Oropeza y con el general Galván. De ambos tenía buena impresión. Oropeza era atacado por la izquierda, dada su activa participación en la lucha contra la guerrilla en el estado de Guerrero. La impresión que me causó el general Galván fue muy positiva. En la conversación que tuvimos me platicó su vida y el motivo por el cual estaba en el Ejército. De familia humilde, originario de la colonia Guerrero, padeció episodios familiares complicados desde pequeño. En alguna ocasión, me contó ese día, se fueron de vacaciones a Tampico; su hermano y él entraron al mar y quedaron atrapados por la corriente; el papá valientemente se metió por ellos pero ya no pudo salir. A partir de ese momento la situación en el hogar fue muy difícil. En la plática me confesó: "Honestamente, señor Presidente, yo entré al Ejército por hambre". Comenzó como soldado y después tuvo una carrera militar ascendente y por méritos propios: fue comandante de batallón, de zona y de región. Además de jefe, maestro de varias generaciones de militares.

Lo investigué y no tenía antecedentes negativos en su historial; además, a todos los militares a los que les pedía una referencia tenían una imagen positiva de él. Al final me decidí por Galván, sin importar que hubiera sido subsecretario. A Ángeles Dauahare lo nombré subsecretario.

El ejercicio para la Secretaría de Marina se desarrolló más o menos de la misma forma. El proceso inició a partir de un desayuno en donde los invitados eran almirantes muy cercanos al Secretario Peyrot. Sin embargo, no llegaron todos los almirantes según el grado y antigüedad. Lo que hice fue averiguar y citar por mi cuenta a otros marinos que podían ser candidatos a Secretario. Al poco tiempo, por conducto de Margarita, recibí una carta de familiares de Mariano Saynez en donde explicaba que al almirante lo estaban excluyendo del proceso, y que estaban haciendo todo lo posible por evitar que lo entrevistara.

Decidí hablar con Peyrot. Cuando le expresé lo que había sucedido me comentó entre otras cosas que Saynez era poco serio y "bohemio". Era evidente que no era de sus afectos. Agradecí la información, lo más sensato era conocerlo personalmente. Lo mandé llamar, lo escuché y me pareció que era un hombre con gran conocimiento sobre la Marina. De cualquier forma, lo investigué. En estos casos siempre recurría al Cisen con el objetivo de fortalecer toda la información posible de los candidatos. Saynez no tenía ninguna mancha en su reputación. Así se perfiló con fuerza entre los candidatos y, a la postre, lo nombré al frente de la Marina. Fueron decisiones difíciles, pero a la distancia considero que eran acordes con la información disponible.

6

Naturaleza adversa:
los desastres naturales

En medio de alertas sobre el inicio de la temporada de huracanes en territorio mexicano, me preparaba para la primera reunión trilateral de Norteamérica a celebrarse en Canadá en agosto de 2007. En el encuentro me reuniría con el Presidente de Estados Unidos George W. Bush y el primer ministro canadiense Stephen Harper.

Harper y yo habíamos desarrollado una relación que iba más allá de los asuntos políticos. Reconozco su enorme talento como economista y político, uno de los primeros ministros conservadores que más perduraron en el cargo. Eran y son muchas mis coincidencias con él, incluso la convivencia entre ambos llegó a permear el entorno familiar. Previo a la reunión, por ejemplo, nos había invitado a Margarita y a mí a la casa de descanso del gobierno canadiense, en los bosques cercanos a Ottawa. Era de esperarse que el encuentro diplomático transcurriera sin sorpresas ni contratiempos. Sin embargo, en la víspera de la reunión, la relación se tornó tensa. Estando en el espacio de descanso, y sin que mediara siquiera un aviso o gestión previa alguna de carácter diplomático que me lo alertara, Harper me informó de su decisión que implementaría más tarde: imponer unilateralmente visas para el ingreso de mexicanos a Canadá. Por supuesto que le manifesté mi rechazo e inconformidad. Me sorprendió que lo hiciera en ese contexto de amistad, cercanía e informalidad. Creo que no fue lo adecuado.

Mientras esto ocurría, la llegada del huracán Dean a México era inminente. Me preparaba para enfrentar el primer huracán previsto como de máxima capacidad de daño. En efecto, con un grado de daño categoría 5 y vientos de hasta 280 km/h, Dean impactaría de lleno el territorio mexicano, entrando por la península de Yucatán.

Dos años antes, en 2005, Estados Unidos había sido víctima del impacto del huracán Katrina, que dejó pérdidas y daños millonarios para el gobierno del Presidente Bush. Él mismo admitiría el enorme daño que el huracán causó en Luisiana... y en su gobierno.[1] Las imágenes del Presidente observando la zona desde la altura del Air Force 1, mientras la gente luchaba desesperadamente por sobrevivir a la inundación, el hambre y el abandono, se convirtieron en una piedra colgada al cuello en la reputación del Presidente. Me interesó conocer su experiencia. Él se quejaba de que, con mucha razón, se le había considerado un Presidente insensible por no haber estado en la zona de desastre. La política también está en el juego de las percepciones. Recordaba entonces que entre los consejos útiles que me había dado el expresidente Fox estaba ése: estar cerca de la gente en los desastres naturales. Eso hice, de principio a fin del sexenio.

Los pronósticos acerca del huracán empeoraban hora tras hora. Luego de la conversación con el Presidente Bush, y el recuerdo de mi conversación con Fox, supe que mi inmediata presencia en el lugar de los hechos era imprescindible. Al día siguiente les advertí a Bush y Harper sobre la gravedad de la situación en México y solicité apresurar la agenda. Esa misma tarde, desde el lugar de reunión, en Montebello, Quebec, tomé un vuelo que me llevó a Chetumal, donde me esperaban Francisco Javier Ramírez Acuña, Secretario de Gobernación; Alfredo Elías Ayub, director general de la Comisión Federal de Electricidad; Beatriz Zavala, Secretaria de Desarrollo Social; Ernesto Cordero, subsecretario de Planeación, y Heriberto Félix Guerra, subsecretario de Economía, entre otros funcionarios relevantes para la atención de ese tipo de acontecimientos.

---

[1] George W. Bush, *Decision Points*, Nueva York, Broadway Paperback, 2010.

168

Gobernación, la Marina y el Ejército presentaron casi de inmediato los primeros reportes de daños en la zona, los cuales fueron pieza clave para empezar con las acciones de rescate y recuperación del lugar. El huracán impactó de lleno la capital de Quintana Roo, Chetumal. De hecho, el hotel donde nos albergamos y establecimos el "cuartel general" del gobierno federal estaba inundado en sus sótanos. La madrugada del día siguiente recorrimos las calles y los albergues de las áreas más afectadas. A pesar de la gravedad de la categoría con la que Dean tocó tierra, afortunadamente, se adentró la mayor parte de su recorrido sobre la hermosa selva baja de Yucatán, con rumbo hacia Campeche. Las tareas de ayuda a la población se llevaron a cabo con agilidad. La electricidad se recuperó en tiempo récord. Antes de regresar a la Ciudad de México visité varios puntos en comunidades afectadas por el huracán. Fue impresionante para mí ver la selva destruida al paso del huracán, como si hubiera pasado una serpiente descomunal, de cientos de metros de ancho. A pesar de ello parecía que el gabinete presidencial superaba un primer obstáculo. Las acciones de reconstrucción fueron impresionantes. Nunca se habían construido o apoyado a tantas viviendas populares en esa región de México. Recientemente, en ocasión de una visita que hice por varios poblados cercanos a Chetumal, la población recordaba con gratitud las acciones del gobierno y me invitaba a pasar, orgullosa, a sus casas.

Sin embargo, el verdadero reto no llegaría sino dos meses después de las inundaciones en Chetumal.

EDÉN BAJO EL AGUA

En octubre de 2007 ocurrió en el sureste mexicano una combinación de eventos climáticos de consecuencias funestas. El frente frío número 4, que se desplazaba desde el norte hacia México —de ahí el nombre tan popular en México de *nortes*—, se encontró con una masa húmeda de aire caliente del Caribe. El choque de dos masas de aire, una fría y la otra caliente y húmeda, provocó una hipercondensación de agua sobre Tabasco que hizo que en tres días lloviera el doble de lo que en promedio llueve durante el año, en uno de los estados más lluviosos del país.

La superficie pantanosa del territorio tabasqueño hace del estado una zona de inundaciones naturales, de manera que para muchos el escuchar hablar de inundaciones en Tabasco es algo normal. Pero esta vez había algo verdaderamente extraordinario. Así lo mencionaban todos los reportes que las distintas dependencias involucradas me hacían llegar. La intuición sobre la necesidad de llegar oportunamente a la zona de desastre. Sin dudar me dirigí hacia lo que sería uno de los desafíos más importantes al inicio de mi gobierno.

Desde el sobrevuelo que hice con Margarita, en compañía del gobernador Andrés Granier y su esposa María Teresa Calles, lo que observamos era en verdad devastador. La inundación era colosal, un auténtico monstruo. Probablemente más de la mitad del territorio estatal estaba bajo el agua. Más de 70% de la capital, Villahermosa, inundada. Me quedé estupefacto, asombrado de lo que veía. El gobernador Granier empezó a llorar en el helicóptero.

Por la única vía terrestre transitable desde el aeropuerto nos dirigimos a Villahermosa, donde el ejército intentaba desesperadamente colocar costales de arena para evitar el desbordamiento del río Grijalva sobre el centro de la ciudad, justo en el malecón. El caudal crecía a gran velocidad. Las manos eran insuficientes para llenar los costales, la lluvia no cesaba, Tabasco se hundía. Inmerso en el panorama de un estado que colapsaba y en compañía de mi equipo, me sumé a las medidas de apoyo.

Era una situación crítica que reclamaba una mínima solidaridad por un elemental sentido de supervivencia. Mientras llenaba costales, empapado, enfundado en un impermeable y botas de plástico, vi que en el estacionamiento superior de un mercado había un grupo de curiosos, hombres jóvenes, como se dice, bobeando, sólo mirando la tragedia que estaba ocurriendo en ese momento. Les grité: "¡Bajen a ayudar, vengan!" La situación era increíblemente desesperante. La ciudad sufriendo el embate de la naturaleza, decenas de miles de familias perdiendo sus bienes en sus casas, y lo peor de México: la insensibilidad y falta de solidaridad, vaya, de sentido de supervivencia propia de unos cuantos. Era tal mi indignación que en un momento le dije a quien era mi jefe de ayudantes en el Estado Mayor: "¡Coronela, suba y dígales a esos cab... que vengan a ayudar!" Finalmente, algunos bajaron, el resto se fue. Se sumaron en ese momento más personas. La cosa era en serio, no era para la foto.

No obstante los esfuerzos realizados durante horas, el dique de costales de arena no resistió. Era tal el crecimiento del río que se desbordaría a la mañana siguiente. Con el desbordamiento del río Grijalva se inundó todo el centro de la ciudad. Había muy pocos espacios secos en esa ciudad de casi 400 mil habitantes.

El caos empezaba a apoderarse de la ciudad. Para reducirlo era indispensable la correcta distribución de tareas. En tales circunstancias, le solicité al general Galván, Secretario de la Defensa, al de Marina, almirante Saynez, y al ingeniero García Luna, Secretario de Seguridad Pública, que se encargaran del orden de la población que, desesperada, empezaba a ser víctima de saqueos. Así lo hicieron y, coordinadamente, restablecieron el sentido de autoridad y el orden en Villahermosa. Salomón Chertorivski era director de Diconsa y jugó un papel importante en el acopio y distribución de víveres. De igual forma, la Sedesol empezó a actuar rápidamente con la implementación de albergues en estacionamientos y pisos elevados.

Seguía lloviendo; el nivel del agua continuaba en aumento y Villahermosa permanecía inundada. Dentro de ese panorama apremiante, hubo que enfocarse en las labores urgentes. La prioridad fue el rescate de las víctimas, muchas de las cuales se encontraban en los techos de sus casas sin acceso a comida ni agua potable. La Marina y el Ejército se enfocaron en el rescate de esas personas que en ocasiones trasladaban en cayucos o en balsas fabricadas con troncos. Mientras tanto, la Policía Federal quedó a cargo del resguardo de las calles.

A la acción urgente del primer día le seguía un plan estratégico de contención, recuperación y rescate de la zona, lo cual llevaba a contemplar aspectos de seguridad pública, control de enfermedades, distribución de víveres, implementación de albergues, reubicación de la población. Al día siguiente del desbordamiento del Grijalva, con los centros de asistencia provisionales repletos, empezaron a llegar los víveres y productos necesarios para la población. A la par, Elías Ayub se encargaba de restablecer el suministro eléctrico y José Luis Luege, de la Conagua, se responsabilizaba por el trabajo de control y drenaje de las zonas inundadas. Por otra parte, pedí personalmente a los medios de comunicación, incluyendo Televisa y TV Azteca, que fomentaran la ayuda a Tabasco mediante la donación de productos enlatados, papel, toallas sanitarias y botellas de agua.

El ganado se consideró como una pérdida definitiva, y por ello se empezaron a tomar medidas de carácter sanitario para evitar la propagación de virus y bacterias. La mezcla de agua estancada, drenajes, cadáveres de animales y un largo etcétera presentaba una situación enormemente peligrosa.

A pesar de que la organización encaminaba una resolución favorable de la crisis, empezaron a surgir anomalías en la distribución de las despensas que recibían los damnificados. En el caso de Quinta Grijalva, la Casa de Gobierno, se supo de personas que se llevaban entre dos y tres despensas por cabeza. Me trasladé al lugar y de manera directa constaté el desorden. El gobernador había ordenado que se dieran despensas a todo el que quisiera. La gente se formaba tres, cuatro, cinco veces. Un grupo de vivales se quedaba con todo, y no alcanzaría para la mayoría de la población. Así, se tomó la decisión, muy tensa, de dosificar el suministro para la cantidad exacta de gente que iba a ese sitio. La orden que di fue que todas las despensas se entregaran conforme a un padrón específico, en este caso, de beneficiarios de programas como Oportunidades, Seguro Popular, etcétera. Lista en mano, chequeo en mano.

Con la temporada de lluvias presente en territorio tabasqueño hasta el mes de diciembre aproximadamente, aunado al agua que se mantenía estancada como resultado de la tormenta tropical, mi equipo puntualizó la siguiente encrucijada a resolver antes de enfrentarse a un problema mayor. La proliferación de moscos como detonantes de enfermedades vectoriales, como el dengue. De hecho, los casos de dengue en esas zonas tropicales eran por lo regular más frecuentes. En las circunstancias de inundación que se vivían, estos riesgos se multiplicaban. En ese contexto se puso en marcha el procedimiento ordinario para combatir el mosco transmisor de dengue y otro tipo de enfermedades, que era enviar brigadas con equipo de aspersión. Sin embargo, ante la magnitud del evento extraordinario que vivíamos, era absurdo implementar medidas ordinarias, como recomendar a la población vaciar cacharros, llantas y utilizar bombas fumigadoras de espalda. ¡Todo estaba inundado!

Les pedí a los Secretarios de Salud y de Agricultura determinar los riesgos de proceder a una fumigación aérea, no con aspersores individuales sino a través de avionetas fumigadoras, de manera tal que se cubriera así todo el territorio. Después de hacer un balance, decidimos fumigar con avionetas traídas desde varios estados cercanos. A pesar de la controversia generada —que duró poco—, la estrategia funcionó. No sólo evitamos una epidemia de dengue y otras enfermedades vectoriales, sino que, por primera vez desde que se tenía registro sanitario, no se registró ese año un solo caso de dengue en Tabasco. El riesgo era muy grave, la decisión fue drástica, y funcionó.

Una vez minimizados los riesgos de salud, restablecido el orden en las calles y en el suministro de víveres, lo que seguía era ayudar a la población a recuperar en lo posible sus actividades cotidianas. Apenas bajaba el agua de nivel, aún con el lodo en las paredes y en las calles, la gente sacaba de su casa sus muebles mojados a "secar". En realidad estaban echados a perder. Se pudrirían irremisiblemente, y representaban un riesgo enorme para la salud. Con las fuerzas armadas y la ayuda de diversas empresas recogimos todos los enseres domésticos que, inundados e inservibles, llenaban la calle. Con la Sedesol se diseñaron los primeros apoyos estandarizados para las familias, colchones, más 10 mil pesos (mil dólares de entonces) para restituir en parte un modesto mobiliario. Por su parte, la Secretaría de Economía diseñó un programa mixto, de subsidio a fondo perdido (también 10 mil pesos), más préstamos accesibles para todos los comerciantes en pequeño, en particular de los mercados públicos y comercios establecidos, la mayoría inundados. Un componente fundamental de toda la operación sería el empleo temporal: pagábamos a voluntarios jornales para que nos ayudaran a retirar el lodo de calles y banquetas y a repintar los muros de las casas. Eran los propios afectados los que, percibiendo un ingreso, ponían manos a la obra para salir de aquella traumática situación de crisis.

Todo se entregó, al igual que las despensas, con padrón de beneficiarios en mano.

A pesar de la magnitud de la tragedia, la solidaridad de los mexicanos en el caso de Tabasco fue ejemplar. Artistas llegaban a entretener a la gente de manera gratuita, y en un gesto de apoyo a la crisis que se enfrentaba, Alejandro Ramírez, director de Cinépolis, llevó funciones de cine a todos los albergues.

Tabasco se volvió una experiencia muy constructiva y positiva. Finalmente, no hubo un solo muerto en la inundación. Y no hubo ningún brote epidémico. Luego, a largo plazo, vendría la reconstrucción. Las obras de infraestructura hidráulica, una vez concluidas, han permitido mantener la capital a salvo, hasta ahora, de inundaciones catastróficas, a pesar de que el fenómeno meteorológico se ha repetido. La experiencia sirvió a mi gobierno como un aprendizaje intensivo y a la vez como un laboratorio de programas de emergencia en contingencias de desastres naturales, lo cual nos permitiría responder a gran velocidad y con eficacia en muchas contingencias futuras que (dado el agravamiento del cambio climático) ocurrirían cada vez con más frecuencia. El nivel de aprobación del gobierno federal en Tabasco, de donde eran originarios mis dos principales adversarios y donde yo había obtenido un remoto tercer lugar, era de 80 por ciento.

MOVER MONTAÑAS

Sobre el cauce del río Grijalva, entre los estados de Tabasco y Chiapas, han sido construidas cuatro presas que forman parte de un mismo sistema. El conjunto de presas hidroeléctricas, ubicadas desde Chiapas hasta Tabasco, en el orden del cauce del río, se conforma por la presa Angostura o Belisario Domínguez, que es la mayor de México; la presa Chicoasén; la presa Malpaso o Nezahualcóyotl, y la presa Peñitas, que es la más pequeña del sistema y la última que se yergue sobre la planicie pantanosa de Tabasco. Todas se encuentran ubicadas en secuencia y funcionan sistemáticamente.

La crisis en Tabasco generada por la inundación parecía resolverse con éxito. Margarita siguió yendo a los albergues todas las semanas. A otra cosa. Sin embargo, aún sin terminarse la contingencia de Villahermosa y zonas aledañas, una mañana muy temprano recibí una llamada de Alfredo Elías, director general de la CFE, con un reporte alarmante del ingeniero a cargo del sistema de presas del Grijalva: el nivel del río Grijalva estaba aumentando dramáticamente después de la presa de Malpaso, pero no así aguas abajo en la presa Peñitas, la última del sistema. Casi al mismo tiempo recibí la llamada del gobernador de Chiapas, Juan Sabines: personal de un municipio aledaño al río reportaba desde la cabecera la pérdida total de contacto con la comunidad San Juan de Grijalva. Por la madrugada habitantes cercanos a la región habían llegado alarmados después de escuchar ruidos intensos y extraños y percibir que temblaba la tierra. Se decía que estaba cortado el camino hacia la comunidad de San Juan.

Le solicité a Elías Ayub un análisis detallado de los escenarios posibles y nos trasladamos de inmediato a los límites entre Chiapas y Tabasco. En el camino al aeropuerto tuve comunicación con los gobernadores. Mientras Granier me reportaba que no había otras novedades que las tareas de atención a la población en las amplísimas zonas que continuaban inundadas, Juan Sabines me repetía la vaga información de la pérdida de comunicación absoluta con San Juan y los estruendos y movimientos de tierra que le precedieron. Los vulcanólogos del Centro Nacional de Prevención de Desastres habían descartado ya otra versión que se había propalado acerca de una posible erupción del volcán Chichonal, que se encuentra activo y que está ubicado a pocos kilómetros.

El rumor ahora era un desgajamiento de tierra que había cortado el acceso a la comunidad y parte había caído al río. Era algo mucho peor.

Esta vez el escenario de desastre se trasladaba al muy sufrido estado de Chiapas. En la llamada posterior del gobernador de Chiapas, que recibí ya en el aeropuerto de Villahermosa y abordando el helicóptero hacia el lugar, había ya una versión más clara. Al parecer toda una comunidad había sido sepultada por el desgajamiento. Me decía que, en efecto, un derrumbe había acabado con un pueblo completo, el municipio Juan de Grijalva. Ese derrumbe fue tan grave que una montaña se había desplazado casi por completo y había bloqueado el río en su totalidad. Los técnicos que reconstruyeron los hechos documentaron la formación de una ola de 50 metros de altura ocasionada por el impacto del desgajamiento del cerro en el río, la cual arrasó con más de 100 viviendas de ese pequeño poblado, a orillas del Grijalva.

A la conclusión que llegaron los ingenieros de la Conagua y la CFE fue que, además de los daños a viviendas, y las vidas humanas que se perdieron por docenas en el derrumbe, lo más grave vendría si se seguía acumulando agua, corriente arriba del tapón. Podrían perderse innumerables vidas humanas más. En efecto, al "estallar" el tapón, la presión que se generaría aguas abajo sobre la presa Peñitas, que estaba a una distancia aproximada de seis kilómetros, iba a reventar dicha presa, con lo cual no sólo provocaría una avalancha y destrozos incalculables, sino que se provocaría otra inundación, esta vez masiva y súbita sobre las planicies de Tabasco, desde Villahermosa hasta los pantanos de Centla. Era imprescindible remover la montaña que se había caído sobre el río y que ocasionaba el bloqueo, antes de que el río la echara por su cuenta. El reto implicaba remover una cantidad de material más o menos equivalente a 10 veces el volumen de la pirámide del Sol, en Teotihuacán, en el lapso de unos cuantos días, quizá semanas. En esta encrucijada, empezaron a explorarse las alternativas que derivarían en una de las decisiones más complicadas que tomé junto con el gabinete presidencial. Aun antes de comenzar los trabajos de remoción y apertura del "caído" —así se le terminó denominando— había que encontrar la forma de llegar al lugar, sin vías de acceso hasta entonces.

Tomé el helicóptero con algunos colaboradores para sobrevolar la zona y aterrizar lo más cerca posible del lugar del derrumbe. El espacio era completamente irreconocible; no quedaba nada. Casas, escuelas, familias; todo había desaparecido. Y sobre el río se levantaba una nueva montaña formando una barrera que impedía el paso del agua sobre su cauce natural. Mientras tanto, la gente llegaba de distintos puntos de la accidentada geografía chiapaneca en busca de sus familiares, esperando que los buzos pudieran recuperar la mayor cantidad de cuerpos posible. Sólo se veía aquella ladera ahora rocosa y lisa, sobre la cual se había erguido la exuberante flora tropical de la zona. En una parte del lugar donde estábamos apenas se distinguía una pequeña superficie cubierta por mosaico, el piso de la pequeña iglesia quizá, el corazón de una comunidad de cientos de familias que había desaparecido.

Después los geólogos describirían lo que, en su opinión, había pasado: las constantes lluvias que dieron origen a la inundación de Tabasco habían infiltrado aquella montaña. En un momento dado, por el peso de la tierra humedecida y la fricción que la propia agua provocaba, se generó un deslizamiento entre placas superficiales, que derivó en el derrumbe masivo. La superficie de tierra que quedó donde estaba la montaña estaba cubierta de una roca sólida, pero resbaladiza como un jabón.

En medio del caos que se vivía y de la desesperación de la gente por encontrar a sus familiares, se me acercó una persona, un hombre maduro, y sacó de entre sus ropas, con mucha emoción, una credencial de identificación de mi propia campaña electoral. Para mí fue un momento muy emotivo, de grandes sentimientos encontrados, entre otros de dolor y gratitud. "Oiga, yo estuve en las brigadas de promotores del voto de usted", me contó. Sacó la credencial con mucho orgullo, a pesar de que tenía un hermano que tal vez había fallecido en el derrumbe. Me comprometí con ellos a hacer todo lo posible para encontrar a sus familiares y ayudarles en lo que estuviera a mi alcance.

De vuelta en la Ciudad de México, con el temor de ser rebasado por una situación que, de no controlarse en tiempo y forma, podría derivar en un desastre mayor, me reuní de inmediato con Elías Ayub y José Luis Luege, además de técnicos e ingenieros de la CFE y la Conagua liderados por ellos, que trataban de configurar un plan de acción. Con la presión del reloj, me reuní también con el ingeniero Bernardo Quintana y el equipo de ICA, así como con el ingeniero Carlos Slim y su grupo de trabajo, además de con otros ingenieros y empresarios de la construcción.

La solución contemplaba varios aspectos a resolver: cuál podría ser la mejor manera de construir caminos de acceso, la maquinaria indicada a utilizar; incluso se exploró la posibilidad de trasladar equipo con la ayuda de los helicópteros del Ejército mexicano y los helicópteros doble hélice que para entonces ofrecía ya el gobierno de Estados Unidos. Finalmente, se concluyó que la manera más rápida de llevar la mayor cantidad de maquinaria era acercarla hasta la presa de Peñitas por carretera, embarcarla en balsas construidas ahí mismo hasta el punto inferior del bloqueo, y abrir caminos hasta la parte superior.

Pedí que me hicieran llegar información que hubiera sobre desastres similares en el mundo y la manera en que se habían resuelto. Un factor clave para tomar decisiones (al menos en mi experiencia) es analizar qué ha hecho el ser humano antes para resolver un problema similar en cualquier parte del mundo. "Aprender en cabeza ajena", como dice parte de un viejo refrán. Lo hice varias veces en momentos clave, y ponía a trabajar a la Coordinación de Asesores de la Presidencia, precisamente en el análisis de casos similares, para muchas contingencias (la experiencia de Bush con Katrina y los ciclones en México, el manejo de la fiebre aviar en China, o el SARS en Canadá y la pandemia de influenza en México, y muchas más). Esta vez buscaba experiencias similares. La más parecida que había era un tapón que se generó en Ecuador, en un lugar llamado La Josefina.

En el caso ecuatoriano, el plan de acción resultó más catastrófico que el problema en sí. Se trataba de la obstrucción de un caudaloso río también provocada por un deslizamiento montañoso. La solución del asunto fue encomendada a las fuerzas armadas. Desafortunadamente, aunque siguiendo una lógica que parecía impecable, en aquella ocasión se decidió reabrir el cauce del río con explosivos. Se esperaba que, volando el taponamiento, el flujo y la fuerza del agua abrieran paso al cauce del río que se encontraba obstruido. Contra lo esperado, la explosión provocó derrumbes mayores que cobraron la vida de varios de los ingenieros que se encontraban en la zona de desastre. La obstrucción no se liberó, se acumuló más energía aguas arriba y sobrevino una violenta apertura que implicó inundaciones, deslaves y mayores pérdidas económicas y de vidas humanas. Ante dicha experiencia, y por las condiciones del suelo de la zona chiapaneca con características propensas al deslave, el gabinete mexicano en colaboración con la CFE y la Conagua decidió cancelar la posibilidad de utilizar un sistema de explosivos parecido al de Ecuador.

Era una batalla contra el tiempo. El equipo trató de hacer los cálculos adecuados para que se lograra la misión. Visité varias veces el lugar. Ante la imposibilidad de estar permanentemente ahí para supervisar los trabajos, ordené instalar un sistema de cámaras de observación continua, 24 horas al día, los siete días de la semana. Desde mi escritorio podía ver en una pantalla lo que proyectaban las cámaras relevantes. Podía observar, por ejemplo, en qué "cota" (marca) de profundidad (en realidad altitud sobre el nivel del mar) iban las máquinas reduciendo la altura del tapón, minuto a minuto.

Para la monumental excavación se utilizó maquinaria de minería que agilizó el proceso. Conforme pasaban los días, los ingenieros trabajaban a mayor velocidad. La posibilidad de evitar otra catástrofe parecía ser cada vez más real. Apenas dos días antes de Navidad, en el límite del tiempo estimado, se llegó a la cota objetivo. Sin perder tiempo, el imponente ejército de máquinas dio inicio a la apertura del canal que daría paso de nuevo al cauce del río Grijalva.

Esperaba con ansiedad ese instante. Recuerdo que precisamente en ese momento sostenía una entrevista con el ingeniero Carlos Slim, la cual de pronto interrumpí y le dije: "Ingeniero, tenemos que ver esto". Por la pantalla veíamos en tiempo real el momento en que se abría el cauce de agua. Para mí se trató de un momento simbólico: la fe —y la tecnología, y la maquinaria, y la determinación del gobierno— literalmente movía montañas.

Una vez que se liberó la obstrucción del río Grijalva y que el sistema de presas de la CFE empezó a trabajar con normalidad, se planteó la idea de reubicar a los sobrevivientes de la comunidad en otra población cercana. Este tema es relevante para abordar un problema estructural de nuestro México: una de las causas estructurales más importantes de la pobreza y la desigualdad en México es la dispersión demográfica. Frente a la presencia de pequeñas comunidades poblacionales esparcidas a lo largo de todo el territorio, resulta imposible brindar, de la manera correcta, servicios básicos y elementales como la construcción de escuelas en sitios que en algunas ocasiones no superan los 100 habitantes. Esta dispersión poblacional se debe a muchos y muy diversos factores, entre ellos una de las políticas públicas que pone el mayor énfasis en la justicia de México, pero que, paradójicamente, ha contribuido de manera importante a la desigualdad: el reparto agrario.

Comparto plenamente la idea justiciera que los más nobles ideales revolucionarios postularon, lo mismo en Carranza que en Zapata. Había que repartir la tierra en un país marcado por el contraste de latifundios y de campesinos sin tierra en una economía agrícola terriblemente desigual. Sin embargo, el reparto, si se pretende que sea eficaz, debe ser un acto de una sola vez. En Cuba, por ejemplo, el país socialista por excelencia en Latinoamérica, el reparto duró tan sólo dos años. En China, el país más poblado del mundo, duró diez. En cambio, en México duró desde la Constitución de 1917 hasta su modificación —que le puso fin—, en 1991. Estamos hablando de más de 70 años. Su eficacia fue más política que económica. Quienes aspiraban a tener tierras juraban sumisión al poder. Quienes las tenían, vivían con el temor constante de ser despojados arbitrariamente de las mismas. El gran constitucionalista y fundador del PAN Manuel Herrera y Lasso narraba con sarcasmo la incertidumbre jurídica del proceso de manera magistral: "Antes la Constitución establecía que la expropiación sólo podía tener lugar *previa indemnización*; con los gobiernos revolucionarios la expresión se cambió a *mediante indemnización*; y ahora la realidad es que la expropiación se ejecuta *Dios mediante indemnización*".

Así se generó sobre el campo mexicano una enorme incertidumbre: los incentivos a la inversión eran nulos ante la posibilidad de que lo poseído o invertido fuera tomado por el gobierno. Por eso la capitalización del campo mexicano en casi 70 años, fuera de la inversión —por lo demás siempre salpicada de corrupción— del gobierno, fue cercana a cero. Y, paralelamente, la prohibición legal para vender o rentar la tierra, la amenaza también legal de perderla si no se cultivaba generaron fenómenos sociales imprevistos pero muy negativos: las distintas generaciones de beneficiarios comenzaron a heredarse la tierra, primero por parcelas, luego por hectáreas y finalmente por surcos. Para la mayoría de los campesinos pobres la tierra nunca tuvo la escala suficiente para producir de forma competitiva. Por otro lado, a medida que se fueron agotando las tierras laborables, el gobierno siguió con su frenesí, dada la alta rentabilidad política, del reparto. Comenzó a repartir selvas, bosques, desiertos... existen innumerables casos de tierras repartidas varias veces, lo cual dio pie a constantes conflictos agrarios, algunos de los cuales siguen derivando en hechos de sangre. Cada nueva dotación enviaba a los peticionarios a zonas cada vez más remotas, en grupos cada vez más pequeños. Llegaban a tan ignotos lugares y ahí tenían que quedarse.

Impedidos para obtener una producción rentable, y a la vez atados a la tierra, dado que existía la prohibición expresa de su venta o arrendamiento, obligados a cultivarla así fuese improductivamente, so pena de perderla a manos del gobierno, y a la vez sin acceso a educación, salud o servicios básicos, dada la imposibilidad logística del gobierno de proporcionarlos a poblaciones tan dispersas, los donatarios de tierras no tenían más alternativas que seguir por generaciones este círculo vicioso del empobrecimiento sistémico, o emigrar a las grandes ciudades, pero sobre todo a Estados Unidos.

Mientras más se repartía la tierra, los remanentes eran más pequeños y quedaban más lejos de toda posibilidad de desarrollo. Cientos de miles de familias recibían pedazos de tierra inservible en las montañas o en los desiertos. Así, se configuró en el siglo XX una población rural extremadamente pobre y dispersa. Se daban tierra y bienes nacionales en lugares sumamente apartados; y cuando al gobierno se le acabó la tierra, pero no la demagogia, empezó a repartir la selva Lacandona, el desierto de Sonora, el de Baja California Sur; todo. Aún recuerdo que, cuando fui candidato a gobernador de Michoacán, había más de 10 mil comunidades con población menor a los 500 habitantes. ¿Cómo llevar educación, salud y servicios a tantas comunidades, tan dispersas y tan poco pobladas? Imposible.

Dada la coyuntura generada por el derrumbe sobre el río Grijalva, hicimos un intento de generar alternativas a la dispersión poblacional; para ello pensé en motivar al gobernador Sabines a implementar un programa de reubicación de la población que procuraba densificar poblaciones existentes y reducir la dispersión demográfica. El programa consistía en compactar a las poblaciones y mover a las comunidades de zonas rurales a centros urbanos mucho más estructurados sin llegar a ser grandes ciudades —lo que se conoce en la actualidad como la ciudad rural.

La propuesta inicial consistía en asignar un presupuesto económico específico a la reubicación de los pobladores de Juan de Grijalva o San Juan Grijalva, como también se le conoce. La idea era construir un desarrollo habitacional para los nuevos moradores, dentro de una ciudad que ya tuviera servicios como escuela y hospital. Para ese propósito se adaptaba perfectamente una pequeña población que ya contaba con servicios básicos, un pequeño hospital e incluso educación básica hasta preparatoria.

Sin embargo, el gobernador Sabines utilizó una parte de ese dinero no para adaptar la ciudad a una zona más densificada, sino para construir otra ciudad totalmente nueva y distinta, que es la ciudad rural Nuevo Juan de Grijalva. Muy bonita, prototípica, con casas nuevas, centro de población, escuelas, etcétera. Espero que funcione. Mi temor es que repetía un poco el problema de aislamiento y de falta de densidad demográfica suficiente para generar relaciones sociales y económicas estables y productivas.

Por lo que toca a las obras de ingeniería sobre el río, una vez removida la tierra del derrumbe y liberado el cauce del río, se construyeron dos túneles de alivio paralelos al cauce, que permitirían, además de ser utilizados en el caso de una emergencia similar, para desahogar agua directamente a la presa Peñitas si es que volvía a ocurrir un deslave que obstruyera en esa zona los meandros del río, los cuales serían habilitados con generadores para que fueran susceptibles de generar energía eléctrica.

Pero tras cada desastre natural superado llegaba otro más que volvía a poner a prueba la capacidad de reacción del gobierno. La verdad es que, por el cambio climático, los problemas asociados a desastres naturales se multiplicarían, y seguirán creciendo, dado que México es uno de los países más amenazados por el cambio climático. Primero, por nuestra posición geográfica: totalmente expuestos al embate de los huracanes y tormentas, que generan la mayoría de desastres naturales que enfrentamos. Segundo, por nuestra orografía: el territorio mexicano está cruzado por varias cadenas montañosas: la Sierra Madre Oriental y la Occidental, el Eje Volcánico, el Nudo Mixteco… Si se promediara la inclinación del suelo mexicano, se estimaría una pendiente promedio superior a 15 grados. Y tercero, ha sido tal la deforestación practicada en el país, que los cerros y cumbres montañosas son incapaces de retener el agua, la cual se precipita con mayor velocidad y fuerza, provocando deslaves y arrasando todo a su paso. Y en efecto, los desastres naturales, en particular huracanes, inundaciones y tormentas tropicales se multiplicarán.

En el caso de Veracruz, recuerdo que en una de las ocasiones en las que el estado sufrió inundaciones se desbordó un cocodrilario en la bella población de Antigua. Dicho acontecimiento ocasionó que a las labores comunes de rescate de la zona se sumara la necesidad de recuperar los ejemplares que se paseaban entre los patios de las casas de los habitantes de ese pintoresco poblado.

A pesar de que el desafío de vivir a merced de la furia de la naturaleza se mostraba como una condición inmutable, cada uno de los episodios que mi gobierno enfrentó me brindó experiencia en el manejo de crisis y fortaleció la capacidad estratégica necesaria para hacer de la dificultad una posibilidad de acción.

APRENDIMOS DE NUESTRAS PROPIAS EXPERIENCIAS

Cuando en junio de 2010 el huracán Alex tocó tierra en Monterrey como tormenta tropical desbordando el río Santa Catarina, las experiencias vividas ya no sólo en Tabasco y Chiapas, sino en estados como Puebla, Veracruz, Zacatecas, Coahuila, Baja California Sur, incluso Sonora (Álamos), que también sufrieron fenómenos climáticos extremos, fueron vitales para actuar con rapidez en la gran capital regiomontana. En un tiempo récord, la infraestructura de protección de ambas riberas del río fue reconstruida, así como las avenidas Constitución y Morones, que son el eje neurálgico de esa próspera ciudad. En esa ocasión encargué la coordinación de los trabajos a Heriberto Félix Guerra, Secretario de Desarrollo Social. Las labores de auxilio a la población civil, dotación de vivienda, empleo temporal y otras se realizaron con eficacia y precisión. Prácticamente todas las tareas estaban sistematizadas, dada la amplísima experiencia acumulada en un sinnúmero de situaciones de desastre natural.

Para resolver la situación en la que la tormenta tropical derivada del huracán Alex había sumergido a Monterrey, fue imprescindible contar con el liderazgo social y empresarial de la sociedad de Nuevo León. Se trata de uno de los liderazgos más activos que hay en el país, y permitió un manejo mucho más escrupuloso de los recursos. Un criterio de orientación mucho más rápido de ayuda, más supervisión de los funcionarios, más trabajo en equipo. Se dedicaron alrededor de 10 mil millones de pesos para la reconstrucción de Monterrey, donde la experiencia del gobierno local y federal fue clave.

Por supuesto, los desastres naturales afectaron casi toda la geografía nacional: muchos estados por inundaciones y deslaves, como Hidalgo, Guerrero, Oaxaca, Michoacán, Colima y Jalisco, y otros más por sismos con afectaciones de viviendas locales, como Oaxaca, Guerrero y Puebla. Honestamente, el gobierno adquirió una experiencia enorme en el manejo de desastres naturales. Llegó a haber ocasiones en que prácticamente las pérdidas de vidas humanas eran cero. Venía el huracán y todo el mundo ya sabía qué hacer; la CFE ya estaba ahí, la Sedesol ya estaba ahí, los albergues ya estaban ahí, el Ejército listo. La gente de las zonas sensibles ya estaba evacuada. La credibilidad del gobierno en materia de prevención de desastres fue enorme, porque nunca dejamos sola a la gente. Se gobierna y se decide también frente a la tormenta.

7

Un nuevo virus mortal

LA TORMENTA PERFECTA

Fueron innumerables las dificultades que me tocó enfrentar como Presidente. De todo tipo. Sin embargo, si hay algún periodo en particular complejo en la toma de decisiones presidenciales fue el primer semestre de 2009. Una etapa especialmente crítica y marcada por la adversidad. Puedo decir que en ese semestre enfrentamos la tormenta perfecta. Una serie de circunstancias de seguridad, económicas, presupuestales y de salud, cada una de las cuales hubiera sido suficiente para descarrilar un gobierno más débil o un país más pequeño. Por fortuna pudimos salir adelante, aunque con muchas dificultades.

Cierto, la mayor fuente de incertidumbre y de tensión provenía siempre de los temas de seguridad. Ahí se generaban las peores noticias, los sobresaltos. En ese frente, en el de la violencia e inseguridad, estaban en curso dos de las confrontaciones más virulentas de los años recientes: la registrada entre el grupo criminal dirigido por los hermanos Beltrán Leyva contra el Cártel del Pacífico encabezado por *el Chapo* Guzmán, y la de este mismo contra el Cártel de Juárez, de Vicente Carrillo. Eso derivaría en una terrible disputa por Ciudad Juárez, con increíble crecimiento en el número de homicidios y criminalidad, de lo que me ocuparé más adelante.

En el plano económico, México enfrentaba el terrible impacto de la peor crisis económica mundial de que se tuviera memoria desde la famosa crisis de 1929. Se dice fácil, definitivamente no lo fue. El epicentro de esta descomunal crisis financiera era Estados Unidos, cuya repercusión más sensible para la economía real fue la devastadora contracción del consumo de los hogares en Estados Unidos. Dado que más de 80% de las exportaciones mexicanas va a ese mercado, el país más afectado en el mundo por la crisis económica de 2009 fue precisamente México. En efecto, el golpe fue brutal para la economía mexicana. Tenía en la Presidencia —y la conservo en parte hasta ahora— una propensión a revisar minuciosamente las cifras económicas. Recuerdo la devastadora información económica que llegaba a mi escritorio —en realidad a mi computadora—: en el primer trimestre la economía se contraía a una velocidad de ¡-9% anual! Y para el segundo trimestre la recesión seguía igual o peor: la caída de la economía mexicana continuaba a -10% anual.

Por si fuera poco, sufrimos lo que los economistas llaman un "choque de oferta". La producción de petróleo en México, la fuente más importante de recursos para la hacienda pública, descendía dramáticamente. Y no sólo era la caída del precio del petróleo, que, dada la crisis mundial, había caído a la mitad. Si bien de suyo eso es muy grave, se desplomó también en esa época la producción de petróleo en México. Sucede que el yacimiento de Cantarell,[1] que durante dé-

---

[1] Cantarell debe su nombre a un famoso pescador que llevaba ese apellido, y que había reportado a las autoridades y a Petróleos Mexicanos en las aguas someras de la sonda de Campeche una zona donde había la constante presencia de "manchas de chapopote". Por cierto, los trabajos exploratorios provocarían una auténtica tragedia ambiental: un pozo exploratorio, el Ixtoc, explotó en la sonda de Campeche. La mancha de petróleo contaminó toda la zona durante ¡nueve meses! Incluso los grumos de petróleo llegaron hasta las costas de Florida y Luisiana, en Estados Unidos. Yo recuerdo que, en mi primera visita a Mérida en el verano de 1980 —mi primer vuelo en avión también—, cuando estaba en el último año de bachillerato y asistí a un retiro con los hermanos y alumnos Maristas de Mérida, dirigidos entonces por mi querido amigo el hermano Abelardo Leal, uno de los nobles jóvenes meridanos que nos atendieron me llevó a conocer el mar del golfo, a ese apreciado puerto que los yucatecos conservan como tesoro: Progreso. Mi impresión no fue la mejor: el día gris, el mar gris nostálgico que a veces marca al golfo... y los grumos, las plastas negras y pegajosas del petróleo que hasta entonces conocí. Total, que así Pemex descubría el mayor yacimiento petrolero de nuestra historia, un verdadero cuerno de la abundancia que dotó a México de sus mayores ingresos petroleros.

cadas había proveído más de 60% del petróleo producido por Pemex, comenzaba a registrar, como cualquier otro yacimiento, signos de agotamiento. Abundancia que, obviamente, no duraría para siempre. Todo yacimiento petrolero tiene distintas fases: exploración, inicio de producción, producción máxima, declinación, agotamiento. Cantarell había durado demasiado y hacia 2005 comenzó a declinar, su fase más crítica fue justo en mi gobierno. Si calculamos el precio del barril de petróleo promedio de 2008, la sola declinación de Cantarell implicó para las finanzas públicas una pérdida de 21 mil millones de dólares. Y eso sin contar la caída brutal que en el precio mismo tuvo el barril del petróleo a lo largo del año.

Ya hablaré de la crisis económica y cómo la enfrentamos. Lo que quiero enfatizar aquí es que de por sí estábamos en una situación crítica en términos económicos, de seguridad y presupuestales cuando sobrevino la crisis de la influenza, a la que la Organización Mundial de la Salud consideró una pandemia categoría 5, una de las de mayor gravedad que haya declarado, si no es que la que más en los últimos años.

UN NUEVO VIRUS, MUY CONTAGIOSO Y MORTAL

El 17 de abril de 2009, justo un día después de concluida una muy exitosa visita de Barack Obama a México, partíamos en el avión presidencial a la Cumbre de las Américas que tendría lugar en Trinidad y Tobago. En el trayecto, como de costumbre, revisé los reportes que sobre diversos temas me preparaba la coordinación de asesores y la prensa escrita que habitualmente ponía el Estado Mayor a mi disposición en el avión. Al leer la prensa impresa encontré una noticia que me preocupó bastante: el Instituto Nacional de Enfermedades Respiratorias (INER) informaba de un incremento extraordinario de casos de infecciones respiratorias, subrayando la afectación de adultos jóvenes que ingresaban a los hospitales con neumonía grave y una progresión de la enfermedad mucho más rápida de lo normal. Aproveché que en el avión me acompañaba José Ángel Córdova, Secretario de Salud, para preguntarle al respecto.

El doctor Córdova me confirmó que tenía reportes de algunas muertes asociadas a neumonías atípicas en distintos puntos del país. Sin embargo, me aseguró que ya se habían tomado cartas en el asunto y que a eso respondía el comunicado del INER del 16 de abril. En concreto, se había publicado ya una alerta epidemiológica en fase inicial. De igual forma, se habían mandado muestras de los fallecidos a laboratorios en Estados Unidos y Canadá. Le pedí que me informara de la evolución del tema y de los resultados de los exámenes que se practicaran a las muestras enviadas y continuamos con el viaje a Puerto España. Aquella reunión terminaría siendo histórica, puesto que era la primera vez que un Presidente estadounidense —Barack Obama—, asistía a una reunión donde estaba presente un Presidente cubano —Raúl Castro—. La reunión era interesante, pero terminaría en un rosario de discursos demagógicos de los de siempre. Hugo Chávez le regaló al Presidente Obama un ejemplar de *Las venas abiertas de América Latina*, de Eduardo Galeano. Un texto que narra la explotación de las riquezas naturales de América Latina por parte de superpotencias, y que se convirtió en una especie de libro sagrado, entre Corán y Biblia, para la izquierda del continente. El gesto histriónico del regalo vino a menos por los interminables discursos de Chávez y de Evo que dieron al traste con la reunión "retiro" que teníamos, ante la mirada desesperada del primer ministro de Trinidad, nuestro anfitrión.

Días después, el jueves 23 de abril empezó para mí como un día rutinario. Ese día salí temprano, como solía hacerlo, a dar algunas vueltas en bicicleta en el circuito adoquinado de la primera sección del Bosque de Chapultepec. En una de las vueltas, al pasar cerca de la Secretaría de Salud, a la altura del monumento a los Niños Héroes, recordé mi conversación sobre los casos de personas hospitalizadas. "Ya debe estar ese reporte", pensé, y seguí mi recorrido hacia el Castillo. Ese día estaba contemplado como un día de rutina. Para las 8:30 a. m. tenía programado un evento con Cisco Systems y con su CEO, John Chambers, con el objetivo de que esa compañía considerara a México como parte de una inversión multimillonaria que estaba por emprender.

Más tarde me dirigí a Naucalpan, en el Estado de México, municipio entonces gobernado por un antiguo amigo y compañero de lucha, José Luis Durán, para realizar una revisión de la prueba Enlace, utilizada para medir la calidad educativa en las escuelas, y después participar en una entrega de electrodomésticos como parte del programa "Cambia tu viejo por uno nuevo". Se trataba de un plan que retiraba de los hogares refrigeradores de alto consumo energético y otorgaba, a cambio, créditos para la adquisición de refrigeradores nuevos que fueran más amigables con el ambiente. Por la tarde volví a Los Pinos, comí con Enrique Krauze y después sostuve una reunión sobre cambio climático con una parte de los miembros del gabinete y de mi staff. Lo que parecía ser un día normal dentro de la agenda, cambió drásticamente en cuestión de minutos.

Al terminar la reunión me informaron que me buscaba por la red presidencial —el famoso teléfono rojo—, con carácter de urgente, el Secretario de Salud. "Presidente —me dijo—, me urge verlo. Llegaron los resultados de las muestras de los fallecidos y hay malas noticias, es un nuevo virus." "Vente de volada", fue lo único que le dije. Mientras llegaba, se agolpaban en mi memoria todo tipo de pensamientos e imágenes. Recordaba por ejemplo un evento al que asistí como miembro del gabinete —era Secretario de Energía— y que era convocado por Julio Frenk, el brillante Secretario de Salud que tuvo Vicente Fox. Inauguraba en Plateros el Centro de Vigilancia Epidemiológica. Durante el recorrido, que incluía la muestra de trajes, guantes y máscaras para equipos médicos, Frenk nos explicaba el riesgo de propagación de epidemias y pandemias. Aunque ilustró sus comentarios, como el combate al ébola en África, quedé vivamente impresionado por otros de sus comentarios: palabras más, palabras menos, decía que México y el mundo estaban a la espera de una terrible pandemia, con tazas de letalidad superiores a 60 por ciento. Se trataba de la influenza aviar, transmitida de animales a humanos, en este caso de aves de corral, que ya se había registrado en China, con tasas de letalidad elevadísimas: al menos seis de cada 10 personas morían. México no estaba exento de ese riesgo que se presentaría en la forma de un virus desconocido hasta entonces en el país.

Al llegar Córdova a mi despacho confirmó parte de mis temores:

—Presidente, todas las muestras que enviamos arrojan la presencia de un nuevo virus, totalmente desconocido hasta ahora, que es mortal, y que se transmitió a los humanos a partir de un origen animal, en este caso porcino. No sabemos aún la tasa de letalidad, puede ser como la influenza normal o mucho más grave.

—¿Podría ser como la influenza aviar? —le pregunté.

—No podría decirle, Presidente, pero no lo podemos descartar. Tampoco tenemos la certeza de que responda a los antivirales aplicados a otros tipos de influenza, eso lo sabremos hasta dentro de 72 horas por lo menos. Y desde luego, tampoco hay, por lo pronto, vacuna, habrá que desarrollarla después.

Me quedé helado. En efecto, los resultados de los análisis provenientes de los laboratorios de Toronto —los de Chicago tardarían mucho más— alertaban de un riesgo sanitario mayor. A partir de las 22 muestras de personas fallecidas, presuntamente por neumonía atípica, se reveló que habían fallecido a consecuencia de haber sido atacadas por un nuevo virus, hasta entonces totalmente desconocido, no sólo en México sino el mundo. Nos enfrentábamos a una cepa mortal, que ya había cobrado la vida de personas jóvenes de entre 20 y 40 años, lo cual incrementaba la preocupación debido a que no estaba afectando sólo a la población más vulnerable que suelen ser niños y adultos mayores.

El doctor Córdova me explicó en esa reunión tanto la sintomatología como la naturaleza de esa enfermedad, ahí fue cuando empecé a entender los tipos de influenza. De las distintas combinaciones de genes y tipos de influenza derivó el nuevo nombre para el virus al que nos enfrentábamos: influenza AH1N1. A pesar de contar con muchos adelantos médicos, por tratarse de un virus totalmente nuevo no se sabía nada del mismo. Como he dicho, no existía una vacuna para prevenirlo, y se ignoraba la potencial eficacia de otros antivirales para combatirlo, como el Tamiflú.

Como me había explicado Córdova, el virus detectado en Canadá era un virus de origen porcino, es decir, había sido transmitido, en su origen, del cerdo. Dicho virus había sufrido una mutación que fi-

190

nalmente había alcanzado al ser humano. De ahí derivaba su peligrosidad. En ese sentido, era un virus primo de la influenza aviar, no era una influenza atípica ni estacional; era distinta y peligrosa. En cuanto a la tasa de letalidad, estábamos totalmente a ciegas. Intuíamos que no podría ser tan alta como "su prima", pero era terrible no poder descartarlo de plano. A pesar de que los laboratorios en Canadá habían descartado que fuera influenza H5 (influenza aviar), no había noticias del grado de nocividad y la rapidez de propagación con respecto a la AH1N1. ¿Qué posibilidades habría de que fuese de alta letalidad como la aviar, 10, 1, 5%? Por pequeña que fuera la probabilidad de alta letalidad, había razones suficientes para preocuparse. Habría que dar un seguimiento puntualísimo a los casos y tratar de seguir hasta donde fuera posible las cadenas de contagio. Existían algunos estudios de la Secretaría de Salud elaborados por Pablo Kuri; el escenario en un caso de pandemia para México era preocupante: había un potencial de 54 mil muertes con 250 mil personas hospitalizadas y casi 15 millones de ciudadanos solicitando consulta médica.

Pero más allá de la hipotética capacidad mortal del nuevo virus, el problema en sí comenzaba a complicarse terriblemente, dados los cuellos de botella generados por la insuficiente infraestructura hospitalaria y de atención médica del país. En efecto, en esos días ya empezaba a registrarse cierta saturación hospitalaria, debido a que algunos de los pacientes que llegaban en estado de gravedad debían ser de inmediato intubados para darles de inmediato respiración artificial, y la realidad es que no había respiradores suficientes en las clínicas del país. Aunque la letalidad fuera considerablemente más baja que la influenza aviar, el escenario catastrófico no parecía tan lejano y resultaba imprescindible actuar de manera inmediata.

Por si fuera poco, el nombre mismo provocó un devastador efecto en el consumo y exportación de la carne de cerdo. Por esa razón se decidió desde el primer momento referirse a la nueva enfermedad no por su origen animal (se conoció primero en Estados Unidos como *swine flu*, influenza porcina), sino por su secuencia genética: AH1N1.

Este virus de la influenza porcina tenía las mismas características y al parecer la misma condición letal que el virus de la influenza española, es decir, la peste de 1918. A pesar de ser del mismo tipo, la gran diferencia es que en la actualidad vivimos en una sociedad que ya cuenta con antibióticos y antivirales, pero en esencia es casi la misma cepa. Incluso tienen un comportamiento sumamente parecido, como el hecho de que el daño que genera no sólo se restringe a los grupos vulnerables.

Después de una explicación detallada, le pregunté al Secretario qué medidas podían tomarse, a lo que él respondió que la hipótesis que se tenía hasta ese momento era que los antivirales como el Tamiflú podrían funcionar, pero no había ninguna certeza. La Secretaría de Salud tenía la sustancia activa de éste, el Oseltamivir, pero aún estaba en fase de experimentación con humanos y no sabíamos si funcionaría. La única forma de saberlo era aplicar el medicamento a los pacientes y esperar los resultados. Así lo hicimos. La Secretaría comenzó a aplicarlo al sexto día de que supimos los resultados del laboratorio de Canadá.

Enseguida me comuniqué con Daniel Karam, director del Seguro Social, y con Miguel Ángel Yunes Linares, director del ISSSTE. Asimismo, me entrevisté ese día con algunos gobernadores como Enrique Peña Nieto, en ese momento a cargo del Estado de México, y con Marcelo Ebrard, jefe de Gobierno del Distrito Federal. Con ellos mantuve una comunicación diaria para conocer las estadísticas de las zonas más pobladas.

Hasta ese momento de emergencia nacional, la comunicación que había tenido con Ebrard era muy esporádica. Frente a la prensa y los ciudadanos, seguíamos fingiendo que no nos hablábamos, pues así le convenía a él en términos políticos, pero la realidad es que, en temas más serios, tuvo una actitud responsable y tuvimos una estrecha colaboración con el gobierno de la capital. Qué bueno que así fue.

Esa misma noche reuní al gabinete con carácter de urgencia. El Secretario de Salud explicó el problema, se discutió ampliamente. Agustín Carstens habló del riesgo de afectación en la economía y la posibilidad de conservar un perfil bajo, no alertar a la población y seguir con las actividades normales hasta no tener más información. Fue una de las decisiones más difíciles, por sus implicaciones, que me tocó tomar como Presidente de México y había que hacerlo ya. Mientras sesionaba el gabinete trataba de ordenar los escenarios y sus alcances.

Un escenario era que el virus tendría alta letalidad, y en consecuencia, se requerían acciones drásticas de inmediato, con el fin de detener la propagación del virus y evitar el escenario catastrófico que, como preveían los planes de contingencia de la Secretaría de Salud, llegarían a cientos de miles, quizá millones de muertes. El otro escenario era de un virus de baja letalidad, sin consecuencias mayores que la influenza estacional que no requería acciones drásticas del gobierno. En síntesis, lo que debía decidir era entre tomar acciones de fondo, "disruptivas" de la propagación del virus, o seguir el curso de las cosas con normalidad.

Si decidía tomar acciones de fondo, drásticas, y el virus era de alta letalidad, podría cortar, con ciertas probabilidades de éxito, la tasa de propagación, y reducir al mínimo posible el número de contagios, y poder dedicar la acción del gobierno a combatirlo reduciendo los niveles de pánico. Si tomaba acciones de fondo y el virus era en cambio de baja letalidad, habría una afectación importante a la actividad económica, sí, pero podría recuperarse rápidamente una vez que se supiera la verdadera naturaleza del reto, y además se controlaría mucho más fácil el brote, cualquiera que fuera la letalidad.

Si, en cambio, el gobierno decidía no actuar con contundencia y dejaba pasar las cosas con normalidad, podría pasar lo siguiente: si el virus era de letalidad muy baja, todo seguiría normal. No habría mayor afectación económica. Si, en cambio, el virus resultaba de alta letalidad, el gobierno perdería días valiosísimos, los más importantes, que son los iniciales, para controlar el virus. La probabilidad del peor escenario de salud, que hablaba de cientos de miles de muertes, quizá millones, se materializaría y el principal responsable de ello sería el gobierno. Algo más, al darse cuenta la población de la gravedad del problema, tendríamos altos niveles de pánico y caos, que se presentarían si la población no era advertida con tiempo y se daba cuenta, irremediablemente, de la situación. Si la gente se sentía engañada en esa hipótesis, a la crisis de salud se agregaría una social y otra política, ninguna de ellas manejable.

Incluso si el escenario real era de un virus de baja letalidad, si el gobierno no actuaba con urgencia, el número de contagios se dispararía y los pacientes de neumonías atípicas que requerían utilizar respirador artificial se elevaría drásticamente también, con el grave problema de insuficiencia de equipo en los hospitales que ya estábamos observando.

Se me venía a la mente un ejemplo que al final no expresé ahí, pero que me queda claro tiempo después: mi decisión era equivalente a la del piloto de un avión que navega en la oscuridad o en medio de la niebla sin información suficiente, digamos, sin instrumentos modernos de navegación. Lo único que sabe es que frente a él hay una montaña, pero no conoce a qué altura puede pasarla, la cumbre puede estar por debajo o por arriba de la altitud del avión. Si se eleva para pasar por encima de la hipotética altura máxima, si acierta salvará su vida y la de los pasajeros. Si falla, también lo hará, pero a un costo de tiempo y combustible más alto. Si, en cambio, apuesta a que la montaña está a una altitud menor, y sigue de frente, si acierta, ahorrará combustible, pero si falla, estrellará el avión.

Un piloto responsable no puede correr ese riesgo, tiene que elevarse con el fin de evitar un desastre. El piloto, en condiciones de incertidumbre, tiene que prepararse para evitar el peor escenario. Así lo hice.

El gabinete, después de opinar, expresó un voto de confianza claro a la decisión que yo tomara. Creo que eso es parte de la soledad de gobernar. La decisión es tuya. Finalmente opté por prepararnos y evitar, al menos en esas primeras horas y días, el peor escenario. Entre otras cosas, acordamos suspender las actividades escolares en la Ciudad de México y en la zona metropolitana hasta no tener un diagnóstico más certero del problema. Ayudaba mucho que se acercaban días feriados: el 1 de mayo era viernes y el 5 de mayo sería martes. Había que aprovechar el "puente" para frenar la velocidad de propagación.

Al día siguiente el Secretario anunció en un comunicado las medidas de higiene necesarias para controlar la propagación del virus. Mientras se esperaba conocer más sobre la manera en la que se comportaba esta nueva cepa de la influenza, todos los días recibía un reporte del Seguro Social y del ISSSTE con las actualizaciones sobre los casos que se presentaban en los hospitales.

Ese fin de semana el número de casos y el número de defunciones continuaba en aumento. Mi preocupación fundamental, y la de algunos epidemiólogos, era que la propagación pasara de un crecimiento aritmético gradual a uno exponencial, lo que nos llevaría a una situación fuera de control. Desde el primer día uno de los objetivos más importantes del gobierno fue reducir la tasa de propagación, en tanto teníamos información plena de la letalidad del virus, que podía tomar por lo menos otras 48 horas.

La suspensión de clases continuó, pero con la actividad económica era distinto, detenerla por completo era muy riesgoso, con controversiales fundamentos legales para hacerlo y además prácticamente imposible de implementarlo. Por lo tanto, la mayoría de los comercios abrió. Sin embargo, hice hincapié en que se fortaleciera la recomendación de evitar las reuniones públicas. El propio Secretario pidió, por ejemplo, que se evitara el uso de corbata, pues se trata de una prenda ornamental que generalmente no se lava y concentra virus y bacterias.

Las defunciones por el virus llegaron a sentirse muy cerca del gabinete y sus equipos. En Comunicación Social de la Presidencia un colaborador tenía un hermano gravemente enfermo en un hospital de Ecatepec. Las compras de Tamiflú que habíamos hecho venían en camino, pero el Estado Mayor le proporcionó una dosis a fin de que las hiciera llegar personalmente al hospital. Fue dramático, ya que salió de su oficina hacia el mediodía, y al llegar al hospital su hermano acababa de fallecer, precisamente de AH1N1, según se comprobaría después. El caso ilustró el dramatismo con el que la crisis se vivía.

Además de reforzar las medidas sanitarias, se mandaban continuamente a Estados Unidos y Canadá las muestras de las personas que presentaban cuadros con síntomas de la enfermedad. La recolección de dichas muestras era un trabajo muy complicado y necesitábamos ser más rápidos que la propagación del virus. Al principio los datos simple y sencillamente no fluían. Las áreas de planeación de la Secretaría de Salud estaban en *shock* y la subsecretaría correspondiente estaba totalmente desbordada ante el reto.

Para poder superar esta carencia armamos un equipo de reacción, en el que la Oficina de la Presidencia jugó un papel crucial: Patricia Flores y Sofía Frech, con sus respectivos equipos. Para agilizar la recolección y análisis estadístico de datos recurrí a quien durante mucho tiempo ha sido un colaborador leal y eficaz, además de buen amigo, Ernesto Cordero, cuya formación de actuario y economista, además de hijo de prestigiadísimos médico y enfermera (su madre, Graciela Arroyo, la maestra Cordero, fue quien creó la licenciatura en enfermería, primera enfermera y académica que formó parte del Consejo Universitario de la UNAM, además de ser respetada y querida aún después de su muerte), le proveía un perfil ni mandando a hacer para la tarea. Dado que él estaba al frente de la Secretaría de Desarrollo Social, pudo organizar en cuestión de horas brigadas de personal de esa dependencia y de Salud que fueron a las casas de los infectados para recolectar información, muestras y revisar a las familias. Su misión incluía establecer un control numérico, un monitoreo más ordenado y científico de casos, número de infectados, hospitalizados, tratamientos, decesos, tasa de contagio, etcétera. Finalmente le encargué a este equipo agilizar la entrega de muestras a los laboratorios. El primer viaje con muestras se hizo incluso en el avión Grumman que estaba al servicio del Estado Mayor Presidencial. Con el tiempo, Ernesto arreglaría con sus antiguos colegas de Hacienda el presupuesto para instalar, en tiempo récord, los equipos más modernos de laboratorio en la mayoría de los estados del país. Ya no habría que enviar las muestras a Estados Unidos o Canadá.

En una de las oficinas de Los Pinos mandé a armar un "cuarto de guerra", donde convoqué a representantes de salud, de la Sedesol, del IMSS, del ISSSTE, de Marina y Defensa. A su vez, Relaciones Exteriores se puso en contacto con la Organización Mundial de la Salud. Estábamos trabajando a mil por hora y contra algo desconocido.

Además del equipo inmediato, me reuní con exsecretarios de Salud como Guillermo Soberón, Julio Frenk y Juan Ramón de la Fuente, a quienes les pedí su opinión y me ayudaron a tener más claridad con respecto al tipo de virus al que nos enfrentábamos y la manera en que había que evitar y controlar su propagación. De la Fuente, por ejemplo, advirtió que era necesario esperar a que los números crecieran por hora, sin que eso significara estrictamente algo malo, sino que tal vez sería síntoma de que por fin el sistema de salud empezaba a funcionar y de que la gente estaba reaccionando y acudiendo a las clínicas. Lo cual, en efecto, nos tranquilizó mucho.

COMUNICAR LA EMERGENCIA

Otro de los puntos importantes a manejar en la crisis de salud era la estrategia de comunicación. Fue primordial lograr un equilibrio entre la relevancia del problema y lo indispensable que era seguir las recomendaciones de la Secretaría de Salud. Por otra parte, debía evitarse que se generaran situaciones de pánico. Honestamente, creo que fue uno de los mayores logros de la estrategia. Hubo una gran colaboración de los medios de comunicación, de los partidos políticos y del gobierno, y eso se reflejó en la cooperación de los mexicanos. Es increíble cómo una ciudad como la de México, con una zona metropolitana con 22 millones de habitantes, siguió al pie de la letra las recomendaciones de evitar concentraciones en lugares públicos, así como no acudir a cines o restaurantes. Fue asombroso ver las calles de la ciudad totalmente vacías. No hubo ningún brote de pánico, ningún desacato, ni fue necesario que interviniera la fuerza pública.

El Secretario de Gobernación, Fernando Gómez-Mont, acordó con el arzobispo primado de México, Norberto Rivera, que los templos permanecieran abiertos, aunque no se celebrarían misas. Cuando éstas se reanudaron, las medidas higiénicas se multiplicaron. La comunión, por ejemplo, se daba en mano, en lugar de en la boca. Una práctica que conservo, quizá como recuerdo de esa experiencia personal.

En este panorama, continuamos trabajando en la estimación de la tasa de propagación del virus y en el reforzamiento de la estrategia de comunicación para evitar caer en una crisis mayor como la que vivió Canadá con el síndrome respiratorio agudo y severo (SARS). De acuerdo con el relato de Julio Frenk, el contagio en Canadá se originó a través de una persona proveniente de Hong Kong, por lo que se dedujo que el virus era originario de China. El gobierno canadiense intentó ocultar lo que sucedía hasta que el nivel de contagio en Toronto superó los datos especulados y la sociedad entró en un estado de caos y paranoia. Esto le trajo terribles consecuencias al gobierno en turno debido a que ocasionó una sensación de desconfianza tan grande que le hizo perder credibilidad en el territorio canadiense y en el exterior del mismo.

Como resultado de una crisis mal manejada tanto en Canadá como en China, donde se dio el brote inicial, se creó la Agencia Canadiense de Salud Pública en Toronto, que atiende casos de emergencia de salud pública y que ha desarrollado laboratorios de detección de los virus de la influenza sumamente especializados.

La serie de errores informativos ocurridos en casos similares en China y Canadá ya descritos me hizo corroborar la convicción de que la información debía presentarse con absoluta transparencia; sobre todo en los momentos en que ni siquiera nosotros teníamos el informe certero de lo que ocurría y cómo se combatiría. Había que decirle a la gente: "No sabemos de qué virus se trata. No sabemos qué letalidad tiene y éstos son los números de casos de personas enfermas que hemos recibido, las que han fallecido y las recomendaciones". Hubo por desgracia algunos errores, en particular en las primeras horas de la emergencia, cuando José Ángel Córdova, a pregunta expresa, dio un dato de defunciones asociadas al virus que estaba sobreestimado. A pesar de todo, estoy convencido de que la estrategia de *full disclosure*, es decir, de total transparencia hacia la población, funcionó y nos dio una enorme capacidad de maniobra. De otra manera no hubiéramos tenido las facultades de orientar a la población de una ciudad colosal como la de México en una situación de caos o de pánico.

Al mismo tiempo que intentábamos frenar la propagación, nos dedicamos también a buscar el origen. Sin muchas pistas al alcance de los médicos y siguiendo la ruta de contagio, se encontró que, aunque se pensaba que el brote había ocurrido en la Ciudad de México, la verdad es que se había detectado antes un caso en el Valle Imperial de California, del que incluso ya se había publicado un estudio científico, días antes de que llegaran nuestros resultados a México, donde figuraba el término *swine flu*. Es muy probable que el virus haya tenido su origen allá, que se haya transmitido por contagio a la Ciudad de México, donde se propagó mucho más rápido. Ese estudio científico confirmaría que los estadounidenses ya conocían la existencia de este virus y la ocultaron.

Para el 24 de abril ya se habían detectado más de mil casos a nivel nacional de neumonías atípicas, incluyendo 68 fallecimientos, de los cuales 20 habían dado como positivos del virus de la influenza. En la mayoría de esas muertes no se había podido detectar la causa exacta debido a que no se había tomado la muestra de los pacientes. Y de las muestras obtenidas, alrededor la mitad habían resultado positivas. La situación era alarmante. Necesitábamos información más precisa.

EL PLAN: PREPARARSE PARA LO PEOR, ESPERAR LO MEJOR

Las decisiones que había que tomar en cuanto al plan de acción ilustran de cierta manera las grandes disyuntivas que un gobernante debe tomar en situaciones de incertidumbre. En esas primeras horas y días debían tomarse decisiones que impactarían el futuro inmediato de millones de mexicanos. Así lo hicimos. México no podía correr el riesgo de que, ante la sola probabilidad de que se materializara el peor escenario —así fuera muy baja—, una mala decisión del gobierno terminara en la muerte de decenas de miles de personas y el caos general; era simplemente inaceptable. Sigo pensando que la respuesta correcta ante un virus mortal y desconocido era reaccionar con firmeza y asumir los costos políticos y económicos. Mi deber como Presidente era considerar la probabilidad del mayor riesgo, plantear el peor escenario y actuar en consecuencia.

Pronto comenzamos a tener un control mucho más delimitado del brote. Al propio tiempo que se dictaban las recomendaciones a la población, autoricé un decreto en uso de las facultades previstas en la Constitución en caso de emergencia sanitaria. Recuerdo las fascinantes clases de derecho constitucional que recibí en la Escuela Libre de Derecho del profesor Elisur Arteaga, alguien con quien he discrepado mucho desde el punto de vista político, pero que sin duda es uno de los mayores conocedores de la materia, fiel a la tradición de la escuela, donde a lo largo de más de 100 años en esa cátedra sólo ha habido tres maestros: Emilio Rabasa, Manuel Herrera y Lasso y él mismo. El punto es que uno de los temas obligados son las facultades constitucionales del Presidente en caso de emergencia sanitaria. Francamente, como estudiante, el tema me parecía entendible para el tiempo cuando se elaboró la Constitución del 17, más o menos en las épocas de la peste y la fiebre española, pero me parecía obsoleto en los años ochenta, cuando estudié la carrera. ¡Nunca, nunca me imaginé que me tocaría ejercer esas facultades! Así lo hice. Con base en ese decreto fue posible adquirir a gran velocidad aparatos de respiración artificial, computadoras y equipo para montar laboratorios en todo el país, similares a los que había en Canadá y Estados Unidos. Equipo médico, tapabocas, antivirales y muchas cosas más. Los equipos de laboratorio recién adquiridos primero se habilitaron en el Instituto Nacional de Enfermedades Respiratorias, y luego en el resto de las clínicas de los estados. El decreto nos ayudó a romper el cuello de botella que implicaba la insuficiencia de respiradores para pacientes en estado crítico, quizá el mayor peligro que corrimos en los primeros días. Como parte del decreto también se llevó a cabo la instalación de equipo de laboratorio con la misma capacidad que los laboratorios canadienses, de modo que en cuestión de días México fue capaz de hacer por cuenta propia el análisis de las muestras y determinar si un virus era AH1N1.

Al inicio de la crisis, el promedio de estancia de un paciente en los hospitales del Seguro Social era de ocho días por enfermedades respiratorias. La gente llegaba con neumonía y era directamente intubada. A partir de la implementación de la campaña de prevención, ese promedio bajó de ocho a dos días, porque los pacientes comenzaron a ir al médico desde el inicio de los síntomas, con lo cual se evitaba que entraran en estado crítico, gracias al seguimiento de un tratamiento oportuno. Incluso las medidas tomadas ayudaron con otros aspectos de salud. Fue en esos días que la gente empezó a hacer de la limpieza continua de las manos una rutina, con lo cual las enfermedades gastrointestinales disminuyeron significativamente. La Organización Mundial de la Salud declaró que la pandemia había alcanzado el mayor grado de alerta, no por la gravedad del virus, sino por el número de continentes al que llegó.

El sábado 25 de abril viajé a Oaxaca para entregarle a Ulises Ruiz, gobernador de ese estado, diversas unidades móviles de atención médica. Esas unidades fueron un logro muy importante en salud, ya que permitieron llevar asistencia médica a comunidades remotas donde no había hospitales ni clínicas. Fueron clave en la atención a la población más marginada del país. Sin embargo, me vi en la necesidad de decir: "Te entrego las unidades móviles y te las voy a pedir prestadas de regreso porque creo que las vamos a necesitar ahora mismo en la Ciudad de México". El Secretario de Salud del estado cuenta una anécdota: al llegar al evento me tendió la mano, y yo me negué a saludarlo. "¿Que no sabe que estamos en contingencia? Hay que evitar el saludo de mano."

De vuelta a la Ciudad de México, Córdova convocó al Consejo de Salubridad General, integrado por los directores de los institutos y todos los Secretarios de Salud del país. Se hizo un recuento crítico de la situación. Para el domingo 26 de abril ya teníamos el dato preciso de que se trataba de una enfermedad curable si se atendía a tiempo. Aún no se sabía si las vacunas contra la influenza que se habían aplicado —30 millones de dosis— funcionaban; por lo pronto, aparentemente, entre los enfermos y fallecidos no predominaba la población que había sido vacunada, por lo que era probable que los antígenos disponibles sí fueran efectivos. Con el tiempo la empresa farmacéutica francesa Sanofi fabricaría en México la vacuna contra la influenza que ya incluía la AH1N1. También se pudo empezar a constatar que los casos tratados con Tamiflú ese viernes, sábado y domingo estaban dando un resultado positivo, lo cual resultaba muy alentador. La crisis se controlaba poco a poco, pero de manera consistente.

LA REACCIÓN DEL OTRO LADO

La alerta de la Organización Mundial de la Salud generó las reacciones más diversas en la comunidad internacional. A pesar de que la propia OMS advertía que de nada servía y no convenía bloquear vuelos, algunos gobiernos, entre otros el de Francia (Sarkozy) y el de Cuba, cancelaron los vuelos desde México. Por esa razón cancelé mi inminente gira a Cuba; argumenté que "los vuelos desde México están cancelados". En el caso de Estados Unidos comenzamos a tener mucha tensión, dada la presión que tenían las autoridades por parte de la opinión pública. Habría sido terrible —e inviable— un cierre de fronteras. La relación se había tornado delicada hasta en los menores detalles. Por ejemplo, la visita que he comentado del Presidente Obama a México terminó la noche del 16 de abril con una magnífica velada en el Museo de Antropología. El Presidente Obama y yo realizamos un recorrido por los espléndidos salones del museo, guiados por su director, el antropólogo Felipe Solís. Dos días más tarde el doctor Solís falleció de una neumonía atípica. Se comprobaría después que había muerto de influenza AH1N1. La polémica, alimentada por algunos medios, hacía que funcionarios del Departamento de Estado de Estados Unidos reclamaran a sus colegas de la cancillería mexicana haber expuesto así al Presidente Obama, quien saludó de mano y dialogó con el director Solís. ¡Era imposible imaginar entonces lo que sabríamos días después!

Además, existía molestia entre algunos miembros de mi gabinete porque Estados Unidos se negaba a vendernos las dosis de Tamiflú que tenía. Sin dudarlo, me comuniqué con el Presidente Barack Obama, quien siempre tuvo una excelente disposición de diálogo y colaboración con mi gobierno. Cuando le planteé la situación sobre la presión del cierre de fronteras, la cancelación de los vuelos y la falta de apoyo en el suministro de medicinas, el mandatario estadounidense —"*Call me, Barack*", me dijo la primera vez que conversamos— me respondió: "Cuando nosotros hablamos y te dije que quería hacer de nuestra relación una sociedad de amistad, fue porque tengo una gran confianza en tu gobierno y la seriedad con la que estás tratando de manejar esta situación para tu gente. Así que tienes un amigo en mí y cuentas con todo mi apoyo. Pienso que vamos a seguir siendo capaces de controlar la situación en la frontera". Acordamos que no se tomaría ninguna determinación que se sustentara en un criterio político, sino que tendría que fundamentarse con reportes científicos y médicos, y que antes de hacer cualquier cambio lo consultaríamos entre los dos gobiernos. La llamada fue muy buena, y en un gesto de colaboración Obama envió 100 mil kits de salud, sobre todo para el personal médico. Durante la llamada, aproveché para comentarle sobre el caso cuya investigación fue publicada el 21 de abril, cuando se ubicó a unos niños infectados en el Valle Imperial de California, y que no había sido sino hasta el 23 cuando nosotros recibimos la comprobación de los casos mexicanos. Era importante dejar en claro que había un brote del virus en territorio estadounidense anterior al brote nuestro.

LAS DIFICULTADES EN LA ADVERSIDAD

Las medidas tomadas por el gobierno empezaban a dar buenos resultados y en general la gente se mostraba solidaria. Sin embargo, hubo momentos muy difíciles. Uno de ellos fue cuando tuve que solicitarle a Luis Armando Reynoso Femat, gobernador de Aguascalientes, que suspendiera la Feria de Aguascalientes, que llevaba ya algunos días de iniciada. De hecho la propagación del virus en el Bajío fue mucho más rápida, no sé si por eso. Muchos gobernadores incluso se molestaban por el solo hecho de que se reportaran casos en sus estados, algo absurdo. Había mucha gente que no compartía la política de total transparencia.

En otro caso, Manuel Camacho Solís contrajo una influenza que derivó en una neumonía muy fuerte. En cuanto lo supimos, personal de la Secretaría de Salud fue por él a su casa y lo llevó al hospital. Afortunadamente logró recuperarse. El Estado Mayor insistió en que toda mi familia se hiciera un examen patológico preventivo, y así lo hicimos. Resulta que hubo un caso positivo de influenza AH1N1: el de Margarita, quien no presentaba fiebre ni náuseas, ni dificultad para respirar. Aunque el caso es ahora una anécdota, al personal de salud le preocupó mucho un dato. Se comprobaba la hipótesis de que, en algunos casos, el virus es por completo asintomático, lo cual dificulta su detección.

Entre los fallecidos había una enfermera y dos médicos que atendieron a pacientes con el virus. Lo supimos después. El personal médico y de enfermería que supo de los casos fue muy valiente y siguió trabajando con enorme entrega, incluso durante los muchos días que no supimos si el virus era manejable con Tamiflú. Si hubiera ocurrido un paro de labores o los casos se hubieran difundido, se habría provocado una crisis inmanejable en el servicio. Así, lo primero que hice al enterarme fue pedirles a los gobernadores que aplicaran las vacunas contra la influenza que tuvieran en su poder, dando prioridad al personal médico y al de hospitales, incluyendo, por supuesto, al personal de intendencia.

LOS RESULTADOS

En 2009, en el primer brote, fallecieron a consecuencia de la influenza estacional y de la AH1N1 más de mil 300 personas. En un segundo brote, a partir de octubre, cuando las medidas se habían relajado, se registró un índice aún mayor de defunciones. En ambos casos tuve que hacer evaluaciones muy detalladas que en ocasiones llegaron a afectar otros aspectos de interés nacional como el turismo. Sin embargo, estoy convencido de que de no haber actuado como se hizo, el número de personas fallecidas habría sido muchísimo mayor. Además, la velocidad de propagación hubiera generado nuevos riesgos como una saturación hospitalaria. Por consiguiente, las defunciones hubieran ocurrido no por la gravedad del virus, sino por la incapacidad de atender con respiradores a pacientes que no hubieran tomado la precaución de acudir al médico durante los primeros síntomas.

No darle la importancia suficiente a este tipo de asuntos siempre trae consecuencias desagradables, como ha sucedido en otras ocasiones.

Meses más tarde, en julio de 2009, se llevó a cabo la Reunión de Alto Nivel de la Organización Mundial de la Salud para evaluar lo que calificó la propia organización como pandemia de influenza AH1N1. En esa ocasión, su directora Margaret Chang manifestó: "México fue el primer país que experimentó un nuevo brote de amplio contagio. México cargó con el peso de estas consecuencias al momento en que el nuevo virus no había sido identificado aún y nada se sabía de la enfermedad ni de sus causas. México dio al mundo una alerta temprana, y también dio al mundo un modelo de reporte rápido y transparente, medidas de control agresivas, y generosa compartición de datos y de muestras".

De la crisis de influenza obtuve varias conclusiones: gobernar significa tomar decisiones riesgosas en escenarios de incertidumbre y sin información completa, implica evaluar contextos y prever las consecuencias. Qué más quisiera un Presidente que decidir sobre escenarios de información plena, es decir, sabiendo con precisión qué va a pasar en cada caso. El dilema ético se presenta en el deber de decidir, en un tiempo muy corto, tomando en cuenta la poca información disponible y pensando siempre en el bien de los mexicanos: prepararse para lo peor, y desear que ocurra lo mejor.

8

Luz y Fuerza

EL SECRETARIO DE ENERGÍA

Una de las decisiones más complejas y arriesgadas de carácter administrativo y político que asumí durante mi gestión como Presidente fue la extinción de la Compañía de Luz y Fuerza del Centro. Abordar el tema requiere entender mi propio antecedente con la empresa. En septiembre de 2003 Vicente Fox me designó Secretario de Energía; Ramón Muñoz, jefe de la Oficina del Ejecutivo, me comunicó el nombramiento poco antes del informe presidencial de ese año. Fue un hecho que me entusiasmó porque cumplía mi anhelo de ser parte del gabinete en un área económica, de política pública. Se trataba de un tema que siempre me había apasionado; como legislador tuve la oportunidad de discutir varias veces sobre los retos que afrontaba el país en ese rubro. La experiencia me permitió tener clara la imperiosa necesidad de impulsar una reforma energética, y en aquel tiempo notaba que era prioritario empezar por el sector eléctrico.

De esta manera, asumí la tarea como Secretario de Energía y tuve mi primer contacto con la dura realidad de Luz y Fuerza del Centro. Apenas asumí el cargo, cité de inmediato a los directores de los organismos descentralizados y paraestatales: CFE, Pemex y Luz y Fuerza. Les pedí que me hicieran llegar información detallada de la situación de sus dependencias, a partir de la cual constaté la dramática situación de Luz y Fuerza del Centro, una empresa con cuantiosas pérdidas económicas. Era evidente que la compañía era inviable si seguía operando con un número de trabajadores que crecía cada vez más.

La raíz del problema estaba en el propio contrato colectivo: estipulaba la obligación de contratar más trabajadores cada determinado número de kWh vendidos o cada número adicional de clientes. Si mejorar la productividad implica mejorar la relación entre lo producido y los medios empleados —por ejemplo, aumentar el número de kWh entregados por trabajador, de clientes por trabajador y de ingresos de acuerdo con los recursos disponibles, etcétera—, esta cláusula por sí misma impedía el incremento de la productividad, puesto que si se tenía que aumentar el número de trabajadores cada vez que aumentaba el número de clientes, la productividad medida como número de usuarios por trabajador permanecía constante, y muchas veces incluso disminuía al aumentar el número de trabajadores en cumplimiento de las abigarradas cargas del contrato colectivo de trabajo.

Eso mataba la productividad de la empresa: cada vez se prestaba básicamente el mismo servicio con muchos más empleados. Y no era lo único: había cláusulas que estipulaban, por ejemplo, que los trabajadores en "áreas rurales" tenían derecho a un caballo cada dos años. Eso permitió que el líder sindical y algunos de sus paisanos del estado de Hidalgo pudieran hacerse de una cuadra de caballos a grado tal que construyeron su lienzo charro particular. Una circunstancia descriptiva de esta terrible situación fue lo que ocurría con las sucursales de atención a clientes que tenía la empresa. Dada la resistencia del sindicato al cambio, hubo algún momento en que éste consideró que el uso de computadoras y otras tecnologías sistematizadas amenazaban la fuente de trabajo. Es decir, la lógica era: "Mientras más computadoras menos trabajadores". Pues bien, el sindicato se oponía al uso de computadoras en las sucursales, y por ello casi toda la atención a clientes se hacía a mano. Si un cliente tenía un problema con su recibo de luz, por ejemplo, tenía que acudir a una sucursal de Luz y Fuerza —entrar ahí era como entrar a una película en blanco y negro, de hecho los grises eran colores predominantes en muchas de esas oficinas— y hacer una fila considerable hasta llegar al mostrador. Ahí lo atendía uno de muchos empleados, y tras ver su problema, éste iba a la parte de atrás a buscar en un archivo físico una pequeña cartulina donde, a lápiz, estaba anotado el consumo del cliente. Los "errores" de consumo podían corregirse con un lápiz. El margen de discrecionalidad y las oportunidades de corrupción eran enormes. Por último, "corregido" el error, el usuario debía formarse en otra fila en el departamento de contratos, que no era otra cosa que otro grupo de empleados al lado de los primeros. El contrato era tan rígido que no permitía reducir el número de trabajadores que acudían a arreglar una falla del sistema. Tenían que ir todos forzosamente. Si por alguna razón tenían que cambiar de delegación en el entonces Distrito Federal, que implicaba tan sólo cruzar una calle, había que pagarle a toda la cuadrilla viáticos por concepto de hospedaje, alimentación y lavandería. Si se ponchaba una llanta de algún vehículo, ningún trabajador podía ayudar a cambiarla: todos tenían que esperar a que llegara una cuadrilla de emergencia, también estipulada en el contrato colectivo de trabajo. En algunas circunstancias, la empresa debía pagar terapia con… ¡delfines! para hijos de trabajadores que tuvieran ciertos padecimientos.

La empresa registraba pérdidas constantes y crecientes. Para 2009 ya ascendían 46 mil millones de pesos, y para la elaboración del presupuesto se estaba estimando en más de 55 mil millones de pesos, es decir, una cifra cercana entonces a casi 5 mil millones de dólares. Para ponerlo en contexto, el presupuesto para el programa eje contra la pobreza, Oportunidades, era de la misma magnitud.

El panorama me parecía en verdad preocupante y decidí tomar cartas en el asunto. Mucho me ayudó haber sido Secretario de Energía entre 2003 y 2004. Tal vez fui el primer Secretario de Energía en muchísimo tiempo que visitó los talleres de Luz y Fuerza en Azcapotzalco. Acudí al centro de producción de medidores y a los distintos planteles que estaban en poder del sindicato, más que de la empresa. Lo que hacía este tipo de integración vertical era simplemente incrementar la plantilla de personal. LA CFE, por ejemplo, como cualquier otra empresa que presta semejante servicio, tiene una cadena de proveedores que hace mucho más costeable servirse de este tipo de insumos. El colmo era que la propia Luz y Fuerza tenía que disponer, a mucho menor costo, de proveedores externos, pero aun así sostenía sus obsoletos talleres.

Por otra parte, les di seguimiento a todas las presiones que ejercía el sindicato con tal de no perder sus privilegios. Conforme me adentraba en el conocimiento de la operación de la empresa, más me sorprendían ciertas medidas que se habían adoptado a lo largo de los años. Una era el número de trabajadores "de base" afiliados al sindicato (más de 43 mil) y el escaso número de trabajadores "de confianza" (menos de mil). Otra de ellas era el hecho de que la nómina de los trabajadores no era pagada por la compañía propiamente dicha, ¡sino por el sindicato! Semana a semana, la empresa tenía que darle al sindicato *en efectivo* decenas de millones de pesos para que hiciera el pago de salarios a los trabajadores sin rendirle cuentas a nadie. De hecho, había muchas dudas de que la totalidad de los enlistados en la nómina de verdad fueran trabajadores. Otra más era la obligación que tenía la compañía de concederles una licencia de cuatro meses cada dos años a casi mil 500 trabajadores. Durante ese lapso, los trabajadores "licenciados" sólo se dedicaban a "estudiar" el contrato colectivo y a "prepararse" para la negociación del mismo con la empresa. Una pérdida bárbara de horas de trabajo y un estilo de negociación totalmente obsoleto. En general, lo que aprendí desde entonces es que en el caso de las empresas propiedad del Estado las demandas sindicales siempre son crecientes, y cada concesión nueva se vuelve una enorme carga para los dueños de la empresa, que son los ciudadanos. A su vez, los burócratas tienen pocos o nulos incentivos para defender los intereses de los ciudadanos: ante el desgaste que significa enfrentar las exigencias del sindicato, las amenazas constantes de paro laboral e incluso la intimidación física, los responsables de dicha negociación terminan casi siempre por ceder todo al sindicato... y a final de cuentas el que pierde es el contribuyente. Así ha pasado con las empresas públicas, muy marcadamente las del sector energético, donde la CFE y en particular Pemex y Luz y Fuerza tienen esta problemática; pero también es el caso de los sindicatos de maestros, como la Coordinadora Nacional de Trabajadores de la Educación (CNTE).

Para marzo de 2004 me encontré con esta vieja dinámica de negociar el contrato colectivo. Sinceramente me daba la impresión de que yo era el único en el gobierno que estaba preocupado. Llegada la fecha, recuerdo que el propio Luis de Pablo, director general de Luz y Fuerza, me explicó la manera en que se había procedido, me confirmó que iba a ofrecer un aumento muy bajo y que ya había negociado las cláusulas. El comentario me extrañó, pues se trataba de un contrato en el que en general las prestaciones y los derechos de los trabajadores iban en aumento, debilitando de modo constante las capacidades operativas de la empresa. Parecía que al equipo de la dirección no le importaba mucho, al menos como para "endurecer la pierna", el aumento de la ineficiencia y del costo que las cláusulas del contrato colectivo negociadas implicaban. Entendí una cosa que puede aplicar en general a las empresas propiedad del Estado: no existen incentivos claros para los servidores públicos para defender el patrimonio de los mexicanos, prácticamente a ningún nivel. Por supuesto, hay excepciones de servidores que entienden su labor como una vocación y una misión, y arriesgan todo, incluso su salud emocional y su integridad física y la de su familia por contener exorbitadas demandas sindicales. Pero ésa es la excepción. Por regla general, el servidor público promedio responde a los mismos incentivos que cualquier persona. En una empresa particular, los dueños presionan a la administración para minimizar costos, y los administradores saben que pueden perder su trabajo si no hacen su mejor esfuerzo para enfrentar demandas exorbitantes. En el caso de los servidores públicos, por desgracia, no es así.

No recuerdo dónde escuché la primera noción de lo que voy a contar, pero es una especie de chiste que comento para tratar de explicar este fenómeno. Resulta que un Secretario de Energía novato, recién arribado y preocupado por la negociación del contrato colectivo con el sindicato de Pemex, contrató por recomendación del propio aparato burocrático a un reputado abogado laboral. Horas antes de que venciera el emplazamiento a huelga, esperaba nervioso en su oficina, pendiente del curso de las negociaciones. A sus insistentes llamadas, el abogado respondía con evasivas. Andando la tarde se escuchaba una celebración, ya para la noche mariachis incluidos. Ante la exigencia del Secretario, se presentó el abogado a media noche. "¿Cómo le fue?", le preguntó el Secretario, a lo que aquél contestó: "¡Muy bien!, el líder es un gran tipo, nos entendimos muy pronto, celebramos, vaya, ¡hasta compadres salimos!" Impresionado, el Secretario le agradeció y le dijo: "Se ve que la reputación de abogado eficiente la tiene usted bien ganada."

Aquella negociación que me tocó vivir como Secretario de Energía seguía un ritual en el que, cedida una serie de prestaciones al contrato, faltaba negociar el aumento salarial, horas antes de que venciera el plazo para el estallamiento de la huelga. La dirección de la empresa ofrecía un aumento menor, que el sindicato rechazaba y pedía más. La dirección volvía con otro planteamiento en los límites presupuestales. El sindicato lo rechazaba, pero esta vez deliberaba horas en asamblea, y luego volvía con una propuesta por encima de los límites presupuestales. Era un ultimátum. Me indignaba el estilo, aunque en ese momento tenía que consultar la decisión a quien era entonces Secretario del Trabajo. Consintiendo, a la vez me dijo: "Es tu decisión, ¿tienes otra opción?" Quedaba la huelga. Cuando les pregunté a los presentes si el gobierno estaba listo para aguantar una huelga de Luz y Fuerza, hubo una risa generalizada en esa pequeña sala. Parecía que había contado una broma. Tal vez lo era.

En efecto, el gobierno no estaba listo, aunque como era un ritual que se repetía cada dos años, se hacía lo posible —sin mucho entusiasmo— para prever el peor escenario: la CFE y otras áreas del gobierno siempre preparaban un operativo preventivo para evitar la suspensión del servicio. Lo anterior ocurrió quizá desde que se reformó la ley del servicio público en 1975.

En aquella madrugada se aceptó la propuesta del sindicato y al día siguiente se firmaron los convenios. Para mí representó una enorme frustración, una decepción de cómo se atendían los asuntos públicos. A fin de cuentas, el gobierno había cedido, como siempre, a la presión sindical, otorgándoles la mayoría de sus pretensiones.

A pesar de ello me empeñé en tratar de cambiar en algo esa relación perversa, y en esa ocasión logramos pactar la elaboración de un convenio de productividad con el sindicato que revisaríamos con frecuencia. Desafortunadamente, dos meses después, en mayo de 2004, presenté mi renuncia a la Secretaría de Energía por las razones ya descritas, y con ello llegó a su fin la posibilidad de cambiar de manera radical el contrato colectivo. Por desgracia, ese convenio nunca se cumplió, ya que el sindicato tenía siempre la coartada de que "contravenía el contrato colectivo", y lo hacían a un lado. Una hipocresía, pues revelaba que al firmar el convenio sólo pretendían engañar y ganar tiempo.

LA DEBACLE ANUNCIADA

Cuando llegué a la Presidencia y abordé el tema energético, comencé a encarar los mismos problemas que había visto como Secretario de Energía. Para 2007 se continuaba con la negociación laboral con las tres empresas, CFE, Pemex y Luz y Fuerza, y en el caso de esta última hasta marzo de 2008 se tenía previsto reconsiderar el contrato colectivo. Por ello decidí prepararme para la negociación retomando el compromiso relativo al convenio de productividad que había hecho el sindicato cuando fui titular de Energía.

Es muy curioso que en los contratos colectivos de trabajo sólo el sindicato tuviera exigencias para la empresa, pero la compañía nunca hacía peticiones para sus trabajadores. Firmemente decidí que en esa ocasión el gobierno también debía formular exigencias y solicitudes, vertidas al menos en la actualización y cumplimiento del convenio de productividad que años antes habíamos suscrito. Sin embargo, la negociación pronto siguió los ritmos y las inercias de siempre. Parecía que nada lograríamos.

Fue entonces cuando comenzamos a pensar en la necesidad de preparar en serio, es decir, asumiendo la huelga como un escenario real, el operativo de emergencia que tradicionalmente se alistaba alrededor de la negociación. Para ello ya contaba con una recién creada Policía Federal, que a pesar de que apenas tenía un año de haber sido formada, constituía por primera vez un respaldo real y leal a la decisión del Presidente en este tema. Hay que recordar que el gobierno del Distrito Federal, por tradición de izquierda, y aun antes, se dice que desde la regencia de Manuel Camacho, nunca había autorizado

213

la participación de la policía capitalina para un esfuerzo de contención de masas, en este caso ante una eventual protesta del Sindicato Mexicano de Electricistas. Eso hacía nugatoria la credibilidad del gobierno ante la posibilidad de que fuera necesaria la preservación del orden público.

Ante la falta de posibilidades de llegar a un acuerdo, y la inminencia del operativo, la instrucción fue sostenerse ante las exigencias del sindicato y su absoluto desdén a la petición del gobierno de observar el convenio de productividad. Se le informó al sindicato que si no había acuerdo y estallaba la huelga, se iba a liquidar la empresa. El mensaje de regreso fue que la protesta social era un hecho consumado: el sindicato anunciaba el inicio de la huelga. Minutos después, ese 16 de marzo de 2008, ordené la publicación de un decreto en el cual se declaraba la ocupación inmediata total y temporal de todos los bienes y derechos de Luz y Fuerza del Centro. Alcanzó a circular en una edición extraordinaria del *Diario Oficial de la Federación*.

Así, en las primeras horas de ese día circuló —creo que por primera vez en la historia de la empresa— el decreto de extinción de Luz y Fuerza del Centro, acompañado por la toma física de varias instalaciones que implicaron algunos brotes de violencia y un desgaste significativo de la relación entre las partes. Después de ello el sindicato se mostró mucho más conciliador y se ofreció a cerrar la negociación en ese momento con pretensiones más moderadas. Eran quizá las seis de la mañana.

Esa misma madrugada, después de la publicación del decreto, tuvimos una reunión urgente en el despacho de Gerardo Ruiz Mateos, jefe de la Oficina de la Presidencia. A Gerardo lo conocí desde que era yo secretario general del PAN. Era entonces un joven y exitoso empresario. Con el tiempo fui encontrando en él una gran capacidad organizativa y de ejecución pragmática, de la que yo entonces carecía y que fui aprendiendo poco a poco, en gran parte al lado de él. Estábamos en esa reunión, además, Juan Camilo Mouriño, ya entonces Secretario de Gobernación; Alfredo Elías Ayub, director de la CFE; Jorge Gutiérrez Vera, director de Luz y Fuerza; Javier Lozano, Secretario del Trabajo, y algunas personas del staff.

La decisión era tremendamente difícil: había que definir si se continuaba con la liquidación de la empresa o se aceptaba la contrapropuesta sindical que ya estaba dentro de los parámetros razonables. Después de todo, el sindicato ofrecía suscribir el convenio de productividad.

Las opiniones se dividieron en ese pequeño grupo. Por una parte, no estábamos suficientemente preparados para enfrentar las consecuencias de la huelga, ni sabíamos si tendríamos la capacidad de llevar a cabo con éxito la intervención. Por otra, tenía en puerta un proyecto mayor para el país: quería presentar en ese 2008 una ambiciosa iniciativa de reforma energética que tanta falta le hacía a México. Mi conclusión esa mañana era que el gobierno se vería muy debilitado para manejar al mismo tiempo las protestas de Andrés Manuel en la calle —todavía pidiendo mi renuncia y mi salida, con una gran capacidad de movilización en la capital—, las resistencias naturales a una reforma energética, y aparte la movilización del SME, que representaba quizá el mayor riesgo de desestabilización. Por esa razón aceptamos la contrapropuesta más moderada del sindicato, con el compromiso de éste de retomar el acuerdo de productividad. Acto seguido a la suscripción de los convenios respectivos, promulgué otro decreto, dejando sin efectos el emitido horas antes que contemplaba la extinción de la empresa.

Al poco tiempo sobrevino lo que esperábamos que ocurriera: el sindicato no tardó mucho en desconocer por completo el convenio de productividad. Alegaba —como antes— que el acuerdo que había firmado su dirigencia y que se había aprobado en la asamblea era contrario a las cláusulas del contrato colectivo. Decía la verdad, pero actuaba de manera tramposa: habíamos acordado darle prioridad al acuerdo de productividad y adaptar el contrato colectivo a éste.

Tal como lo había planeado, ese mismo año decidí presentar la reforma energética. Una decisión fundamental para el futuro del país. Desde mi paso por el Congreso por primera vez en 1991, en que fui secretario de la Comisión de Energía de la Cámara de Diputados, comencé a entender la importancia de transformar a fondo el sector energético. En esencia, los incentivos a la eficiencia, a la minimización de costos y a la maximización de beneficios a favor de los propietarios son casi nulos en las empresas propiedad del Estado, donde los dueños (millones de mexicanos) están distantes y materialmente impedidos de exigir en detalle cuentas, castigar y premiar a los administradores. Esta lógica es clara y está presente hasta en las pequeñas empresas donde los propios dueños las administran: cualquier despilfarro, cualquier desperdicio va en contra de su propio patrimonio. Por eso hacen todo lo posible por manejarlas con eficiencia. En el gobierno es al revés: cuidando lo de "todos", el interés individual de los administradores —en general, con numerosas y valientes excepciones— consiste en extraer rentas a la empresa para beneficio personal, y eso va por los sindicatos y sus integrantes desde luego, pero también para esa burocracia dorada que en las empresas públicas se ha venido gestando a lo largo de tiempo. Sería interesante saber, por ejemplo, con cuánto se han jubilado diversos directores y altos funcionarios de la CFE, Luz y Fuerza y Pemex. Estoy seguro de que hay varios que tienen pensiones mucho mayores que el salario del Presidente de la República.

La reforma pretendía permitir la inversión privada en el sector energético, alineando correctamente los incentivos económicos de los inversionistas, administradores y del gobierno. Es la mejor forma en que los verdaderos dueños, los mexicanos, podemos maximizar la renta de nuestro patrimonio. Una reforma que permitiera la inversión, la recuperación de la plataforma de producción tanto de petróleo y gas, así como la producción y distribución de sus derivados, desde gasolinas hasta petroquímica.

Sólo que para que esa reforma fuera efectiva e irreprochable desde el punto de vista legal, requería una reforma constitucional. Una vez que Georgina Kessel, Secretaria de Energía, estuvo lista con la iniciativa, una de las primeras cosas que hice fue presentarla a la dirigencia y a los coordinadores del PAN, mi partido, los cuales por supuesto estuvieron de acuerdo, y posteriormente a la dirigencia del PRI. Me parecía un gesto elemental compartirlo con la única fuerza política con la que probablemente podría tener un acuerdo. Así que invité con ese propósito al despacho presidencial a Beatriz Paredes, lideresa nacional del PRI, con quien tenía una relación de confianza, así como a los coordinadores, Manlio Fabio Beltrones, de los senadores, y Emilio Gamboa, de los diputados.

En presencia también de los Secretarios de Gobernación, de Energía, del Trabajo, y del director de Pemex, la Secretaría de Energía presentó el proyecto, incluyendo las modificaciones constitucionales y sus alcances. Para mí era de suma importancia que se llevara a cabo la reforma, pues resultaba evidente que se avecinaba una crisis económica de magnitudes insospechadas —luego sabríamos que sería la más severa en 80 años—. Y no era sólo porque México contara con cambios estructurales que le permitieran hacer frente a dicha crisis —ya hablaré de ella—: la reforma se requería por ser buena en sí misma, por su valor intrínseco como el mejor instrumento para aprovechar la renta de los activos económicos más importantes de los mexicanos.

Después de la presentación del proyecto, Beatriz Paredes comentó que no había necesidad de abundar mucho, que el PRI comprendía las razones, pero que en definitiva no aprobarían, bajo ninguna circunstancia, una reforma constitucional en materia energética que tocara el petróleo. Su comentario cayó como un balde de agua fría. De nada servía el reconocimiento que los presentes hicieron de la necesidad de la reforma. Y no parecía de una posición personal —aunque creo que en el fondo es la verdadera opinión de la propia Beatriz, formada en el auge nacionalista de Echeverría y López Portillo y, aunque de buena fe, partidaria de esa visión económica que tanto daño le hizo al país—, sino de una argumentación con razones de política partidista. De este modo, la postura del PRI era que el partido podía considerar una reforma energética, sin embargo, si yo presentaba una reforma constitucional, el PRI se opondría con todo. De nada valieron nuestros argumentos. La única opción que me dejaron era intentar una reforma que modificara el marco legal, sin proponer siquiera modificar la Constitución. ¿Valdría la pena? Tras deliberarlo con mi equipo, decidimos ir adelante.

Aunque debilitada, la reforma se aprobó. Uno de los puntos que se aprobó fue que Pemex pudiera celebrar contratos flexibles, mucho más modernos, donde el pago estuviera vinculado al resultado, algo clave para la modernización del sector. A estos contratos con pago basado en el empeño se les empezó a aplicar un neologismo horrible: "contratos incentivados". Este tipo de contrataciones nos permitió aumentar tanto la capacidad de producción de Pemex, como la exploración y las reservas.

Hubo una sencilla recepción en Los Pinos con legisladores y Secretarios para felicitarlos por la reforma y agradecerles su apoyo. De manera independiente me reuní también con el director de Pemex, Jesús Reyes Heroles, y su equipo, que había trabajado muy duro. Además, invité a mi casa a Juan Camilo Mouriño para agradecerle su esfuerzo y planear la estrategia inmediata que debíamos seguir. Evidentemente fue un esfuerzo conjunto, pero el Secretario de Gobernación hizo una excelente labor; su capacidad política era en realidad extraordinaria y era la persona de mayor confianza para mí. Creo que fue la última vez que conversé a solas con él. A los pocos días sobrevendría su trágica muerte.

Con una victoria a medias por la aprobación parcial de la reforma, el enfrentamiento entre el SME y el gobierno era cada vez más encendido. Para colmo, ese año 2009 se estaba configurando la tormenta perfecta. Por un lado, se había exacerbado la violencia, en particular en el estado de Chihuahua, con el enfrentamiento entre el Cártel del Pacífico y el Cártel de Juárez; por el otro, la crisis estadounidense estaba golpeando severamente al país.

Recuerdo haber oído comentarios de Agustín Carstens, quien coincidía con la sospecha de otros economistas de que sería una de las peores crisis económicas de la historia en el mundo y la peor crisis económica externa que México hubiera enfrentado. Y así fue, por lo menos a partir de los datos macroeconómicos confiables con los que contábamos. Yo mismo veía en mi computadora los reportes que me mandaba el Secretario de Hacienda y revisaba constantemente los datos del Banco de México y otros portales de información de cómo la economía caía a una velocidad jamás vista. La tasa anualizada del primer trimestre salió con una cifra negativa de -9%, y la del segundo semestre fue de ¡-10%! La economía se estaba contrayendo a un ritmo tal que de haber seguido así el ingreso nacional sería una décima parte más pequeña hacia final del año. Era impensable quitarles 10% de sus ingresos a los mexicanos, pero podía ocurrir. Para completar la tormenta perfecta, en abril de ese mismo año tuvo lugar la crisis de influenza, el brote de un nuevo virus mortal en la Ciudad de México, totalmente desconocido, al que ya he hecho referencia. Y para rematar, inundaciones y sequías en varias partes del país seguían completando el cuadro. Todo eso hacía que en ese semestre se configurara uno de los escenarios más complicados de la historia moderna de México.

En ese torbellino ocurriría al mismo tiempo una serie de eventos en Luz y Fuerza vinculados con la elección sindical interna de junio. Su dirigente, Martín Esparza, pretendía reelegirse, pero esta vez tuvo una férrea y justificada oposición interna. Aparentemente había ganado por un apretado margen, pero seguían las impugnaciones y el conflicto interno crecía. Para el 3 de septiembre de 2009 se organizó una manifestación violenta frente a la Secretaría del Trabajo, ubicada en Periférico Sur, que bloqueó el acceso al Ajusco durante más de ocho horas. Los manifestantes, seguidores de Martín Esparza, exigían con un tono muy amenazante la toma de nota a la dirigencia reelecta que estaba evaluando la propia secretaría. De no aceptarse, Martín Esparza amenazó con bloquear los accesos carreteros a la Ciudad de México. Empezaban a dejarme muy poco campo de acción para solucionar el conflicto, mientras me convencía cada día más de que el tema de la compañía requería una solución definitiva.

Cuando me reuní con el ingeniero Jorge Gutiérrez Vera, director de la compañía, le comenté la necesidad de sancionar a los trabajadores que se hubieran ausentado del trabajo y participado en el bloqueo. Asombrado y preocupado, me dijo que la empresa nunca había sancionado a ningún trabajador por sus protestas —cada vez más agresivas—, y que cercarían también Los Pinos y cerrarían los centros de trabajo si eran sancionados por manifestarse. Le insistí que procediera a la sanción.

La reacción, por supuesto, fue muy agresiva. De entrada, la estructura militante del SME se presentó en las oficinas de recursos humanos de la empresa, y con lujo de violencia desalojaron no sólo al escaso personal de confianza ahí presente, sino que también tiraron mobiliario y archivos a la calle. Además, de 104 lugares de atención al público, en por lo menos 93 el sindicato empezó a hacer paros, dañando a miles de usuarios. Se convirtió en un enfrentamiento directo con el gobierno. Sin duda la situación había llegado al límite.

Era momento de hacer un recuento completo de la situación y evaluar a fondo las alternativas. De una cosa estaba casi seguro: no seguiría posponiendo una solución de fondo, "aventando la bolita" hacia delante. Pero era imposible saber cuál sería la misma.

Ya he señalado que la situación de la compañía derivada del contrato era insostenible, así como el incremento en la productividad, por definición, imposible. El contrato preveía que se mantuviera siempre la misma proporción entre número de trabajadores y número de clientes. Por ejemplo, en el remoto caso de que por una mejora tecnológica o una mayor productividad de los empleados pudieran aumentarse los clientes sin necesidad de aumentar los trabajadores, por el contrato había que colocar de todos modos una proporción igual de asalariados, aunque no se necesitaran. Además, la empresa debía proporcionar gratuitamente electricidad a los trabajadores y sus familias en una cantidad de kWh que excedía con mucho sus necesidades. Eso provocaba una distorsión brutal, puesto que sustituían todos sus aparatos domésticos por eléctricos, incluso estufas y calentadores de agua, y aun así conectaban a amigos o familiares vecinos.

Todo esto llevaba a una inviabilidad financiera y a una quiebra técnica de la empresa. Después del pago que los usuarios realizaban de su factura eléctrica, el gobierno federal tendría que otorgar al siguiente año un subsidio de 55 mil millones de pesos. La situación era insostenible. El gobierno tenía que actuar, las cosas no podían seguir igual, incluso por el hecho de que el conflicto sindical ya estaba afectando demasiado el funcionamiento de la empresa y se había desafiado abiertamente al gobierno. Como en otras ocasiones, la debilidad gubernamental no se traduce sólo en una derrota en un asunto específico, sino que vulnera toda la credibilidad y la capacidad de gobierno en sí misma.

Debo señalar que, al principio, mi intención fue subsanar la posición del gobierno frente al sindicato, en aras de que hubiera condiciones óptimas para la negociación. Sin embargo, para ello había que mejorar lo que los expertos llaman el BATNA,[1] es decir, "la mejor alternativa a un acuerdo negociado". En general, cuando una de las partes tiene una alternativa aceptable en caso de no lograr una buena negociación, es decir, si tiene la opción de escoger no cerrar el trato cuando lo que está en la mesa no es mejor que lo que está afuera, puede negociar razonablemente bien. Y mientras se mejore el BATNA se puede negociar mucho mejor. En el caso de Luz y Fuerza, el gobierno no tenía ninguna alternativa razonable diferente a la aceptación de las condiciones impuestas por el SME a la hora de negociar —se correría el riesgo de que incluso cayera el gobierno— y por eso estaba casi de rodillas frente al sindicato. Había, pues, que mejorar el escenario alternativo a la negociación, para que el resultado fuera radicalmente diferente al de siempre.

Sólo que, al examinar cuál era nuestra "mejor alternativa ante la falta de acuerdo", el escenario era desolador. Con el fin de revisar el escenario en el cual no llegáramos a un acuerdo con el sindicato, convoqué a una reunión de los gabinetes de seguridad y economía. Para iniciar la sesión solicité a Guillermo Valdés, director del Cisen, que presentara el escenario hipotético. Éstas fueron más o menos sus palabras:

Señor Presidente, señores Secretarios y directores, por instrucciones del Presidente de la República presentaré los elementos básicos del escenario de ruptura del gobierno federal con el Sindicato Mexicano de Electricistas. A reserva de entrar en detalle, quiero anticipar desde ahora la conclusión del Centro de Inteligencia y Seguridad Nacional: el escenario es inviable. Significaría quizá el fin de este gobierno en una situación de caos difícil de prever y aún más de controlar. En otras palabras, señor Presidente, no permitamos que pase.

---

[1] Best Alternative to a Negotiated Agreement: "la mejor alternativa posible a un acuerdo negociado". Mientras mejor sea el escenario alternativo al acuerdo, se puede negociar mejor el acuerdo que se busca, con mayor control de la situación.

Hizo una detallada enunciación de antecedentes, donde figuraba la naturaleza y radicalidad ideológica y la dogmatización (marxista) de los dirigentes y de muchos de los integrantes del SME, la extinción de Luz y Fuerza prevista en la ley respectiva desde los años setenta, y los diversos intentos frustrados de algunos gobiernos para llevar dicha liquidación adelante, y prosiguió con el análisis:

El sindicato tiene no sólo el control de la empresa: tiene el control real de todo el suministro de energía eléctrica en la parte más importante del país, justo en toda el área metropolitana de la Ciudad de México, más una buena parte del Estado de México, Puebla, Hidalgo y Morelos. Si el sindicato viera afectados sus intereses, tiene todas las de ganar: por ejemplo, tiene la capacidad operativa de provocar un apagón en toda esa área de influencia, incluyendo la gran Ciudad de México, lo cual puede dejar sin electricidad a 25 millones de personas, en un punto central, neurálgico del territorio nacional. Ello por sí solo generaría una crisis política para el gobierno federal que no sería capaz de resistir. El corte de energía generaría además condiciones de caos; la anarquía y una crisis de delincuencia se desataría. De igual manera, el sindicato, al tener el control del suministro eléctrico, también controla el abastecimiento de agua potable, debido a que se bombea del subsuelo o del sistema Cutzamala por medio de un mecanismo que está bajo el control del SME. Un corte en el servicio de agua provocaría una crisis sanitaria en la capital, igualmente letal para el gobierno. No lo resistiría.

Por si esto fuera poco, el SME tiene la mayor capacidad de movilización en la Ciudad de México. Debemos pensar en las protestas que puede generar: el SME ha mostrado una capacidad de movilización de más de 100 mil personas en algunas ocasiones. Es decir, los 44 mil trabajadores, más sus familias, más los sindicatos o movimientos antisistémicos que se consolidan alrededor del SME. Estamos hablando de la capacidad de movilización más fuerte del país, después de la que tiene la CNTE, que también se uniría a la manifestación, lo cual implicaría una crisis política sin precedentes, que muy probablemente terminaría con el gobierno en medio de un caos de consecuencias impredecibles.

Si se quiere enfrentar al SME, el gobierno debería tener la capacidad de controlar o cerrar la empresa, con todas las consecuencias aquí descritas, ¿tiene el gobierno esa capacidad? No, Presidente, no la tiene. Pensando en la seguridad nacional, que es mi tarea, que depende en buena medida de la gobernabilidad y en este caso de la viabilidad misma del gobierno, mi sugerencia, señor Presidente, es que haga lo que tantos Presidentes han hecho antes de usted: nada. No enfrente al SME.

El panorama era realmente patético; entre todos los Secretarios, directores y asesores reunidos en esa sala de juntas sobrevino un largo y pesado silencio.

Era evidente que no estábamos listos… por el momento. Así que dejé en suspenso esa idea, y en cambio les pedí a mis colaboradores que se organizaran en grupos de trabajo. La tarea era encontrar, en el caso de que se materializara el peor escenario, la manera de resolver cada uno de los puntos esenciales que llevarían a librar al gobierno de un fracaso de las dimensiones proyectadas por el Cisen. En otras palabras, ¿cómo podríamos mejorar el BATNA, considerando que la alternativa al acuerdo era controlar o cerrar la empresa?

"Entiendo que no hay manera de cerrar hoy Luz y Fuerza —les dije a los ahí reunidos—. Ahora, les voy a dar un mes para que también me expliquen cómo es que sí se puede." Aunque con cierta incredulidad, los miembros del gabinete comenzaron a enlistar, con apoyo del staff, una lista de requisitos (*conditio sine qua non*) según la cual todos y cada uno de ellos eran indispensables para intervenir la empresa minimizando los terribles riesgos asociados a un fracaso. Recuperar el control del suministro eléctrico. Evitar por todos los medios posibles que el sindicato pudiera consumar un apagón, y sostener la viabilidad del gobierno ante las protestas. Los requisitos que debían cumplirse, todos y cada uno, y que enlistamos ese día fueron los siguientes:

1. Contar con el apoyo político de los gobernadores de la zona. La situación era más complicada por la rivalidad y agresividad mostrada en público por el gobierno perredista de Marcelo Ebrard.

2. Tomar el control de todas las instalaciones estratégicas de la compañía y continuar su operación.

3. Reducir los incentivos a la ruptura y al sabotaje mediante una negociación digna, justa y generosa de los finiquitos de los trabajadores y su pago oportuno.

4. Contar con el apoyo de otros sindicatos, o al menos evitar la organización de paros o huelgas masivas en solidaridad con el SME.

5. Contar con la capacidad de un control eficaz de masas.

6. Contar con el apoyo del Congreso, una vez que se conociera la noticia.

7. Contar con el apoyo de los partidos políticos, al menos del PRI y otros partidos.

8. Contar con el apoyo de la población, mayoritario.

9. Ganar la batalla de la opinión pública, explicando las razones de la decisión.

Era una verdadera *checklist*. Si alguna de esas condiciones no se cumplía, se abortaría la misión. Cumplido el plazo, los equipos fueron arrojando los resultados de su trabajo en las subsecuentes reuniones realizadas en secreto en las salas de juntas que habilité donde anteriormente existía un boliche y bodegas en Los Pinos, en el sótano del edificio Miguel Alemán.

Poco a poco fue despejándose el dramatismo. Alfredo Elías y Jorge Gutiérrez llegaron con una solución técnica para evitar el control del sindicato. Había que hacer un *bypass*, con el fin de desviar los controles del suministro eléctrico a una sala de control paralela. El problema es que era casi imposible hacerlo sin que el sindicato se enterara. Les pedí que lo analizaran y lo hicieran. Al final se construyó una sala de control de energía de la compañía en el Museo Tecnológico de CFE, frente a Los Pinos, y otra más en el estado de Puebla. Lo pudieron hacer y muy bien. Para el control operativo de la empresa los propios directores fueron elaborando un plan de sustitución por un largo plazo del personal de Luz y Fuerza, remplazados con trabajadores de la CFE de todo el país. En secreto, estos trabajadores fueron entrenados, familiarizados con los mapas y las problemáticas de las distintas zonas de la CFE. Debo decir que un elemento invaluable fue la colaboración del Suterm, dirigido por Víctor Fuentes. Con él me unía una buena relación, siempre de respeto y de responsabilidad. Lo había conocido curiosamente a través de una amiga de la Libre de Derecho, cuyo padre formaba parte desde entonces del liderazgo del Suterm. Cuando fui Secretario de Energía siempre me dispensó un trato amable y lo correspondí. Fue la primera organización sindical en recibirme como Presidente electo, después de las elecciones.

La colaboración del sindicato era uno de los requisitos que habíamos establecido. Y ello pudo lograrse por varias razones: una, desde luego, la rivalidad que venía de mucho tiempo atrás entre el SME y el Suterm. Llegaba incluso a roces, cuando disputaban "territorios" limítrofes entre la jurisdicción de un sindicato y otro. La responsabilidad del Suterm no era observada ni remotamente por el SME, el cual, sin embargo, por su estilo de chantaje siempre salía con alguna prebenda. Pero también hay que decir que en los trabajadores electricistas de la CFE hay un enorme sentido de patriotismo, amor a la empresa y responsabilidad con el país, que fue clave para que prácticamente todos los trabajadores de CFE apoyaran con firmeza la medida. Y de la mano del Suterm fuimos obteniendo apoyo paulatino, discreto y robusto de otras centrales de trabajadores. En ello Javier Lozano tuvo un papel destacado.

También actuaba la política. Fernando Gómez-Mont y yo hablamos con todos los gobernadores de la zona, sin excepción: Enrique Peña Nieto del Estado de México, Miguel Ángel Osorio de Hidalgo, Marco Adame de Morelos, Mario Marín de Puebla. En todos encontré apoyo, aunque una gran dosis de escepticismo. A final de cuentas, algunos no muy gustosos, todos apoyarían... y guardarían el secreto. Y sí, también hablé con Marcelo Ebrard en un par de ocasiones. Aunque oficialmente no nos hablábamos, e incluso él evitaba saludarme en los eventos —al principio ni siquiera asistía a ellos—, nos reunimos, responsablemente, para tratar asuntos muy delicados para México, como era el caso.

Enfatizaba Marcelo la imposibilidad de apoyar, desde un gobierno de izquierda y con el compromiso político de sostener las posturas de López Obrador, cualquier medida contra el SME, pero no obstaculizaría, e incluso ofreció apoyo en segunda línea, secundario, de vialidades, etcétera, de la policía capitalina. Tiempo después se ofrecería públicamente como mediador. Y también fue muy discreto con la información. Algo fundamental.

El gabinete de seguridad, por su parte, hizo una gran labor preparatoria. Mi intención, que se cumplió a cabalidad, fue que las fuerzas armadas no entraran en contacto con civiles, en particular con los miembros del sindicato. Por eso su tarea consistió en desarrollar un formidable despliegue que resguardó las instalaciones estratégicas, como torres y líneas de transmisión, presas, centrales eléctricas, algunas subestaciones críticas y otras. Genaro García Luna, Secretario de Seguridad Pública y con experiencia en el Cisen, se encargaría paralelamente con Gobernación de la contención de masas. Sabíamos que no tendríamos la policía suficiente para igualar en número a los manifestantes potenciales. Sin embargo, se desarrolló un cuidadoso plan para concentrar toda la fuerza de contención del gobierno federal en las calles de la Ciudad de México, entre el Zócalo y Los Pinos. Miles de policías federales, traídos de todo el país, acamparon varios días en el Bosque de Chapultepec y otras zonas críticas. Las fuerzas de contención antimotines tuvieron un entrenamiento especial e intensivo. Se sabía por dónde podían darse manifestaciones violentas y cómo contenerlas. Alguien recordó que en algún momento —quizá a finales de los años noventa— el gobierno había adquirido equipo de vehículos con cañones de agua que estaban en resguardo de la Sedena. Hicimos que se rehabilitara parte de ese equipo y junto con otra maquinaria en desuso, que fue pintada con el balizado de la Policía Federal, se habilitarían como parte del escenario, desplegados en las calles y avenidas críticas.

Con total hermetismo les comuniqué a los involucrados que se trataba de un asunto de Estado y que era un secreto absoluto que les pedía no compartir ni con sus parejas, sus empleados, con nadie que no debiera saber del tema. Por fortuna, nunca se filtró nada, ya que se trataba de una operación descomunal que podría haberse derrumbado de haber sido del conocimiento del sindicato o de los medios de comunicación.

En Hacienda, Agustín Carstens y su equipo diseñaron un esquema de liquidaciones que en realidad eran muy generosas; en discusión con la Secretaría del Trabajo se acordó la preparación de finiquitos que consideraran la suma de la liquidación prevista en la Ley Federal del Trabajo y otra más de acuerdo con el contrato colectivo de trabajo. Se les otorgaron ambas: cada trabajador tuvo un pago de retiro equivalente a *dos años y medio de salario* en promedio. En general, la gran mayoría de los trabajadores aceptó su liquidación. Hubo un grupo de 14 mil, de los 44 mil activos, que la rechazó y llevó hasta el final esta determinación. Ordené a Hacienda que se esmerara en planear una liquidación justa y generosa y me dijeron que así fue. El tema de las liquidaciones fue muy complejo, debido a que tuvimos que pensar cómo emitir, 24 horas antes del inicio del operativo, 44 mil cheques sin que nadie se diera cuenta. Era una logística impresionante que no podía fallar si queríamos que las cosas salieran de la mejor manera posible.

Desde el principio supe que la decisión de cerrar Luz y Fuerza podía implicar, por desgracia, la pérdida de vidas humanas. La prioridad era evitar a toda costa que eso sucediera. Sin embargo, tomada la decisión e iniciado el operativo, no podía haber marcha atrás. Temiendo que alguien no quisiera seguir con el plan estructurado, solicité en el grupo compacto en el que dábamos seguimiento a las decisiones que quien no estuviera dispuesto a cargar con esa responsabilidad histórica, abandonara en ese momento al equipo. Todos se sostuvieron.

CRUZAR EL RUBICÓN

Después de varias semanas de arduo y sigiloso trabajo las tareas preparatorias parecían, por fin, terminar. La *checklist* que preparaba el peor escenario avanzaba razonablemente bien. En realidad, los equipos avanzaban con solidez. Empecé a preguntar, a uno por uno de los asistentes, su opinión. Comencé por Fernando Gómez-Mont: "Yo creo que sí, Presidente"; siguió Agustín Carstens: "Yo creo que sí, hay que hacerlo, de una vez"; Alfredo Elías: "Estamos listos, se ve bien". Genaro estaba totalmente de acuerdo: "Vamos a darle", dijo. Y así sucesivamente. "Pues vamos a tomar la empresa, está decidido", dije. En la tensión de aquella tarde surgió un aplauso espontáneo y estruendoso, se escucharon varias exclamaciones de júbilo. "*Alea jacta est*", dije recordando esta expresión aprendida en mi juventud. "A cruzar el Rubicón", remató Luis Felipe Bravo Mena, entonces mi secretario particular.

Todavía faltaba determinar la manera en que se desarrollaría el operativo y el día en que se llevaría a cabo. Hubo varios momentos clave en la discusión. Algunos querían que la medida se implementara en marzo de 2010, cuando se pactarían modificaciones al contrato colectivo, de modo que los preparativos le parecieran naturales al SME y pensaran que el gobierno les estaba haciendo "la finta de siempre". Se consideró muy en serio hacerlo de esa forma, pero debido al deterioro de la situación financiera del país y a la creciente presión del sindicato, que desafiaba de manera abierta al gobierno y bloqueaba arterias cada vez más importantes, como el Periférico de la Ciudad de México, se hacía cada vez más urgente tomar cartas en el asunto y no dejar pasar más tiempo. Había otro factor: en el mundo eran cada vez más evidentes los estragos causados por la crisis económica. Ya se sabía que había sido la peor desde la Gran Depresión de 1929, y por supuesto la de mayor alcance global en el terreno financiero. El nerviosismo de los mercados se sentía en todas partes. Grecia estaba a punto de derrumbarse, lo mismo Islandia y otros países. Incluso España e Italia daban señales de deterioro en el valor de su deuda. Había que quitar a México del riesgo de una corrida financiera en contra nuestra, y para ello había que dar señales muy claras de que el gobierno mexicano estaba comprometido con reducir el déficit creado por la crisis misma. El cierre de Luz y Fuerza no dependía del Congreso —medidas difíciles e impopulares casi nunca logran mayoría, por muy necesarias que sean—, era una decisión administrativa que constituiría en sí misma una señal muy poderosa del compromiso del gobierno mexicano con la responsabilidad fiscal. Así que la ventana de oportunidad era antes de la aprobación del paquete presupuestal para el año 2010. Ahora o nunca. Era el momento de reducir, de golpe, una partida de alrededor de 55 mil millones de pesos. Así, surgió la decisión de hacerlo durante el último trimestre de 2009, antes de la presentación del presupuesto y de la negociación del contrato. El factor sorpresa podía correr a nuestro favor y minimizar la violencia y cualquier derramamiento de sangre, objetivo clave de la medida.

El equipo siguió trabajando en búsqueda de la fecha más oportuna. El primer consenso fue que el operativo debería lanzarse por la noche, por sorpresa, en un día común. Sin embargo, era muy difícil imaginar una operación exitosa y sin violencia en medio de la vorágine de las actividades cotidianas de la Ciudad de México. Tendría que ser un fin de semana. ¿Cuál?

Al revisar el calendario, consideramos "puentes" vacacionales, días festivos, llegamos a pensar en la víspera del Día de Muertos. En aquellas conversaciones, que pasaban por momentos de serias y circunspectas, a charlas salpicadas de bromas, vimos que el sábado 10 de octubre se jugaba un partido decisivo entre México y El Salvador para lograr el pase al mundial de futbol de Sudáfrica. Me pareció la mejor oportunidad para realizar el operativo y el resto del equipo apoyó de inmediato.

Con la decisión tomada empezaron a correr todos los preparativos con muchísimo sigilo. La Policía Federal comenzó a concentrarse y, por su parte, la CFE se agrupaba y camuflaba algunas camionetas para que pasaran desapercibidas. Mientras tanto, el sindicato seguía sosteniendo que tenía el mando del Centro Nacional de Control de Energía (Cenace) y del suministro de energía eléctrica en las oficinas ubicadas en el Circuito Interior, pero en realidad hacía tiempo que controlábamos el suministro desde el Museo Tecnológico y otra base paralela en Puebla.

El día llegó. Con el operativo a punto, hablé con Margarita, mi esposa, para decirle lo que iba a suceder. Le informé sobre la magnitud del asunto y le pedí tener medidas de protección adicionales a las habituales con los niños. Como siempre, se mostró muy solidaria, aunque no podía esconder su asombro, incluso su cordial indignación, ya que no le había informado nada durante el proceso de planeación.

Ese sábado 10 por la mañana estaba concentrado en Los Pinos. En la soledad de mi despacho sentí la inquietud de hablarle a Martín Esparza, el líder sindical, de informarle de manera oficial lo que ocurría. Quizá podríamos negociar… recordé todas las veces que lo había intentado y las tácticas recurrentes de ellos: formar un grupo de trabajo, ganar tiempo, engañar. Desistí de hacerlo, pues sólo hubiera provocado un caos absoluto aquella noche y una confrontación abierta y muy violenta en las diversas instalaciones de la compañía. Creo que tuve razón.

También se había concentrado en Los Pinos una buena parte del equipo. Estaban Max Cortázar, Miguel Alessio, Patricia Flores, Alejandra Sota, Javier Lozano, Fernando Gómez-Mont y Luis Felipe Bravo. El resto estaba en sus posiciones. Todo estaba listo.

Empezamos a ver el partido de futbol y conforme avanzaba el juego a mí me iban llegando reportes del comportamiento del sindicato. Gracias a los primeros reportes del Cisen supe que ese día nos había favorecido otra coincidencia: que se estaba llevando a cabo la boda de un prominente miembro del sindicato en Hidalgo, justo en el pueblo de Martín Esparza, y que por lo tanto ahí se hallaba una buena parte de la dirigencia sindical. En la boda también había personas pertenecientes al SME que estaban trabajando como informantes para el Cisen, y estaban narrando lo que se conversaba en la mesa de los líderes sindicales. Uno de los reportes decía que algunos miembros del sindicato le habían dicho a Esparza: "Oye, Martín, la gente nos dice que han visto varias camionetas de la CFE fuera de su zona, en nuestros territorios, ¿no será que quieran tomar la empresa?" A lo que respondió: "Éstos no tienen los hu… suficientes". Y siguieron la fiesta.

Continuábamos viendo el futbol. Cuando Cuauhtémoc Blanco anotó el segundo gol contra El Salvador y el estadio Azteca estalló, dije: "Ya, es ahora o nunca". Revisé de nuevo en mi oficina todos los detalles para asegurarme de que todo estuviera perfectamente organizado. Los operativos iban a empezar a las 12 de la noche porque el decreto de intervención, que con cuidado había preparado Miguel Alessio Robles, el consejero jurídico, saldría publicado en el *Diario Oficial de la Federación* justo a la medianoche.

Alrededor de las nueve de la noche supimos que la dirigencia sindical sabía que algo estaba pasando, y se empezaron a movilizar. Aun así, teníamos cierta ventaja: parte importante de los líderes del sindicato tenía todavía que trasladarse desde la boda hasta la Ciudad de México y su capacidad de reacción era reducida debido a la dispersión del grupo, incluso por las condiciones en que se encontraban algunos de ellos.

A pesar de ese pequeño margen de tiempo a nuestro favor, era evidente que el SME estaba operando con rapidez para activar a los diversos grupos que supuestamente resguardaban las instalaciones. Por eso les dije a los Secretarios de Gobernación y de Seguridad Pública, Gómez-Mont y García Luna: "Necesitamos apresurarnos. A las 12 de la noche entran; ni un minuto después; tienen que estar ahí. Sin embargo, el resguardo de las instalaciones sigue siendo una responsabilidad federal, independientemente del decreto, asuman esa responsabilidad". Entendían a la perfección lo que estaba en juego. Para llegar a cada una de las instalaciones estratégicas había que comenzar ya los traslados y no esperar a la medianoche. En efecto, a pesar del decreto, el gobierno federal tenía la obligación de garantizar la operación del servicio y el Estado la de mantener la integridad y la seguridad de las instalaciones estratégicas. Esa obligación permitía actuar a las fuerzas federales.

Comimos algunos sándwiches que habían traído a la oficina, y mientras tanto monitoreábamos ansiosos las noticias, los reportes del Cisen, la CFE, el Ejército, la Marina y Seguridad Pública, y repasamos el "minuto a minuto" que meticulosamente se había preparado. Al terminar les dije a los colaboradores que ahí se encontraban: "Me voy a dormir porque mañana va a ser un día muy difícil". Les pedí a Max Cortázar y a Patricia Flores que monitorearan el operativo y que me avisaran si algo salía mal, pero que si todo estaba yendo como lo habíamos planeado no me despertaran. Sabía que el día siguiente iba a ser uno de los más complicados de mi gestión. Cité a reunión al equipo a las seis de la mañana del día siguiente y me fui a dormir a eso de la medianoche. Los equipos de la Policía Federal y de la CFE estaban iniciando la toma de instalaciones. Casi a las tres de la mañana me desperté y, al revisar mi teléfono, encontré mensajes de Fernando Gómez-Mont y Patricia Flores que me pedían que prendiera la televisión. Para ese momento Milenio TV ya estaba transmitiendo en vivo. Los operativos que se planeaban completar en seis horas se completaron en dos y media con una precisión impecable. Habíamos tomado exitosamente la empresa, y sin un solo incidente de violencia. Una verdadera victoria. Todo resultó más rápido de lo que imaginamos. Para la población y la prensa fue una verdadera sorpresa, para el grupo dirigente del sindicato un movimiento definitivo para el cual no estaba preparado. Ahora debíamos alistarnos para la reacción.

EL DÍA DESPUÉS

En efecto, los reportes del Cisen compartidos por Guillermo Valdés en la reunión que había convocado por la mañana del domingo muy temprano eran preocupantes, los esperados. Miles de trabajadores de Luz y Fuerza se estaban congregando en el Monumento a la Revolución y muchos iban armados con cadenas, marros, palos, tubos y sopletes. Algunos líderes fueron vistos con armas de fuego. Pronto tendría lugar una asamblea deliberativa muy intensa en la sede del sindicato, que acababa de inaugurar nuevas instalaciones en esa zona. La discusión era acalorada y confusa. En medio de la indignación y las consignas violentas hubo también reproches hacia la dirigencia por haber tensado las cosas hasta el máximo. Un grupo radical quería marchar con todo y tomar Los Pinos. Otro más informaba que había intentado acercarse y estaba ocupado por la Policía Federal —una vez más aparecía la importancia de haberla creado— y lo que ellos llamaban "tanquetas" y que sería difícil llegar hasta la oficina presidencial. Con seguridad eran los vehículos lanza-agua. Algunos ni siquiera funcionaban, pero los colocamos estratégicamente en varias calles. Además de ésos exhibimos otros vehículos inservibles de la fuerza pública, pero pintados como de la Policía Federal. Era un dispositivo de disuasión; era lo único para lo que podían servir y funcionó.

La discusión siguió por horas. Al fin la resolución del sindicato fue movilizarse de manera intensa pero pacífica, "sin caer en la provocación". "Es que éste sí nos va a partir la madre", dijo uno de los oradores en aquella acalorada discusión. Me parece que el sindicato evitó racionalmente que llegáramos a utilizar la fuerza pública. Qué bueno que lo hicieron, fue lo mejor para todos, para los sindicalistas, para el gobierno, para el país. No se sabe quién hubiera prevalecido, pero estaban seguros de que el gobierno estaba dispuesto a usarla. Tenían razón.

Mientras tanto, conforme se contenían las movilizaciones en la ciudad, preparé el mensaje mediante el cual me dirigí a la ciudadanía explicando las razones por las cuales el gobierno se vio obligado a intervenir. Quise dejar en claro que el servicio eléctrico no se privatizaría en el centro del país ni en ninguna otra parte. Enfaticé que seguiría a cargo del Estado, tal como lo ordena la Constitución y la ley, y que la Comisión Federal de Electricidad, que operaba en la mayor parte del país, sería la administradora en el proceso de liquidación y prestaría el servicio eléctrico en la zona. Expresé que todos los trabajadores serían indemnizados conforme a la ley federal y al contrato colectivo de trabajo; además, el gobierno federal les otorgaría un bono adicional a las prestaciones establecidas. Las indemnizaciones que recibirían estarían muy por encima de lo que señalaba la ley.

Era muy importante dejar claro que, aunque la indemnización variaría, dependiendo de la antigüedad o el sueldo de cada trabajador, en promedio se les entregaría, a quienes la recibieran voluntariamente, hasta 33 meses de sueldo, es decir, dos años y medio de ingresos. En cuanto a los trabajadores retirados, comuniqué que el gobierno federal les garantizaría el pago íntegro y puntual de sus jubilaciones. Había incluso una ventaja para los jubilados: en lugar de recibir su pago en efectivo a través del sindicato, después de algunos descuentos, "cuotas" y "cooperaciones", que en total sumaban hasta 3% menos por pago, lo recibirían íntegro a través de una transferencia electrónica en una cuenta bancaria y tarjeta de débito.

Tan sólo cuatro días después de publicado el decreto ya se habían cobrado más de 10 mil cheques de trabajadores que aceptaban el finiquito. Sin embargo, en muchos casos era evidente que el SME estaba presionando terriblemente a los trabajadores para que no fueran a cobrar a pesar de que ellos querían hacerlo. Hacia el final del proceso, unos 30 mil de los 44 mil trabajadores cobraron su liquidación.

Como resultado de esos pagos pudimos hacer una estimación del número de empleados activos y jubilados de la empresa, considerando a quienes ya habían cobrado y los que recibían su pensión de retiro. Habían recibido su pago más de 30 mil. De los casi 15 mil restantes, se detectó que había poco más de 3 mil "trabajadores" que nadie ubicaba. No existían sus domicilios o no los habitaban, nunca habían ido a una consulta médica al Seguro Social ni en ninguna otra parte, nunca cobraron un cheque de liquidación. Eran prácticamente fantasmas. Eso no lo podía saber la empresa, porque semana a semana tenía que entregarle "la raya" (el pago salarial) al sindicato, que a su vez se encargaba de entregarlo en efectivo a sus agremiados. Sólo ellos tenían el control verdadero de cuáles nombres pertenecían a trabajadores reales y cuáles a ficticios. El cierre de la compañía también terminaría con estas anomalías.

Las manifestaciones siguieron cada vez más violentas y entramos en una etapa de sabotajes; el SME estaba cometiendo actos delictivos como la destrucción de transformadores eléctricos. Además, hubo agresiones físicas al personal de la CFE; fue una etapa muy difícil a la que le siguió la batalla presupuestal.

Hicimos todo lo posible por abrir nuevas oportunidades de trabajo a los extrabajadores. Algunos fueron contratados por la CFE, otros recibieron apoyo para operar franquicias, otros más fueron canalizados con diversas empresas, en algunos casos se les ayudó a organizar sus propias empresas para prestarles algunos servicios a las dependencias federales. En general, la mayoría pudo colocarse de nuevo en el mercado laboral. Se anticiparon algunas jubilaciones, mucho más de lo que preveía la ley, pero menos de lo que yo había ordenado a Hacienda; lo digo por un caso específico del que tuve conocimiento años después, debimos haber sido más flexibles en ello. Hacienda fue inflexible en el tema de los equipos de trabajo y quizá yo debí haber sido más enérgico con ésta.

El mayor esfuerzo del gobierno se concentró en brindar un servicio eficiente a los usuarios y en ganar la batalla de opinión pública. En ello tuvimos un amplísimo soporte de la ciudanía, de los medios de comunicación, de los círculos de opinión (el llamado círculo rojo). En cuanto a sus operaciones, hubo datos verdaderamente positivos y asombrosos. A un año de operar la CFE, había formalizado más de 400 mil contratos adicionales: centros comerciales que carecían de servicio y operaban con plantas a diésel, lo mismo que condominios y conjuntos habitacionales en todo el Valle de México y la zona de influencia que no tenían conexión. El tiempo de interrupción (apagones) por usuario se redujo de más de una hora en promedio antes de la intervención, a tan sólo seis minutos, y en la zona donde operaban 44 mil trabajadores de Luz y Fuerza el servicio era proporcionado con mayor calidad por 3 mil, con un ahorro de casi 70% en los costos de operación.

No cabe duda de que la consumación de la extinción de Luz y Fuerza del Centro representó uno de los momentos más complejos y una de las decisiones más difíciles, pero considero también que de las más acertadas, en mi gestión presidencial.

9

Crisis y competitividad de la economía

A principios de 2008 las pláticas con el Secretario de Hacienda, Agustín Carstens, y con el director del Banco de México, Guillermo Ortiz, empezaron a ser más frecuentes. La fragilidad de la economía mundial llegaba a México y el escenario financiero del país se deterioraba. El 12 de agosto Agustín me informaba sobre la quiebra de Fannie Mae y Freddie Mac, las dos empresas inmobiliarias más grandes de Estados Unidos. Se hablaba ya, me dijo, de que podía tratarse de la peor crisis económica mundial en varias décadas y la más grave para México en su historia reciente. Así fue.

El 15 de septiembre, mientras me ajustaba la banda presidencial en el despacho presidencial del Palacio Nacional, horas antes de dar el tradicional Grito de Independencia, me buscó de nuevo Agustín Carstens con las notas del día. Lehman Brothers, la compañía global de servicios financieros más importante de Estados Unidos, con más de 100 años de historia, se había declarado en bancarrota. "Debemos esperar lo peor", me dijo. Y en efecto, la de 2009 fue la peor crisis financiera en Estados Unidos y en el mundo desde la llamada gran crisis de 1929. Y lo peor es que traería consecuencias devastadoras no sólo para el resto del mundo, sino en particular para México, pues es el país más dependiente de los consumidores estadounidenses.

Los meses siguientes a la declaración de la crisis los mercados financieros continuaron en picada, y desde luego la Bolsa Mexicana de Valores; para octubre todas las empresas e instituciones financieras estadounidenses estarían enfrentando enormes problemas de solvencia. Lehman Brothers no era la única corporación grande que había quebrado: también Goldman Sachs, Morgan Stanley, Merrill Lynch, que tenían activos por más de 600 mil millones de dólares, los cuales habían apalancado 40 veces. En Europa los gobiernos trataban de detener la crisis inyectando dinero a la economía. A pesar de todos los esfuerzos, los pronósticos apuntaban a una caída de la economía de 2% en los Estados Unidos.

Durante los meses de noviembre y diciembre de 2008 me reuní frecuentemente en Los Pinos con el gabinete económico, la coordinación de asesores y la Secretaría de Hacienda para hacerle frente al problema. Sabíamos que 2009 sería un año recesivo. El equipo económico del gobierno, encabezado por Hacienda, estimaba que lo peor se registraría en el primero y en el segundo trimestre de 2009. Era inevitable el impacto y la brutal caída de la economía estadounidense, que podría continuar durante los siguientes meses. Para evitar la inercia de las consecuencias de la crisis, había que diseñar una estrategia que se anticipara a la dinámica burocrática y presupuestal habitual.

En un inicio, Hacienda estimó que la economía mexicana entraría en recesión, y para diciembre concluía que caeríamos 1 por ciento. ¡Estaba lejos de la realidad! La crisis nos golpeó con una fuerza brutal. Como era mi costumbre, revisaba todos los días indicadores económicos, como tipo de cambio, reservas internacionales, riesgo país y otras variables.[1] Cada semana revisaba el precio de las tortillas, la gasolina, el maíz, el trigo, el huevo, además de los datos de encuestas sobre las principales preocupaciones de los mexicanos. Mensualmente, los datos fundamentales a checar eran el número de empleos formales creados y registrados en el Seguro Social, el indicador adelantado del crecimiento de la economía y la inflación. Por trimestre el dato más importante a revisar eran los resultados y pronósticos de crecimiento económico. De hecho, al examinar en mi computadora los datos del comportamiento de la economía mexicana las cosas iban de mal en peor. Para el primer trimestre del año los datos de Banxico,

---

[1] Aquí sólo me refiero a los datos económicos. Periódicamente revisaba una gran cantidad de datos y variables, en particular en el tema de seguridad.

Hacienda y el Inegi eran francamente aterradores. La economía mexicana no sólo caía, sino que lo hacía a una tasa histórica: ¡-9% anual! Sentí un escalofrío cuando vi el primero de esos datos. Meses después, al recibir los datos del segundo trimestre, la caída continuaba: ¡-10% a tasa anualizada! De seguir a ese ritmo el resto del año, el país tendría la mayor contracción económica de su historia, después de la Revolución.

Además del impacto que el capital mexicano sufría por las consecuencias de la quiebra de empresas estadounidenses, muchas compañías, entre ellas Cemex, Banorte, Comercial Mexicana y otras, habían tomado posiciones en derivados relacionados con moneda extranjera. En otras palabras, habían tomado decisiones financieras tales que sus deudas habían crecido en dólares, no en pesos, mientras sus ingresos en pesos se contraían por efecto de la crisis. Era urgente diseñar un programa para evitar que, además del colapso de Estados Unidos, viniera un derrumbe de las grandes empresas de México, así como también de los bancos del país.

En la emergencia nacional que se vivía, le solicité a Agustín que creara un programa que dotara de la mayor liquidez posible a la economía mexicana y a los mayores sistemas de pago sin comprometer las finanzas públicas. Era vital evitar la quiebra de compañías que no sólo operaban en áreas importantes de la economía nacional, sino que eran una fuente de trabajo significativa. Por ejemplo, cerrar una empresa como Comercial Mexicana, que estaba fuertemente endeudada en dólares cada vez más caros y con drásticas caídas de sus ingresos en pesos, hubiera significado una quiebra en cadena de miles o decenas de miles de proveedores, lo cual habría derivado en una recesión mucho más profunda y en el desempleo de decenas de miles de personas. La caída de Banorte, por su parte, hubiera creado un colapso tan grande en el sistema financiero que habríamos caído en una espiral de quiebras e infartos económicos. Por fortuna logramos parar esa inercia.

Lo que había pasado era que muchos de los consumidores estadounidenses de clase media vivían en una bonanza artificial que se sostenía con préstamos otorgados por los bancos que brindaron créditos de todo tipo, incluidos los hipotecarios, sin ningún tipo de control. Con la crisis llegó una enorme contracción en el ingreso de los ciudadanos, que los orilló a bajar el nivel de consumo de manera drástica y suspender los pagos al banco, exacerbando la peor crisis hipotecaria en la historia de Estados Unidos. En efecto, los ciudadanos estadounidenses empezaron a perder casas, coches, propiedades, y con ello caía aún más el consumo. Contrario a su origen, donde la hipoteca de una casa estaba respaldada por un documento que guardaban los bancos de la localidad en su caja fuerte, ahora estaban documentadas en títulos que habían sido revendidos una y otra y otra vez, decenas de veces, de una institución financiera a otra. Con la masiva falta de pago de las hipotecas, las quiebras financieras fueron masivas también. Además de las consecuencias económicas evidentes, el resultado fue un incremento en la incertidumbre y desconfianza financiera en el futuro de su país.

Era una película que, toda proporción guardada, habíamos visto en México con la expansión de la banca recién privatizada y luego con la quiebra de sus carteras, lo que llevó al polémico rescate bancario del Presidente Zedillo. Y no era, desde luego, la primera vez, ni será por desgracia la última en el mundo. Cuando cursaba la maestría en economía aprendí que este fenómeno había ocurrido en el marco de muchas de las crisis económicas sufridas en el Cono Sur en los setenta y ochenta. El economista chileno Carlos Díaz Alejandro describía este fenómeno como una confusión entre los roles del carnicero y del banquero. El banquero tiene como tarea principal conocer personalmente a sus clientes actuales y potenciales. Saber quiénes son, sus valores, sus ingresos, el comportamiento de sus finanzas personales o empresariales. Saber bien si su trabajo es estable o si la empresa tiene futuro. En pocas palabras, averiguar el "crédito" (la credibilidad) que merece cada potencial deudor, con el fin de otorgarle el "crédito" (préstamo) adecuado. Es un negocio que sólo es exitoso si se atiende caso por caso, persona por persona. Es lo que en derecho se conoce como *intuitu personæ* (en función de la persona o por la persona misma). El negocio del carnicero, en cambio, es matar una res por la madrugada y vender toda su carne en el curso del día.

En la mañana apartará los mejores cortes para sus clientes más frecuentes y selectos, o para venderlos a los precios más altos. Mucha de la carne de regular a buena calidad la ofrecerá en el mostrador en el curso de la mañana tanto a la clientela habitual como esporádica. La carne de menos calidad, la que tenga algo de hueso o menor sabor, la venderá a un precio más bajo y sus clientes tal vez la utilizarán para consomé. Las vísceras se venderán al menor precio, a cualquiera que las compre, generalmente clientes de bajos recursos o con gustos muy específicos. Para después de la hora de comer, tal vez estará regalando las piezas menos codiciadas a los menesterosos, e incluso los huesos los regalará para perros. Su negocio prospera si por la tarde, al cerrar, se ha deshecho de toda la carne, "a como dé lugar", y ha dejado limpia su carnicería para el día siguiente. La personalidad, el perfil, la estabilidad de los ingresos de los clientes es irrelevante, lo importante es colocar la mercancía. El problema viene cuando el carnicero asume el criterio del banquero: no vende la carne a cualquiera, aunque le paguen el precio, sino sólo a determinados clientes. Se quedará con mercancía que se le echará a perder en horas o días y el negocio quebrará. Pero lo mismo pasa con el banquero cuando asume criterios de carnicero: si se dedica a colocar crédito a como dé lugar, sin importar la menor revisión del cliente, terminará quebrando. Recuerdo cómo en México antes de la crisis del 94 los bancos prácticamente enviaban las tarjetas de crédito gratis y a domicilio. Hacían que sus ejecutivos colocaran préstamos hipotecarios a como diera lugar. Lo mismo ocurrió en Chile y Argentina en los ochenta, en México en los noventa o en Estados Unidos antes de la crisis de 2009. El sistema financiero se dedicó a colocar créditos sin ton ni son, y "empaquetados" los créditos, por ejemplo, las hipotecas, los bancos los revendían o colocaban una y otra vez, apalancándose sin fin. Se pensaba que por ser hipotecas no había riesgo y, en consecuencia, la condición del pago del cliente era irrelevante. La tragedia que sobrevino será registrada como una de las más graves en la historia moderna de la humanidad.

Estallada la burbuja bancaria y financiera de la economía estadounidense, los deudores no pudieron pagar, los bancos quebraron, la economía se vino abajo. El caos. Con mayor deuda que nunca, con menores ingresos o francamente en el desempleo, el estadounidense promedio dejó de consumir de manera drástica. La baja del consumo estadounidense trajo graves consecuencias para la economía mexicana. Un ejemplo de ello era el sector de electrodomésticos (refrigeradores, estufas, aires acondicionados y otros) que se venía abajo. Muchas de las empresas orientadas a producir estos *appliances* para el mercado estadounidense (por ejemplo, Mabe, LG y muchos otros fabricantes globales con instalaciones industriales en México) se vieron en la inminencia de cerrar sus plantas y algunos de quebrar. En general, toda la industria orientada al sector exportador, fundamentalmente hacia Estados Unidos, estaba y estaría más en *shock*. Había que pensar en la manera más rápida de atender un sector tan sensible y con tantos trabajadores.

Aunado a la crisis, en México ocurrían acontecimientos que incrementaban la vulnerabilidad económica. Uno de ellos fue el declive productivo del yacimiento petrolero de Cantarell, que de 1984 a 2004 llegó a producir más de 60% del petróleo de México. Después de una época de bonanza muy prolongada, empezó a declinar —como se esperaba desde hacía tiempo— poco antes del inicio de mi sexenio. Tan sólo entre 2008 y 2009 la baja en la producción de petróleo de Cantarell (200 mil barriles diarios menos) significó para el gobierno una pérdida de más de 21 mil millones de dólares anuales en ingresos.

El escenario era muy complejo. Suelo decir en mis conferencias que en aquel primer semestre de 2009 se había configurado en México "la tormenta perfecta": la crisis no cesaba de golpear la economía mexicana, la violencia generada por la disputa territorial entre grupos del crimen organizado y el número de homicidios en el país crecían, el yacimiento petrolero más importante del país concluía su ciclo productivo, los desastres naturales se sucedían uno tras otro y, para colmo, había irrumpido con fuerza en la Ciudad de México un nuevo virus, mortal y totalmente desconocido en el mundo hasta entonces: la influenza AH1N1.

UNA POLÍTICA CONTRACÍCLICA

El último trimestre de 2008 ya había sido desastroso en términos económicos, y sabíamos que 2009 sería simplemente aterrador. Venía el infarto, inevitable. Ante el desplome brutal de la economía, había que actuar. Tanto en sesiones del gabinete económico como con el staff de Los Pinos preparamos meticulosamente una serie de medidas que podíamos poner en marcha para mitigar el golpe. Por lo pronto no detendríamos la inversión pública, antes bien la incrementaríamos en la medida de nuestras posibilidades, y trataríamos de arrancar los trabajos de construcción financiados desde el gobierno desde el primer día del año. Es por esa razón que, durante las vacaciones de diciembre, salvo los días de Navidad y Año Nuevo, muchos funcionarios de la Presidencia, coordinados por Sofía Frech, así como otros de Hacienda, la SCT y la Conagua se quedaron en la ciudad haciendo todos los trámites que por lo común se llevaban a cabo entre enero y marzo, es decir, el papeleo preparatorio para concursar, licitar y asignar obra pública, fundamentalmente. Se trataba de hacer lo que en la jerga gubernamental se llama "oficios de secas", es decir, todos los decretos, convocatorias, asignaciones, contratos, etcétera, que integra el papeleo burocrático previo a que se ponga en marcha, de manera efectiva, una obra pública. Así, pretendíamos ejercer los recursos presupuestales desde el principio del año y no a partir de abril, como se hacía siempre. Para algunos —me incluyo— no hubo esa vez vacaciones de Navidad, salvo los días mencionados. Ese esfuerzo de muchos servidores públicos era indispensable para enfrentar el temporal que se avecinaba. Y en efecto, el gasto de infraestructura del gobierno federal, tanto presupuestal como impulsado —aquel en el que complementa la inversión privada—, además de aumentar, comenzó a ejercerse desde el primer momento de 2009. Como dije, se trataba de acelerar y ejercer el gasto en infraestructura *al máximo posible y desde el primer día del año.* En términos generales, lo logramos.

Toda esa inversión se incluiría en el programa especial de infraestructura que formaría parte del programa integral para hacer frente a la crisis y que anuncié en el primer trimestre, junto con una serie de medidas de política pública. Resultaba fundamental que el gobierno diera señales claras de hacia dónde estaban encaminadas las acciones propias del sector privado, los sindicatos y los medios. No es novedad para nadie que soy conservador en términos económicos, que creo en la importancia de los equilibrios fiscales y que sé que el motor más dinámico de la economía es la actividad privada, no el gasto del gobierno. Pero en circunstancias extremas como las que enfrentábamos era precisamente cuando había que echar mano de políticas de gasto que estimularan la economía. Se les llama contracíclicas porque se orientan a revertir la tendencia que lleva el ciclo de la economía: si ésta se acelera más allá de su potencial, y ante la imposibilidad de elevar la producción, aumenta el nivel de precios —es decir, genera inflación—; las medidas deben orientarse a contener la expansión económica, por ejemplo aumentando las tasas de interés o reduciendo el gasto del gobierno; si, por lo contrario, la economía se contrae o entra en recesión, las políticas de expansión del gasto público buscan estimularla: las tasas de interés se reducen para abaratar el crédito y el gobierno gasta más con objeto de impulsar la demanda de la economía. La clave del manejo de la política económica como impulsora o contenedora de la economía es que hay que entender las políticas contracíclicas como medidas estrictamente temporales. La expansión del déficit público es, como se dice, "un arma de un solo tiro", que debe usarse sólo en caso de emergencia. Luego de usarla hay que "recargarla", esto es, después de generar brevemente déficit público hay que tratar de cerrar de inmediato el generado en circunstancias extraordinarias.

En el discurso que pronuncié el 3 de marzo de 2009 mencioné las medidas más relevantes para contrarrestar el impacto de la crisis económica en la sociedad, un anuncio centrado en las medidas que pretendían aliviar las dificultades económicas de la mayoría de la población. Di a conocer que se suspenderían temporalmente los aumentos al precio de la gasolina, mismos que se habían implementado en México desde la gestión de Luis Echeverría. Ello era posible porque, debido a la recesión mundial, los precios del petróleo habían caído dramáticamente, y aunque eso impactaba las finanzas públicas, también permitía bajar el precio de las gasolinas. De igual forma, bajamos las tarifas eléctricas y el precio del gas LP 15 por ciento.

En el Palacio Nacional anunciamos las medidas tomadas para la inversión en infraestructura, que incluyó un agresivo programa basado en el Fondo de Infraestructura que recién habíamos creado. Lo explico: con la licitación de concesiones de algunos activos del gobierno, por ejemplo, la carretera Atlacomulco-Guadalajara, obtuvimos más de 4 mil millones de dólares. Con ese dinero pudimos hacer, en medio de la crisis y después de ella, el programa carretero más ambicioso de México. Preparamos un apoyo especial a Pemex, que llevó la inversión en exploración a niveles récord; creamos más programas de empleo temporal, incluyendo los de prevención de incendios —brechas corta fuego— y limpieza de zonas arqueológicas —con ello abrimos al público 14 sitios arqueológicos durante el sexenio, contra uno o dos que llegaban a abrirse durante una administración—; programas de capacitación para el trabajo que, combinados con la nueva página de www.empleo.gob.mx, permitieron la colocación de decenas de miles de personas que buscaban empleo; nuevos programas de franquicias y patentes, y un largo etcétera. Al mismo tiempo, ampliamos los programas sociales: Oportunidades pasó de cubrir 5 millones de familias a 6.5 millones, y disparamos la cobertura del Seguro Popular. Parecía una política keynesiana: verdaderamente lo era.

Las medidas anunciadas implicaban un fuerte incremento del gasto presupuestario que se aplicaría ese año. Para 2009 el gasto programado del sector público y federal sería 35% mayor respecto al de 2006. Parte fundamental de ello sería la aceleración de la inversión en infraestructura que he comentado. De hecho, algo excepcional, pues cada vez que México ha entrado en una crisis económica lo primero que suelen hacer los gobiernos es cerrar el gasto en infraestructura. Nosotros nos empeñamos en acelerarlo. Hubo también un programa especial de vivienda, que optimizó los fondos existentes, tanto en el Infonavit como en el Fovissste, y multiplicó su uso (utilizándolos también como *colaterales* del crédito comercial, permitiendo segundos créditos, o créditos para mejora de vivienda, por ejemplo).

El programa fue bien recibido por el sector empresarial y parte de la sociedad. Sin embargo, el impacto y la percepción de la mayoría de la gente era que las cosas seguían en picada. Al final del año la contracción económica reportada por el Inegi fue de 6.5%, aunque después ajustaría los datos a una recesión de "tan sólo" (la verdad es que es una cifra aterradora) -4.7 por ciento.

Quizá la parte más agresiva del programa anticíclico fue la política social para el combate a la pobreza. Sabíamos que venía un impacto tan fuerte que debíamos aumentar el presupuesto de combate a la pobreza para proteger a las familias más pobres. En este sentido, una de las primeras medidas fue fortalecer el programa Oportunidades, sobre todo para proteger a la gente más vulnerable. Un aumento que implicaba que una de cada cuatro familias mexicanas recibiera ese apoyo, y un incremento de 500 a casi mil pesos mensuales en promedio en efectivo por familia. Algunas madres con hijos en escuela llegaban a recibir beneficios mensuales por más de 3 mil pesos. Un momento en verdad difícil fue cuando hubo una discrepancia entre Ernesto Cordero, entonces Secretario de Desarrollo Social, y Agustín Carstens, Secretario de Hacienda. Como solía hacerlo cuando había una divergencia entre dos o más secretarías, citaba y escuchaba a los involucrados, les pedía que expresaran sus argumentos uno frente al otro, los replicaran y yo tomaba la decisión final. Básicamente lo que Ernesto alegaba era que, dado el impacto y la magnitud de la crisis, aunado al inusual aumento del precio de los *commodities*, la afectación a las familias más pobres sería demasiado severa. Y aunque habíamos tenido espectaculares avances en materia de salud y programas de protección a las familias, los indicadores de pobreza podrían aumentar, dado que, aunque impreciso, el indicador de pobreza más común es aquel que divide el ingreso familiar entre una canasta de alimentos. Al final, aunque se registre un importante incremento en el ingreso de las personas (como fue en el México de aquellos años), si el precio de una canasta de alimentos aumenta (es decir el denominador), crece la pobreza, cualquiera que haya sido la mejora de la gente.

Agustín Carstens alegaba, por el contrario, que ya se les había dado más que suficiente a los programas sociales, que haberle dado, como

246

lo estábamos haciendo entonces, un aumento de más de 20 mil millones de pesos de un año a otro en términos reales al programa de combate a la pobreza era no sólo suficiente, sino verdaderamente insólito, lo que ningún gobierno había hecho. Me pareció razonable la prudencia de Hacienda y decidí apoyarlos. Creo que me equivoqué. Era un aumento en el ingreso sin precedentes, sí, pero el incremento en el precio de los alimentos a nivel global, tal como se construía el indicador tradicional de pobreza, provocaría que de todos modos se marcara una elevación de ésta, pero, sobre todo, que de cualquier manera se deterioraría con la crisis la situación de las familias más pobres de México. Ernesto tenía razón: por muy exagerado que pareciera para algunos analistas, debimos haber ampliado *todavía más* el presupuesto contra la pobreza. Al final, el aumento del precio en los alimentos, *divisor* en una de las fórmulas más usadas para medir la pobreza (la de la Encuesta Ingreso-Gasto del Inegi), nos perjudicó.

Hubo otros sectores muy afectados por la crisis, y sobre ellos actuamos. Uno fue el sector de electrodomésticos, dependiente del sector exportador, y en el que se vivía una profunda crisis. Por fortuna habíamos concebido y veníamos preparando un programa de ahorro de energía centrado en la sustitución de electrodomésticos. La idea básica era que los refrigeradores y los equipos de aire acondicionado con más de 10 años de antigüedad consumen tres veces más electricidad que los nuevos, merced a la poderosa innovación tecnológica que registraba entonces y continúa registrando ahora el sector de energía. Había que estimular su sustitución. Planeábamos comenzar un programa piloto que pudiera lanzarse completo en uno o dos años más. Llamé a Georgina Kessel, la Secretaria de Energía, y le pedí que apresurara la preparación del programa para lanzarlo cuanto antes. Su equipo se abocó al tema y, al cabo de un par de semanas, revisamos en mi oficina sus componentes: las tiendas de autoservicio y departamentales anunciarían el programa, junto con publicidad impulsada por el gobierno; se invitaría a las familias, en particular a las amas de casa, a registrarse para sustituir los refrigeradores o equipos de aire acondicionado con 10 años o más de antigüedad; al registrarse, mediante el recibo de luz se clasificaba a los consumidores. Por regla general, los consumos más bajos corresponden a familias de menores ingresos, las cuales calificaban para un subsidio que podía ser de 10, 20 o 30% del costo del refrigerador o del equipo de aire acondicionado. En todos los casos los consumidores se harían acreedores a un crédito de mediano plazo con muy bajas tasas de interés para pagarlo. Al final, una empresa especializada seleccionada por concurso llevaría el equipo nuevo y recogería el equipo usado del domicilio del beneficiario para reciclarlo adecuadamente.

El programa era bastante bueno, de hecho, era de mis favoritos. Al reducir el consumo de electricidad a la tercera parte ganaba el consumidor, que pagaba menos electricidad, ganaba el gobierno, que tradicionalmente ha subsidiado el consumo de electricidad de las familias más pobres, puesto que daría menos subsidio, y ganaba el planeta, al disminuirse las emisiones de carbono. Sólo había una objeción de mi parte: el programa tenía un nombre con ese tufo tecnócrata que los hace ininteligibles. El nombre era Programa Integral de Ahorro de Energía mediante la Sustitución de Aparatos Electrodomésticos de Alto Consumo, o algo así. "Georgina —le dije—, con ese nombre tan aburrido no vamos a vender ningún refrigerador. Pensémosle un poquito." Siguió la junta, y al cabo de un rato salió el nuevo nombre del programa: "Cambia tu viejo por uno nuevo". Parecía una broma, en cierto sentido lo era. Así echamos a andar el programa que no sólo tuvo éxito en su propósito original (al final del sexenio ya se habían vendido casi dos millones de refrigeradores bajo este esquema), sino que vigorizó de manera inusitada la producción de electrodomésticos en México. Mabe, LG y otras empresas productoras de electrodomésticos en el país deben su subsistencia a este esquema; decenas de miles de trabajadores conservaron sus puestos de trabajo.

Había un aire de desafío y creatividad en casi todas las áreas de gobierno. La instrucción era agilizar todos los programas del gobierno federal, con el objetivo específico de estimular la actividad económica en ese año de recesión y proteger el ingreso de las familias más pobres. Una pieza clave fueron los programas de empleo temporal: mediante el pago de uno o dos "jornales" (equivalentes a salarios mínimos) se estimulaba la contratación temporal de personas en programas en beneficio de la comunidad: "barbechar" (desbrozar) y limpiar orillas de carreteras y caminos, abrir brechas cortafuego para la prevención de incendios forestales, recoger basura de los ríos y arroyos, reparar brechas y caminos rurales, limpiar zonas arqueológicas… Al menos medio millón de personas en las comunidades más pobres del país tuvieron ese pequeño ingreso durante los seis meses más intensos de la crisis.

Había que actuar también en el sector más afectado: la industria orientada a la exportación, desde la de electrodomésticos a la que ya he hecho referencia, hasta la automotriz o la electrónica. Por todas partes nos llegaban mensajes preocupantes de que las empresas cerrarían sus plantas ante la falta de solicitudes de compra provenientes de Estados Unidos. El empleo de cientos de miles de trabajadores peligraba. A través de continuas y extenuantes negociaciones llevadas a cabo por la Secretaría de Economía, ProMéxico, la Secretaría del Trabajo y la Presidencia de la República nos lanzamos a hacer paquetes lo más a la medida posible para mantener esas plantas abiertas y proteger el empleo. Básicamente, se trataba de alcanzar acuerdos viables con empresas, trabajadores y sindicatos. Por ejemplo, en un caso típico, si un trabajador que iba a ser despedido, con la anuencia de su sindicato aceptaba ganar un tercio menos de su salario de manera temporal en lugar de que lo despidieran, y la empresa aceptaba pagar otro tercio de ese salario de manera temporal sin despedir al trabajador, el gobierno federal pagaría la otra tercera parte del salario, por un plazo de tres meses, que luego como pudimos hicimos extensivo, en algunos casos, hasta tres meses más. Se dice fácil, pero con paquetes y acuerdos como éste logramos salvar del despido a más de 400 mil trabajadores vinculados a la industria de exportación a Estados Unidos.

No podíamos cejar. Día a día impulsábamos los programas de gobierno, les pedía a los servidores públicos emplearse al máximo para acelerar su cumplimiento. Por fortuna los programas comenzaban a funcionar, y para el tercer trimestre de 2009 la crisis comenzó a ceder. Lo peor comenzaba a quedar atrás Sin embargo, no podíamos continuar usando la misma estrategia de expansión económica. En una reunión en Los Pinos, Agustín informó que era imposible continuar con la política contracíclica debido a que los fondos de estabilización petrolera —constituidos por los excedentes de ingresos generados en los años en que el precio del petróleo era más alto que el estimado en el presupuesto— ya se habían utilizado, así como algunos ingresos extraordinarios (por única vez, el gobierno federal cobró las utilidades disponibles en el Banco de México, del cual obviamente es dueño, y que provenían de las ganancias logradas con la depreciación del tipo de cambio del peso frente al dólar —dado que el banco compró dólares a un precio determinado, y los tenía o vendía a un precio muy superior—), la capacidad de endeudamiento del gobierno entraría en zona de riesgo, y había ya muchas señales de nerviosismo en los mercados internacionales acerca del futuro de la economía de varios países, especialmente la de México, que por su vecindad y dependencia de Estados Unidos era el más afectado por la crisis en todo el mundo.

En efecto, el crédito internacional, no sólo para México sino para todos los países y empresas, se había vuelto peligrosamente escaso; obtenerlo implicaba pagar tasas de interés cada vez más altas, y deteriorar dramáticamente la reputación crediticia del país. Las agencias colocadoras veían en sus clientes el nerviosismo asociado con las malas experiencias crediticias de México en el pasado: la crisis de la deuda de los ochenta, el *efecto tequila* en los noventa. Continuar con el mismo ritmo de gasto o déficit público el siguiente año sería imposible. Lo que estábamos presenciando era que la crisis global era de tal magnitud que no había crédito para ningún país, incluso eran pocas las empresas globales con suficiente solvencia crediticia. Una verdadera crisis financiera internacional.

En medio de la vorágine, el 24 y 25 de septiembre de 2009 tuvo lugar la reunión del G20 en Pittsburgh, de la que fue anfitrión el Presidente Barack Obama, con quien siempre tuve una muy buena relación. El tema del encuentro era la profundidad de la crisis y el apoyo a la continuidad de la política recesiva y contracíclica, es decir, permanecer actuando contra la crisis mediante la expansión del gasto público y el déficit. Casi todos los asistentes, en su mayoría de países desarrollados, afirmaban que había que seguir con esas medidas. De hecho, las conclusiones del encuentro incluían recomendaciones en el sentido de que había que seguir con las políticas expansivas, dado que continuaría la recesión económica mundial, al menos en el corto plazo. Sin embargo, yo llegué a la reunión con una decisión tomada. A pesar de la presión, discrepé e hice valer mi preocupación respecto del comunicado. Mientras discutíamos el tema, les comenté a los asistentes: "México ya no tiene manera de sostener su déficit público; tenemos una caída en la producción petrolera muy grande y no vamos a arriesgar al país a una nueva crisis crediticia".

José Luis Rodríguez Zapatero, Presidente de España y con quien también establecí una relación de confianza como la que solemos desarrollar entre mexicanos y españoles, me comentaba en uno de los recesos que él a su vez estaba determinado a seguir las políticas contracíclicas que he comentado. Confiaba en la solidez de la economía española, entendía mi preocupación acerca de la reputación crediticia de México, pero no imaginaba en lo absoluto una situación así para España, a la que consideraba fuerte y fuera de todo riesgo —un año después España estaría metida en la peor crisis crediticia de su vida democrática—, así que continuaría con la política de expansión del gasto público. Recuerdo que le dije: "Presidente, nosotros no podemos seguir así, yo ya voy a comenzar a cerrar el déficit, así tenga que pagar un costo político muy alto, pero lo tengo que reducir. México es un país que ha sufrido mucho por la deuda externa en el pasado, lo cual ha devastado a la población, y nosotros no podemos dejar que eso siga ocurriendo". Por su parte, el Presidente Obama explicaba que la profundidad de la grave situación del sector financiero estadounidense —cuyo irresponsable comportamiento era, a final de cuentas, el causante de la catástrofe global— obligaba a sostener la agresiva política expansiva que tendría Estados Unidos. Tendrían amplio margen para hacerlo, como sólo lo tiene el país que cuenta con la mayor fabricación de moneda de pago en el mundo. No es lo mismo endeudarse en dólares que tú produces, que endeudarse en dólares que sólo debes. El dólar es moneda de pago, ellos lo producen. Pero México no era Estados Unidos, no tenemos moneda de curso global.

Acompañado de Agustín Carstens y de Guillermo Ortiz, gobernador del Banco de México, manifesté en esa reunión que seguir ampliando el déficit pondría en gran peligro la viabilidad financiera y la credibilidad de México, y que los países que llevaran a cabo dicha estrategia tendrían dificultades financieras sin precedentes. Aunque era consciente de que la crisis no había terminado, nosotros ya no teníamos más recursos y la respuesta no podía ser otra más que dejar atrás la política expansiva que afortunadamente había funcionado pero que, como he dicho, sólo puede funcionar si se aplica de manera excepcional y transitoria, y nosotros ya lo habíamos hecho. Había que diseñar lo que entonces se comentaba como una "estrategia de salida".

LA ESTRATEGIA DE SALIDA

Se le llama de salida porque hace referencia a la manera de terminar o salir de un programa expansivo contracíclico que es por naturaleza temporal. Como es lógico, si el programa consiste en expandir eficazmente el gasto público, la estrategia de salida se basa en diseñar cómo reducir el gasto de manera efectiva y así reducir también el déficit público creado. Algo demasiado costoso en términos políticos.

Fue un acierto que México saliera de esa tendencia de expansión fiscal. Al año siguiente comenzamos a observar serios problemas en todo el mundo, en particular en Europa. El tema de Grecia ya era una pesadilla colectiva, pero luego tendrían problemas severos en Islandia, Irlanda, Portugal, España y en alguna medida importante en Italia. En 2010, por ejemplo, gracias a las medidas que tomamos los mexicanos, el llamado "riesgo país" (que es la diferencia entre las tasas de interés líderes en el mundo y la tasa a la cual se le presta a un país determinado y que, como su nombre lo indica, expresa los puntos base con los que se mide el riesgo de prestarle a ese país en específico) de México era menor, por primera vez, que el riesgo país de España, Francia, Portugal o Italia.

¿Y cuál era la "receta secreta" para reducir el déficit público? Por desgracia no hay en ello nada nuevo bajo el sol. Había que llevar a cabo lo que hace cualquier ama de casa o pequeño empresario responsable: aumentar ingresos y reducir gastos. El gobierno tendría que hacer lo mismo: reducir sus gastos, básicamente a través del corte de programas presupuestarios, e incrementar sus ingresos, fundamentalmente a través de impuestos. Ello implica, por ambos lados, elevados costos y dificultades políticas, como se verá más adelante. Sin embargo, había que actuar sin dilación: al gobierno comenzaba a dificultársele la colocación de deuda, incluso en la parte que por lo común se renueva (*rollover*). Más aún, para las empresas mexicanas, incluso las más grandes, los vencimientos de deuda comenzaron a ser una pesadilla. Había que actuar rápido, antes de que una corrida financiera contra México se gestara y generalizara. Actuar con velocidad implicaba, además, dar señales contundentes a los mercados financieros, es decir, mostrar tanto a analistas como estrategas que el gobierno mexicano iba en serio a reducir su déficit público.

¿Qué medidas podíamos poner en práctica para mostrar la seriedad de los compromisos del gobierno? Había que dar señales claras de voluntad política para reducir el gasto y aumentar los ingresos públicos: es por eso que, al presentar el Presupuesto de Egresos de la Federación, por primera vez en décadas el gobierno propuso ¡cerrar tres secretarías!, con el propósito explícito de reducir gasto corriente al gobierno. Así que propuse desaparecer de plano la Secretaría de la Reforma Agraria, la Secretaría de la Función Pública y la Secretaría de Turismo. A pesar de que los Secretarios fueron avisados con muy poca anticipación, los tres me apoyaron. Sin embargo, los integrantes de las comisiones legislativas asociadas a dichas secretarías (Turismo, Agricultura, Reforma Agraria, Ganadería y un largo etcétera) de todos los partidos se rebelaron, era evidente que la reforma no sería avalada por el Congreso, de hecho, ése era el resultado esperado. Por supuesto, para la Confederación Nacional Campesina (CNC) del PRI era imperdonable que cerrara la Secretaría de la Reforma Agraria. Para los diputados provenientes de los estados donde el ingreso principal era el turismo, era inconcebible que propusiera cerrar esa secretaría. La propuesta formal era que pasara a depender de la Secretaría de Economía.

En paralelo, otra acción que decidí tomar para cerrar el déficit fiscal fue reducir los gastos a través de una medida general: hacer un corte a todo gasto público, algo que se conoce como *across-the-board*, el cual consistía en "guillotinar" 5% parejo a todas las dependencias. La medida fue muy criticada por muchos funcionarios, pero las condiciones que mostraba el escenario económico mundial y las circunstancias nacionales me obligaron a ser determinante en la decisión del recorte presupuestal.

Al mismo tiempo, del lado de los ingresos, propuse la aprobación de una serie de medidas, en especial la llamada "contribución para el combate a la pobreza"; era básicamente un impuesto de 2% aplicable a todo el consumo en el país. Técnicamente era bastante buena la propuesta. Desde el punto de vista político era terrible el trago amargo, pero había que hacerlo. La presión política proveniente del Congreso y los partidos era abrumadora, pero no se comparaba con la resistencia que había en las calles y, en particular, con la movilización del agresivo Sindicato Mexicano de Electricistas, derivado del cierre de Luz y Fuerza del Centro. A pesar de todo, consideré que era indispensable mandar una señal poderosa a los mercados que dejara ver que el ajuste iba muy en serio, presentando un paquete de ingresos y egresos en donde proponía un aumento de las contribuciones, una reducción de subsidios y una reducción de gasto cerrando esas secretarías, en los términos que he comentado.

Al paso del tiempo, cuando los datos económicos empezaron a mejorar, tomamos una decisión fundamental; no podíamos haber pagado un costo político y social tan alto enfrentando y padeciendo la crisis sin obtener una ventaja adicional para el país. Decidimos, con el equipo económico, ir a fondo en la transformación y en la modernización de la economía a través de una serie de medidas que, en conjunto con las que ya habíamos implementado para combatir la crisis, hicieron que México se posicionara como un país mucho más competitivo.

EL MÉXICO GANADOR

Se trataba de hacer un México ganador en lo económico maximizando nuestras ventajas competitivas. En la estrategia de competitividad elaborada por el equipo, el primer elemento consistía en hacer una apuesta contundente por la apertura comercial. Éste, el comercio, es una herramienta fundamental de crecimiento económico, en México y en el mundo. Sin embargo, es curioso ver cómo pocas cosas han sido tan satanizadas como el comercio mismo. Como diputado secretario de la Comisión de Comercio de la Cámara de Diputados fui un partidario convencido del Tratado de Libre Comercio de Norteamérica, si bien es cierto que desde una posición crítica. El TLC, o NAFTA, por sus siglas en inglés, ha sido un factor determinante del crecimiento económico de México en las últimas dos décadas y media. Sin embargo, a mi llegada a la Presidencia encontré una serie de prejuicios increíbles en la materia. Baste decir que uno de los organismos cúpula de los empresarios en México había enviado una carta al Senado de la República con la petición de que no se le autorizara al Presidente realizar ningún tratado de libre comercio más. Había una enorme resistencia a la política de apertura comercial.

El prejuicio más común es que el libre comercio perjudica a las empresas. Esta idea proteccionista —que uno podría entender agrupada en la izquierda, en la demagogia, en el populismo latinoamericano, que en México abunda— estaba presente incluso en los empresarios más prominentes. Es ahora por cierto la idea más clara y a la vez más equivocada del actual Presidente de los Estados Unidos, Donald Trump. Sin embargo, la realidad es todo lo contrario a lo que los opositores del libre comercio suponen. La única manera de ganar competitividad para una economía es a través de la apertura comercial, valga la redundancia, a través de la competencia.

El libre comercio permite que un país utilice al máximo sus ventajas comparativas. Mientras el mercado de compradores sea más amplio, el productor podrá vender mejor su producto. A su vez, el consumidor podrá comprarlo en las mejores condiciones de precio y calidad. Para el primero se posibilita encontrar además los mejores insumos del mercado para hacer su producto mejor y más competitivo. En fin, es amplísima la literatura que muestra los beneficios del comercio.

Éstas son las razones económicas más poderosas para la prosperidad. Suele pensarse que con ese tipo de posturas siempre ganan los poderosos o los países más ricos, pero en realidad los beneficiados son los productores y los consumidores debido a que sus productos pueden exportarse a mercados internacionales y, por lo tanto, el fabricante gana más de lo que ganaría vendiendo sólo en su comunidad, además de que tiene acceso a la compra de otro tipo de productos. La clave del mercado es que genera una ampliación de oportunidades, no una cancelación de las mismas. Ésa es la gran verdad que por desgracia está siendo rebatida incluso al día de hoy, en el siglo xxi. Es el proteccionismo que vemos ahora en Estados Unidos con Donald Trump o con los sindicatos más radicales. En realidad lo que ha determinado la prosperidad de los países es el libre comercio.

Esa oportunidad estaba ahí presente, y es exponencial en plena globalización. Es evidente que el mundo es más global hoy no sólo que hace 500 años, sino mucho más global que hace tan sólo 30, y que la posición estratégica de México es más relevante y tiene un valor económico mucho mayor al que tenía hace tiempo. De esta manera, parte de la estrategia para elevar la competitividad fue concentrarnos en hacer de México un eslabón clave, un engrane crucial de inversiones, producción y comercio mundial. Las circunstancias me convencían sobre lo acertado de tomar esa decisión y lanzar a México a un programa que lo llevaría a repuntar en el comercio internacional.

Con este propósito no sólo mantuvimos los acuerdos comerciales vigentes, sino que seguimos celebrando tratados de libre comercio; profundizamos el de Europa y firmamos varios con América Latina, incluyendo la Alianza del Pacífico, que fue considerada uno de los acuerdos comerciales más prometedores de su tiempo y firmada por México, Chile, Colombia y Perú; sólo el Acuerdo Transpacífico de Cooperación Económica (TPP, por sus siglas en inglés, que abarca la misma región y los mismos países) es mayor en aspiración y en esperanza.

Ampliar los acuerdos de libre comercio no significó dejar estática la relación comercial con actores económicos ubicados fuera de las áreas de influencia de los acuerdos comerciales. Mientras celebrábamos nuevos acuerdos de libre comercio y sosteníamos los que ya existían, redujimos los aranceles para la mayoría de los productos industriales en México, provinieran o no de países con los que teníamos acuerdo comercial. Esta reducción ayudó a bajar la tarifa promedio de 10.4% en 2008 a 4% promedio durante la crisis, en algunos casos llevando la tarifa a 0%, como en el caso de la industria automotriz.

En este trayecto de apertura comercial, enfrentamos y superamos muchas barreras comerciales no arancelarias, como la vieja disputa por el atún mexicano que se encontraba bloqueado en Estados Unidos. Después de una serie de negociaciones vinculadas con la estrategia diplomática y jurídica, logramos ganar el asunto ante la Organización Mundial de Comercio y se empezó a vender de nuevo atún mexicano en Estados Unidos con estrictas medidas de protección ambiental. El ganar todas estas batallas comerciales tenía que ver con el talento y la energía de mis Secretarios de Economía, Eduardo Sojo, Gerardo Ruiz, que lo fue durante la crisis, y Bruno Ferrari, incansable promotor de México en el mundo.

Otro caso muy relevante tuvo que ver con el tema de los transportistas. A pesar de que estaba acordado desde 1993 que los camiones mexicanos podían circular en Estados Unidos, no se había podido introducir un solo tráiler mexicano en territorio estadounidense. Durante mi gestión logramos ganar una resolución y hacer que tráileres mexicanos, ya en acuerdo con el gobierno de Estados Unidos, empezaran con un programa piloto que se preveía se fuera expandiendo de manera gradual para permitir el tránsito de mercancías por medio del libre tránsito de transportistas. En definitiva, eso facilitaba el comercio entre los dos países. Sin embargo, algunos congresistas bloquearon el presupuesto para echar a andar el programa. ¿Qué hicimos? Guiados por Bruno Ferrari, Secretario de Economía, y su equipo, decidimos establecer medidas retaliatorias, las cuales están previstas en el Tratado de Libre Comercio. Es decir, comenzamos a establecer aranceles y otras barreras a productos comerciales específicos: arancel a las manzanas de Washington, a los quesos de Pensilvania, a determinadas aceitunas y equipo de cómputo de California. Shampoo, jabones, toallas sanitarias, mayonesas, salsa cátsup, todos productos producidos en fábricas con gran influencia territorial en los Estados Unidos. No afectábamos toda la economía de la región, sino que buscábamos un impacto específico en los intereses económicos de quienes aportaban a las campañas de algunos congresistas en específico. La lista alcanzó primero unos 80 productos; íbamos variando la lista, a través de un mecanismo que se denominó *carrousel*, lo cual generaba preocupación entre productores de ser incluidos tarde o temprano en la lista, hasta alcanzar un poco más de 250. Unos cuantos meses después esos propios congresistas, presionados por sus donantes y *constituences*, negociaban en el Congreso a través de sus bancadas que se levantaran las restricciones contra México. ¡Funcionó estupendamente! Al poco tiempo logramos que el Congreso estadounidense restableciera el presupuesto para poner en marcha el programa piloto para la apertura al transporte mexicano.

El objetivo de mi gobierno era convertir a México en un país ganador en la producción de manufacturas de alto valor agregado: automotrices, aeroespaciales, electrónica, pantallas planas, teléfonos celulares, etcétera. De modo que llevamos a cabo una estrategia de apertura que permitió a todos los productores del mundo entender que en México podrían conseguir los insumos más baratos y de la mejor calidad, fabricar tales autos, aparatos y equipo a muy bajo costo y venderlos al mercado más grande del mundo que es Estados Unidos. En efecto, con esa política de apertura se aceleró el proceso de instalación de grandes inversiones automotrices en México.

INFRAESTRUCTURA EN NIVELES RÉCORD

La segunda estrategia económica fue la de inversión en infraestructura. Para ello hicimos una inversión enorme de recursos antes y después de la crisis. Como Presidente electo, garanticé que el mío sería el sexenio de la infraestructura y así fue. Era un compromiso en el que creía a cabalidad. Desde antes, el equipo de transición que lideraba Ernesto Cordero sabía que había que recolocar mucho mayor presupuesto en infraestructura.

Organizamos el presupuesto alrededor de las obras estructurales más importantes que habíamos determinado como prioritarias y asignamos un porcentaje mayor de inversión de lo que se había tenido en años anteriores. Un aspecto imprescindible de la manera en la que enfrentamos la segunda etapa de la crisis económica fue que, a pesar de todo, aumentamos el gasto de inversión en infraestructura, algo que parecía impensable por las condiciones de la economía mundial. En el caso de Pemex, sostuvimos y aumentamos la inversión en exploración y producción llevándola a niveles sin precedentes. Por ejemplo: una pieza clave para el mantenimiento de la producción petrolera fue que la llamada "tasa de restitución de reservas", esto es, el ritmo al cual se repone la producción producida y vendida, fuera de 1 a 1. Es decir, por cada barril de petróleo que se vendía, ese mismo año se debía tener un barril adicional en reservas probadas, de otra manera las reservas declinarían hasta agotarse. Al principio de mi gobierno la tasa de reposición de reservas era de tan sólo 42 por ciento. Hacia el final habíamos llegado e incluso rebasado ligeramente el 100% de restitución anual, gracias a las voluminosas inversiones que promovimos en el sector.

Sin embargo, la pieza clave era la inversión del sector privado y a eso nos avocamos. A través del Fondo de Infraestructura, creado por Agustín Carstens y Luis Téllez, diseñamos nuevas formas de inversión en el área pública, reformamos la ley de Asociaciones Público-Privadas e hicimos una ley que facilitaba las inversiones privadas con respaldo público. Con ese diseño, Carstens y Téllez idearon un fideicomiso mucho más grande en el que se manejaban no sólo las carreteras rescatadas por el gobierno de Zedillo, sino que se colocaban nuevos activos que sirvieran para pagar esa deuda vieja y hacer una nueva inversión.

Es importante explicar este concepto. En esencia, las obras de infraestructura que tienen una fuente de pago propia —una carretera de cuota, por ejemplo— son activos de largo plazo, es decir, inversiones cuya ganancia líquida sólo se da en el largo plazo una vez que se ha pagado la cuantiosa inversión, los cuales "empatan" (*match*) perfectamente con pasivos de largo plazo, es decir, compromisos de pago que sólo se materializan en el largo plazo como son las pensiones de los trabajadores. De manera que los fondos de pensiones, fondos mutualistas y un largo etcétera de pasivos exigibles en largo plazo son ávidos inversionistas de los fondos de infraestructura. Esto es: las carreteras, puertos y aeropuertos de cuota son inversiones muy fuertes y el costo a corto plazo es alto. Las casetas de cobro no pagan la carretera sino hasta alrededor de 20 años después. A partir de que amortizan la inversión, dependiendo del costo de la construcción, los ingresos de la autopista empiezan a ser ganancias netas. De tal manera que lo que debe hacerse para financiar infraestructura en México y en el mundo es un *match* entre pasivos de largo plazo, que son las pensiones, y activos de largo plazo, que son los proyectos de infraestructura. Eso es justo lo que hicimos con el fondo que elaboramos.

En la planeación de estrategias nos encontramos más de una vez con opiniones encontradas. La idea de Agustín era concesionar a manos privadas por largo plazo casi todas las carreteras del país, a lo cual me opuse. Le comenté que era necesario diversificar el riesgo y que había carreteras que, además de ser emblemáticas, eran fuentes que el gobierno podía necesitar en un momento determinado. Decidimos mantener en manos del gobierno carreteras tan importantes como la México-Acapulco, la México-Puebla, la México-Querétaro y otras más y licitamos varios paquetes, siendo el primero la carretera Atlacomulco-Guadalajara.

La ganadora de la primera licitación fue Goldman Sachs, compañía asociada con ICA, a la que le interesaba el negocio de la carretera para pagarle a sus fondos de inversión de largo plazo. Ellos pagaron al gobierno más de 4 mil millones de dólares para ganar la licitación de la carretera a Guadalajara, y con esa inversión obtendrían en el largo plazo el flujo necesario para cumplir con sus obligaciones financieras más alguna utilidad. Por su parte, ICA podría operar la carretera y obtener un flujo monetario constante para sus obligaciones, además de un beneficio neto a mediano plazo. Además, con esos 4 mil millones de dólares empezamos el Fondo de Infraestructura y pudimos construir la carretera Mazatlán-Durango, una obra magna hecha fundamentalmente por mi gobierno de la cual me siento orgulloso: más de 80 túneles (la carretera tiene más túneles y más kilómetros de túnel que todos los construidos previamente en la historia de México) y más de 120 puentes, siendo el emblemático el puente Baluarte entre Sinaloa y Durango:

cuatro carriles con acotamiento, en una distancia de más de medio kilómetro sostenido únicamente con cables de acero, con un claro que se eleva a más de 400 metros sobre el río Baluarte. Un portento de ingeniería mexicana. Fue, sin duda, el modelo más exitoso de construcción de infraestructura en el México más reciente. De hecho, obtuvimos el certificado Récord Guinness como el puente más alto en el mundo en su tipo (cables de acero pendientes de columnas en los lados).

A partir de estos esquemas, empezó a fluir el dinero y los proyectos avanzaron. A diferencia de otras gestiones, la consigna era pagar a tiempo a los proveedores y constructores. Antes, con tasas de inflación de casi 100%, la ganancia del gobierno era retrasar los pagos y ganar un poco o un mucho con los diferimientos, dada la inflación. Es decir, en mandatos previos, el gobierno retrasaba el pago a los proveedores deliberadamente lo más que podía. Una práctica que, por desgracia, regresó después de mi gobierno. De esa manera, si el gobierno pagaba un año después, el empresario había perdido 50% del valor y el gobierno lo había ganado. Esta costumbre de retrasar el pago respondía a dos motivos: en el mejor de los casos, el gobierno buscaba una ganancia inflacionaria. Pero la verdad, otro motivo, por desgracia, era la corrupción: hacer que el constructor, desesperado por no tener flujo, diera una mordida para que le sacaran el pago.

La instrucción que dimos fue que se pagara apenas días después de que un proveedor presentara una factura. Eso les daba una liquidez enorme a las constructoras y generaba interés en continuar con los proyectos. Los contratos empezaron a realizarse a partir de resultados. Cuando en una gran obra de infraestructura había que hacer una pausa para recalcular los costos y responsabilidades, hacíamos un corte contable y de proyecto, a lo que denominamos *hitos*. En una obra en la que se invierten miles de millones de dólares, el constructor no puede darse el lujo de esperar a que el pago se le haga cuando concluya. Es decir, cuando en la construcción de una presa se lograba hacer el túnel de liberación de un río, un túnel paralelo, se pagaba un "hito"; cuando se concluía la cortina, se hacía otro pago; cuando se colocaban las máquinas, se realizaba otro pago. Así logró terminarse la presa El Cajón, y construirse, de principio a fin, la enorme presa La Yesca, en el río Santiago. Por último, en el sector carretero, incrementamos cuantiosamente el presupuesto para mantenimiento de la red carretera del país. Una tendencia común es que, como es dinero en carreteras ya existentes, muchos gobernantes creen que "no se ve", y prefieren invertir en obra nueva para inaugurar. Craso error: la baja en la inversión en mantenimiento que ocurrió después de mi gobierno hizo que el país cayera en el ranking de calidad de carreteras que se construyen con base en encuestas entre los usuarios. Todas las carreteras, y en especial las nuevas en orografías complicadas, la Mazatlán-Durango misma, por ejemplo, requieren importantes sumas para mantenimiento, porque puede haber reacomodos del terreno o deslaves constantes por los cortes inmensos en la serranía que tuvieron que realizarse, pero es vital hacerlo, y ello tiene que ver con el presupuesto para mantenimiento, que además dinamiza la economía.

A través de todas estas medidas, en plena crisis, la inversión en infraestructura en México pasó de 3 a casi 5% del PIB anual, sin considerar las cuantiosas inversiones realizadas en construcción de vivienda. En efecto, la suma total de lo invertido anualmente durante mi gobierno en infraestructura equivalía a más de lo que se invirtió en la renovación del Canal de Panamá en todo el proyecto. Fue un gran motor de la economía en plena recesión, así como un gran detonante de competitividad. Al considerar la reducción de costos carreteros, las ganancias fueron muy favorecedoras. Un tráiler de Mazatlán a Durango tardaba 11 horas en llegar a su destino. Ahora toma, a lo mucho, cuatro horas. Además, la carretera conectó el norte del país del Pacífico al Golfo, pues se continuaría a un eje carretero que también renovamos: Torreón-Saltillo, libramiento de Saltillo (nuevo) y carretera Saltillo-Monterrey (nueva). Cuatro carriles desde Mazatlán en el Pacífico hasta Nuevo Laredo y Matamoros en el Golfo. Y como éste muchísimos ejemplos.

Entre carreteras nuevas o mejoradas (incluyendo obra realizada por la Comisión de los Pueblos Indígenas), se modernizaron casi 22 mil 500 kilómetros de caminos en seis años; más que lo que hicieron juntas las dos administraciones anteriores, y casi tanto como las tres administraciones anteriores. El esfuerzo que se realizó en el ámbito de la infraestructura fue de los más notables en mucho tiempo.

En el caso de la vivienda, la recuperación del crédito bancario y los nuevos esquemas del Infonavit y el Fovissste, así como el programa Ésta es Tu Casa, permitieron dinamizar la vivienda. Durante la campaña me tocó convivir el día de la Santa Cruz con albañiles en una construcción. Al conversar sobre la obra que salía de sus manos, de los propios albañiles surgió el comentario de que nunca podrán tener ellos una casa como ésa. Se me quedó muy grabada la conversación. Lo que hicimos fue diseñar un programa para los trabajadores de menos de cuatro salarios mínimos, o con ingresos no debidamente contabilizados (los meseros, por ejemplo, que tienen como fuente principal de su ingreso las propinas). Así surgió el programa Tu Casa. El gobierno diseñaba un programa de crédito accesible para ellos y acorde a sus ingresos y, además, les pagaba el anticipo de la casa. Era la primera vez en décadas que familias de bajos recursos pudieron acceder al crédito formal y así adquirir vivienda propia.

MÉXICO EMPRENDE

Fue también muy importante para la recuperación económica el apoyo que dimos a las pequeñas y medianas empresas (Pymes). A través de la Secretaría de Economía, en un esfuerzo sostenido con quienes fueron Secretarios, Eduardo Sojo, Gerardo Ruiz y Bruno Ferrari, llevamos a cabo una valiosa tarea de desregulación que nos ayudó a potenciar el Sistema de Apertura Rápida de Empresas (SARE), a cargo de Carlos Arce. Con este programa logramos reducir el tiempo promedio de cumplimiento de requisitos fiscales para abrir una empresa. Antes de la desregulación el tiempo que tomaba dar de alta una compañía era mínimo 58 días; una vez que se aplicó el nuevo sistema, se redujo a nueve días. Parte fundamental de ello fue evitar que quien realizara trámites federales para la apertura de una nueva empresa tuviera que ir "de Herodes a Pilatos", de una secretaría a otra.

"¿Saben por qué si alguien quiere abrir una nueva empresa tiene que ir primero a pedir permiso a la Secretaría de Relaciones Exteriores? —solía preguntar cuando explicaba este tema—. ¿No?, pues tampoco yo sé, pero de que tenían que ir, tenían que ir." En efecto, había que ir a Relaciones Exteriores (así lo marca la ley), y luego a Hacienda, y luego a Economía, y luego al Seguro Social… Lo que hicimos fue crear el portal electrónico www.tuempresa.gob.mx. En un solo paso, frente a una computadora en la oficina del notario o del corredor público, podía cumplirse con todos los trámites federales. Funcionó bastante bien.

Por otra parte, cambiamos la manera de aplicar los recursos presupuestales en el apoyo a las Pymes. En lugar de seguir con una política ineficiente e insuficiente que consistía en distribuir el dinero directamente a los beneficiarios, lo cual daba lugar a corrupción y en el mejor de los casos pulverizaba inútilmente la ayuda, decidimos utilizarla para garantizar el financiamiento. Con gran esfuerzo ampliamos el presupuesto para el rubro y creamos el Fondo Pyme, que servía para garantizar total o parcialmente los créditos que la banca comercial otorgaría a las pequeñas empresas. De esta manera, las instituciones bancarias comenzaron a multiplicar los préstamos para las Pymes. En los seis años anteriores a mi gobierno se prestaron 48 mil millones de pesos de crédito a Pymes. De 2007 a 2012, con todo y recesión, se prestaron 360 mil millones de pesos, es decir, multiplicamos por más de siete el crédito a las Pymes.

También cambiamos el sistema de apoyo a las mismas. Tratamos de concentrarnos en los servicios de los que, por su tamaño y restricción de recursos, carecen las Pymes. Por ejemplo, es evidente que los pequeños negocios o los que están empezando, a diferencia de las grandes compañías, no tienen dinero para pagar lo que se llama el *back office*, es decir, no pueden tener un departamento contable, jurídico, fiscal o de mercadotecnia en sus empresas, y en muchas ocasiones no pueden ni siquiera contratar a un profesionista en estas materias. Para suplir en parte estas carencias, la Secretaría de Economía celebró una serie de convenios con las cámaras de comercio y con las cámaras industriales para que en las instalaciones de esas cámaras y con el apoyo del gobierno federal proveyeran asesoría gratuita a las Pymes, es decir, creamos una especie de *back office* colectivo. Todas estas iniciativas fueron integradas en el programa que llamamos México Emprende, con lo cual las Pymes tuvieron crédito y asesoría en un ambiente mucho más desregulado.

Por último, realizamos un fuerte programa de compras del gobierno a favor de las Pymes mexicanas. Dentro del Tratado de Libre Comercio es posible que los gobiernos estipulen un determinado porcentaje de compras del gobierno exclusivamente para empresas nacionales. Bajo esta lógica, cada año forzábamos a las empresas y a las dependencias de gobierno a comprar productos mexicanos a pequeñas y medianas empresas mexicanas. Al final, durante mi sexenio, el gobierno compró a las pequeñas y medianas empresas mexicanas más de 200 mil millones de pesos, algo sin precedente cercano, al menos documentado.

Algo más: a pesar de que México estaba saliendo de la crisis, aún estaba deprimido el consumo por falta de confianza del consumidor. Y lo que hicimos fue diseñar, junto con el sector privado, un programa que permitiese recuperar la demanda y superar la desconfianza del consumidor. Así nació El Buen Fin, que no sólo logró recaudar para el mercado mexicano lo que ciertos segmentos gastaban en las ventas del Día de Acción de Gracias en Estados Unidos, sino que también fortaleció la demanda al ofrecer al consumidor bienes duraderos a precios más bajos, y al bajar los inventarios antes de fin de año para el comercio. Fue un éxito entonces y lo sigue siendo hasta el momento de escribir estas líneas.

MÉXICO, CAMPEÓN EN MANUFACTURAS

El caso automotriz fue otro de los grandes aciertos de la estrategia de competitividad. Cuando inició mi Presidencia, México era el noveno exportador de vehículos; cuando terminé ya era el cuarto exportador más grande del mundo, rebasando en plena crisis a Gran Bretaña, España y Estados Unidos, entre otros, y avanzando para alcanzar al tercero, que era Corea del Sur. Es cierto, la vecindad geográfica con Estados Unidos es una variable muy importante en los resultados, pero vale la pena entender la manera en que se combinaron estas y otras ventajas, pues son varios los factores que explican tal éxito.

Uno de ellos es precisamente la política de apertura comercial. En el caso automotriz decidimos llevar los aranceles comerciales a cero, desaparecerlos por completo. Esto tiene una lógica muy importante: en el mundo global, contrario a la percepción común, el mayor volumen de comercio, en particular en manufacturas, no es el de los bienes terminados, es decir, no son los coches, las televisiones o los teléfonos celulares, sino los insumos, los componentes, los llamados bienes intermedios. Por ejemplo, en 2012, 75% de las importaciones mexicanas eran insumos o componentes, autopartes; 10% eran bienes de capital importados para la industria, y sólo 15% del total eran productos terminados.

Al abrir las fronteras, las empresas constructoras más importantes del mundo vieron en México una gran oportunidad, pues podían producir aquí automóviles con insumos importados al mejor precio y la mejor calidad literalmente de cualquier parte del mundo. En otros países, por ejemplo, Brasil o Argentina, para "proteger a la industria automotriz" se establecieron aranceles importantes y restricciones al comercio. El resultado fue la marcada pérdida de competitividad de sus productores. Cuando Lula da Silva era Presidente de Brasil iniciamos de buena fe un esfuerzo para crear un Tratado de Libre Comercio entre nuestros países. Por diversas razones no prosperó. Por el contrario, ya en 2012, en ocasión del Foro Económico de Davos, Dilma Rousseff, Presidenta de Brasil, intempestiva e inesperadamente anunció —sin avisarnos— que Brasil suspendía el acuerdo automotriz, que era de las pocas cosas que teníamos celebradas entre ambos países impulsando el libre comercio. Cuando por fin pude tener una reunión bilateral con ella, abiertamente me dijo que no podía soportar que ya uno de cada 10 coches vendidos en Brasil fuera mexicano. Aunque discutimos el tema un buen rato, me di cuenta de que era inútil. Al final de nuestra conversación le dije que era injusto castigar a los consumidores brasileños por la ineficiencia de la industria local, la cual en buena parte era imputable al gobierno. De pronto se me ocurrió un comentario final: "¿Has visto la película *Senna*?" Me refería al documental sobre quien en mi opinión es el más grande piloto de Fórmula 1, el brasileño Ayrton Senna da Silva. Dilma me dijo que no la había visto. Por la noche le envié una copia a su hotel con una nota: "Deja que los brasileños compitan libremente y serán campeones del mundo".

Nuestra apertura funcionó muy bien en el sector. Y lo mismo hicimos en otros ámbitos clave, como el electrónico o el aeroespacial. Otro factor clave del éxito en las manufacturas fue la inversión que hicimos en educación superior orientada al sector tecnológico. Nos empeñamos en preparar a nuestros jóvenes para los nuevos retos del mundo laboral. La política de creación de bachilleratos tecnológicos —la mayoría financiada 50/50 con los estados, aunque una buena parte de ellos quedó por completo a cargo del gobierno federal— y de nuevas universidades públicas, en particular universidades tecnológicas, fue en verdad agresiva. Y no sólo procurábamos acercar los programas educativos en ellas a la industria. No fueron pocos los casos en que de plano les pedíamos a las empresas automotrices o aeroespaciales que propusieran una buena parte del temario educativo. Por ejemplo, muchas empresas automotrices participaron en el diseño de programas de educación media y superior en Guanajuato.

Un ejemplo de lo anterior, aplicado al sector aeronáutico, fue lo que hicimos en Querétaro. Ahí, el gobernador José Loyola —cuando ganó las elecciones, en 1997, yo era presidente del PAN, y teníamos una excelente relación, incluso de amistad, que conservamos— había construido un aeropuerto cuya pista era descomunal y el nombre rimbombante: Aeropuerto Intercontinental de Querétaro. Todo sonaba muy bien, pero… la verdad es que no había muchos vuelos de o hacia Querétaro.

Lo que hicimos entonces fue buscarle otros usos a ese aeropuerto. Algo se había avanzado en ese sentido con la creación de la Universidad Aeronáutica de Querétaro, instalada al lado mismo de la pista de aterrizaje. Nos decidimos a fortalecer su programa económico y a atraer empresas a la zona. Visité, por ejemplo, las instalaciones de

Bombardier en Quebec, Canadá. Convencimos a sus directivos de invertir en Querétaro. Para ser honestos, al principio pensábamos que la universidad podría proveer —meramente— mano de obra muy calificada para las obras de ensamblado de fuselajes. ¡Qué equivocados estábamos!

Mucho más allá, hubo una transformación de "manufactura" a "talentofactura": Bombardier, Eurocopter y otras empresas aeroespaciales nos auxiliaron para transformar el plan de estudios para la Universidad Aeroespacial de Querétaro. Bombardier terminó construyendo los Learjet casi en su totalidad ahí, mientras que General Electric, que había entrado al acuerdo de manera experimental y con mucho temor, empezó a ampliar su centro de investigación. Cuando visité sus instalaciones, había alumnos que ya se habían graduado de la Universidad Aeroespacial; ingenieros trabajando para General Electric en Querétaro, que estaban diseñando las mejoras a los motores GE del Airbus 380, el avión más grande del mundo. Contra lo que muchos pensaban, más allá de entrenar carpinteros o técnicos para atornillar fuselajes, existía un concepto de capacitación especializada de jóvenes mexicanos que adquirió una dimensión relevante a nivel mundial. México recibió durante varios años el mayor número de empresas con inversión aeroespacial.

ALGUNOS DATOS

Hacia el cierre de mi gestión, en el ámbito macroeconómico y con los ajustes que llevamos a cabo, el déficit público se redujo a 0.6% en 2012, una de las cifras más bajas dentro de la OCDE. La deuda pública de México también llegó a niveles considerablemente bajos, 33% del PIB, la más reducida en ese índice de la OCDE, cuyos países promediábamos una razón de 66% de deuda sobre el PIB. En el rubro de competitividad en el Foro Económico Mundial, México avanzó 13 lugares por primera vez en un lapso de dos años (2010 a 2012, del 66 al 53), y en el caso del indicador estelar del Banco Mundial (Doing Business Index), avanzamos del lugar 73 al 53.

Para 2012 México estaba graduando más de 100 mil ingenieros al año. Más ingenieros graduados que Alemania, Inglaterra, Canadá o Brasil. Un verdadero activo clave para el éxito de las manufacturas en México había surgido con el apoyo del sector público y del privado. Ese año México ya exportaba más de 60% de todas las manufacturas de América Latina y el Caribe. Es decir, más bienes manufacturados que todo el resto de los países de América Latina y el Caribe, Brasil incluido. Durante varios años, México fue el país que tuvo el mayor número de empresas de la industria aeroespacial invirtiendo en su territorio. Nuestro país se convirtió en el tercer exportador en servicios de tecnología de la información, y en cuanto a la automotriz, como he dicho, México pasó de ser el noveno al cuarto mayor exportadores de automóviles del mundo.

Pasada la crisis, la economía mexicana creció a tasas de 4 y 5%, un ritmo que no se había visto en mucho tiempo. En opinión de los analistas, se convirtió en un país de alta competitividad en manufacturas. La revista *Forbes*, que había sido muy dura llamando a México "Estado fallido", empezó a hablar del "Milagro Mexicano" en 2012. *The Economist* dedicó su portada y varias páginas a lo que llamó "The Rise of Mexico", y en ese año comenzó a acuñarse la frase "The Moment of Mexico". Efectivamente, un gran momento económico para el país.

México se convirtió en varios rubros de su economía en un país ganador. Fue posible hacerlo, además, a pesar de sufrir el mayor impacto recesivo del exterior en casi un siglo. No fueron pocas las ocasiones en que se me presentaba la tentación de quejarme de la mala suerte de esas circunstancias. Sin embargo, resistimos. Y a la distancia, me siento muy orgulloso de la enorme transformación económica vivida por México en esos años, y que aún perdura, en parte, hasta nuestros días.

10

Reformar en minoría

A pesar de que las dificultades financieras de 2008-2009 afectarían el mundo de manera general, la cercanía de México con Estados Unidos y la alta dependencia de nuestras exportaciones hacia sus consumidores nos colocarían en mayor vulnerabilidad que el resto de las naciones. Las medidas para enfrentar la situación antes de que se presentara debían ser determinantes. Como he señalado, el plan consistió no sólo en enfrentar los efectos inmediatos de la crisis y reducir el impacto en los más pobres, sino en aprovechar el momento para elevar la competitividad de México y poner en práctica una nueva generación de reformas económicas con énfasis en los temas de sistemas de retiro, laborales, fiscales, energéticos y de telecomunicaciones.

EL CAMBIO AL RÉGIMEN DE PENSIONES

Apenas tomé posesión de la Presidencia, y una vez aprobado el Paquete de Ingresos y el Presupuesto de Egresos para el año 2007, me reuní con el Secretario de Hacienda para poner en marcha una reforma que sabía que se había estado trabajando desde la administración anterior: la del Sistema de Pensiones para los Servidores Públicos.

A pesar de los desacuerdos y las fricciones que hubo durante mi mandato, para este asunto en particular sería crucial la colaboración del SNTE por conducto de su dirigente, Elba Esther Gordillo, así como de los sindicatos afiliados a la Federación de Sindicatos de Trabajadores al Servicio del Estado (FSTSE), que dirigía Joel Ayala, entonces

271

senador del PRI. Hay muchas opiniones justificadamente adversas al liderazgo y a la personalidad de ambos. Pero, en honor a la verdad, su apoyo fue vital para que se lograra esta reforma, con lo que se generó un bien al país de enormes dimensiones.

Sé muy bien que una de las decisiones más controversiales en mi gobierno fue no haber roto relaciones y no haber iniciado una persecución contra la líder del sindicato de maestros. Les comparto algunos argumentos: en primer lugar, porque no existían elementos jurídicos de acusación en ese momento, cosa que quedó demostrada después de cinco años de haberla encarcelado, hasta que un juez determinó —a pesar de la obstinación del gobierno en turno de tenerla en prisión— lo que entonces observábamos en el gobierno: que no había elementos sólidos para procesarla. Por ejemplo, como a todos, a mí me parece de lo más indignante la manera en que los líderes sindicales utilizan en México las cuotas de sus agremiados, muchas veces en beneficio personal. Sí, eso ocurre. Sin embargo, dado que la Constitución y la ley reconocen autonomía plena a los sindicatos y en consecuencia una libertad irrestricta para el uso y destino de los bienes y recursos que les pertenecen, eso no era una causa suficiente para perseguirla. Se trata, coincido, de una indebida protección absoluta a la mal llamada "autonomía sindical" consagrada en la Constitución, y que espero con sinceridad que pronto cambie, pero por ahora es muy claro que la ley les concede a los líderes la absoluta facultad de disponer como quieran de ese dinero, incluso en excesos personales. Insisto, es inadmisible moralmente, pero así está la ley. Segundo, me proponía, como al final lo logramos, concretar una Alianza por la Calidad Educativa —aunque modesta, logró avances importantes: evaluación de maestros, concurso de plazas, mejora de infraestructura educativa, elementos de pago a maestros vinculados a avances en la calidad de la educación de sus alumnos, un acuerdo que a final de cuentas serviría de base para la muy importante reforma educativa lograda en el sexenio posterior—. Tercero, el apoyo de la maestra y del sindicato que agrupa a 1.7 millones de profesores, cuyo régimen de pensiones teníamos que modificar, era indispensable. Sin el apoyo de ese gremio y de su líder, el costo para las futuras generaciones de mexicanos por la falta de una reforma como la que implementamos habría sido de cientos de miles de millones de pesos, varios puntos del PIB a valor presente según los cálculos actuariales. Una estrategia de colaboración y no de confrontación con el SNTE era necesaria para la aprobación de esta reforma en materia de pensiones.

Quizá entre los principales aportes de la reforma al Régimen de Pensiones de los Servidores Públicos se encontró su poderosa contribución al fortalecimiento de las finanzas públicas de México. Es importante resaltar que la reforma mexicana al sistema de pensiones fue la primera de su tipo en los países que forman parte de la Organización para la Cooperación y el Desarrollo Económicos (OCDE), y le permitió a México, por lo menos en cuanto a sus finanzas, evitar uno de los mayores colapsos que aún están por suceder en muchas economías del mundo.

La reforma era urgente debido a que la dinámica económica subyacente en el modelo antiguo de las jubilaciones era insostenible. En esencia, el inconveniente que tenía México era que la forma tradicional en que se habían diseñado las pensiones resultó equivocada desde su concepción. Partía de la premisa de que los trabajadores en activo serían muchos más y vivirían mucho más tiempo que los jubilados y podrían mantenerlos con sus cuotas. La verdad es que (afortunadamente) la esperanza de vida es cada vez mayor, y el número de trabajadores en activo por jubilado es cada vez menor. Me explico: dicho sistema se formuló a partir de la suposición de que los trabajadores en activo, pagando una parte de su sueldo a cuenta de los fondos de pensiones del IMSS o el ISSSTE, serían capaces de mantener a los trabajadores jubilados a través de sus cuotas o aportaciones a la seguridad social. Es entendible que eso lo creyeran hace 70 años, pero hoy en el mundo hay otro tipo de características poblacionales que modifican variantes como la esperanza de vida: en 1960 era de 57 años, pero en 2006, cuando llegué a la Presidencia, era ya de 74 años. Es decir, los trabajadores vivían 20 años más como jubilados. Además de esta evolución, hubo una reducción en la tasa de natalidad y cambios en la pirámide poblacional que generó, de manera proporcional, una disminución en el número de trabajadores activos. Es decir, el número de trabajadores jubilados es rápidamente cada vez mayor y el número de trabajadores en activo menor al que se estimaba antes. El sistema de pensiones se encaminaba a un verdadero estallido, algo de lo que, por lo general, la población no es consciente, tal vez por la sofisticación técnica del tema.

Otra manera de describir el problema es la siguiente: en 1959 había 12 personas mayores de 60 años por cada niño. En 2010 existían 25 adultos mayores por infante. Para 2050 se calcula que habrá 115 adultos mayores de 60 años por cada niño. Es imposible pensar que esos niños, al trabajar, van a sostener a toda esa población. Ése es el dilema a escala mundial y es apremiante que se atienda antes de que el modelo económico colapse de nuevo. La insostenibilidad del sistema también puede verse desde el lado de los trabajadores en el caso del ISSSTE: en 1975 había 20 trabajadores por cada jubilado, es decir, hipotéticamente con un 5% del salario de cada uno se pagaba la pensión del retirado. Pero para el año 2010 eran apenas un poco más de tres trabajadores por jubilado. Es decir, el sistema tendría que quitarle *¡un tercio de su salario!* al trabajador en activo para sostener la pensión del jubilado. Aunque la cuota la aporte en su mayoría el patrón, en ese caso el gobierno, el problema subsiste en el sentido de que es en realidad gasto laboral que estrictamente corresponde como pago al esfuerzo del trabajador. A ese ritmo serán muchos más los trabajadores retirados que los empleados en activo y eso representará un desajuste presupuestal descomunal en los países que manejan dicho esquema pensionario. No hay dinero público que alcance para eso. No en México y no en la mayoría de los países del mundo.

A la vista de estas cifras, había la imperiosa necesidad de cambiar el sistema desde la raíz, antes de que detonara y fuera imposible el pago de pensiones y la viabilidad de las finanzas públicas. Debo decir, además, que ese desajuste no me tocaría a mí sufrirlo, pero no tenía duda en mi deber de arreglarlo. Pude haber ignorado el problema y dejar que les reventara a dos o tres Presidentes después de mí, pero siempre me ha parecido terriblemente irresponsable "patear la lata hacia delante" posponiendo la resolución de problemas en verdad graves como éste. Por desgracia, existe un gran desconocimiento sobre estos asuntos a nivel social, por lo que la implementación y aceptación de la reforma fueron muy complicadas en un inicio. Siempre es difícil modificar un sistema de estas dimensiones.

La solución para este reto radica en que el trabajador en activo pueda acumular desde su primer trabajo un ahorro capitalizable que le permita garantizar su retiro. Es decir, había que pasar del sistema que se conoce como solidario —en inglés *pay as you go*, "pagar a medida que te vas" o "pagarte como te vayas yendo", traduciríamos en ranchero—, donde los trabajadores en activo les pagan las jubilaciones a los retirados, a un sistema de cuentas de ahorro individuales para el retiro. Es una transición que requiere mucho tiempo y es difícil de llevar adelante en términos políticos. Eso explica, por ejemplo, que la mayoría de los países en el mundo desarrollado no haya reformado su sistema de pensiones. En otras palabras, lo fundamental era pasar a un sistema en el que, a partir del momento en que el trabajador comienza a trabajar, alimente una cuenta de ahorro a través de una cuota obligatoria que le permita acumular dinero en su propia cuenta cuyos intereses se van capitalizando y al terminar su vida laboral pueda retirarse con los fondos de esa cuenta. Esa aportación a una cuenta de ahorro personal debe ser cada vez mayor, eso sigue pendiente de aceptar, si no, no alcanzarán las jubilaciones.

Desde el inicio de mi gestión, bajo la conducción de Agustín Carstens y Juan Camilo Mouriño, más la interlocución política de la Secretaría de Gobernación de Ramírez Acuña, nos abocamos a sacar lo antes posible la reforma de pensiones. Por fortuna, era un tema que ya se había estado trabajando con anterioridad por parte de los propios sindicatos ya mencionados, la FSTSE y el SNTE (el más grande de América Latina y el más involucrado en el problema, con más de un millón y medio de maestros afiliados), éste mucho más renuente, al menos hasta entonces, para ir adelante con la reforma. A pesar de la resistencia de algunos sectores, como lo he señalado, el impulso de estos sindicatos fue crucial para la implementación de la reforma. La importancia de reformar la ley del ISSSTE fue una de las razones más poderosas que me llevaron a evitar una ruptura con Elba Esther Gordillo y a optar por una estrategia de negociación. Se trataba de una de las reformas más importantes para el país en materia de finanzas públicas. Baste decir que el déficit actuarial del país era entonces de 45% del PIB, y si no reformábamos el régimen de pensiones del ISSSTE ese déficit actuarial se incrementaría ¡2% por año!

Por eso asumimos la tarea de lograr esta reforma desde el primer momento. Carstens integró un excelente equipo que encabezaba su coordinador de asesores, José Antonio González Anaya, quien tenía un amplio dominio del tema gracias a su experiencia y a sus conocimientos actuariales y matemáticos. Debido a la importancia del asunto, me involucré desde el inicio para entenderlo, ampliarlo y analizar las opciones que podían considerarse tomando en cuenta distintos escenarios de resistencia a la reforma.

Uno de los temas que había que considerar era el campo de acción que tendrían las Afores o las manejadoras de fondos de pensiones. Estas empresas tienen la tarea y la urgencia de buscar inversiones rentables de muy largo plazo para pagar pensiones en una época de tasas de intereses muy bajas. Para un fondo de pensiones no es posible meter al banco el dinero de sus pensionados debido a que las tasas suelen ser muy bajas y cuando se jubilen no contarían con dinero para pagarles. En ese caso, los fondos o Afores necesitan inversiones que puedan proporcionarles rendimientos de alrededor de dos dígitos en las condiciones más seguras posibles. La ventaja que tienen esos fondos de pensiones es que no necesitan pagar ese dinero ni en el corto ni en el mediano plazo, sino sólo después de muchos años, es decir, hasta que transcurre la vida laboral del jubilado. Por ejemplo, si una persona entra a trabajar a los 25 años y empieza a depositar una contribución mensual, el fondo de pensiones sabe que ese dinero no se va a retirar sino hasta 30 o 40 años después. De esta manera, tiene 40 años para buscar los rendimientos que permitan hacer frente a su obligación de pago de la pensión correspondiente. Claramente se trata de un pasivo de largo plazo.

Considerando todas estas perspectivas, se trabajó rápido y en silencio. La reforma al sistema de pensiones se negoció sin estruendo, pero al mismo tiempo se difundió mucha información al público sobre lo que estaba en juego. Antes de que se enfriara la relación constructiva que logramos generar desde el inicio de la administración con el PRI y con otras fuerzas políticas, y a pesar de la abierta estrategia de confrontación y ruptura, incluso golpista del PRD y su entonces líder Andrés Manuel López Obrador, para el segundo periodo legislativo, es decir, antes del primer año de gobierno, la reforma estaba siendo aprobada en el Congreso. Eso implicó un ahorro de más de 30% del PIB a valor presente neto, lo cual equivale a haber aprobado, en un acto, alrededor de seis o siete reformas fiscales de IVA en alimentos y medicinas.

A fin de cuentas, se trató de la reforma financiera más trascendental que se hizo en el país; pocos lo saben y menos lo reconocen. La reforma al ISSSTE no sólo resolvió quizá el mayor problema estructural de las finanzas públicas, sino que nos hizo ganar una enorme reputación financiera internacional para México y nos proporcionó un enorme margen de maniobra financiera, sin lo cual probablemente no hubiéramos podido sortear las gravísimas dificultades que enfrentamos en la crisis financiera global que sobrevendría poco menos de un año después, y que azotaría con especial fuerza a México como principal exportador al mercado doméstico de Estados Unidos, epicentro de la crisis.

LA REFORMA FISCAL

Hay un problema que es evidente y constante en el gobierno mexicano: el dinero recaudado a través de impuestos nunca es suficiente para cubrir las tareas gubernamentales, incluso para las más elementales. Frente a tal condición, es indispensable una recaudación mayor y, por supuesto, que el gasto sea mucho más eficiente y mejor distribuido.

El problema que presentan los impuestos es que su imposición es la medida que más deterioro político causa a un gobernante. Es por ello que, por lo general, se rehúye a realizar reformas fiscales recaudatorias. Más difícil aún resulta intentar hacerlo cuando el gobierno que pretende llevarla a cabo no cuenta con mayoría en el Congreso para hacerla avanzar. Eso ocurrió con muchas de las reformas que busqué implementar durante mi mandato. A pesar de esto, era imprescindible obtener otra fuente de recaudación. Sólo de esa manera se pueden planear proyectos que mejoren la vida de los ciudadanos, como las obras públicas, por ejemplo, que requieren de grandes inversiones, o el financiamiento de los sistemas de salud y educación, que requieren grandes sumas, particularmente en sueldos de médicos, enfermeras y maestros.

De cualquier modo, y a pesar de las circunstancias a las que me enfrentaba en materia fiscal, me decidí a estudiar el tema con detenimiento y conseguir mi objetivo. Para mí era muy evidente que debíamos generar un cambio. El ideal de cualquier recaudador es establecer una contribución única, general y sin exenciones, ya sea a todo el ingreso, o bien a todo el consumo en la economía. Este último es en particular valioso, porque excluye gravar el ahorro potencial de la sociedad, entre otras cosas. Así que por lo general se asume que una manera conveniente y eficiente de recaudar mayores ingresos públicos es generalizando la tasa del IVA, lo cual se ha vuelto políticamente imposible en el Congreso, inculcada desde discusiones y reproches registrados en el Congreso desde los años noventa.

En efecto, los primeros sondeos que se hicieron en las bancadas, en concreto con el PRI, encontraron rechazo a cualquier posibilidad de explorar una solución por el lado del consumo, en particular del IVA. Desgraciadamente también se resistía mi propio partido, el PAN, a una medida como ésta. Por tal razón, decidimos buscar una reforma gradual por el lado del ingreso que permitiera aumentar la recaudación del gobierno. Desde la campaña presidencial me había planteado un objetivo muy específico con respecto a la dinámica fiscal mexicana: llegar a un impuesto a tasa única en relación con los ingresos de los contribuyentes. Con ese espíritu comenzamos a diseñar lo que se llamó, en su momento, contribución empresarial a tasa única, que concluyó en el impuesto empresarial a tasa única (IETU).

Desafortunadamente, debido a la presión de algunos empresarios y también, hay que decirlo, a las preferencias de algunos de los propios funcionarios de la Secretaría de Hacienda que rechazaban la idea de un impuesto a tasa única —aunque no lo decían—, la propuesta se fue desvirtuando en el camino y fue perdiendo el sentido inicial con el que se había presentado para pasar, de ser un impuesto general al ingreso a tasa única, a un impuesto "de control", digamos que subsidiario o supletorio al impuesto principal al ingreso que siguió siendo el impuesto sobre la renta con diversas tasas progresivas de acuerdo con el ingreso del contribuyente.

Dado que el impuesto de control se cobra debido a que la empresa no paga de manera efectiva el impuesto principal, el resultado derivó en una mejora recaudatoria. De tal manera que este impuesto lo que hace es que las empresas, al tener que pagar de forma obligatoria *al menos* el IETU, veían menos incentivos para distorsionar el ISR y declaraban sus impuestos correctamente. Esto, a su vez, dio pie a una disminución en las distorsiones de las ventas, reparto de utilidades, compras, etcétera. Mientras mejor funcione el impuesto de control, mejor funcionará el impuesto principal, porque se eliminan distorsiones tendientes a reducir el pago de impuestos. También propusimos un impuesto de 2% a los depósitos en efectivo, que permitían reducir incentivos al manejo de dinero en efectivo, y con ello a las operaciones en el mercado negro, a la evasión fiscal y al lavado de dinero, puesto que era totalmente acreditable en la declaración fiscal. Es decir, quien declaraba y pagaba impuestos de manera correcta, recuperaba todo el impuesto pagado por sus depósitos en efectivo. Después de una negociación —que fue la más decorosa posible dadas las circunstancias de minoría en las que estábamos en el Congreso—, se apoyó ese paquete fiscal, que le daría quizá un punto porcentual más de recaudación al gobierno de persistir las condiciones adecuadas en la economía nacional. Fue a finales de 2007 y principios de 2008 cuando se empezó a aplicar esta medida, que nos permitió estar mejor preparados para la crisis que vendría hacia finales de 2008, a la cual ya hice referencia.

LA HEREJÍA:
PROMOVER LA INVERSIÓN EN EL SECTOR ENERGÉTICO

Cuando fui Secretario de Energía pude constatar lo ineficiente y corrupto que se había vuelto el sector. Tanto el sector eléctrico (en particular el caso dramático de Luz y Fuerza del Centro, ya mencionado) como el de hidrocarburos pasaban por momentos francamente malos. Desde 2007, apenas unos meses después de haber tomado posesión, convoqué a los partidos políticos y a la sociedad a realizar en común un diagnóstico que nos permitiera tomar las mejores decisiones en beneficio del sector energético. De acuerdo con ese diagnóstico, que fue completado y presentado el 30 de marzo de 2008 por la Secretaría de Energía, se describió una situación verdaderamente preocupante. Pemex, por ejemplo, enfrentaba diversos problemas simultáneos: su producción venía drásticamente a la baja; la ineficiencia de la empresa comparada con otras petroleras en el mundo era significativa; el hecho de que fuera una empresa del Estado hacía que los recursos que necesitaba para invertir y sostener la producción y las reservas de petróleo y gas se decidieran a la par con los recursos destinados para educación, salud, seguridad, carreteras, apoyo a los estados, o al campo. Es decir, entraban a esa bolsa siempre escasa de los recursos presupuestales asignados con el sesgo de las prioridades políticas de los congresistas. O sea, no alcanzaban. Por ejemplo, los recursos para la inversión petrolera siempre salían perdiendo frente a los diputados vinculados al sector agrícola, fueran de la CNC, del Barzón o de los acaudalados diputados de todos los partidos que eran agricultores en el Bajío o en el noroeste y que siempre pedían "más recursos para el campo". Siempre se llevaban "la tajada del león". Por otra parte, tuve siempre muy presente que el sector energético es crucial para las políticas medioambientales y el futuro no sólo de México sino del resto de los países. Había que intentar una reforma de fondo dado que la situación del sector energético era insostenible.

Parte del problema radica en el carácter público (léase propiedad del gobierno) de las empresas energéticas en México: Petróleos Mexicanos (Pemex), Comisión Federal de Electricidad (CFE) y Luz y Fuerza del Centro (LyFC). La clave del Estado mexicano no es dedicarse *per se* a la extracción y explotación de sus recursos naturales, sino a obtener de la mejor manera posible la renta soberana de los recursos que le pertenecen a la nación. O sea, no producir directamente, sino sacar el mayor dinero posible de la explotación que se haga. En pleno siglo xxi era evidente que la economía de México no podía avanzar con modelos financieros y de hidrocarburos que ya no eran funcionales.

Una manera de evitar el colapso del sector energético es remover los incentivos perversos que lo dominan cuando la explotación de los recursos la hace el gobierno. Los administradores, y ya no digamos los sindicatos, tienen un interés distinto al de los dueños, que somos todos los mexicanos. El administrador quiere sobrevivir en el puesto, en el mejor de los casos cumplir con las reglas burocráticas, pero nada más. En el peor caso, quiere sacar más ventajas del puesto que tiene, incluida, por desgracia, la corrupción. En el régimen de inversión privada, el estímulo que tiene el dueño para mejorar la eficiencia es que toda pérdida repercute en su bolsillo, en su patrimonio personal. Para el administrador público eso no ocurre. En la empresa privada los accionistas celebran sus asambleas y pueden exigir e incluso recriminar a los administradores sobre su desempeño de manera permanente. Los accionistas, representados en el consejo, exigen al director y a la administración en general resultados y ganancias, dado que las pérdidas van directo contra su bolsillo, las pagan ellos personalmente. Y si los administradores no funcionan, los remueven los consejos de administración. Y si los accionistas no se sienten representados en sus consejos, hay asambleas de accionistas que se encargan de llamarlos a cuentas y removerlos si es el caso. Eso alinea con fuerza los intereses de los dueños con los intereses de los administradores hacia la eficiencia y la productividad. En una empresa privada, el dueño que nombra al administrador que pierde dinero, lo pierde de su bolsillo. En una empresa pública, el dinero que pierde un administrador lo pierde "el pueblo".

El administrador público ni gana más cuando hace bien su trabajo ni pierde dinero ni lo corren cuando no lo hace. Las pérdidas van contra los dueños, que somos todos los mexicanos, pero no tenemos manera de hacer valer nuestros derechos patrimoniales o "accionarios" porque las empresas públicas no tienen "asambleas de accionistas". La renovación de los gobiernos a través de elecciones no es ni remotamente un sustituto eficaz de los ejercicios de supervisión y rendición de cuentas que atienden los detalles y dan seguimiento específico a los temas. Véase el caso de una negociación con los sindicatos: las concesiones por encima de la lógica o de la razonabilidad económica que otorgue el administrador público serán pagadas por ese gran abstracto que somos todos. En una empresa privada, el dueño que nombra al administrador lo pierde de su bolsillo. Si el administrador se excede en concesiones al sindicato, y eso repercute en pérdidas, en el caso de la empresa privada, será castigado y tal vez removido de su puesto. En el caso de las empresas públicas las pérdidas son presentadas a la opinión pública encubiertas bajo cualquier pretexto: que si los precios del petróleo, que si la falta de presupuesto, y un largo etcétera. En una broma que solía adaptar a mi situación de Secretario de Energía, contaba de un novel Secretario que recibía la noticia de que el director de una de las empresas había resuelto, con asombrosa rapidez, el contrato colectivo con el sindicato. Deseoso de felicitarlo, pero sobre todo de conocer la clave de su talento, lo invitó a comer. Cuando le preguntó: "Oiga, director, ¿y cómo le hizo para llegar tan rápido a un acuerdo con el sindicato?" "Muy fácil —respondió el director—, *les di todo lo que pedían.*" Eso difícilmente ocurre en empresas privadas, donde es el propio dueño —por ejemplo, en las pequeñas y medianas empresas— el que tiene que negociar el contrato laboral. Cualquier exceso va contra su bolsillo.

Se requieren, pues, estímulos propios de una economía de mercado que permitan a su vez maximizar la renta a favor de la nación a través de impuestos y regalías, no de la operación directa de las empresas. Los incentivos de ser "dueño" hacen que las decisiones administrativas estén centradas en la eficiencia, en la generación de valor. Ésa es la lógica de una reforma en el sector energético, dado que los incentivos en el sistema en aquel momento no eran para la eficiencia, ni para la producción, ni para la inversión, sino para la extracción de rentas, no a favor de los mexicanos sino a favor de las partes interesadas, es decir, los administradores y trabajadores y los sindicatos dentro de las compañías. Permitir la inversión privada, especializada y global en el sector energético implica invertir, investigar, explorar y producir con más eficacia. Sólo de esa manera el beneficio de lo que se invierte, se produce y se ahorra mejora las finanzas del gobierno a través de impuestos y regalías. Estaba y estoy seguro de que los mexicanos, como dueños de nuestros recursos naturales, obtendremos mejores ganancias cobrándoles impuestos a empresas que inviertan y produzcan eficientemente en el sector energético, que continuando una situación en el sector que es insostenible.

Con total convencimiento de lo prioritario que era este tema, propuse como Secretaria de Energía a Georgina Kessel, a quien conocí cuando era estudiante de la maestría de economía en el ITAM. Georgina tenía experiencia en el sector público, en específico en la Secretaría de Hacienda, en la que colaboró en los años noventa, y se había enfocado en las decisiones de inversión del sector energético. Cuando la nombré Secretaria de Energía la encomienda principal era preparar una reforma energética que le permitiera a México hacer la transición necesaria y nos evitara llegar a un punto donde el país se quedara sin recursos naturales, sin la posibilidad de explotarlos y perdiendo lo que constituía la parte estratégica de la renta de los mexicanos, que consiste en la aportación de Pemex al fisco.

Georgina contrató a especialistas con diversas perspectivas y de distintos orígenes político-partidistas. De esa manera, podían tomarse en cuenta las diversas aristas que giraban en torno a la reforma. Con ese equipo, presentó una propuesta que implicaba una reforma constitucional, con la cual yo coincidía. El obstáculo para la participación de inversión especializada y de la competencia del sector energético venía de la Constitución misma. Ésa era la que había de reformar.

En su momento, le transmití la importancia de la iniciativa a Germán Martínez, presidente del PAN, y fue solidario conmigo. Asimismo, estuve en contacto directo con Héctor Larios, coordinador de los diputados, y con Santiago Creel, del Senado. Inmediatamente después de comentarlo con los dirigentes del PAN, invité a los dirigentes del PRI para explicarles la iniciativa y pedir su vital apoyo para una reforma que sería tan trascedente para México. Así que me reuní con Beatriz Paredes (teníamos una muy buena relación personal, pero en esta y otras materias sustanciales nunca colaboró en la medida en que la reforma requería, en parte por cálculo político, en parte quizá por convicciones personales, dado que ella fue formada y sigue pensando en el "nacionalismo revolucionario", básicamente porque confía en la intervención del Estado y desconfía de la de los particulares), así como con los coordinadores parlamentarios Manlio Fabio Beltrones y Emilio Gamboa Patrón.

Concluida la presentación que incluía la propuesta de modificar la Constitución, Beatriz Paredes manifestó: "Puedo asegurarle que el PRI no está en la menor disposición de acompañar al gobierno en una iniciativa de reforma constitucional en materia de petróleo. Si la iniciativa aborda únicamente la materia legal, podemos hacer un esfuerzo para buscar los consensos posibles entre las bancadas. Pero si el gobierno presenta una iniciativa de reforma constitucional, el PRI la rechazará con todo vigor. No sólo eso: también rechazará cualquier propuesta de reforma a la ley". La discusión siguió por un rato. Hubo argumentos jurídicos y económicos, claros y prácticamente sin réplica, pero al final prevaleció la conveniencia política del PRI. Era para mí entendible, pero miraba con tristeza cómo se perdía para México una oportunidad de poner remedio al grave deterioro del sector energético del país. Años después, cuando el Presidente Enrique Peña Nieto presentó la iniciativa de reforma constitucional en materia energética, en términos muy similares a los que habíamos propuesto aquella tarde, vi legiones de legisladores y políticos priistas defendiendo a capa y espada la propuesta, entre los que estaban, al menos, quienes eran en 2008 los dos coordinadores parlamentarios que rechazaron la posibilidad de hacer una reforma. Si la reforma se hubiera aprobado entonces, México tendría ahora una caudal de ingresos fiscales asociados a las rentas petroleras de los nuevos yacimientos en explotación que mucho hubiera ayudado a remediar los males de México. Me alegró mucho que el PAN, ya en la oposición, no pagara con la misma moneda al PRI que cuando éste era oposición. Es decir, el PAN pudo haber rechazado y bloqueado las reformas como lo hizo el PRI, y antes que eso, las apoyó. Pero la responsabilidad histórica del PRI de ese rechazo en un momento clave para el país no se puede simplemente olvidar.

El tiempo pasaba y la reforma se fue estancando... Jesús Reyes Heroles, director de Pemex, y su equipo estuvieron trabajando activamente en la Cámara de Senadores, pero la reforma no trascendía. Más tarde me reuní varias veces con Santiago Creel, quien decía que primero se debía construir un consenso en la Cámara de Senadores, lo cual implicaba un trabajo político de largo aliento. Seguía pensando que había que convencer al PRD de aprobar también una reforma y sacarla por consenso. Francamente me parecía una ingenuidad y una terrible pérdida de tiempo. En efecto, necesitábamos estar abocados a dialogar con todos los partidos, con todos los actores, escuchar sus inquietudes, pero el tiempo pasaba inmisericordemente. Después, ya con Gustavo Madero en la coordinación de los senadores, se fueron concretando algunos de esos acuerdos, pero a la vez perdiendo la profundidad de los mismos. La idea de buscar una reforma por consenso prevaleció... y eso deslavó por completo la reforma. Salió un *tirititito*.

En el Senado, donde había presentado la iniciativa de reforma energética, se llegaba a consensos en verdad limitados. Por otra parte, el tiempo se agotaba. Había que resolver el tema cuanto antes. Finalmente se llegó a una estructura de reforma que el PRI y el PRD, principal opositor de mi mandato, consideraron transitable. Le consulté a Georgina Kessel y a Jesús Reyes Heroles cuál era su percepción de los hechos. Ambos consideraron que, dadas las condiciones imperantes, era mejor terminar el proceso con esos consensos, así fueran modestos.

La iniciativa original había quedado muy debilitada. Entre tantos cambios se anuló la iniciativa para que se pudieran hacer alianzas estratégicas (*joint ventures*) especializadas. Las posibilidades de intervención más amplia de la inversión privada fueron cancelándose una a una. A pesar de ello, lograron subsistir algunos cambios positivos. Por ejemplo, se logró avanzar en las modificaciones al régimen corporativo de Pemex incorporando consejeros independientes. Aunque mi gobierno propuso que se excluyera del Consejo de Administración la representación sindical, que en un claro conflicto de interés en su beneficio y en demérito de la empresa (en demérito de todos los mexicanos en realidad) tenía una representación casi paritaria en dicho consejo. A pesar de lo valiosa que resultaba esta propuesta, al PRI le pareció *intransitable* excluir, como se planteaba originalmente, e incluso reducir la presencia de los miembros del sindicato en el Consejo de Administración. Al menos sí aprobaron la presencia de los consejeros independientes, con lo cual se terminó con el carácter paritario de la representación sindical.

La reforma estaba muy alejada de aquel gran proyecto que imaginaba para el país, sin embargo, Georgina, Juan Camilo, Jesús y yo valoramos el hecho de que se conservara de la iniciativa original la posibilidad de celebrar contratos mucho más flexibles entre Pemex y los inversionistas del sector privado. Lo más relevante era la figura de los llamados "contratos incentivados" —me parece chocante el neologismo, pero así quedó el nombre—, que introducía un sistema de pago a los contratistas con base en los resultados obtenidos. Es decir que se pagara, por ejemplo, en función del petróleo o gas producido y no a través de pagos preestablecidos desvinculados de la eficacia del contratante como antes.

Se había agotado el tiempo. El gobierno tenía que prepararse para la discusión presupuestal de 2009 que, dada la información de la que disponíamos, sería terrible en el plano económico, debido a la evidente recesión en Estados Unidos. Por otra parte, las amenazas físicas de sabotaje a la reforma por parte de Andrés López Obrador eran crecientes y cada vez más violentas. Hubo días en que tuvimos que trasladar a los senadores en autobús, protegidos por la Policía Federal. Incluso se llegó a valorar sesionar en algún recinto alterno. Eran días muy difíciles.

Como esperábamos, al paso del tiempo se incrementó la importancia de esos contratos incentivados. Un ejemplo interesante es la explotación del primer pozo petrolero que se perforó y explotó en México hace más de 100 años en la Huasteca Potosina, el Ébano, cerca de Ciudad Valles y Tamuín. En este caso, una empresa que había tenido una relación contractual con Pemex de mucho tiempo obtuvo uno de los nuevos contratos basados en resultados. Ébano había dejado de producir hacía varias décadas y se consideraba un pozo agotado. Esta empresa mexicana no sólo logró hacer producir de nuevo el pozo, sino que la producción de petróleo ha estado varias veces por encima de lo estimado originalmente por la empresa y por Pemex. Eso fue posible gracias a uno de los contratos asociados a resultados con Pemex que sólo fueron posibles con la reforma de 2008. El pozo de Ébano es un ejemplo de cómo los contratos incentivados fueron un avance de esa reforma.

A pesar de que era un proyecto muy completo y estudiado a detalle, terminó por ser una reforma con una enorme fragilidad jurídica. Tenía solidez en varios aspectos, pero su alcance no era lo suficientemente robusto para un cambio de esa dimensión. Se requería una reforma constitucional, a la cual el PRI se había opuesto. Sin embargo, quedaba claro que era el máximo cambio políticamente posible en ese momento. La reforma se consolidaría años después no sólo por mérito del gobierno del Presidente Peña Nieto, sino por la responsabilidad de la oposición en el tema, con la cual yo no conté.

APERTURA A LA COMPETENCIA EN TELECOMUNICACIONES

Otra clave de la competitividad que México necesita tiene que ver con romper los comportamientos oligopólicos que desde hace décadas se presentan en telecomunicaciones en México. En plena campaña presidencial de 2006, el PRI, con el apoyo de legisladores de varios partidos, incluidos muchos del PAN impulsados desde la propia casa presidencial, hizo pasar una reforma legislativa en materia de radio y televisión. Fue tal la controversia que dicho cambio generó que la crítica la bautizó como "la ley Televisa". La reforma generaba cambios importantes en materia de telecomunicaciones. A la distancia, quizá la parte más preocupante era dejar a la autoridad en materia de telecomunicaciones, la Cofetel, en cierta parte capturada por intereses específicos, dada la cercanía de algunos de sus nuevos integrantes a las principales televisoras en México.

Por otra parte, las tarifas que pagaban los ciudadanos, especialmente en telefonía e internet, eran en particular costosas y, al no haber más opciones de servicio por la falta de competitividad, los usuarios estaban obligados a pagar, a pesar de la mala calidad del servicio. Uno de los ejemplos más claros eran las llamadas de larga distancia, las cuales tenían precios muy elevados y la mayoría de las veces no contaban con buena recepción.

Así las cosas, cuando llegué a la Presidencia, la Cofetel estaba muy influenciada por los grandes consorcios que acaparaban los espacios mediáticos. Varias coyunturas ayudaron en ese sentido. Por ejemplo, dos de los candidatos a miembros de la Cofetel, ambos con un excelente perfil, fueron rechazados por el Senado sin que se hubiera valorado seriamente su caso. En un lance francamente inusual, estos aspirantes buscaron la protección de la justicia a través de sendos amparos, y a la vuelta de muchos años ganaron. Después de varios años de litigio, el Poder Judicial de la Federación decidió ampararlos y, con ello, tuvieron que ser incorporados como comisionados. Más adelante, el presidente de la Cofetel, Héctor Osuna, y quien a mi juicio terminó desempeñando un buen papel al frente de la comisión, renunció a la misma. Es paradójico que su relevo, junto a los de los comisionados reinstalados por la Suprema Corte, permitió renovar una buena parte de la integración de la Cofetel y modificar la mayoría al interior de la misma, con lo cual el Secretario de Comunicaciones y Transportes en turno (Juan Molinar) y el nuevo presidente de la comisión, Mony de Swaan, pudieron impulsar una agenda de competencia más amplia.

Fueron muchas batallas las que tuvieron que darse. Entre las más fuertes: la regulación que se impuso en materia de telefonía: a través de diversas determinaciones normativas emitidas por la Cofetel se fue impulsando la competencia, por ejemplo, al establecer criterios según los cuales deben determinarse los costos que unos prestadores de servicio se cobran a otros en la interconexión de las llamadas de sus respectivos clientes. Es una cuestión técnicamente complicada, pero el hecho es que las tarifas telefónicas disminuyeron de manera drástica a lo largo del sexenio: en telefonía fija más de 80%, y en telefonía móvil más de 70% entre el principio y el final de mi gobierno.

Igual que en el caso de la reforma energética, el esfuerzo por reformar el sector de las telecomunicaciones también se veía constantemente debilitado por la resistencia de los actores participantes. Cada acuerdo de la Comisión de Telecomunicaciones era siempre impugnado, por lo general a través de juicios de amparo en los que, invariablemente, el juez correspondiente otorgaba la suspensión de las resoluciones de la autoridad, por lo que las decisiones de ésta no se ejecutaban sino hasta después de meses, y en la mayoría de los casos después de años. Las empresas preponderantes, tanto en radio y televisión (Televisa, TV Azteca) como en telefonía e internet (Telcel, Telmex), tenían excelentes abogados que, con la enorme protección que la ley otorgaba, podían posponer hasta hacer nugatorias las resoluciones de autoridad que de una y otra manera llegaban a afectar su posición predominante. Así, aunque la Comisión de Telecomunicaciones resolviera una cosa tenían que pasar dos años o más para que se pudiera implementar; algunos acuerdos nunca pudieron implementarse.

En más de una ocasión hablé con el ingeniero Carlos Slim, a quien aprecio, y quien siempre estuvo dispuesto a dialogar sobre estos temas. En cada ocasión era amable y respetuoso. En nuestras reuniones le insistía acerca de la importancia de que las telecomunicaciones cumplieran los tres principios que había propuesto desde la campaña electoral, las llamadas tres "C": competencia, cobertura y convergencia tecnológica. Para mí era muy importante que sus empresas pudieran competir en televisión abierta, específicamente para equilibrar un mercado donde Televisa tenía un amplio dominio y, en menor medida, TV Azteca. En varias de esas conversaciones le manifesté con sinceridad lo que pensaba: que estaba dispuesto a modificar el título de concesión de Telmex (que prohíbe al concesionario incursionar en radio y televisión), con el fin de que pudiera participar en el mercado televisivo, con tal de que se hiciera a un lado la estrategia de sus abogados que tenían prácticamente paralizada a la Cofetel en el sector de telefonía. Logramos avances en muchas cosas, incluso debo reconocer pasos notables en el tema de reducción de tarifas, pero la estrategia dilatoria en lo judicial no se modificó.

En el último año de mi gobierno logramos ganar en la Suprema Corte de Justicia un criterio de interpretación constitucional fundamental: la Corte estableció que, tratándose de resoluciones de la Comisión Federal de Telecomunicaciones, los jueces no podrían otorgar la suspensión de los actos reclamados en el juicio de amparo, sino que todos los agravios argumentados deberían resolverse hasta que se emitiera la sentencia definitiva que resolviera el fondo del amparo invocado, sin que para ello se suspendiera en el ínterin el avance y ejecución de las resoluciones mismas. Fue una notable victoria jurídica que de haberse logrado antes nos hubiera permitido hacer una transición mucho más rápida hacia la competencia, la cobertura y la convergencia en el sector.

En materia de televisión también dimos varios pasos importantes orientados a fomentar el logro de las tres "C". Por ejemplo, mi gobierno otorgó algunas concesiones adicionales, como la que obtuvo el grupo MVS de la familia Vargas para operar un sistema de televisión satelital conocido como Dish. Mientras tanto llevé a cabo, junto con mi equipo, un esfuerzo descomunal por desplegar otra cadena de televisión abierta, esta vez una pública. Sobre la base del conocido canal 11, comenzamos a ampliar las potencialidades de cobertura de una televisión abierta de carácter estatal. Por ejemplo, el canal 11 no podía ser visto ni siquiera por 30% de los televidentes en el territorio nacional. Mediante la construcción de repetidoras y el rescate de frecuencias logramos que su cobertura aumentara a más de 70 por ciento.

Pero lo más importante radicaba en poder licitar una o más cadenas de televisión privada, lo cual necesariamente tendría que pasar por una transición de un sistema de televisión analógica a uno de televisión digital. Con esta evolución se buscaba la simplificación del acceso a las telecomunicaciones de manera general. La digitalización de la banda de televisión lograría, entre otras cosas, ampliar las posibilidades técnicas de contar con varias opciones de canales de televisión, con lo que podríamos otorgarle al consumidor una mayor cantidad de contenidos y no sólo los que generaban las dos grandes televisoras y algunos canales que, en realidad, tenían muy poco alcance.

Es importante comentar a grandes rasgos la importancia de este cambio: con la tecnología vieja, el uso de las frecuencias del espectro radioeléctrico requiere de un ancho de banda de seis megahertz (MHz) para transmitir un solo canal de televisión, digamos que el canal 2. Eso ocasiona que, si se divide el espectro disponible, sólo quepan determinados canales, los que conocíamos antiguamente: el 2, el 4, el 5, el 7, el 11, el 13 y otros más. En este tipo de tecnología, por ejemplo, no puede haber un canal entre el 11 y el 13. Con la digitalización, la calidad es muy distinta, ya que no sólo cabe un canal inmediatamente después de otro, es decir, no tiene que dejarse espacio entre canales, sino que en cada ancho de banda de seis MHz caben hasta cuatro canales, dependiendo de la calidad. Pueden ser cuatro canales de televisión, o dos de alta definición, o utilizarse un canal de esos cuatro para otros usos de radiocomunicación. En fin, una gran variedad de posibilidades.

Si se lograba la transición de la televisión analógica a la digital, no sólo revolucionaríamos las telecomunicaciones, pues esos canales pueden ser usados para la televisión, pero también para radiotelefonía e internet.

A pesar de lo complejo y tenso que era impulsar este tipo de políticas, siempre buscamos el diálogo con las empresas televisoras, tanto con Televisa como con TV Azteca, con el objeto de impulsar la competencia y la transición a la televisión digital. Sin embargo, la implementación de la transición estuvo llena de obstáculos. Con el propósito de impulsar la transición, publiqué un decreto mediante el cual se hacía obligatoria la transición digital, fijándose por primera vez una fecha concreta para su inicio. Y fue el PRI, no sólo con legisladores a los que coloquialmente se los conocía como "la telebancada", sino con todo el peso político de su partido y bancada, el que obstaculizó este proceso. En concreto, los grupos parlamentarios encabezados presentaron una controversia constitucional, cuyo desahogo obligó a posponer la entrada en vigor del decreto ¡más de dos años!, al cabo de los cuales la Suprema Corte de Justicia nos dio la razón, pues reconoció la validez del decreto y hasta entonces éste pudo entrar en vigor.

Una vez ganada la resolución de la Corte, aceleramos el proceso y el presupuesto de la digitalización, que incluía una partida para pagar pequeños decodificadores que se utilizarían en los televisores analógicos de las familias más pobres del país. Con eso ayudaríamos al consumidor de bajos ingresos que no tenía televisión digital a transitar hacia el nuevo sistema. Es importante resaltar que ésta era la manera más barata y la más adecuada posible para favorecer la transición: en hogares con televisor analógico de familias de bajos ingresos que razonablemente no podrían cambiar su televisor, al menos en el corto plazo, se les entregaría un adaptador que les permitiera captar la señal digital. El costo no superaba el equivalente a 30 dólares. Sin embargo, en un claro esfuerzo por obstaculizar la transición, la oposición (el PRI y sus aliados) canceló la partida presupuestal para los convertidores y pusieron en el decreto la prohibición expresa de darles a los usuarios cualquier instrumento, ya que podría considerarse como "maniobra electoral" del gobierno. La paradoja es que años después, con la aprobación de todos los partidos y a propuesta del PRI, ¡se regalaron más de 10 millones de televisiones digitales! Por supuesto, eso sí tuvo un impacto en el resultado electoral de 2015, donde el PRI ganó abrumadoramente y por poco obtiene mayoría absoluta en el Congreso. Y no sé cómo la oposición (en el caso del PAN con la aprobación de Ricardo Anaya y otros diputados de una bancada obsecuente) aceptó sin chistar la masificación del carísimo obsequio. No aceptaron en mi gobierno que la transición se hiciera con modestos convertidores, argumentado intencionalidad electoral y costo excesivo, pero sí impulsaron hacerla con televisiones y pantallas, a un costo 15 veces mayor. Así las cosas.

LA SALUD ES PRIMERO

Como he señalado antes, el énfasis que le di al tema de los servicios de salud tiene que ver con vivos recuerdos de mi niñez y juventud. La casa donde crecí (que aún conservamos) y me formé hasta salir a estudiar la carrera de derecho está situada en una zona de hospitales. En menos de tres cuadras a la redonda están tanto el Hospital Civil como el Infantil, así como la Facultad de Medicina y la de Odontología y la Escuela de Enfermería de la Universidad de San Nicolás.

Es lógico que ahí se haya desarrollado con el tiempo un complejo médico y hospitalario. Por lo mismo era muy común ver gente que provenía de todo el estado de Michoacán, aun de sus zonas más apartadas, en busca de atención médica. Era gente extremadamente pobre, que con enorme dificultad se había trasladado a mi querida Morelia, única ciudad que contaba con ese tipo de infraestructura hospitalaria. Las escenas llegaban a ser desgarradoras: madres y padres de familia durmiendo en la calle, pidiendo en las casas dinero para pagar las medicinas o las radiografías de los hospitales públicos, o los servicios de algún médico particular. Y el recuerdo se hace más vivo porque mi madre, compadecida de todos ellos, organizaba, con sus conocidas y amigas de diversas organizaciones devotas a las que pertenecía —las Damas Vicentinas o de Santa Eduviges—, colectas permanentes entre vecinos, amistades, parientes y feligreses para ayudar a esas familias. Mi madre iba con frecuencia a los hospitales, los médicos la conocían y a los familiares de los pacientes más necesitados los enviaban con ella. O ellos mismos tocaban en la puerta de la casa casi todos los días. Mi mamá tomaba la factura de la radiografía o la receta de la medicina y les daba el dinero. Algunas veces nos mandaba a mis hermanos o a mí a la farmacia a comprar el medicamento para entregárselo al beneficiario.

El dinero que con tanta dificultad recolectaba mi madre no alcanzaría nunca a satisfacer las necesidades de toda esa gente. Desde entonces me convencí de que el gobierno tenía la responsabilidad de asegurar que todas las personas tuvieran derecho a recibir servicios de salud, en especial la gente que, por su pobreza, no puede pagar ni médicos ni medicinas ni hospitales. El derecho a la salud es un derecho humano elemental.

Tanto en la academia como en la práctica he aprendido que una parte clave del éxito de las políticas públicas consiste en definir prioridades adecuadamente. Ojalá se pudiera, pero ningún gobernante puede darse el lujo de satisfacer todas las necesidades de la gente: los recursos son escasos. Es por eso que hay que jerarquizar. Para ello nos

293

pagan a los servidores públicos, para jerarquizar y tomar decisiones en función de tales prioridades.

Por eso desde la campaña presidencial me puse como prioridad social la igualdad de oportunidades y, específicamente, la igualdad de oportunidades de salud. Con el recuerdo de mi madre atendiendo a familias necesitadas en la angustia de tener un pariente enfermo, trataba de ponerme en los zapatos de esa gente. Y como candidato primero, y como Presidente después; para saber cuál sería mi prioridad social no había que ir muy lejos. De hecho, un viejo refrán proveniente de la sabiduría popular lo decía constantemente: "La salud es primero". Esta consigna que se repite en cada familia se convirtió también en una consigna en el gobierno: "Primero la salud".

Contar con servicios de salud en México ha sido por lo general un privilegio exclusivo para quienes tienen posibilidad de pagarlos. La mayoría de la gente no tenía acceso a la seguridad social o dinero para pagar las consultas, operaciones y tratamientos. Cuando alguien en la familia se enfermaba o sufría un accidente, simplemente no había a dónde llevarlo, un doctor o una clínica. Y si lo llegaban a conseguir era a costa del patrimonio, del ahorro o endeudando a la familia entera. Con el Seguro Popular logramos cambiar esa realidad y abrimos la puerta de la salud a todos los mexicanos.

Al iniciar mi mandato había 62 millones de mexicanos con algún tipo de seguro que les daba cobertura en salud. Al término del sexenio había ya 106 millones con cobertura. Casi toda la población, salvo la migrante o la que había optado por no afiliarse al Seguro Popular. Así, en seis años le dimos acceso a los servicios médicos a más gente que todo lo que se hizo en el siglo XX. Muchas naciones, incluso desarrolladas como Estados Unidos, no habían podido alcanzar la cobertura universal en salud. México lo estaba logrando.

Para hacer realidad este objetivo fue necesario tomar decisiones difíciles desde que aún era Presidente electo. En las reuniones de transición le pedí a Ernesto Cordero, coordinador del área técnica, que su equipo estimara cuánto costaría lograr la cobertura universal en salud. Me dijo: "Va a ser muy caro, Presidente". "¿Cuánto?", le repliqué. "Tendríamos que multiplicar varias veces el presupuesto de Salud y

Seguro Popular", me contestó. "Pues… hagámoslo", fue mi respuesta. Y así lo hicimos. Desde el primer año (2007) hice una propuesta que prácticamente duplicaba el presupuesto del Seguro Popular. Al final del sexenio el presupuesto del Sector Salud había crecido 90% y el del Seguro Popular se había multiplicado 2.6 veces. El gasto total en salud como porcentaje del PIB pasó de 5.1% en 2000 a 6.6% en 2011. De ese tamaño fue nuestro compromiso con la salud de los mexicanos.

Esto no sólo se tradujo en un incremento en la capacidad del Seguro Popular para atender a más familias, sino también en mejoras en la protección que los asegurados recibían; se amplió el número de enfermedades cubiertas por el Fondo de Protección contra Gastos Catastróficos de 15 a 58 y se expandió el Catálogo de Enfermedades Cubiertas por el Seguro de 247 a 284; México fue de los primeros países donde se otorgó un tratamiento completo y los medicamentos para la atención de pacientes con VIH.

De la misma forma, hicimos un esfuerzo importante por dotar de cobertura a pacientes con cáncer. El costo de estos tratamientos suele ser muy elevado, de manera que la decisión se analizó varias veces en reuniones de gabinete. Era lógica la resistencia de las áreas económicas del gobierno, fundamentalmente la Secretaría de Hacienda, que enfatizaba la enorme dificultad de cubrir con el presupuesto un gasto tan alto. Al final llegamos a un tipo de decisión "salomónica": cubriríamos el tratamiento para el cáncer, pero por lo pronto de pacientes menores de edad, es decir, niños y jóvenes hasta los 18 años. A veces uno no presta suficiente atención a lo que esos cambios pueden significar para la gente. Pero éste es uno de esos casos que me impresionó vivamente: en el caso de niños con leucemia, antes de que se tomara esta medida, siete de cada 10 morían. Dos años después de que el Seguro Popular comenzó a cubrir el tratamiento, siete de cada 10 niños con leucemia sobrevivían. De las cosas que más me emocionaron como Presidente fue ver la alegría de las familias de esos niños rescatados de los brazos de la muerte. Simplemente indescriptible.

Como parte del Seguro Popular, lanzamos el programa Seguro Médico para una Nueva Generación, el cual reconoció el derecho de todos los niños nacidos a partir del 1 de diciembre de 2006 a disfrutar de los beneficios de un seguro médico que cubre prácticamente todas las enfermedades. El objetivo era obvio: si habríamos de llegar a la cobertura universal en salud, una manera de hacerlo era alcanzar dicha cobertura universal en las nuevas generaciones de mexicanos, es decir, lograr la meta "de los nuevos mexicanos en adelante", desde su nacimiento. Recuerdo que en mi campaña solía afirmar que "un refrán popular dice que los niños siempre traen su torta bajo el brazo. Yo quiero que, además de la torta, traigan un seguro médico bajo el brazo". Y lo cumplimos. Un seguro para ellos y para su familia: un seguro para toda la vida.

La inversión en infraestructura de salud durante mi gobierno fue enorme: llegamos a construir mil 200 nuevas instalaciones de servicios de salud en el país. Desde pequeñas clínicas de atención ambulatoria hasta hospitales con más de 400 camas. Algunos hospitales habían sido prometidos gobierno tras gobierno durante 30 años, como el hospital del ISSSTE de Emiliano Zapata en Morelos, o el de Tultitlán en el Estado de México, o el del Seguro Social de Villa Coapa en la Ciudad de México. Además, renovamos 2 mil 400 más que ya estaban instalados previamente. Esto significó un promedio de más de 10 obras hospitalarias por semana a lo largo de mi mandato.

LOS PRIMEROS PASOS HACIA UNA REFORMA EDUCATIVA

Uno de los temas más nobles, pero a la vez más complicados en el gobierno —aparte del más grave de todos, la seguridad—, es el de la educación pública, por las particularidades, los intereses y las relaciones de poder que existen entre la Federación, los gobernadores y los sindicatos de maestros, tanto el SNTE (Sindicato Nacional de Trabajadores de la Educación) como la CNTE (Coordinadora Nacional de Trabajadores de la Educación). De esas dos organizaciones, la más radical, intransigente y menos comprometida con la educación es la CNTE. Integrada por maestras y maestros de buena fe en su mayoría, están controlados por dirigencias ideologizadas y radicales, en ocasiones violentas, que tienen contra la pared, y en algunos casos, tomado por completo el control de la educación en algunos estados. Antes de confrontar sus ambiciones, algunos gobernadores les dejan todo el control: les ceden incluso la titularidad de la Secretaría de Educación o de los institutos educativos en sus entidades, a veces el control total de la nómina (les entregan semanalmente pagos en efectivo y el sindicato decide cómo repartirlos), y ceden año tras año a la exigencia de nuevas plazas: bloquean calles y carreteras; asimismo obligan a los gobiernos a contratar a todos los egresados de las escuelas normales, aunque ya no exista demanda, por ejemplo, de maestros para escuelas primarias (por razones demográficas) o aunque los aspirantes no tengan la capacidad o los méritos académicos que el país necesita, y desde luego, aunque las tesorerías estatales no tengan recursos para hacer frente a sus demandas. No es casualidad entonces que los estados controlados por la CNTE tengan los peores registros en materia de calidad educativa, lo cual refuerza y agrava su condición de ser los estados más pobres del país: Oaxaca, Michoacán, Guerrero y Chiapas, y aunque no sólo por eso, también la peor situación financiera del país.

Por otra parte, se encuentra el SNTE, durante mi gobierno en poder de Elba Esther Gordillo, que es el que domina el resto del país y tiene el mayor número de sindicalizados afiliados en toda América Latina: 1.7 millones; un factor real de poder, por donde quiera vérsele. Yo había conocido a Elba Esther Gordillo esporádicamente. Recuerdo alguna vez en que yo fui invitado a una ceremonia de entrega de la Medalla Belisario Domínguez en el Senado de la República. Como senadora por Chiapas, ella dio un discurso alusivo, y fue duramente crítica del gobierno del Presidente en turno, Zedillo, quien estaba ahí presente. Por los rumores, los comentarios, las caras y los silencios, se sentía el ambiente de tensión y de revancha por parte de sus compañeros priistas, y desde luego por parte de los Secretarios y funcionarios federales asistentes. Al terminar la ceremonia, muchos no se despidieron de ella; no sé si lo hizo el Presidente. Se veía, y con razón, extremadamente nerviosa, temblaba, y la ayudé a bajar del estrado. Años después, cuando yo era precandidato del PAN a la Presidencia de la República, descubrimos un operativo que era más que evidente de maestros del SNTE en apoyo a la precandidatura de Santiago Creel, el precandidato de Fox, apoyado con toda la mano por el gobierno federal y sus aliados, en este caso el SNTE. Le reclamé airadamente en una conversación telefónica (espionaje) que después sería transcrita y publicada por el periódico *Reforma*.

Es importante resaltar desde dónde viene esta relación: no sólo es un tema del liderazgo formal de Elba Esther en el SNTE, logrado a horcajadas, por una parte, tras el golpe interno propinado por ella al anterior líder Jonguitud Barrios e impulsado por el gobierno de Carlos Salinas de Gortari; o por los privilegios que la Constitución y la ley otorgan a los sindicatos, en particular a los de los trabajadores al servicio de las dependencias y entidades tanto del gobierno federal como de los locales. La fuerza de Elba Esther provenía también, y en gran medida, de la alianza que había forjado con Vicente Fox, incluso antes de que éste fuera Presidente. En efecto, desde sus tiempos como gobernador de Guanajuato y como candidato, Vicente Fox era un aliado incondicional de Elba Esther, cuya amistad comenzó en el llamado Grupo San Ángel, probablemente auspiciada por Jorge Castañeda, también miembro de ese grupo en el que varios integrantes se hacían llamar "intelectuales", y cuya relación con Elba Esther era tal, que incluso vivió en un departamento de su propiedad en la colonia Polanco de la Ciudad de México.

Al llegar yo a la Presidencia, la alianza con la maestra era parte del "legado" del gobierno de Vicente Fox. Desde el principio de la administración él había acordado que la dirigente del SNTE "pondría" a los directores de la Lotería Nacional y del ISSSTE, así como al responsable del área de Educación Básica en el país, y que tal acuerdo seguiría en mi gobierno según lo habían pactado. Desconocer esa alianza no estaba entre las mejores opciones al asumir el cargo de Presidente, dadas las terribles condiciones políticas que tuve que enfrentar en ese momento: López Obrador seguía con manifestaciones cada vez más violentas en las calles con la complicidad del gobierno de la Ciudad de México; Oaxaca estaba sitiada, sus calles tomadas, la actividad económica, escolar y gubernamental paralizada; el PRI indefinido aún sobre apoyar o no la toma de protesta del nuevo gobierno, y sus gobernadores presionando por apoyos y recursos; la delincuencia organizada creciendo en poder y presencia (la información de inteligencia disponible hablaba tanto de planes de liberar a Osiel Cárdenas de prisión como de asesinarme) y un largo etcétera. En resumen, no tenía margen de maniobra para romper con el SNTE y abrir otro frente en condiciones tan precarias.

Por eso decidí seguir negociando con Elba Esther Gordillo, quien, a su vez, conocedora de la delicada situación en la que llegaba mi gobierno, elevaba sus exigencias: ni más ni menos, exigía ser la Secretaria de Educación. Me sostuve en la negativa, y accedí a que propusiera candidatos para la Lotería y el ISSSTE, siempre y cuando fueran aprobados por mi equipo, cosa que sucedió. Luego abriría la puerta para otra secretaría, probablemente pensaba en Desarrollo Social, pero exigía poder de veto sobre quien yo nombrara Secretaria o Secretario de Educación. Invocaba que en el caso de Fox no sólo se había acordado eso, sino que incluso ella fue quien propuso a Reyes Tamez, quien se desempeñaría como Secretario de Educación a lo largo de todo el sexenio de Fox. Me opuse a ello. Cuando anuncié a Josefina Vázquez Mota como Secretaria de Educación (alguien con la capacidad técnica y política para esa tarea) se mostró agraviada e indignada y amagó fuertemente con la ruptura y movilización de los maestros en contra, y aunque ello nunca fue explícito, debería entenderse como una velada amenaza potencial que agregaría capacidad de desestabilización a López Obrador. Me sostuve de nuevo en el nombramiento de Josefina, que había sido mi coordinadora de campaña. Al final pudo alcanzarse un acuerdo a través de Juan Camilo, dejando a Fernando González en la subsecretaría de Educación, es decir, un nivel superior al que ya tenía bajo la Presidencia de Fox, y con un compromiso político en principio por parte de ella y del SNTE para apoyar la reforma en materia de pensiones de los servidores públicos y establecer con el gobierno un acuerdo para elevar la calidad educativa.

Ya he mencionado lo importante que fue para mi gobierno el lograr la reforma financiera en materia de pensiones de los servidores públicos y que, para su consecución, fue vital el apoyo del SNTE. Debo decir que en materia educativa y a pesar de las enormes resistencias iniciales, también pudimos hacer acuerdos con esta organización que nos permitieron avances importantes. Tras largos meses de tensas negociaciones, la Secretaría de Educación a cargo de Josefina Vázquez Mota lograría un acuerdo con el sindicato a través de su dirigente, Elba Esther Gordillo, para concretar la Alianza por la Calidad de la Educación, un acuerdo integral y de largo plazo, en el que autoridades, maestros y padres de familia asumimos compromisos puntuales para mejorar la formación de niños y jóvenes en el país. Gracias a ello se logró lo siguiente:

- Las plazas federales de maestro se dejaron de heredar o vender y se comenzaron a someter a concursos nacionales públicos para asegurar que sólo los mejores maestros fueran contratados.
- Después de 20 años de permanecer intocable, se reformó la carrera magisterial para que los aumentos en el ingreso de los maestros estuvieran vinculados a mejoras académicas de los alumnos. Además, se estableció el Programa de Estímulos a la Calidad Docente, con el que, dependiendo del avance académico de los niños registrado en la prueba ENLACE, los maestros recibían estímulos económicos a su desempeño. Era un cambio radical respecto de los sistemas convencionales, los cuales basaban los estímulos en la asistencia a cursos, la puntualidad, la antigüedad y otros.
- Pusimos en marcha el programa Mejores Escuelas, esto es, a pesar de que la mejora de la infraestructura física educativa, de acuerdo con la ley, compete a los estados de la Federación, incluido el mantenimiento de las escuelas. Hacia el final del sexenio casi 50 mil escuelas fueron rehabilitadas en instalaciones hidráulicas, sanitarias, eléctricas, muros, techos, pisos, escaleras, accesos, pasillos, reposición de cancelería, impermeabilización y pintura, entre muchas otras. Los directores, maestros y padres de familia participaban y vigilaban que los recursos destinados se usaran verdaderamente para la mejora de su escuela.

- Fortalecimos la prueba ENLACE como herramienta para actualizar los planes y programas de estudio, así como para mejorar los cursos de formación del personal docente.
- Y por primera vez en la historia de México, instauramos la evaluación universal de maestros, desde preescolar hasta secundaria, con el fin de tener más elementos para mejorar la calidad educativa.

De estos elementos, quizá el más distintivo y con mayores avances fue el establecimiento en 2008 del concurso para obtener una plaza docente, el cual aceleró el proceso de profesionalización del magisterio. Vender o heredar las plazas de maestros había sido una práctica tradicional en México durante décadas, por lo que concursarlas abiertamente significó un verdadero cambio estructural en la calidad educativa. Eso provocó una resistencia que llegó a ser violenta en algunos estados de la República. En Morelos, por ejemplo, los maestros bloquearon la carretera México-Cuernavaca-Acapulco. Al fracasar las negociaciones, tomamos la difícil pero firme decisión de desalojarla con la fuerza pública. El operativo se hizo con la mayor meticulosidad posible, tomó varias horas, pero se logró con éxito. Eso sentó un precedente fundamental. El gobierno estaba dispuesto a sostener el orden público y a negociar, sí, pero sin chantajes que implicaran actos de ilegalidad. Al finalizar mi sexenio, las nuevas plazas federales se otorgaban por concurso, lo cual contribuiría a que los alumnos contaran con los mejores maestros y, en consecuencia, la educación en México también mejorara de manera significativa. Sin embargo, a nivel estatal los gobiernos locales en no pocos lugares siguen asignando discrecionalmente las plazas que "les correspondían" a capricho del gobernante o del sindicato.

Otro de los puntos que me pareció imprescindible tratar durante mi gestión fue la inversión en educación especializada. Eso contribuía a reconstruir el tejido social, algo fundamental en la estrategia de devolver la seguridad perdida a las familias mexicanas. Por tanto, trabajamos para que cada vez fueran menos los jóvenes sin acceso a su derecho educativo, un desafío vital para el correcto desarrollo de la comunidad.

Un gran acierto que tuvo la Secretaría de Educación, con Josefina Vázquez Mota y con el impulso de Rodolfo Tuirán, q.e.p.d., fue centrarse en generar oportunidades de educación media y superior. Además del beneficio social que por sí misma la educación genera, cada preparatoria o universidad que abríamos era una oportunidad más de que un muchacho no cayera en actividades del crimen organizado. Bajo esa lógica, se fueron construyendo preparatorias como el Colegio de Estudios Científicos y Tecnológicos (Cecytec), el Centro de Bachillerato Tecnológico Industrial y de Servicios (CBTIS), entre otras. La mayoría se construyó con colaboración de los estados, y en algunas ocasiones con costo total a cargo del gobierno federal. Llegamos a tener más mil 100 bachilleratos nuevos y totalmente gratuitos.

Al mismo tiempo se crearon diversos centros de educación superior. En concreto fueron abiertas 140 universidades o centros de educación superior nuevos, gratuitos y muchos de ellos especializados en tecnología. El énfasis lo colocamos en la implementación de una política de universidades tecnológicas con interés en ingenierías.

En suma, el crecimiento de las instituciones públicas fue enorme, y a éste se sumó el esfuerzo que hizo el sector privado, como el Tecnológico de Monterrey y otras instituciones, que se expandieron de forma considerable. En 2012 México ya graduaban más de 100 mil ingenieros al año, una cifra muy alta. Son más ingenieros que los que se gradúan en Alemania y más de los que se gradúan en Inglaterra, Canadá o Brasil cada año. Este componente de preparación de jóvenes en materias de ingeniería, incluso en materias técnicas, es uno de los factores que más influyeron para que México se convirtiera en un verdadero campeón en la producción de manufacturas. Un activo pocas veces valorado que ha permitido el crecimiento de áreas exitosas de la economía mexicana y que influyó en la reducción de la emigración neta de estos jóvenes hacia los Estados Unidos.

11

Seguridad, la tarea inconclusa

LA CAPTURA DEL ESTADO

Desde que era candidato a la Presidencia tenía en mente un objetivo muy claro: *hacer de México un país de leyes*. Creía firmemente, entonces y aún ahora, que el futuro de México depende de su capacidad para convertirse en un auténtico Estado de derecho. Eso implica dar certidumbre a las personas y, en consecuencia, garantizar la seguridad pública de las familias mexicanas. Recuerdo que al rendir la solemne protesta como Presidente de la República refrendé como mi principal tarea ese mandato constitucional: "Cumplir y hacer cumplir la ley". Ése es el deber y el compromiso más alto que todo servidor público asume con la patria desde el momento mismo en que toma posesión del cargo.

Al llegar a la Presidencia encontré algo realmente preocupante: estaba ocurriendo lo que algunos especialistas denominan "captura del Estado" por parte del crimen organizado. Un fenómeno real que, si bien es difícil de observar a simple vista, explica una parte importante de la problemática de la seguridad y la violencia en México. El primer conocimiento directo que tuve sobre esa nueva y terrible realidad fue en 2004. Ya había renunciado a la Secretaría de Energía por diferencias con Fox, y fui a Tamaulipas a apoyar a los candidatos del PAN para las elecciones locales de noviembre. Al llegar al municipio de Miguel Alemán, en la llamada entonces Frontera Chica (luego llamada Riviera de Tamaulipas, o Rivereña), me sorprendió el nivel de temor y desolación en la que vivían sus habitantes. En desesperados comentarios que me hicieron los panistas del estado antes de empezar el mitin, me narraron las indignantes historias de terror que ocurrían en la zona.

En pocas palabras, un grupo de delincuentes autodenominado Los Zetas se había apoderado del municipio. Ellos autorizaban quién podía ser candidato y quién no, extorsionaban a la población y controlaban sus movimientos. Los compañeros estaban preocupados porque habían recibido amenazas por la mera celebración del mitin. Cuando les dije ingenuamente que no se preocuparan, que ahí estaba la policía (cerca de nosotros había dos patrullas de la municipal), me hicieron ver la realidad: "Felipe, ellos son Los Zetas". El mitin finalmente se llevó a cabo.

Nuestro dirigente municipal —cuyo nombre reservo— tuvo que huir pronto dejándolo todo. Por esos días, en el cierre del candidato a gobernador Gustavo Cárdenas, dije en mi discurso: "Si no gana el PAN este domingo, no es el PRI el que va a gobernar, van a gobernar Los Zetas". No me equivoqué: el candidato "ganador", Tomás Yarrington, del PRI, sería detenido en Italia 10 años después por solicitud de extradición de autoridades estadounidenses y mexicanas, acusado de delincuencia organizada y lavado de dinero.

Lo de Tamaulipas me hizo poner más atención al fenómeno. En ese 2004 también hubo elecciones en Sinaloa. En el mitin de cierre de campaña, en la avenida Obregón, de Culiacán, me dirigí a la multitud que apoyaba a nuestro candidato, Heriberto Félix. A unas cuadras de ahí se celebraba al mismo tiempo el cierre del PRI; en realidad era un festival de música de banda. En mi discurso ironicé al respecto: "A unas cuadras de aquí hay una reunión de bandas: está la banda El Recodo, la banda de Los Tucanes y ¡la banda del PRI! Y miren, si no gana Heriberto, quien va a gobernar aquí es el Cártel de Sinaloa".

"CON ESO NO HAY QUE METERSE"

Ya en mi campaña a la Presidencia fui constatando lo que tanto me había impactado en aquellas campañas de 2004. En algunas regiones del país quienes tenían el control de la seguridad, y quien verdaderamente gobernaba, no era el Estado mexicano a través de las autoridades legítimas, gobernaban los criminales. Y eso pasa cuando las policías se someten a los intereses de la delincuencia. Hoy por desgracia sigue ocurriendo —y en no pocos casos, en peores condiciones— en muchas regiones de la República. Así lo vi durante una visita a Tijuana, entonces gobernada por Jorge Hank Rhon, donde me reuní con empresarios y líderes sociales. En un acto convocado con el mayor sigilo, los empresarios, atemorizados, narraban cómo sufrían el azote de la delincuencia, en especial el secuestro y la extorsión.

Antes, en 2004, el gobierno de Fox había enviado fuerzas federales a Tijuana en uno de los operativos llamados México Seguro, pero se retiraron unas cuantas semanas después y los tijuanenses quedaron nuevamente en el más absoluto abandono. En aquella cena me manifestaban su preocupación, pues la policía del ayuntamiento era cómplice de los grupos delictivos que asolaban esa comunidad, y la población, literalmente, no tenía quien la protegiera. Me pidieron encarecidamente que, de llegar a la Presidencia, interviniera de inmediato con la presencia federal. Eso hice al poco tiempo de tomar posesión.

Los temas de violencia asociados con el crimen organizado venían subiendo de tono. En el primer debate presidencial, el 25 de abril de 2006, el candidato del PRI, Roberto Madrazo, me atacó duramente señalando esta situación. Para el efecto, exhibió en cadena nacional la fotografía de varias cabezas humanas que fueron colocadas en picos de la puerta de la alcaldía de Acapulco, entonces gobernado por Félix Salgado Macedonio. Meses antes, otro grupo criminal había arrojado cabezas humanas en plena pista de un centro nocturno en Uruapan, Michoacán. Eran síntomas de una situación de violencia aterradora que se empezaba a desbordar, como de hecho ocurriría poco tiempo después.

Como ya he dicho, en los largos cinco meses de transición de gobierno sólo pude ver tres veces al Presidente Fox. En una de esas reuniones, cuando tuve oportunidad de preguntarle sobre los temas de inseguridad, narcotráfico y crimen organizado, simplemente me contestó: "Con eso no hay que meterse".

LO QUE HAY DETRÁS DE LA VIOLENCIA

Todos los días, en el despacho presidencial, recibía un reporte puntual de homicidios y otros delitos en el país, y todas las semanas encabezaba una reunión con el gabinete de seguridad para efectos de evaluación, seguimiento y reformulación de estrategias, tratando siempre de entender y descifrar lo que pasaba en el país. Durante todos esos años, incluyendo los posteriores a la Presidencia, he profundizado en el análisis de lo que ha pasado y sigue pasando en el país. Quiero compartirles mis conclusiones sobre los orígenes y la probable solución a la violencia que azota a México.

Como he dicho, el fenómeno fundamental, que no sólo genera violencia e inseguridad, sino que pone en riesgo al Estado mexicano mismo, es la captura del Estado, eso que observé al llegar a la Presidencia y que había vislumbrado antes en Tamaulipas, Baja California, Sinaloa o Michoacán. El crimen organizado se estaba apoderando de pueblos y ciudades enteras. En muchos sitios la policía estaba completamente corroída por la corrupción. Los cuerpos policiacos, habituados o instruidos a recibir prebendas de los criminales a cambio de dejarlos actuar ("no hay que meterse"), no oponían resistencia alguna al avance de la delincuencia, que poco a poco fue tomando el control de la autoridad, primero en regiones rurales apartadas, luego en pueblos, más tarde en ciudades, y por último en estados completos, con la complicidad de algunos gobernadores.

De manera que el fenómeno de la captura del Estado avanzaba rápidamente sobre la interacción de dos procesos recíprocos muy peligrosos: por un lado, las instituciones de seguridad y justicia se estaban debilitando de forma acelerada, erosionadas por la corrupción o la amenaza del crimen organizado; por otro, el crimen organizado crecía de manera exponencial y tomaba el control de dichas instituciones para ponerlas a su servicio. Estos procesos, a su vez, habían sido generados por varias causas en las que vale la pena detenerse. La primera de ellas es de carácter económico: el cambio de modelo delincuencial.

MÁS INGRESO, NUEVO NEGOCIO

Con el surgimiento de mercados de consumo en México a finales del siglo XX, y en particular en las primeras dos décadas de este siglo, hubo un cambio drástico en la dinámica criminal: se generó un nuevo modelo de negocio que modificó el comportamiento de los grupos delincuenciales. Se trata del paso del narcotráfico al narcotráfico más narcomenudeo, sin que uno excluya al otro. Es decir, además del tráfico a los Estados Unidos, comenzó el nuevo negocio de la distribución y venta de droga al menudeo en nuestro país.

¿A qué se debió eso? No ha faltado quien diga que esto ocurrió porque los traficantes colombianos comenzaron a pagar no en dinero, sino en especie (cocaína), el trasiego de sus contrapartes mexicanas. Puede ser, pero basado en el conocimiento adquirido sobre el tema, lo que los criminales quieren más bien es deshacerse del dinero. Esta transición de narcotráfico a narcomenudeo tiene una razón fundamentalmente económica. Me explico: durante la segunda mitad del siglo XX el negocio de la delincuencia organizada, y que aún hoy le reditúa grandes rentas, fue el narcotráfico o, dicho literalmente, el tráfico de narcóticos hacia los Estados Unidos. Este negocio tradicional es estrictamente exportador. Durante la década de 1990 México comenzó a tener un mayor poder adquisitivo, a partir de la entrada en vigor del Tratado de Libre Comercio, que fue un factor clave para elevar el ingreso per cápita de los mexicanos de menos de 2 mil a más de 10 mil dólares. Además, comenzó un largo periodo de estabilidad económica que se logró desde la segunda mitad de la administración de Ernesto Zedillo, continuó en la de Vicente Fox y se consolidó en la mía.

En ese periodo de estabilización aumentó el ingreso de los mexicanos, se redujo la pobreza (25% menos entre 2000 y 2010) y, entre otras cosas, se redujo de manera notable la inflación hasta llegar a un dígito, con lo cual reapareció el crédito bancario (al consumo, de bienes duraderos, hipotecario); así que el consumidor promedio de esa incipiente clase media logró estabilizar su economía, y a la vez tuvo un mayor poder adquisitivo. En esencia, millones de mexicanos tuvieron acceso a una mejor y más amplia canasta de consumo, desde alimentos, ropa, artículos domésticos, computadoras, teléfonos inteligentes, pantallas planas, hasta automóviles y viviendas.

DEL NARCOTRÁFICO AL NARCOMENUDEO

El narcotráfico en México se había ya complicado con la estrategia seguida en Estados Unidos de cerrar por completo la llamada "ruta del Caribe" a la cocaína sudamericana que llegaba a la Florida. Al cerrarla, todo el tráfico comenzó a canalizarse a través de territorio mexicano a partir de los noventa. Si de por sí era ya un tema complicado, ahora había que agregarle que, con el aumento del ingreso y la capacidad de consumo de las familias también comenzó a crecer, por desgracia, el consumo de drogas. Ciertamente desde una base muy baja, pero México comenzó a ser un país consumidor y no sólo exportador de droga, con lo cual el negocio del crimen organizado cambió su perfil, con las consecuencias perniciosas que llegan hasta nuestros días.

Aunque son actividades que puede realizar un mismo grupo criminal, las diferencias entre narcotráfico y narcomenudeo existen y son sustanciales. En la exportación de drogas a los Estados Unidos el valor agregado, y con ello la ganancia, está en el transporte. Por ejemplo, tener la capacidad de pasar una tonelada de cocaína de Manzanillo hasta Tucson. En el nuevo modelo de negocio, en cambio, el valor agregado, y por tanto la utilidad, no está tanto en el transporte, sino en el control de múltiples puntos de venta. En el narcotráfico la clave es controlar las rutas, como es el caso de la carretera que va por toda la costa oeste, desde Guadalajara hasta Nogales. En el nuevo negocio, en cambio, la clave es controlar todo el barrio, el pueblo o la ciudad donde se distribuye la mercancía. Antes no había tantos choques entre grupos criminales porque las rutas por donde se transportaba la droga eran, en el mapa, líneas paralelas que, como los rieles del ferrocarril, nunca se cruzan. Esas carreteras van hacia la frontera norte, donde tienen diferentes puntos de cruce, no se intersectan entre sí. En el narcomenudeo, en cambio, los puntos de venta están establecidos en el mismo territorio, lo cual genera una disputa por la clientela de dichos puntos y, por tanto, una lucha descarnada por el territorio.

Otra diferencia: la gente que emplean. Para transportar una tonelada de cocaína oculta en un tráiler necesitan personal que puede contarse por decenas, centenas en extremo (chofer, garrotero, auto de protección, avanzada, etcétera). En cambio, para vender esa misma tonelada distribuida en bolsitas de un gramo, esto es, para colocar un millón de bolsitas de droga —suponiendo que no le hacen "cortes" para aumentar su volumen disminuyendo su pureza—, hablamos de miles: aquellos que transportan, empacan, distribuyen, venden, protegen, cobran. El narcomenudeo hizo necesario reclutar verdaderos ejércitos: no sólo una enorme fuerza de venta, sino sobre todo de información y protección, desde *halcones* hasta sicarios que garantizaran el control de *la plaza*.

EL CONTROL TERRITORIAL

Y he aquí una diferencia clave: el control territorial. En el negocio de exportación a los criminales les interesa controlar las *rutas*, por eso necesitan dominar, sea por cooptación o amenaza, a algunos policías de caminos, y del lado estadounidense controlar a agentes en la frontera. En cambio, en la distribución local de drogas, el negocio es *territorial*, buscan el control de las *plazas*, tienen que lograr el control de los policías en el área donde operan, porque tienen que hacer su negocio sin dificultades en los lugares donde venden.

¿Por qué buscan controlar territorios, cosa que no hacían cuando eran meramente traficantes? Porque la clave para el éxito de las ventas al menudeo, y esto va para casi cualquier negocio minorista, es el control de múltiples puntos de venta. En eso actúan como lo hacen empresas distribuidoras que operan dentro de la ley: para tener éxito, una gran panificadora necesita controlar sus múltiples puntos de venta todos los días. Sus decenas de miles de vehículos repartidores y sus operadores deben encargarse de retirar y sustituir la mercancía maltratada o inservible —por ejemplo, los pastelitos "apachurrados" y otras golosinas—, reacomodar los estantes, hacer cuentas con los distribuidores, desde una pequeña tiendita hasta un supermercado. Lo mismo ocurre con los refrescos o las cervezas: sus distribuidores tienen que remplazar los refrigeradores, recoger envases, hacer cuentas. La clave es el control de múltiples puntos de venta, lo cual implica controlar el territorio a través de una enorme red de distribución. En el caso de la venta de drogas ilícitas, para controlar los múltiples puntos de venta (bares, *table dances*, tienditas, sitios de taxis, etcétera), el crimen organizado también necesita controlar el territorio, aunque lo hace a través de la corrupción y la violencia, con otras y muy graves implicaciones.

Los grupos criminales inician buscando controlar al policía de la esquina; pero si pueden, controlarán al cuerpo policiaco entero. Por eso sobornan o amenazan: para obligar, a quien gobierna, a que los directores o responsables de la policía en los municipios, o incluso en algunos estados, sean designados por los criminales. Ésa es la condición que imponen a muchos gobernantes, desde sus campañas y, desde luego, una vez en el cargo.

LA PELEA POR EL TERRITORIO

En otras palabras, no es lo mismo pasar heroína a través de Ciudad Juárez que vender, *colocar*, la heroína en Ciudad Juárez (la ciudad con el mayor volumen de venta de heroína per cápita en América Latina). Así pues, *la disputa territorial es el factor que detona la ola de homicidios y violencia en México y que sigue hasta nuestros días*. Cierto, no existía en el siglo pasado, en los tiempos del narcotráfico, porque el mercado doméstico era irrelevante y no había disputa por el territorio, sino por el cruce a Estados Unidos. La nueva variable, la disputa territorial, surge a partir de la importancia que el territorio tiene para el narcomenudeo: la detonadora de la violencia fue la expansión y búsqueda de control territorial de los grupos delincuenciales y no, como algunos han señalado, la acción del gobierno. De manera tal que la violencia y la crueldad que se observan en México en las últimas dos décadas obedece en gran parte al modelo de negocio territorial, que busca, a través de la intimidación, el control de *plazas* de manera monopólica, y se las disputa con violencia extrema a grupos rivales, lo que no ocurría, en términos generales, con el narcotráfico tradicional.

LA EXTREMA VIOLENCIA

La venta ilegal de estupefacientes al menudeo tiende a ser un negocio monopólico. Tal vez porque requiere el control de la autoridad en un lugar determinado, y la autoridad, por su propia naturaleza, es monopólica. Digamos que sólo hay una autoridad, un solo "enchufe", y aunque haya muchas "clavijas" sólo puede conectarse una, domina una sola organización. El carácter monopólico del negocio desata el enfrentamiento y un aniquilamiento brutal entre grupos criminales. Se trata de mostrar poder y atemorizar a los adversarios, a la autoridad, y de paso también a los ciudadanos. Por eso hacen ostentación de su poder: circulan armados en grupos intimidantes de vehículos, dejan mantas anunciando sus fechorías y, lo que es aún más siniestro, generan con sus víctimas imágenes horripilantes de su crueldad. A un adversario, un distribuidor de un grupo rival, no sólo hay que matarlo, sino torturarlo, y dejar muestras visibles de crueldad: dejar su cabeza o los miembros mutilados a la vista de todos. Lo mismo hacen con quienes consideran traidores para dejar clara la lección.

OTROS FACTORES

La corrupción

Es evidente que este crónico mal que afecta a la sociedad mexicana, la corrupción, juega un papel muy relevante en esta problemática. ¿Es un problema cultural o institucional? ¿Se debe a que los mexicanos "así somos"? Me resisto a creerlo. Es cierto que esta tragedia de México la debemos en parte al terrible aprendizaje de antivalores y prácticas negativas que se transmiten de padres a hijos, de autoridades a ciudadanos, y viceversa en este caso. Es decir, dar una "mordida" al pasarse un semáforo se convierte en una práctica generalizada, no penalizada e imitada que, en el aprendizaje que reciben los niños de los adultos que realizan esas prácticas, se incorpora al patrón de comportamiento. Cuando la corrupción tiene éxito, cuando el que soborna en el semáforo llega antes que todos los demás, cuando el contratista tiene éxito con sus "moches", la corrupción se convierte en un ejemplo a seguir y su práctica se generaliza. Sin embargo, esto ocurre cuando instituciones débiles producen modificaciones en los patrones de conducta. Si, en cambio, se tuvieran instituciones sólidas, si la policía infraccionara siempre o incluso detuviera o retirara la licencia de conducir al infractor, la imitación colectiva sería exactamente al revés: lo que se generaliza es la práctica del respeto a los demás. Es curioso que muchos mexicanos infractores, cuando van al extranjero, por ejemplo, observan meticulosamente todas las leyes, incluyendo las de tránsito. Dice el refrán que "bien sabe el diablo a quién se le aparece". Cuando las instituciones funcionan, generan también valores positivos en la sociedad. El respeto a la ley y la cultura de legalidad es, sobre todo, fruto de gobiernos que cumplen la ley y la hacen cumplir; es una educación en la práctica. Por eso digo que la corrupción es medularmente institucional, independientemente de sus consecuencias culturales, es decir, de que malas instituciones generan incentivos que moldean comportamientos sociales.

Parte del problema es que la "cultura política" del viejo régimen, sintetizada en frases como "el que no transa no avanza", "lo dejo a su criterio", "un político pobre es un pobre político" (Hank), "no hay cosa más barata que la que se arregla con dinero" (Herrera), inoculó la vida pública de prácticas corruptoras que impidieron la construcción de instituciones y agencias del Estado eficaces, y en consecuencia impactaron en los valores y conceptos que moldean la práctica cotidiana de los ciudadanos.

Vuelvo al tema del crimen organizado. También aquí la "cultura política" tuvo un impacto funesto. Las consejas dadas de viejos políticos a nuevos eran —son— muy específicas: "mejor no meterse", "recibe el dinero y no te metas en problemas", "no te metas con ellos y no se meterán contigo", etcétera. Desde esta perspectiva, aquel acto de soborno de un conductor a la policía, que parece simple e intrascendente, adquiere otra dimensión cuando lo realiza la delincuencia organizada. En esencia, ambos casos son corrupción: cuando la autoridad se deja sobornar para permitir una infracción de tránsito y cuando se deja sobornar para dejarse controlar por un grupo criminal. Pero las consecuencias son descomunalmente distintas. Una vez que las policías están bajo el control de la delincuencia, trabajan para ella, no para los ciudadanos, y además, su capacidad y voluntad para perseguir otros delitos se entorpece o nulifica. Quien administra a la delincuencia común es el crimen organizado, no la autoridad, y lo hace más con propósitos de extracción de rentas de actividades "concesionadas" que con propósitos de protección ciudadana. En este último caso la consecuencia es, ni más ni menos, la captura del Estado y sus agencias, y con ello, el envilecimiento de la vida pública.

Es cierto, el crimen organizado soborna autoridades, siempre lo ha hecho. Sólo que aquí, en el tránsito de narcotráfico a narcomenudeo, la corrupción tiene implicaciones distintas y más peligrosas para los ciudadanos. Los sobornos en uno y otro modelo de negocio tienen distinto propósito: en el negocio de narcotráfico, los criminales sobornan a la autoridad para *pasar lo más rápido posible* por un lugar. Por esa razón, quizá la afectación a la seguridad de la población era relativamente menor. En el narcomenudeo, en cambio, el soborno es para *quedarse en el lugar,* no sólo para pasar. En el primer caso buscan pasar *sin ser vistos.* En el segundo, *necesitan ser vistos como los dueños de la plaza.* La corrupción que permite que se *entregue la plaza*, en realidad permite que se entregue la vida y el destino de las familias a los criminales. Esta es la tragedia de México y la razón por la cual el Estado no puede ser omiso ante la acción criminal.

La debilidad institucional

La debilidad institucional genera corrupción, y a la vez la corrupción provoca la debilidad institucional, un problema estructural crónico en

México. En el ámbito de la seguridad y la justicia hay muchas corporaciones muy débiles, y muchas muy corruptas. Por desgracia, en México la lógica de la corrupción es avasalladora. Otro factor importantísimo que determina la debilidad institucional es la falta de actualización y modernización de las agencias de seguridad y justicia. México ha cambiado drásticamente en los últimos 30 años. Pasamos de ser una sociedad rural a ser una sociedad en su mayoría urbana. El cambio generacional es brutal. La composición familiar se ha modificado de manera radical, han cambiado también los tipos y la formalidad del empleo, y un largo etcétera. Es decir, los problemas de la sociedad han crecido y se han vuelto más complejos. Sin embargo, las agencias de seguridad y justicia, por regla general, poco han evolucionado o, en todo caso, no lo han hecho al ritmo que la sociedad demanda. Y si de por sí traían desde hace décadas un rezago que las hacía insuficientes para contener el problema de la inseguridad y eran rebasadas por éste, a medida que han crecido los problemas de la sociedad ese déficit se ha exacerbado. En algunos casos seguimos teniendo corporaciones policiacas que se crearon hace 40 o 50 años y siguen operando igual ante una realidad muy distinta. Alguna vez el gobernador de San Luis Potosí, Marcelo de los Santos, a quien estimo, me dijo:

—Presidente, ayúdame, en San Luis, están cada vez más agresivos, la gente tiene temor.

—Con mucho gusto, gobernador —le contesté—; tú también tienes que modernizar tu policía estatal y las municipales. Además de las Fuerzas Armadas, cuenta con el apoyo presupuestal de las partidas que hemos creado para comprar patrullas, equipo, tecnología y, desde luego, armamento moderno.

Asintió con la cabeza, pero me compartió una preocupación:

—Todo está bien, pero en San Luis, Presidente, en la capital, las armas no. La gente es muy decente, la tradición es que la policía ande armada sólo con toletes —me dijo.

—Marcelo, antes sólo se dedicaban a controlar a escandalosos los viernes, ahora estamos enfrentando criminalidad de a de veras, ésta es otra realidad, mira las armas…

Al final, aceptó la ayuda y trabajamos juntos.

314

La transición política

México se preparó durante décadas, presionando desde la oposición y negociando desde el gobierno, para lograr la transición democrática que tuvo su punto culminante en la elección de 2000 que permitió la alternancia política y partidista. Nos preparamos con nuevas instituciones, poderosas, eficaces, ciudadanas, como el IFE, con nuevas leyes, con cuantiosos recursos. Sin embargo, nunca se preparó una transición para un nuevo régimen político sin el poder presidencialista de antes. El poder presidencial hegemónico de tiempos del PRI fue sustituido por el poder hegemónico… de los gobernadores, mayoritariamente del PRI. Cada estado se volvió, unos más otros menos, un feudo personal. Las instituciones, las leyes y los presupuestos democráticos cambiaron, pero las instituciones, leyes y presupuesto de seguridad y justicia permanecieron igual, o más bien dicho, empeoraron: las policías y las fiscalías quedaron al arbitrio del gobernador. Débiles, sin presupuesto, con su propia corrupción, sin rendición de cuentas y al servicio del pequeño neovirrey, la captura del Estado en el nuevo régimen político fue, por desgracia y de forma paradójica, increíblemente fácil para los grupos criminales.

La liberación de las armas de asalto

Otro factor que influyó para que el fenómeno de la violencia se exacerbara fue el hecho de que en 2004 expiró en Estados Unidos la Federal Assault Weapons Ban (ley federal que prohíbe la venta de armas de asalto), establecida por Bill Clinton cuando se incrementó el índice de matanzas en las escuelas estadounidenses.

Diez años después, cuando venció la prohibición, y ni la Casa Blanca ni el Congreso hicieron nada por prorrogarla, la ley expiró. Las tiendas de armas estadounidenses donde sólo se vendían armas semiautomáticas comenzaron a vender a nivel masivo armas de asalto automáticas, que disparan en ráfaga. De pronto, a partir de 2005, cualquier ciudadano estadounidense pudo comprar decenas y a veces cientos de fusiles AR-15 o AK-47, muchos de los cuales han ido a parar a manos de criminales mexicanos. En mi gobierno llegamos a decomisar 160 mil armas, y 85% de las que fue posible rastrear su origen habían sido vendidas en Estados Unidos. Para tener una idea del mercado baste mencionar que en la región fronteriza con México había nueve tiendas de armas por cada Walmart. Eso sin contar las ferias de armas.

Esta súbita liberación hizo que se inundaran las calles con este tipo de armamento, creando un terrible desequilibrio en la capacidad de fuego a favor de los criminales y en contra de las policías. En muchos de los pueblos y en los municipios rurales había un número reducido de policías armados apenas con pistolas .38 que de repente comenzaron a enfrentarse a comandos de tres o cuatro camionetas repletas de gente armada con ametralladoras, fusiles antiaéreos y lanzamisiles. Ese desequilibrio subsiste hasta nuestros días en muchas partes de México.

EL VERDADERO NEGOCIO: LA EXTRACCIÓN DE RENTAS

Capturado el Estado en esa dimensión local, el negocio de los criminales ahora no es sólo traficar o vender drogas, o la trata de personas o robar gasolinas. Su tarea, su verdadero negocio, es *extraer las rentas*, ilícitas o lícitas, de la sociedad. Por eso el crimen secuestra, extorsiona y establece cuotas de protección, o "derecho de piso", de esa manera obtiene dinero de todos y deteriora de forma irremediable la actividad económica. Esto es algo muy importante de entender: dejar avanzar a los criminales sí tiene funestas consecuencias para los ciudadanos y para la economía. Como decía Schelling,[1] el negocio del crimen organizado es sacarle dinero a la gente. Hay quien dice que extorsionan porque se les cancela la posibilidad de realizar otras actividades. En realidad, no es así: secuestran y extorsionan porque les

[1] Thomas C. Schelling, "What is the business of organized crime?", *The American Scholar*, 1971, pp. 643-652.

deja grandes utilidades y porque, ya apoderados de la policía y la autoridad, *lo pueden hacer*. Por *economías de alcance*: si una actividad ya realizada puede dejarles un ingreso adicional sin costo adicional, por supuesto que la realizan. Dueños de la plaza, le pueden cobrar a quien les da la gana. Es el precio de dejarlos crecer y dejar a los ciudadanos de una localidad en manos de los criminales, abandonados a su suerte.

EL COLAPSO DE LA SEGURIDAD

Cuando los criminales logran capturar al Estado en una localidad, su negocio deja de ser sólo vender droga, y descubren otro: el de la *extracción de rentas, lícitas o ilícitas, de la sociedad* a través del secuestro, la extorsión y el cobro de "cuotas de protección". Pero además, también algo grave es que se genera una franca impunidad. La sociedad ya sabe que "el que la hace, no la va a pagar". *Se pierde la amenaza creíble de que quien comete un delito será castigado*. Por lo demás, quien delinque ya no es sólo el crimen organizado. Delinque todo aquel que puede delinquir, no sólo los capos o los grandes criminales, pues se ha generado una atmósfera permisiva. La idea generalizada de impunidad propaga la idea de que se puede delinquir sin castigo, y quien no lo hacía comienza a hacerlo. Se colapsa entonces todo el sistema legal, se propaga la criminalidad, se pasa a la anarquía. Ya no delinquen únicamente los grandes grupos criminales. Toda la delincuencia está desatada, y algo peor: en la sociedad se generaliza el aprendizaje de que quien viole la ley tendrá éxito. Así, por ejemplo, a medida que se perdía el control en algunas ciudades del país, y que se generaba la tendencia mediática de que nada servía y que el gobierno era incapaz de resolver secuestro alguno —cosa que no era cierta—, comenzamos a observar casos de criminalidad realizados por mera imitación: estudiantes de preparatoria que secuestraban a sus propios compañeros, hijos secuestrados por bandas en las que participaba algún empleado de la familia, "que gozaba de toda nuestra confianza, pues tenía más de 20 años trabajando con nosotros". La masificación del delito.

Esquemáticamente, todo este proceso podría ser descrito de la siguiente manera:

De este análisis se desprende una conclusión importante: la ola de violencia y homicidios que sacude a México desde la primera década de este siglo, sin descartar otros factores, obedece fundamentalmente a esta disputa territorial entre criminales, consecuencia del cambio en el modelo de negocio. Sé que el hecho de que uno de los picos de la violencia coincida con mi gobierno facilita una conclusión simplista: la violencia la causa la estrategia del gobierno. Sin embargo, y sin negar las implicaciones del uso de la fuerza pública, *la causa fundamental de la violencia y los homicidios en México no está en la acción del gobierno o en la decisión de combatir a la delincuencia: está en el cambio de modelo de negocio que provoca una disputa territorial* que subsiste hasta nuestros días con una violencia y crueldad indescriptibles, mucho muy superior incluso a la vivida en el sexenio 2006-2012. Ciertamente coinciden en el tiempo, y por lo mismo la acción del gobierno y la violencia están correlacionadas, pero eso no determina una relación de causa y efecto. Es más, en muchos estados y circunstancias específicas (Tamaulipas, Acapulco, Chihuahua y en particular Ciudad Juárez; Tijuana o Nuevo León y en particular Monterrey) la violencia precede a la intervención gubernamental.

Mucho se ha usado una metáfora tan simple como mal intencionada y falaz: se dice que mi decisión de responder a la violencia criminal con la fuerza legítima y legal del Estado fue equivalente a "patear un avispero". Siguiendo ese símil, puedo asegurar que ni se pateó ni había necesidad de salir a patear nada: el avispero ya estaba dentro de la casa y las avispas invadían ya amplios espacios de la misma, se habían vuelto cada vez más agresivas, con aguijones cada vez más potentes y venenosos, y lastimaban a los habitantes de nuestro hogar común: México. Eso fue lo que hizo que gobernadores y congresos locales, incapaces de contener a los grupos criminales, solicitaran la intervención de las fuerzas federales en auxilio de las estatales, desbordadas por el fenómeno delincuencial. Y lo que correspondía hacer, responsablemente, era librar a los mexicanos de semejante peligro, limpiar la casa común, con la autoridad y la responsabilidad que se tiene desde el Estado, y eso hice. Es decir, en la metáfora, hay quien piense que bastaba echarle un trapo encima al avispero y pretender que no pasaba ni pasaría nada. ¡Y por supuesto que sí pasa!, si se les deja a tales criminales crecer y expandirse se toman para sí el control del Estado y, en consecuencia, se asumen dueños de la vida de todos los demás. Véase lo que siguen haciendo ahora: siguen secuestrando y matando sin piedad, así se trate de mujeres o de niños. La otra opción, la verdaderamente responsable, era hacerle frente al problema antes de que fuera inmanejable.

Si Andrés Manuel López Obrador o cualquier otro político hubiera ganado las elecciones en 2006, se habría topado con el mismo problema creciente y las mismas peticiones de ayuda. Y los conflictos territoriales entre grupos criminales tarde o temprano hubieran surgido en varias partes del país, con o sin su intervención. Y ese Presidente hubiera tenido que elegir entre meter la cabeza en la arena, tratar de pactar con los criminales o enfrentarlos para defender a los mexicanos. Yo elegí esto último, un camino que siempre dije que

319

tendría costos, pero que teníamos que recorrer. Y por ello he sido duramente criticado, a veces con más emoción que razón. Pero aseguro que en el caso de cualquier otro gobernante, así hubiera decidido no actuar, la violencia brutal entre grupos se habría presentado, porque responde a su propia dinámica.

¿Influye en la violencia la acción del gobierno sobre los criminales? ¡Por supuesto! De la misma forma en la que la regulación incide en el comportamiento de las industrias legales, pero no lo determina. Más allá de la acción del Estado, e independientemente de ella, el factor *determinante, el origen de fondo* de la violencia es la disputa territorial que inició antes de mi gobierno, aunque menor, y continúa muchos años después de concluido el mismo. Si como dice el discurso de mis críticos, hoy convertido en propaganda oficial, la violencia se debe a la "guerra de Calderón", entonces la violencia debió terminar en 2012. Porque se olvida, convenientemente, que los funcionarios del gobierno que llegó después del mío aseguraron orgullosos, una y otra vez, que ellos no estaban siguiendo la misma estrategia. O la violencia debió terminar en 2018, cuando el Presidente actual declaró "el fin de la guerra" (suponiendo que la hubiera habido). Pero ni en el sexenio de Peña Nieto ni en lo que va del de López Obrador se ha logrado contener la violencia. Todo lo contrario: hoy hay más asesinatos, casi el doble que al final de mi administración, y más violencia que nunca en México. Es la disputa territorial, la carencia de una autoridad fuerte, legítima, creíble, superior a los bandos criminales, que pueda restablecer el orden, y la carencia de un sólido tejido social, lo que detona y alimenta la violencia. Mientras esto no se entienda, el problema no tendrá un diagnóstico correcto y, por tanto, no podrán aplicarse las soluciones adecuadas.

LA ESTRATEGIA INTEGRAL

Desde la campaña presidencial realicé una serie de propuestas en materia de seguridad que llevaría adelante al llegar a la Presidencia. Esas propuestas están contenidas en varios documentos: la plataforma electoral que registramos ante el IFE y en particular en el libro que publiqué bajo el título *El reto de México*, y que luego incorporé en el Plan Nacional de Desarrollo. Pero el documento integral con la estrategia, y que además contó con un amplio consenso social y político, vendría después: el Acuerdo Nacional para la Seguridad, la Justicia y la Legalidad.

En efecto, la estrategia se fue moldeando de acuerdo con la información y la experiencia que se adquiría prácticamente todos los días. Sin embargo, tuvo también factores apremiantes. Uno de ellos fue, por desgracia, una tragedia: el hijo de un mexicano ejemplar, empresario y líder social muy comprometido, Alejandro Martí, fue secuestrado. Después de una larga y angustiosa espera lo asesinaron a pesar de que los familiares pagaron su rescate. El reclamo indignado de Alejandro Martí: "Si no pueden, renuncien", fue un dolorosísimo acicate. Aceleramos la revisión de los programas y presionamos la negociación con gobernadores, alcaldes y otros poderes.

De este modo, el 21 de agosto de 2008 se suscribió en el Palacio Nacional precisamente el Acuerdo Nacional por la Seguridad, la Justicia y la Legalidad, el cual firmaron representantes de los poderes Ejecutivo, Legislativo y Judicial, todos los gobernadores de los estados (incluido el jefe de Gobierno de la Ciudad de México, Marcelo Ebrard), presidentes municipales, universidades, organizaciones no gubernamentales y de la sociedad civil, cámaras empresariales, sindicatos y medios de comunicación. El acuerdo perfilaba una agenda integral con tareas específicas para prácticamente todos los que lo pactamos y es, a final de cuentas, el documento fundamental de la estrategia de seguridad no sólo de mi gobierno, sino también de los poderes Legislativo y Judicial, así como de los gobiernos locales y otros actores sociales. De su sola lectura se desprende su integralidad, pero además es un documento validado socialmente, quizá como ningún otro. Por eso carece de fundamento la crítica que se ha hecho en el sentido de que se actuó sin una estrategia clara. No sólo se tenía una estrategia, sino que además ésta fue consensuada con los gobernadores, los poderes de la Unión y otros actores políticos y sociales. En todos esos documentos está contenida la estrategia integral en materia de seguridad pública, que incluye una serie de medidas, objetivos, políticas públicas y responsables específicos de su cumplimiento, que podría resumirse en tres ejes fundamentales: *1) combate a la delincuencia; 2) reconstrucción de agencias y organismos de seguridad y justicia para hacerlas confiables y eficaces*, y *3) reconstrucción del tejido social* por medio de la creación de oportunidades de educación, salud, esparcimiento, cultura, deporte y empleo, en particular para jóvenes.

1) Combate a la delincuencia

Para muchos lectores sonará obvio y elemental, pero para varios políticos y analistas no lo era, y no lo es. Para ellos el principal error que cometí fue combatir a los delincuentes. Aseguran que la acción del Estado fue el factor detrás del incremento de la violencia y sentencian: la estrategia "militar" fue fallida. Para muchos ciudadanos en cambio era y es fundamental que el gobierno se ponga de su lado y combata la delincuencia como es su deber. Un deber constitucional, sí, pero también una obligación ética. No es sorprendente que en los estudios de opinión pública la mayoría de los ciudadanos —entre 60 y 80%, dependiendo de la encuesta y el momento— estaba a favor de la acción del gobierno. Este divorcio entre las élites de opinión y lo que verdaderamente piensan los ciudadanos es algo que pocos toman en cuenta en el análisis de las circunstancias durante mi gobierno.

2) Reconstrucción de agencias y organismos de seguridad y justicia, para hacerlos confiables y eficaces

Era indispensable revisar cuáles eran los elementos confiables, cuáles no, y separar a estos últimos de las corporaciones. A medida que transcurría el tiempo íbamos descubriendo más y más agentes de la ley sobornados por la delincuencia. Las llamadas "narconóminas" eran listas de comandantes y agentes pagados, semana a semana, por los delincuentes. Los ejemplos son incontables, baste uno por ahora:

en una ocasión el Ejército detuvo a una célula de Los Zetas en Coahuila. Al hacerlo manifestaron que ese grupo sobornaba al fiscal del estado. En la primera oportunidad se lo comenté al gobernador Humberto Moreira, quien se negó a removerlo de su cargo y lo sostuvo hasta el final de su gobierno. Tiempo después fueron detenidos operadores de Los Zetas con dinero en efectivo, empacado en sobres al vacío, con el nombre de los destinatarios de la "nómina legal", es decir, policías y funcionarios. Uno era para el hermano de ese fiscal, que también trabajaba en la administración de Moreira. Curiosamente, los principales líderes Zetas: Lazcano, Treviño y otros, tenían su residencia principal en Coahuila. Para el anecdotario, el día que la Unidad Especial de Marina andaba en su persecución, me llamó el gobernador: "Presidente, ¿por qué anda la Marina en Coahuila? ¡Si en Coahuila no hay mar!" Tiempo después de que yo dejara la Presidencia, se fue conociendo un evento macabro: Los Zetas habían arrasado con un pequeño poblado, asesinando a familiares de alguien que supuestamente los había traicionado e incluso demoliendo algunas casas. Los cuerpos de algunas de las víctimas fueron incinerados ¡dentro del penal estatal de Piedras Negras!

Ante este sometimiento de las agencias de seguridad y justicia por parte del crimen organizado, sea por corrupción, sea por intimidación, o sea por mera debilidad estructural y presupuestal, había que transformar al Estado por medio de sus agencias encargadas de proveer seguridad, procurar y administrar justicia. Era, pues, fundamental revisar la integración de las policías y ministerios públicos en el país y renovarlos por completo. Ver quién era confiable y quién no, y en este último caso sacarlos de inmediato de las agencias de seguridad y justicia.

Al mismo tiempo era necesario implementar un intenso programa de capacitación y mejora de condiciones laborales para aquellos en quienes sí pudiéramos confiar y, en consecuencia, diseñar también un mecanismo confiable para examinar y renovar las policías y los ministerios públicos. Idealmente también debía incluirse al Poder Judicial. Por desgracia, cada vez que hacíamos una alusión a ese poder desde el Ejecutivo, alguno de sus integrantes consideraba que era algo que atentaba contra la división de poderes. Por otra parte, había que dotar a las dependencias encargadas de la seguridad, procuración y administración de justicia de recursos presupuestales, así como de equipo moderno de la más avanzada tecnología y capacidad operativa.

3) Reconstrucción del tejido social

Había mucho que hacer: generar espacios deportivos y recreativos en lugares de conflicto social (de ahí la importancia del programa Rescate de Espacios Públicos, con el cual logramos llegar a casi 10 mil sitios), la creación de oportunidades educativas (creamos mil 100 bachilleratos y 140 universidades públicas, totalmente gratuitas). También impulsamos la creación de orquestas juveniles en lugares conflictivos (TV Azteca, por ejemplo, tiene un programa que con el apoyo económico del gobierno pudo tener éxito). Además, con el decomiso de dinero realizado a un traficante de origen chino (204 millones de dólares), que es el decomiso más grande registrado en el mundo, se crearon 335 Centros Nueva Vida de Atención y Prevención de Adicciones en distintos puntos del país, entre muchas otras acciones.

FORTALECIMIENTO INSTITUCIONAL: LA NUEVA POLICÍA FEDERAL

Conforme a la estrategia descrita, y en particular al segundo de sus ejes, reconstrucción y fortalecimiento de las agencias y organismos de seguridad y justicia, concebimos el mayor órgano de policía civil que se haya creado en el país en mucho tiempo: la Policía Federal, una institución dirigida y conformada por elementos civiles para prevenir y combatir con tecnología e inteligencia el delito. Ante este sometimiento de las agencias de seguridad y justicia por parte del crimen organizado, necesitábamos, y seguimos requiriendo, policías confiables, eficaces y bien pagados. Crear la Policía Federal respondía a ello.

EL MANDO CIVIL

Mi convicción era y es que para construir instituciones de seguridad a nivel federal la vía es una Policía Federal dirigida por civiles y supervisada por civiles. Frecuentemente se pretende describir y descalificar lo que hicimos con la palabra *militarización*. Y sí, para enfrentar a grupos de la delincuencia organizada que azotaban regiones enteras con armamento de enorme poder bélico, había que usar el poder del Estado, cuya mayor capacidad está en nuestras Fuerzas Armadas para defender a la sociedad. Pero siempre dije, y actué en consecuencia, que el problema de largo plazo requería como solución instituciones civiles fuertes y confiables de seguridad y justicia. Aunque las Fuerzas Armadas deben desempeñar un papel subsidiario y transitorio en tareas de seguridad interior, estoy convencido de que el aparato estatal que necesitamos debe tener un carácter civil. Y mientras algunos hablaban de "militarización", en los hechos impulsamos una reforma constitucional al artículo 21 constitucional para asegurar el carácter civil de las instituciones de seguridad pública. Decía el párrafo modificado del artículo mencionado: "Las instituciones de seguridad pública serán de carácter civil, disciplinado y profesional. El Ministerio Público y las instituciones policiales de los tres órdenes de gobierno deberán coordinarse entre sí para cumplir los objetivos de la seguridad pública y conformarán el Sistema Nacional de Seguridad Pública".

En suma, se trataba de construir una nueva policía que fuera confiable, eficaz, bien entrenada, bien pagada, con tecnología de punta y, contra lo que dicen mis críticos, una *policía completamente civil*.

La anterior Policía Preventiva se integraba por policías de Caminos a los que de forma esporádica se les unían brigadas militares, que en las ocasiones en que se requería la actuación de la policía —por ejemplo, en los operativos México Seguro de Fox— eran uniformados como policías. De hecho, al principio tratamos de integrar la policía con algunas unidades de Policía Militar que se incorporarían a la nueva Policía Federal, con lo cual iríamos más rápido. Aunque formalmente obedecían mis órdenes, la verdad es que en la práctica nunca se concretó, por una u otra razón, el cambio de soldados a policías federales. Vista la renuencia que en los hechos se presentaba, la decisión fue continuar con el reclutamiento de aspirantes civiles. Al final creo que fue lo mejor.

EL CONTROL DE CONFIANZA

Así, la nueva Policía Federal fue integrándose con personal nuevo, cuidadosamente seleccionado a través del procedimiento de control de confianza que permitió ir estableciendo cada vez mayores márgenes de confiabilidad. Este control de confianza fue diseñado a partir de las mejores prácticas internacionales: por ejemplo, el proceso de *vetting* por el que pasan miembros calificados de agencias internacionales muy reconocidas como el FBI estadounidense o el MI-6 inglés. Consiste en aplicar diversos exámenes a cada elemento o aspirante a formar parte de una corporación: psicológico, toxicológico, médico, socioeconómico y, por último, el poligráfico —el llamado "detector de mentiras"—, con lo cual la confiabilidad de los elementos se eleva de manera considerable. Eso había que complementarlo con una enorme inversión —que se hizo— en tecnología de punta y un esfuerzo sin precedentes en la capacitación del personal.

Cuando creamos la Policía Federal, todo aspirante tenía que pasar por las cinco pruebas, que eran muy rigurosas, y pronto empezaron a funcionar. Luego, el mismo método de control de confianza se comenzó a aplicar en la PGR y también entre militares y marinos, no sin cierta dificultad. Los propios mandos militares comenzaron a aplicar el control de confianza entre el personal.

Me criticaban argumentando que el polígrafo podía fallar, lo cual es cierto, pero las probabilidades de acierto son muy elevadas. En definitiva, preferí un método de reclutamiento, selección y permanencia, con 90, o si se quiere, 80% de confiabilidad, a nada, como desafortunadamente ocurría antes y aún ahora, en muchos cuerpos policiacos, dado el debilitamiento y desmantelamiento de los sistemas de control de confianza.

Al reclutamiento de la Policía Federal se le logró imprimir una mística especial. Conocí historias de jóvenes que se enlistaban ilusionados con la idea de servir a México. Así, logramos reclutar en poco más de cuatro años a 36 mil nuevos policías. De ellos, al menos 12 mil, una tercera parte, eran jóvenes graduados de diversas universidades. De estos últimos, la mayoría no estaban a bordo de patrullas o en la calle; trabajaban en equipos, detrás de computadoras, monitoreando bandas criminales, elaborando redes de conexiones delincuenciales, integrando archivos, armando investigaciones, desarrollando tareas científicas, trabajando con la tecnología más moderna.

Otra crítica recurrente ha sido que la estrategia se limitaba al uso de la fuerza en vez de realizar labores de inteligencia. Nada más alejado de la realidad. En la línea estratégica de fortalecimiento de las agencias de seguridad y justicia creamos precisamente la Plataforma México. Desde la campaña electoral había propuesto agregar un fuerte contenido tecnológico e informático al programa de seguridad pública; en concreto, propuse crear un sistema único de información criminal. Ésa fue la lógica que nos llevó a construir la plataforma. Contrario a las afirmaciones sin fundamento de que en mi gobierno la estrategia se limitaba al uso de la fuerza, siempre he estado convencido de que la parte de inteligencia y tecnología es determinante para el éxito o el fracaso de la acción del gobierno. De hecho, una vertiente importante de la cooperación negociada con el gobierno estadounidense fue que nos proporcionara inteligencia y tecnología. Empezamos a obtener para nuestras policías y fuerzas federales la tecnología más avanzada, el *state-of-the-art*, en términos de inteligencia para el combate al delito. Por otra parte, las agencias mexicanas y las Fuerzas Armadas tuvieron un acceso sin precedentes a la inteligencia estadounidense en materia de seguridad nacional, combate al terrorismo y al crimen organizado. Quizá nunca ha tenido el gobierno mexicano tanta información de inteligencia en estas materias.

La Plataforma México fue una súper base de datos que empezó a coordinar la información nacional e internacional. Antes, un sujeto podía tener una orden de aprehensión en el Estado de México y ser al mismo tiempo policía en Guerrero. Al terminar mi gobierno esa gran base de datos tenía ya más de 500 millones de registros, desde huellas dactilares y de balística hasta incidentes de tránsito. Su utilidad era fundamental. Funcionó, por ejemplo, después de la tragedia del Casino Royal en Monterrey, donde el 25 de febrero de 2011 un grupo delincuencial arrojó bombas incendiarias en el lugar tras no haber recibido de los administradores un pago de extorsión. El incendio en el casino alcanzó dimensiones descomunales: un puesto de palomitas que estaba justo al cruzar la puerta principal tenía un tanque de gas LP, el cual fue alcanzado por el fuego inicial y explotó, bloqueando la entrada del casino. Las puertas de emergencia, criminalmente, estaban cerradas. Fue uno de los hechos más desoladores que me tocó vivir. Durante toda esa tarde y noche estuve recibiendo los constantes informes del director del Cisen, quien me informaba acerca del número de víctimas que se iban encontrando en el sitio, hasta alcanzar la trágica cifra de 52 fallecidos. Aún no acababa de amanecer cuando Margarita y yo estábamos abordando el avión para acudir a Monterrey. Por la mañana, estábamos presentes a las puertas del Casino Royal guardando un minuto de silencio; personalmente les di mis condolencias a muchos de los familiares de las víctimas. A los pocos días, una huella dactilar encontrada en la puerta de uno de los autos que usaron los agresores, y que estaba registrada en la Plataforma México, fue clave para detenerlo, y poco a poco detener a la mayoría de los autores de tan cobarde crimen. Por desgracia, según entiendo, la Plataforma México fue subutilizada y en buena parte desmantelada al desaparecer la Secretaría de Seguridad, y sometida al mando del Secretario de Gobernación Miguel Osorio Chong, ya en la administración del Presidente Peña Nieto. Comprendo que para algunos de los nuevos funcionarios se trataba de una mera compra de computadoras, y ellos conocían mejores proveedores. Mucho del avance se perdió. Quizá lo que más me asombra es que haya quien siga afirmando que ese gobierno y el que yo encabecé tuvieron la misma estrategia de seguridad. Las cosas se han agravado hoy: recientemente la Unidad de Inteligencia de la ssp, que maneja la Plataforma México, en lugar de perseguir delincuentes demostró estar dedicada a investigar voces críticas al gobierno de López Obrador, y a "denunciarlas", incluyendo una acusación calumniosa sobre mi hijo, en una rueda de prensa presidencial, algo fuera de su función y de dudosa legalidad. Y mientras esto hacía, eran asesinados cobardemente mujeres y niños en el estado de Sonora, prendiendo fuego al vehículo donde viajaba una mujer con sus cuatro hijos menores.

En la Ciudad de México, en la avenida Constituyentes, se construyó un búnker, así como una gran instalación operativa en Iztapalapa, desde donde se administraba la base de datos de la Plataforma México, y se podía dar seguimiento a operaciones en tiempo real. Comenzó a surgir una policía moderna, profesional, confiable. Estoy seguro de que si después de mi administración se hubiera continuado con la trayectoria ascendente de presupuesto, voluntad política, esmero en el reclutamiento y organización, estaríamos ya viendo los frutos esperados en materia de seguridad.

En este mismo rubro, de reconstrucción institucional, se aprobó la reforma penal más importante de la era moderna: cambiar el proceso inquisitorial por uno adversarial, con presencia directa de los jueces y desahogo inmediato de pruebas y argumentos, lo cual le ha dado más transparencia al proceso. Con la reforma institucional tuvimos, como en todo, aciertos y errores. Esa reforma fue un acierto. En cambio, las reformas constitucionales en materia de derechos humanos, impulsadas de buena fe por Santiago Creel y otros legisladores, terminaron por ser desafortunadas. Éstas implicaron ampliar al extremo las garantías para los procesados, potenciándolas a su favor, de manera tal que el mayor beneficio procesal que pueda haber en cualquier legislación del mundo se consideraría parte del derecho interno mexicano, y facultaría a los jueces y a otras autoridades para interpretar el alcance de dichas garantías, e incluso a separarse de la norma cuando consideren que contraviene un tratado internacional o la Constitución en materia de un derecho humano. Estas modificaciones se hicieron de buena fe, pero con una enorme ingenuidad: nos han llevado a un "hipergarantismo" que exacerba la impunidad, pues se ofrece todo tipo de medios a los procesados para obtener una libertad que en ocasiones no se justifica. Al mismo tiempo, se ignoró la difícil realidad de inseguridad en México y, de manera paradójica, ha ocasionado incluso una mayor indefensión para quienes ven vulnerados más que otros sus derechos humanos: las víctimas y sus familiares.

De mis experiencias en el tema, buenas y malas, tengo una conclusión que repetía constantemente: *En México habrá seguridad, cuanto tengamos 32 policías y fiscalías estatales confiables y eficaces.* En efecto, sin la acción decidida de los gobiernos estatales por depurar sus cuerpos policiacos, el problema definitivamente no se resolvería, y en efecto no se ha resuelto ni se resolverá. De hecho, hoy muchas de las autoridades locales prefieren evadir su responsabilidad y depender del apoyo federal que correr el riesgo incluso personal y realizar el gasto económico y político de transformar sus policías y ministerios públicos. Por paradojas de la política, muchos medios y analistas nunca hablaron de "los muertos de" los gobernadores corruptos que traicionaron a la sociedad al coludirse con la delincuencia organizada. Algunos casi nunca emiten un juicio de valor sobre los verdaderos asesinos, y a veces ni siquiera se refieren a ellos. Pero sí han sido y son implacables con las decisiones tomadas por mi gobierno para defender a la sociedad. Muchas veces me pregunté el porqué de este doble rasero de indignación selectiva.

También me he preguntado si fue correcto apoyar a los gobiernos locales con las fuerzas federales, que eso eran a final de cuentas los operativos. Era indispensable hacerlo, pero al mismo tiempo se generaba un incentivo perverso: mientras más apoyo federal había, menor era el esfuerzo de los gobiernos locales por transformar sus propias instituciones. En efecto, muchos gobernadores preferían esforzarse en conseguir el apoyo central en lugar de limpiar la corrupción en sus propias agencias, despedir a los elementos no confiables y reclutar y preparar a otros que sí lo fueran (ésa es la verdadera solución).

La disyuntiva ética de la decisión era enorme. La otra opción era negar el apoyo federal para ver si así reaccionaban los gobernadores, pero ello habría significado abandonar a la población a su suerte. Aun así, mi intuición es que la mayoría de los que no respondieron a su responsabilidad no lo hubieran hecho tampoco en esas circunstancias. Salvo notables excepciones, los gobernadores no respondieron, y de los actuales muchos siguen evadiendo su responsabilidad. Cuando llegué a decir con claridad y firmeza que muchos gobernadores no estaban haciendo su trabajo, éstos movilizaban ingentes recursos mediáticos y políticos para que el reclamo fuera retratado como que el Presidente los culpaba del "fracaso de su estrategia". Ante la duda, preferimos siempre intervenir, porque la gente pedía y necesitaba de manera desesperada la ayuda del gobierno federal. Sin apoyo de los gobiernos locales, negar el apoyo federal hubiera significado dejar a las familias abandonadas a su suerte, a expensas de los criminales.

MICHOACÁN, INEVITABLE PRIMER PASO

Es precisamente en Michoacán, mi propia tierra, donde comienzo a conocer de manera más detallada las nuevas formas de operar de la delincuencia. El gobernador era entonces Lázaro Cárdenas Batel, con quien llevaba una buena relación a pesar de tener orígenes históricos y partidistas diferentes. En los distintos momentos en que conversamos, ya en mi calidad de Presidente electo, me fue poniendo al tanto de una situación alarmante: el grupo criminal La Familia Michoacana —así se hicieron llamar, por ejemplo, en la cartulina que dejaron en el centro nocturno de Uruapan, donde hicieron el macabro lanzamiento de cabezas humanas— se estaba apoderando de regiones cada vez más amplias del estado, en particular en Tierra Caliente.

Aunque en su origen eran organizaciones avocadas a la producción y trasiego de marihuana hacia Estados Unidos, y tiempo después de metanfetaminas cuyos insumos ingresaban por los puertos de Lázaro Cárdenas y Manzanillo, su composición y modo de operación había evolucionado de forma drástica y dramática. Ahora se comportaban como si fueran gobierno, pues ejercían sus atribuciones esenciales: imponían "la ley" donde se establecían, recolectaban "impuestos" de manera paralela (pedían dinero lo mismo a los ganaderos que a los productores de limón o de aguacate, es decir, extorsionaban al sector productivo); también impartían "justicia", pues cobraban deudas extrajudicialmente —verdaderas o no, cobrando para ellos otro tanto del principal— por medio de violencia y amenazas. Al final eran ellos, y no el Estado, quienes tenían el monopolio de la "fuerza pública" en los lugares que dominaban. La captura del Estado en pleno.

Le pregunté a Cárdenas por qué no actuaban las policías locales en contra de ellos. Con franqueza me dijo que las policías municipales, casi por definición, estaban controladas por esos grupos, y eran definitivamente más débiles que ellos, y que no sabía en qué medida o a qué nivel estaban infiltradas y controladas su propia policía y la procuraduría local, de tal manera que habían sido infructuosos sus esfuerzos por hacerlas actuar en contra de las organizaciones criminales y, en todo caso, su fuerza sería insuficiente frente al poder de aquéllas. El apoyo de las fuerzas federales era indispensable, argumentaba, y eso concluimos.

Entonces me reuní con representantes de Gobernación, del Centro de Inteligencia y Seguridad Nacional (Cisen), de la Defensa (Sedena), de la Marina (Semar), de la Secretaría de Seguridad Pública (SSP) y de la Procuraduría General de la República (PGR) (las dependencias de seguridad), quienes, con mayor o menor detalle, me corroboraban la información que me dio el gobernador de Michoacán. Se trataba de una situación insólita y, desde luego, mucho mayor en complejidad y peligrosidad de lo que las apariencias mostraban. Había que actuar, y lo más pronto posible. Estábamos en ese proceso cuando ocurrió un hecho singular: integrantes de La Familia Michoacana que se encontraban presos en el penal de Mil Cumbres retuvieron en calidad de rehenes a varios jóvenes pasantes de derecho que, increíblemente, ¡eran sus propios defensores de oficio! La situación evolucionó con rapidez: esa misma tarde esos cobardes asesinos degollaron dentro del penal a los pobres muchachos. El gobierno de Michoacán nada pudo hacer y el gobierno federal (todavía la administración anterior) de plano nada hizo. Cuando le pregunté a Cárdenas por esta situación, me dijo que por desgracia no era algo inesperado, pues durante meses le había pedido al Presidente Fox la intervención de las fuerzas federales para controlar la situación en el estado, sin obtener una respuesta positiva.

A partir de tan trágica experiencia, en mi gobierno profundizamos en el análisis de la situación, primero con mi equipo de transición, y ya una vez nombrado el gabinete de seguridad, con sus integrantes. En los primeros días de diciembre dedicamos mucho tiempo a explorar las alternativas. El gobernador, por su parte, solicitó por escrito la intervención federal. Tras varias reuniones del gabinete de seguridad para analizar el tema, así lo hicimos: coordinados por el Secretario de Gobernación, Francisco Ramírez Acuña, iniciamos lo que se llamaría el Operativo Conjunto Michoacán, con una importante intervención de todas las dependencias de seguridad. Al principio tuvo muy buenos resultados: la calma volvió a Michoacán, y durante ese año la violencia se redujo notablemente. Como era de esperarse, los operativos sólo proveerían una solución temporal, entre otras cosas por la falta de instituciones sólidas locales de seguridad y justicia, que asumiendo su responsabilidad pudieran remplazar a las federales una vez terminado el operativo. Muchos de los cabecillas de La Familia Michoacana huyeron y se refugiaron en los dominios de quienes entonces eran sus aliados: el Cártel del Golfo-Zetas. Las labores de inteligencia llevaron de inmediato las investigaciones hacia Reynosa y la frontera de Tamaulipas. El lugar me resultó familiar, a la luz de lo que había visto y vivido en la campaña electoral dos años atrás.

LA DISPUTA TERRITORIAL CONTINÚA...

A medida que avanzaba la acción del gobierno, podíamos conocer más en detalle el área de influencia de los distintos grupos criminales. Muchos de los principales conflictos venían de años atrás y con el tiempo escalaron. Otros surgieron de rupturas ocurridas durante esos difíciles años. Por ejemplo, la violencia en Tijuana estaba asociada desde más de un lustro antes a una disputa entre el *Chapo* Guzmán y los hermanos Arellano Félix por la ruta de salida de la droga. Esta pelea se convirtió después en una lucha por el dominio de Tijuana, cuando la policía cayó bajo el control de los delincuentes, y la extracción de rentas de la sociedad por medio de cualquier tipo de crímenes se volvió un negocio. A esa lógica respondía la violencia en esa ciudad, que pudimos controlar con mucho esfuerzo y sólo con la acción conjunta de los tres órdenes de gobierno, como se detallará más adelante.

Varios brotes de violencia respondieron a estas características. Quizá el más grave fue el de Ciudad Juárez. La información que provenía de las agencias federales de seguridad, nutrida en gran medida por el alto grado de cooperación que se llegó a tener con el gobierno de los Estados Unidos, fue corroborada por diversos testimonios que han ofrecido miembros detenidos de estos grupos, así como de testimonios ante audiencias judiciales tanto en México como en Estados Unidos.

Está claro, por ejemplo, que había una rivalidad a muerte entre los hermanos Carrillo Fuentes (del Cártel de Juárez) y el *Chapo* Guzmán (del Cártel de Sinaloa). Éste mandó matar a Rodolfo Carrillo en 2004, y los hermanos Carrillo, a su vez, ordenaron el asesinato del hermano del *Chapo*, Arturo Guzmán, en 2005, cosa que ocurrió cuando la víctima estaba presa ¡en el penal de "alta seguridad" del Altiplano!, casi dos años antes de que yo asumiera la Presidencia de la República.

En general, los grupos criminales se expanden en su búsqueda de nuevos mercados, y en esta disputa no fue la excepción; cuando ocurren intersecciones, comienzan las terribles disputas territoriales. En este caso concreto hay declaraciones de diversos detenidos vinculados a ambos grupos en el sentido de que existía un acuerdo entre el Cártel del Pacífico y el de Juárez, pero que fue roto por el *Chapo*, quien ordenó a un grupo llamado Los Pelones asesinar rivales en Ciudad Juárez, mientras que a sus asociados les decía que él no era el responsable.

Como ocurre casi siempre entre delincuentes, los acuerdos se volvieron insostenibles. La rivalidad se fue haciendo cada vez más grande, hasta que comenzaron a disputarse con violencia inaudita Ciudad Juárez, una de las ciudades más grandes del país, y con enormes contrastes entre riqueza y miseria. ¿Peleaban a causa de una rivalidad familiar? Sí, pero no sólo eso, peleaban también y fundamentalmente por negocios: por una parte, la ruta hacia Estados Unidos a través de El Paso y, por otra, el mercado que representa Ciudad Juárez, la ciudad con el mayor consumo de heroína per cápita y en términos absolutos en América Latina.

Por eso el Operativo Conjunto Michoacán al que ya me he referido y, meses después, el Operativo Conjunto Tijuana. Había que cumplir la palabra empeñada con los tijuanenses en aquella reunión, si no confidencial, sí muy discreta, de la que ya hice mención. Tanto de esos operativos como de los implementados poco después, como los de Tamaulipas y Acapulco, obtuvimos valiosas conclusiones. La más importante era que se requería una *acción integral*: prevención, cambio de condiciones sociales y económicas de la población más vulnerable, revisión del marco legal, reforma al sistema de readaptación y aplicación de sanciones y, por supuesto, la revisión y renovación de las agencias de seguridad y justicia. Sin la reconstrucción de los cuerpos policiales y ministeriales, muchos de ellos erosionados por la corrupción o bajo el control del crimen, no se podría hacer nada.

OTROS CASOS DE CONFLICTO TERRITORIAL

Otros casos de disputa cruel por puntos de distribución han sido también Cuernavaca y Acapulco. Ambos puntos muy importantes de consumo cuyo origen fue el turismo de esparcimiento. En ellos la violencia se fue extendiendo a medida que crecían los mercados de consumo y con ello la disputa brutal entre grupos criminales. Lo mismo ocurrió en otras regiones como La Laguna, Veracruz y un largo etcétera.

En los casos de Michoacán, Tamaulipas y Acapulco, por ejemplo, aunque con matices y variantes, no se logró la transformación de las dependencias encargadas de seguridad y justicia en agencias confiables y eficaces. Es verdad que un personaje como el gobernador Lázaro Cárdenas avanzó mucho en el establecimiento del centro de control de confianza estatal, sin embargo la renovación de los cuerpos policiacos, una fase vital que sigue al proceso de exámenes de control de confianza y que consiste en sustituir a los elementos que reprueban dicho control por otros nuevos que lo aprueben correspondió en su gran mayoría al siguiente gobierno, encabezado por Leonel Godoy, quien hizo muy poco o nada al respecto. De los elementos que habían reprobado el control de confianza —y que eran la mayoría— muy pocos fueron sustituidos.

En Guerrero, donde muy temprano en la administración aplicamos de manera general un examen de control de confianza muy modesto a la policía ministerial, los resultados arrojaron que casi 70% de los agentes estaban coludidos con criminales. Algo escalofriante. De manera similar a lo ocurrido en Michoacán, el gobernador Zeferino Torreblanca estaba por salir y en apariencia poco podía hacer al respecto. Y nada hicieron ni él ni sus sucesores.

En el caso de Tijuana, en cambio, las cosas evolucionaron de manera distinta. Desde el principio logramos una coordinación y un auténtico compromiso con las autoridades locales. Si bien influye el hecho de que yo conocía en persona tanto al gobernador José Guadalupe Osuna Millán como al alcalde Jorge Ramos y, en particular, al Secretario de Gobierno y operador político del primero, Francisco Blake Mora, lo determinante es que estos bajacalifornianos asumieron un serio compromiso de depurar y fortalecer las policías, en especial la municipal de Tijuana, muy deteriorada durante la administración de Jorge Hank Rhon (2004-2007). De acuerdo con los líderes sociales y empresariales con los que me reuní durante la campaña, muchas de las extorsiones y los secuestros los realizaba la propia policía.

En plena coordinación con el gobierno federal, los funcionarios locales mencionados comenzaron a aplicar pruebas de control de confianza a los policías tijuanenses. Muchos reprobaron y fueron dados de baja según la normatividad. La reacción de los criminales no se hizo esperar. Amenazaron al alcalde y a su jefe de la policía, por medio de diversos mensajes, uno en particular transmitido incluso en la frecuencia de radio de la propia policía, que señalaba que si no deteníamos esa estrategia, cada semana asesinarían a dos policías de los nuevos. Y en ese 2008 comenzaron a hacerlo. Estábamos en una disyuntiva: si cedíamos, dejaríamos a la ciudadanía y al propio gobierno en manos de los criminales, quienes sabrían entonces cómo controlar nuestras decisiones; si seguíamos, atacarían a nuestros policías, pero podríamos tener éxito en la estrategia. Ética y legalmente no había disyuntiva, así que decidimos seguir con el proceso de control de confianza y renovación de la policía, para poder ofrecer a los tijuanenses la seguridad que merecían y que desesperadamente clamaban. Fortalecimos de manera importante los operativos para proteger a los agentes; se movilizaron en grupos cada vez más grandes, se redujo el patrullaje en solitario, se les proporcionó mayor y mejor armamento y mejor blindaje… y se logró rescatar a la policía de Tijuana. Un año después, los homicidios y otros delitos disminuyeron más de 35% de su pico, ya bajo la jefatura de policía del militar retirado Julián Leyzaola.

Mientras se implementaba el Operativo Conjunto Tijuana comenzaron a registrarse hechos muy lamentables en el operativo de Michoacán. El 1 de mayo de 2007 un grupo de soldados salió de la XXI Zona Militar hacia Tacámbaro para atender diversas denuncias ciudadanas que reportaban vehículos circulando con gente armada en esa población, que está a menos de una hora de la capital del estado. Al llegar al municipio de Carácuaro los soldados fueron emboscados por un grupo armado que lanzó granadas y explosivos sobre uno de los vehículos en los que viajaban, matando a cinco —entre ellos un teniente coronel— e hiriendo a varios más.

Me enteré de la noticia cuando me disponía a salir a andar en bicicleta, poco después de las seis de la mañana de ese día. Me quedé helado. El suceso tuvo un fuerte impacto en mí. En cualquiera de estos casos era imposible no sentir una gran consternación, se tratara de militares o civiles, agresores o agredidos. Pero en especial las bajas registradas entre las fuerzas federales me dolían profundamente. Regresé de inmediato a comunicarme con el Secretario de la Defensa. Por la tarde asistí a la ceremonia luctuosa en honor a los caídos en el Campo Militar número 1. Recuerdo al general Galván en su traje de campaña, enfundado en sus botas y portando una pistola .45, con las mangas del camuflaje arremangadas. Estaba indignado y molesto con los agresores. Les di el pésame y un abrazo a los familiares de los soldados, presidí la ceremonia luctuosa y regresé a Los Pinos. Ya en casa, no pude contener mi tristeza. Teníamos que encontrar a los responsables pero, al mismo tiempo, perseverar en el esfuerzo de liberar a México de tan peligrosas bandas que tenían asoladas grandes regiones del país, incluyendo amplios espacios en Michoacán, mi propia tierra.

El primer año de mi gobierno los homicidios y los delitos en general bajaron de manera significativa. De hecho 2007 es el año en el que se registró el menor número de homicidios por cada 100 mil habitantes en el país desde que se tiene un registro formal. El Operativo Conjunto Michoacán contribuyó a la reducción de los hechos delictivos. No obstante, una vez retirada la presencia de las fuerzas federales, sin la existencia de agencias del orden público locales confiables y sólidas, la violencia repuntó. Ésta vendría a ser la constante: en aquellos lugares donde no se daba el proceso de renovación de los cuerpos policiacos y ministeriales del Estado, la violencia repuntaría tarde o temprano.

ESTRUCTURA PARAMILITAR

El caso de Los Zetas es muy particular. Como he dicho, fue el primer nombre que escuché asociado con la nueva realidad del crimen organizado. La mayoría de sus integrantes originales pertenecieron a una brigada de fuerzas especiales del Ejército que el gobierno del Presidente Zedillo envió a Tamaulipas para luchar contra el narcotráfico. Al principio tuvieron éxito y se decidió que se establecieran ahí de manera permanente. El caso es que el Cártel del Golfo convenció a Los Zetas, por conducto de uno de sus líderes, el Z1, de apellidos Guzmán Decena —se dice que el término *zetas* se originó en las claves de identidad en las radiofrecuencias que utilizaban: Z1, Z2, Z3, etcétera—, de que se transformaran en una unidad armada para proteger a los criminales. Esta asociación perduró hasta que conflictos internos los llevaron a una brutal confrontación en el noreste del país, la más violenta después del caso de Ciudad Juárez.

Los Zetas son peculiares también porque —quizá emulando la organización territorial que los militares conocían bien: regiones, zonas, sectores (encargados a un batallón), subsectores (cubiertos por

compañías), etcétera— también operaban territorialmente organizados en *plazas*, *células*, *estacas*, etcétera. Esta imitación del despliegue
militar en el territorio pudo haber contribuido a que creciera la lógica
del control territorial que es la variable determinante y nueva en el
tema de violencia y homicidios en México. Ellos escalaron a un nuevo nivel la lucha por el control territorial que ya he señalado. Cabe
destacar que Los Zetas se organizaban en una especie de confederación. Estaban Los Zetas de la Frontera Chica de Tamaulipas (Reynosa, Río Bravo, Ciudad Mier, etcétera); los del sur de Tamaulipas
y el norte de Veracruz (Tampico, Altamira, Pánuco, etcétera); otros
del centro de Veracruz (Córdoba, Orizaba, Jalapa, Veracruz Puerto, etcétera), y también Los Zetas del Sur (Coatzacoalcos, Minatitlán,
Tierra Blanca), que controlaban partes de Tabasco, Chiapas y Oaxaca.

Estos grupos actuaban con relativa autonomía y se organizaban
a través de los "contadores" de cada grupo para realizar operaciones
comerciales coordinadas. Por ejemplo, para una operación tradicional
de narcotráfico cada grupo aporta a los contadores un porcentaje de
la cantidad requerida para comprar la droga; se hace la compra, y la
"mercancía" se recibe por Los Zetas del sur, se va trasladando ("subiendo") de grupo a grupo, al centro, al norte de Veracruz y finalmente a Los Zetas de la frontera que la introducen a Estados Unidos y
reciben el pago. Las ganancias se distribuyen conforme a los porcentajes aportados. En el caso del tráfico de personas (migrantes), funciona de manera equivalente: se transfiere la custodia de grupo a grupo y
se dividen las ganancias.

Esta figura del "contador" devino en un elemento cada vez más
importante en la operación del crimen organizado. Alguna vez se
logró capturar en la zona de Orizaba-Córdoba al contador de Los
Zetas del centro de Veracruz, y con él la contabilidad asociada al grupo criminal. Tenía registradas las compras y las ventas de mercancías,
en particular drogas, los ingresos y los gastos, entre ellos el de la nómina propia (sicarios, informantes, halcones, etcétera) y la "nómina
legal": la lista de policías, agentes y funcionarios públicos estatales y
municipales sobornados. De aquella contabilidad se desprendía la
importancia de las actividades realizadas por estos criminales: el nar-

cotráfico a Estados Unidos continuaba siendo la actividad más rentable, seguida del narcomenudeo. El tercer negocio más rentable —me sorprendí al saberlo, por su gravedad— era la trata de personas, en particular la esclavitud de "las jineteras", la mayoría de ellas hondureñas, y muy cerca de éste, el tráfico de migrantes. El secuestro y la extorsión eran negocios del líder de cada plaza, una especie de patente de corso que completaba sus ingresos, una renta o regalía asociada a la "responsabilidad". Seguía el cobro de seguridad o "derecho de piso" a todo tipo de actividades ilegales —vendedores de gasolina robada ("huachicoleros"), asaltantes de carreteras, ladrones de autopartes, secuestradores, taxistas "tolerados", tianguistas ilegales, vendedores de mercancía robada—, así como la extorsión a comercios establecidos, desde pequeños comercios hasta hoteles, fincas, gasolineras. Los menos rentables, reconocía el contador, eran ahora los cobros a vendedores de contrabando y mercancía pirata, tenis, y CDS, sobre todo. Algunas veces hacían el trabajo directamente, como asaltar camiones de carga en la carretera México-Veracruz y colocar la mercancía con esos comerciantes.

NUEVO LEÓN

Otros casos de disputa entre grupos criminales fueron específicamente territoriales y surgieron de fracturas dentro de esas organizaciones en mi sexenio, pero no a causa de la acción del gobierno. Nuevo León, por ejemplo, y en particular el área metropolitana de Monterrey. Ahí se desató la violencia entre grupos criminales (de nuevo el Cártel del Golfo-Zetas contra el del Pacífico al principio, y luego el del Golfo contra Los Zetas, una vez que se dividieron). ¿Por qué la violencia en una ciudad que no es frontera, ni está propiamente en la ruta del narcotráfico? Porque esa área registra el mayor ingreso per cápita de todo México, y en el caso de alguno de sus municipios el mayor de América Latina. Es, pues, una *plaza* apetecible como mercado para el narcomenudeo. Y así fue: pronto sus restaurantes, bares, centros nocturnos, se convirtieron en puntos de distribución. Al principio algunos administradores de estos lugares se sumaron por curiosidad y afán de lucro. Pero luego muchos fueron obligados a distribuir, bajo amenaza, la mercancía de los delincuentes.

La gravedad de la situación en Nuevo León era extrema. Los Zetas tenían todo el control del estado y en particular del área metropolitana de Monterrey. Cuando el gobernador Natividad González Parás —presidente, además, de la Comisión de Seguridad de la Conago, a quien le gustaba compartir sus conocimientos sobre la materia— me llamó preocupado porque en la puerta del Palacio de Gobierno habían colocado Los Zetas una manta intimidatoria ("¿y qué hicieron tus policías?", le pregunté), comprendí que las cosas se estaban saliendo totalmente de control. Su sucesor, Rodrigo Medina, me pidió ayuda. El esfuerzo por recuperar el estado fue bastante complejo.

Por fortuna había la comprensión y el apoyo de la sociedad civil y del sector privado de Nuevo León. Estaban naturalmente muy interesados en que las cosas pudieran volver a la normalidad. Nos exigían tanto al gobernador como a mí, con razón, intervenir y poner freno a la situación. No era para menos. Pedían todo el apoyo federal y así fue, contaron con él. En la ciudad de Monterrey se establecieron pequeños cuarteles que permitirían que las policías locales, la Federal y las Fuerzas Armadas pudieran tener un desplazamiento más ágil y seguro por la ciudad; con una mayor cercanía a los hechos. Un antiguo y eficiente director del Cisen en tiempos de Zedillo, Jorge Tello, quien había colaborado conmigo como secretario técnico del gabinete de seguridad, trabajaba en el sector privado y accedió a colaborar voluntariamente en dar seguimiento a las acciones en el estado. Poco a poco se fue estableciendo un nexo de colaboración entre la sociedad civil organizada —incluyendo empresarios— y los gobiernos federal y local.

Como en todos los casos, el gobierno federal propugnaba, con el respaldo de la sociedad civil organizada y los empresarios, que se diseñara y construyera una policía local confiable, eficaz, sin los vicios y corruptelas que las policías venían arrastrando. Así nacería la Fuerza Civil de Nuevo León: una policía completamente nueva, cuyos integrantes, todos sin excepción, serían sometidos a exámenes de control de confianza, incluyendo el polígrafo; serían además mejor entrenados y mucho mejor pagados. Los propios corporativos empresariales colaboraron, a través de sus áreas de recursos humanos, en la búsqueda y selección de candidatos para integrar la nueva Fuerza Civil.

Sin embargo, mientras eso se lograba, las fuerzas federales (PGR, Ejército, Marina y Policía Federal) estarían haciendo frente a la situación. Los patrullajes se multiplicaron, también los enfrentamientos con grupos delictivos que tenían todo el control de las calles de Nuevo León y del área metropolitana de Monterrey. Era tal su dominio que recurrían constantemente a bloquear carreteras y avenidas no sólo con vehículos sino con gente que eran capaces de movilizar, exigiendo el retiro de la presencia federal. Fue entonces que se acuñó el término *narcobloqueos*. Poco a poco la fuerza federal fue retomando el control de las calles, mientras se conformaba la nueva policía.

Entonces ocurrió una tragedia que sacudiría a la sociedad mexicana. Poco después de la medianoche del 19 de marzo de 2010 se registró un tiroteo entre una unidad militar y personas armadas a bordo de una camioneta. El tiroteo seguiría por varias calles y avenidas de Monterrey y se prolongaría por casi una hora, con un fuerte intercambio de disparos. Desafortunadamente, el tiroteo se intensificó justo a las puertas del Tecnológico de Monterrey.

De manera muy lamentable y dolorosa, en el lugar perdieron la vida dos brillantes estudiantes del Tecnológico de Monterrey, Javier Francisco Arredondo Verdugo y Jorge Antonio Mercado Alonso. De forma irresponsable y criminal, soldados que participaron en el enfrentamiento alteraron la escena del crimen y colocaron al lado de los muchachos armas para simular que habían participado en la balacera. Desde la fiscalía local, que había tenido conocimiento de los hechos, realizado el levantamiento de los cuerpos y colectado las evidencias del lugar (y alterada ya la escena del crimen), surgió la versión que criminalizó injustamente a los muchachos. Nunca fue una versión que manejara la Presidencia de la República. Horas después del enfrentamiento, cuando el Secretario de la Defensa informó de los hechos, y de la identificación de las víctimas como estudiantes

342

del Tecnológico, se publicó un comunicado oficial de la Presidencia de la República que decía lo siguiente:

> El Presidente Felipe Calderón y su esposa, la Lic. Margarita Zavala, se unen a la pena que embarga a los familiares y amigos, así como a la comunidad del Instituto Tecnológico y de Estudios Superiores de Monterrey (ITESM), por la irreparable pérdida de Jorge Antonio Mercado Alonso y Javier Francisco Arredondo Verdugo, acaecidos el pasado 19 de marzo en la Ciudad de Monterrey, Nuevo León, en un enfrentamiento ocurrido en las inmediaciones del ITESM entre integrantes de un grupo delictivo y elementos del Ejército Mexicano.

Margarita acudió al funeral y al homenaje en el Tecnológico que se les rindió. En ese tiempo se consideró una imprudencia que yo acudiera.

Lo que siguió —ahora sabemos— fue una cadena de torpezas, omisiones e ineficacia del sistema de justicia que sólo fue generando más confusión y lastimando más a las familias de Jorge y Javier y a la comunidad del Tecnológico. La fiscalía de Nuevo León, que había recolectado las evidencias en el lugar, emitiría un peritaje del que surgiría información contradictoria, por ejemplo, acerca del calibre de las balas que habían segado la vida de los muchachos y declinó su competencia a favor de la PGR. La fiscalía militar presentó una acusación por alteración de la escena del crimen, resultando procesado un oficial. Los abogados de los soldados hacían su defensa. El caso, que atrajo la Procuraduría General de la República, fue quizá uno de los primeros, si no es que el primero en el que instancias civiles darían seguimiento a procesos donde los acusados fueron militares.

La información de que la procuraduría investigaba ya el caso y que había personal militar detenido, en principio por alterar la escena del crimen, y sin menoscabo de que siguieran las averiguaciones por los homicidios de Javier y Jorge, me dejó con la impresión de que el caso llevaba su curso y seguí con la abrumadora agenda de los problemas del país, que en aquel año aciago seguía plena de eventos y circunstancias negativas. Luego la confusión, el error y la falta de diligencia tanto en instancias federales como locales prevaleció. El caso quedó atrapado en la maraña jurídica y burocrática de la justicia civil y militar, y la información hacia el gobierno se volvió cada vez más esporádica e imprecisa. Debo reconocer que debí haber dado un seguimiento mucho más cercano al caso y no lo hice.

Con el transcurso del tiempo y la presión ejercida por los padres y organismos que los han apoyado, las evidencias han venido decantándose por imputar la autoría hacia los soldados que participaron en el evento. Al escribir estas líneas había seis de ellos detenidos, pero aún sin que se dicte sentencia, y en consecuencia, sin que se imparta la justicia que los padres demandan. Eso me pesa, principalmente por los muchachos y por sus familias, que claramente no merecían sufrir una desgracia así, ni que se manchara su nombre como se hizo. Me pesa también porque la acción indigna de esos militares lastimó de forma severa el esfuerzo que miles de sus compañeros en todo el país, arriesgando su vida, llevaban a cabo correctamente, y afectó gravemente la percepción de la sociedad respecto a la tarea de devolver la seguridad a los mexicanos, que pasaba por momentos cruciales.

Hasta entonces las únicas fuentes que teníamos sobre diferentes enfrentamientos no eran otras que los reportes generados por las secretarías de la Defensa y de Marina y las actas levantadas y las averiguaciones abiertas por el Ministerio Público en cada localidad. Sin embargo, ese caso y otros presentados por Miguel Vivanco, director de Human Rights Watch, hicieron que el gobierno pusiera más atención en el tema del uso de la fuerza por parte de las dependencias federales. Independientemente de que muchos de los casos señalados no eran procedentes, otros sí lo eran, y eso nos hizo poner mayor atención en el tema de los derechos humanos y nos hicieron actuar de manera distinta en muchos campos, siguiendo en buena medida sus recomendaciones.

Claro que, la instrucción general a todas las dependencias del gabinete de seguridad pública siempre fue el invariable respeto a la ley en el desempeño de sus tareas, y siempre que se tenía conocimiento de hechos violatorios de derechos humanos se procedía legalmente en contra del personal. Sin embargo, se requería más. Desde entonces los informes y partes militares serían tomados con extrema cautela, pendientes de otras evidencias. Se estableció un mecanismo para indemnizar a víctimas civiles fallecidas en enfrentamientos, y se fue desarrollando una nueva normatividad federal en la materia. Desde la Consejería Jurídica y la Procuraduría General de la República se redactaron lineamientos y reglas sobre la proporcionalidad en el uso de la fuerza por parte de las Fuerzas Armadas, con base en los cuales expedí los decretos correspondientes, los primeros en la materia, tales como las directivas "Sobre el respeto a los derechos humanos y la observancia del orden jurídico vigente en las operaciones en contra de la delincuencia organizada", la que "Regula el uso de la fuerza por parte del personal naval, en cumplimiento del ejercicio de sus funciones, en coadyuvancia al mantenimiento del Estado de derecho", los "Lineamientos para la actuación del personal naval durante el desarrollo de operaciones en contra de la delincuencia organizada y el narcotráfico", y sus equivalentes para el Ejército, entre otros.

Esto es, se publicaron protocolos de uso de la fuerza para las autoridades federales tanto civiles como militares con el fin de que la fuerza pública fuera utilizada en la magnitud, intensidad y duración requerida en cada caso, y dependiendo de la amenaza a la que los policías, los soldados o marinos se enfrentaran. Los protocolos privilegiaban en todo momento las acciones disuasivas que no implicaran el uso de armas de fuego, pero a la vez buscaban evitar que soldados, marinos y policías quedaran indefensos o a merced de la violencia de los criminales. También se establecieron protocolos para la detención y puesta a disposición de personal de la PGR y de la Secretaría de Seguridad Pública.

Colaboramos también para concretar los primeros criterios de la Corte para que ciertos delitos cometidos por militares fueran procesados por el fuero civil, y no por el fuero militar. Ello en cumplimiento a la sentencia de la Corte y recomendaciones de la CNDH sobre el llamado "Caso Radilla", ocurrido en la década de los setenta. A la distancia, suena fácil esa decisión. No lo era entonces, pues las resistencias en algunos sectores militares eran enormes.

Se ha dicho que para mi gobierno la pérdida de vidas, particularmente de civiles inocentes, era considerada como "daños colaterales". Yo nunca utilicé esa expresión, no considero ninguna vida humana merecedora de tal nombre. Nada está más alejado de la realidad: todas las medidas descritas anteriormente, incluyendo los protocolos para el uso de la fuerza y la capacitación en derechos humanos, fueron adoptadas por mi gobierno para evitar al máximo ese tipo de lamentables y dolorosos sucesos. Cuando se tenía conocimiento de un hecho así, siempre se seguía una investigación para deslindar responsabilidades.

LAS FASES DE LA CAPTURA DEL ESTADO

Abro aquí un paréntesis para referirme a un análisis teórico, derivado del estudio del comportamiento del crimen organizado y el fenómeno de la captura del Estado en otros contextos. El proceso conocido como captura del Estado puede presentar diversos grados de avance que varían conforme al lugar y al tiempo. Una manera de entenderlo es seguir la clasificación de Peter Lupsha,[2] quien analiza los distintos niveles de penetración del crimen organizado en la estructura del Estado. Según él, hay varias etapas: una primera llamada *predatoria*, presente a nivel de barrio, en la que los delincuentes se dedican al robo y a otros delitos menores, distribuyen droga en pequeñas cantidades y se congregan en pandillas. Su influencia es específica, sin embargo, la policía local puede controlarlos. Es el caso, por ejemplo, de ciudades muy tranquilas como Querétaro o Mérida, donde hay un bajo nivel de delincuencia y el crimen es controlable. Cuentan con gobiernos que cuidan sistemáticamente sus instituciones de seguridad y justicia, y tienen un tejido social muy fortalecido, arraigado en valores y tradiciones.

Una segunda etapa es la *parasitaria*, que se presenta cuando el crimen organizado comienza a penetrar las estructuras del Estado y

---

[2] Peter Lupsha, "Transnational organized crime versus the nation-state", *Transnational organized crime*, 1996, vol. 2, núm. 1, pp. 21-48.

controla, por ejemplo, a agentes y algunos comandantes en las estructuras policiales. En esta fase, el Estado y sus órganos aún se pueden distinguir del crimen organizado, sin embargo, ya hay un nivel de penetración mayor. Una de las actividades más importantes que realizan los delincuentes más poderosos es el cobro de *cuotas* a otros criminales por permitirles actuar en su territorio. Esto es, extraen las rentas del crimen que opera en su zona, porque han empezado a desplazar al Estado. Sin embargo, no extorsionan —todavía— a quienes realizan actividades apegadas a la legalidad. Esto es, su acción se limita a la economía informal, "al lado oscuro" de la economía. Extorsionan a tianguistas colocados en sitios irregulares, vendedores de piratería (música, películas, videojuegos) o mercancía robada (tenis, ropa de marca, etcétera), operadores de juego ilegal —"la bolita", por ejemplo—, trabajadores sexuales en la calle, giros negros, *table dance*, tienditas que venden droga o alcohol de manera ilegal, gasolineras que venden gasolina robada, etcétera.

Cabe preguntarse por qué, en la etapa parasitaria, el crimen organizado sólo extorsiona a quienes actúan ilegalmente, y no a quienes realizan actividades apegadas a la ley. Hace muchos años, un respetado profesor de mi querida escuela de gobierno John F. Kennedy de la Universidad de Harvard, Thomas Schelling, Premio Nobel de Economía 2005, escribió un célebre ensayo titulado "¿Cuál es el negocio del crimen organizado?",[3] donde revisa el caso de las mafias del Boston de principios de los setenta. Ahí Schelling dice que el negocio del crimen organizado es *la extracción de rentas en una comunidad*, esto es, la *extorsión*. Las mafias italianas e irlandesas de aquella época no realizaban directamente actividades ilícitas, sino que se dedicaban a amenazar y establecer cuotas (*protection rackets*). Es decir, se dedicaban a sacarles dinero a quienes participaban en actividades ilegales: el juego prohibido (apuestas), la venta de drogas, la prostitución, etcétera. El autor se pregunta por qué el crimen organizado se dedicaba a amenazar y extorsionar únicamente a quienes realizaban actividades ilegales.

---

[3] Thomas C. Schelling, "What is the business of organized crime?", *The American Scholar*, 1971, pp. 643-652.

Y responde: porque la víctima, en tanto que estaba en la ilegalidad, no tenía la posibilidad legal de demandar la protección del Estado.

Al final se encuentra la etapa llamada *simbiótica*. En ella el crimen organizado ya está completamente en control de las agencias del Estado. Sucede cuando el comandante y toda la policía trabajan para los criminales. Aquí el crimen controla las instituciones, las policías, los ministerios públicos... La autoridad y el crimen organizado se vuelven la misma cosa.

A diferencia del Boston que examinó Schelling, donde subsistía una poderosa parte de la estructura estatal, en México la captura del Estado por parte del crimen organizado llegó en varios lugares al nivel simbiótico. Esto implica que todas las personas, incluso las que actúan en la legalidad, pueden quedar a merced de los criminales. Si alguien es suficientemente valiente y denuncia, se encontrará que del otro lado del escritorio, en el ministerio público o en la policía, son los mismos criminales los que lo van a atender.

Esta situación simbiótica se ha presentado en diversos momentos en varias regiones del país. Éste es el caso de diversos municipios de Tamaulipas, en particular, bajo los gobiernos de Tomás Yarrington y Eugenio Hernández (probablemente desde antes), durante la primera década de este siglo.

Un muy doloroso episodio que ilustra esta situación se dio el 22 de agosto de 2010, cuando un grupo de migrantes fue detenido en el municipio de San Fernando, Tamaulipas, y llevado a una bodega rural, donde Los Zetas querían extraerles dinero de sus familiares en Estados Unidos y al mismo tiempo obligarlos a trabajar en actividades criminales. Como los migrantes no pudieron cumplir las exigencias de los criminales, fueron asesinados uno por uno. De los 73, sólo uno sobrevivió milagrosamente y narró la dantesca escena. Un aspecto trágico de este episodio, uno de los más tristes en materia de seguridad durante mi administración, fue que los migrantes fueron puestos en manos de sus asesinos... ¡por los propios policías municipales de San Fernando!

En otras regiones del país la situación también se ha agravado. Es el caso de amplias zonas del estado de Guerrero. Tierra Caliente, por ejemplo, es una zona dominada por el crimen organizado. Los policías de Iguala y otros municipios vecinos, muy cerca de la capital, Chilpancingo, fueron los que, por encargo de los criminales que controlan la *plaza*, secuestraron y posiblemente asesinaron a los estudiantes de Ayotzinapa en 2014, otro de los actos criminales más inhumanos y tristes de que se tenga memoria, y cuya exigencia de justicia aún perdura.

Como es lógico, si se le permite avanzar al crimen organizado, va pasando de una etapa a la otra, hasta terminar con la captura del Estado. En el caso de Michoacán, cuando se puso en marcha el primer operativo el estado ya tenía muchos años en etapa simbiótica. Dado que no avanzaba el proceso de revisión y renovación con personal confiable de las policías, ministerios públicos, y que la delincuencia copaba ya varias alcaldías, la PGR decidió ir adelante con investigaciones más profundas, intervino con autorización judicial varios teléfonos y logró consolidar un caso suficientemente sólido como para obtener órdenes de aprehensión contra varios alcaldes que recibían sobornos de La Familia. Se organizó una detención simultánea de todos los involucrados, incluyendo al mismo hermano del gobernador, Julio César Godoy, quien no fue capturado en ese momento, pero que había sido postulado como candidato a diputado federal en las elecciones de 2009.

El caso, construido con meticulosidad por todas las dependencias de seguridad, fue perdiendo fuerza. La mayoría de los detenidos estaba en un penal de Nayarit. El arzobispo monseñor Alberto Suárez Inda (a quien aprecio) me solicitó que los detenidos fueran trasladados al penal de Morelia para que estuvieran cerca de sus familiares. Accedí a su petición, la cual transmití a la PGR con la sugerencia de que vieran qué se podría hacer, en el marco legal, para ello. Al moverlos, la mayoría de los casos fue asignada al juez Efraín Cázares, quien liberó a todos los implicados en todos los casos de su jurisdicción. Años después ese juez sería removido por el Consejo de la Judicatura "por haber incurrido en faltas graves en su función jurisdiccional". Quizá algunos de ellos hayan sido liberados justamente, pero otros en definitiva no; era evidente la maniobra para ignorar las pruebas presentadas y que habían dado pie a varias de las órdenes de aprehensión.

En el caso del hermano del gobernador, los diputados del PRD lo protegieron al grado de introducirlo subrepticiamente en la Cámara de Diputados y, con la complicidad del PRI, hacerlo rendir protesta como diputado federal, con lo que obtuvo el fuero que lo protegió de la acción de la justicia. Semanas después se haría público un audio donde Julio César Godoy conversa nada menos que con la Tuta, uno de los más sangrientos líderes criminales en Michoacán. En la conversación, Godoy pide apoyo al criminal para ser el candidato del PRD, y no sólo eso: le pide ayuda para intimidar e inhibir la participación de otros posibles contendientes de su partido. Al momento de escribir estas líneas sigue prófugo.

Al final, la figura del testigo protegido —prevista en la ley—, incluyendo a quienes testificaron en contra de los acusados, fue desestimada judicialmente. A todo este proceso se le llamó popularmente "el michoacanazo" y constituyó un duro revés para el esfuerzo de detener la acción de los criminales. Allanado el camino, la captura del Estado se aceleró: el siguiente capítulo ya no sería de alcaldes recibiendo sobornos de los criminales, sino al revés, alcaldes pagando cuotas a los delincuentes. En efecto, la siguiente generación de alcaldes ya tuvo que pagar "cuota" al crimen organizado (la extracción de rentas). De hecho, una docena de ellos fue convocada a una reunión en Nueva Italia, Michoacán. Ahí, los criminales les explicaron las reglas: tendrían que designar al Secretario de Seguridad Pública y al de Obras y Servicios que los criminales decidieran, y pagar 10% del presupuesto total del ayuntamiento como cuota, además de asignar toda la obra pública a los contratistas que ellos ordenaran. Es evidente que este esquema siguió por la mayor parte de Michoacán. Algunos años después fui a Angangueo a declararlo "pueblo mágico". Ahí conocía a muchas personas, a algunos desde la campaña a la gubernatura, y a otros por ser beneficiarios de un amplio programa de vivienda que implementamos a raíz de un desastre natural. En esta ocasión, mientras iba saludándoles a través de la valla que me llevaba al estrado, ponían papelitos en mi mano, arrugados, sudados por la angustia. Esto decían: "Felipe, nos están extorsionando". "El jefe de la policía trabaja para los Templarios y nos piden dinero". "Los de la policía son los que están secuestrando." Terminé lo más rápido que pude la ceremonia, y ya a bordo de la Suburban le reclamé al presidente municipal: "¡Me dice la gente que tu propio jefe de la policía trabaja para los templarios!". "¡Uy, Presidente! —me contestó—, el de la policía, el de licencias, el de obras públicas, el de panteones…" "¿Cómo es posible? —le reclamé—, ¿y me lo dices así tan fresco?" "¿Y qué puedo hacer? —insistió—. Ellos viven aquí enfrente, en Ocampo, están súper armados. Nos conocen, dijeron que si no coopero matan a mi familia."

Esta realidad, lamentablemente, no era ni es exclusiva de Michoacán. La culminación de la captura del Estado se va haciendo evidente en la medida en que el crimen organizado amenaza o violenta de plano a las máximas autoridades civiles en una localidad. Eso explica, por ejemplo, la enorme cantidad de homicidios, algunos en grado de tentativa, pero la mayoría consumados, en contra de alcaldes y candidatos, y su intervención franca en procesos electorales. Algunos de esos casos me tocaron muy de cerca. Uno fue el de Edelmiro Cavazos, un hombre recto que fundó una familia ejemplar, alcalde de Villa de Santiago, Nuevo León, que había decidido con valentía construir una policía ordenada y confiable. En 2010 Edelmiro fue secuestrado y asesinado cobardemente por su propia policía. En Michoacán mismo me tocó ver de cerca esta evolución dolorosa. Gustavo Garibay, alcalde de Tanhuato, se negó a obedecer a los criminales que le pedían que nombrara como funcionarios a quienes ellos decían y que les diera parte del presupuesto. Poco después, en 2012, sufrió un atentado en el que estuvo a punto de perder la vida y donde falleció su secretario particular. Me pidió protección federal y se la dimos. Todavía alcanzamos a cantar con otros paisanos "El perro negro" cuando inauguramos el libramiento de La Piedad, que beneficiaba a su municipio. Después de que salió de la presidencia, por órdenes de la Secretaría de Gobernación encabezada por Miguel Ángel Osorio Chong, le fue removida la seguridad federal, a pesar de sus súplicas. Semanas más tarde sería asesinado.

La intervención directa y el ataque a la vida democrática en el estado también se haría patente en la campaña a la gubernatura de Michoacán en 2011, donde participó como contendiente mi hermana Luisa María (Cocoa, como mucha gente cariñosamente la conoce). Semanas antes de las elecciones el alcalde de La Piedad, Ricardo Guzmán, hombre y padre ejemplar, fue asesinado mientras distribuía propaganda para ella en el asueto del Día de Muertos. Su asesinato fue demoledor en el ánimo de la gente, y a pesar de ello Cocoa seguía adelante en las encuestas.

Entonces ocurriría algo verdaderamente trágico: 2 días antes de la elección, el querido Francisco Blake, quien estaba atento a los movimientos del crimen organizado y a la debida observancia de la ley en ese proceso, falleció en un accidente aéreo. El helicóptero en el que viajaba estaba en buen estado, pero no contaba con la tecnología de vanguardia para navegar sin visibilidad. El piloto, un experimentado militar, optó por volar "visual" a Cuernavaca, y en lugar de hacerlo por Tres Marías (completamente cerrado por una densa neblina, al igual que la Ciudad de México), se dirigió hacia Amecameca y Cuautla. En un momento debió haber sido envuelto por la niebla y se estrelló contra un árbol, causando la muerte de los ocupantes. En accidentes aéreos fallecieron dos Secretarios de Gobernación, dos amigos y extraordinarios políticos. Su muerte me dolió también muchísimo. Entre otras cosas, me reforzó la idea de que la seguridad área, en particular del Presidente, es, sin discusión, un asunto de Seguridad Nacional.

Asesinado el alcalde de La Piedad, aterrorizado el electorado, el gobierno federal sin el Secretario de Gobernación, el crimen organizado y las ambiciones locales hicieron de las suyas. La traición dentro del PAN y, sobre todo, la intervención y amenazas de los Templarios cambiarían el curso de la elección. En particular dos relatos. Uno me lo contaría una persona muy conocida en la región, quien fue a visitarme apenas pasadas las elecciones. Resulta que en el rancho de la familia, en el valle de Apatzingán, quien hacía las veces de administrador —a su vez un prominente dirigente del PRD encargado de la organización electoral en Apatzingán y sus alrededores— fue "levantado" el jueves anterior a la elección y llevado a una ranchería apartada de la ciudad. Para su sorpresa, ahí encontró también secuestrados a decenas, quizá una centena de operadores electorales locales del PRD y del PAN, prisioneros en una enorme bodega. Horas después llegaría personalmente la Tuta, el líder de los Caballeros Templarios, y les diría: "Miren, cabrones, aquí ni madres que van a pasar los Calderón, aquí ya decidimos que estamos con Fausto Vallejo y con Peña Nieto [...] y no es que les tengamos desconfianza, pero para que no les dé la tentación de equivocarse, aquí los vamos a dejar hasta que pasen las elecciones". Y así fue, los secuestrados serían liberados hasta el domingo en la noche. Similar testimonio quedó registrado en una conversación telefónica que se dio a conocer en el noticiero radiofónico de Ciro Gómez Leyva. Se escuchaba la voz de un hampón que ordenaba a su interlocutor —el comisario ejidal de otro municipio en Tierra Caliente— poner en altavoz su teléfono celular, y se escuchaba: "¿Me están oyendo?" "¡Sí!", coreaban tímidamente los escuchas. "Pa que lo sepan: si no gana Fausto en el Ejido les vamos a matar uno de cada familia, ¿está claro?", se hacía una pausa... "¿Está claro?" "Sí", respondían con voces apagadas. Y lo más indignante de todo: mientras esto ocurría, Marco Cortés, impuesto como candidato del PAN a la alcaldía de Morelia, fiel representante de la ambición, corrupción y mediocridad que puebla lo que queda de los partidos tradicionales, pactaba con Fausto Vallejo el voto cruzado en la capital del estado: el aparato de Cortés promovería el voto a favor de Vallejo y viceversa. Al final esa traición al PAN y a su candidata funcionó para Vallejo, porque el voto diferenciado fue definitorio para su triunfo junto con lo que ocurría en Tierra Caliente. Pero Cortés perdía la elección municipal. Años después, ese mismo personaje que pactaba con quienes de la mano de la mafia arrebatan a nuestro partido el triunfo, amenazando, secuestrando e incluso asesinando a nuestros propios militantes, llegó a dirigir el PAN, protegido por Ricardo Anaya. Así llegó Vallejo a la gubernatura. Al poco tiempo se retiró por razones de salud. Después aparecerían varios videos grabados por la misma Tuta: en uno se veía al gobernador sustituto de Vallejo, Jesús Reyna (jefe de la campaña de Vallejo), dialogando y haciendo acuerdos con el criminal. Después, el propio hijo del gobernador Vallejo aparecería también con la Tuta. Ambos pisarían la cárcel. El hijo de Vallejo sería liberado. Reyna permaneció varios años en prisión, bajo la acusación de delincuencia organizada.

En el caso de Tamaulipas, la captura del Estado también tocaba el entramado político con consecuencias letales. En junio de 2010 Rodolfo Torre Cantú, candidato del PRI a la gubernatura, fue asesinado. Un comando armado interceptó a su comitiva, lo bajó del auto y lo acribilló. Según testigos que se acogieron a la protección de las agencias estadounidenses, el asesinato fue ordenado por Los Zetas, en particular por el llamado Z-40, quien, a través de un intermediario, habría donado varios millones a la campaña del PRI y, aparentemente, no había sido correspondido el trato. Tal vez ni siquiera el candidato sacrificado hubiera sabido que alguien hubiera pactado. El hecho es que Tamaulipas estaba totalmente sometido a los designios de Los Zetas. Y dos gobernadores, el que estaba en funciones durante el asesinato y quien le precedió, están en prisión, acusados de vínculos con la delincuencia organizada.

A pesar de que ese asesinato era fruto de la red de complicidades criminales de los políticos priistas de entonces, lo cual los hacía a ellos corresponsables, durante el funeral de Torre Cantú, la dirigente del PRI, Beatriz Paredes, única oradora, se dedicó a culparme, de manera injusta, burda. Y ni una sola línea, ni una sola palabra fue dedicada a condenar a los asesinos. Ésa es parte de la tragedia de México: la animadversión política, por un lado, y la cobardía de no dirigirse a los asesinos materiales e intelectuales, por otro, hace a muchos tomar el camino fácil de culparme por todo. Hasta la fecha, algunas voces siguen en esa hipocresía. Esa animadversión es, con frecuencia, más fuerte que la decencia humana básica. Todavía muchos siguen lucrando políticamente con el falso y pedestre argumento de que la grave y dolorosa situación que vive nuestro país es culpa mía. Han exonerado mediáticamente a los verdaderos asesinos. No se atreven ni a mencionarlos.

Y mientras tanto, alcaldes y jefes de policía de muchos municipios son amenazados, extorsionados y muchos de ellos asesinados de forma vil, sin que ni siquiera los líderes de sus propios partidos hagan algo para que prevalezca, ya no digamos la justicia, sino siquiera la verdad. Mientras el municipio siga en el abandono, mientras no respaldemos con todo a los alcaldes y policías municipales honestos y valientes, que los hay y muchos, esta violencia persistirá. No obstante, la verdad queda, una de Perogrullo: quienes son responsables de esos asesinatos son los homicidas, los que matan a esas víctimas, no el gobierno que combate a esos asesinos. Y es tiempo de que se les asigne legal, social, cultural y mediáticamente la responsabilidad que tienen en la violencia.

LA ESTRATEGIA SE FORTALECE
CON PARTICIPACIÓN CIUDADANA

En el eje de la reconstrucción del tejido social se integraron políticas y esfuerzos estatales para generar oportunidades para los jóvenes. Se intentó crear condiciones sociales que les permitieran alcanzar su desarrollo y evitar en lo posible que cayeran en las garras de la delincuencia. A este respecto pusimos en práctica varios programas. Entre mis favoritos está el Programa de Rescate de Espacios Públicos. Un programa que buscaba rehabilitar zonas específicas donde predominaba la delincuencia para convertirlas en espacios de convivencia y desarrollo comunitario. Con la intervención del gobierno construimos o reconstruimos canchas deportivas (futbol, basquetbol, voleibol, pistas para correr). En algunos casos se hicieron casas de cultura, en otros, orquestas juveniles, etcétera. La Sedesol coordinó ese esfuerzo y logró contabilizar cerca de 10 mil espacios públicos rescatados. Quizá el más simbólico es el de Villas de Salvárcar, en Ciudad Juárez, Chihuahua. La anécdota es por demás triste y, a la vez, aleccionadora.

En enero de 2010, de gira por Japón, mientras daba una conferencia de prensa, recibí la noticia de que varios jóvenes que convivían en una fiesta habían sido asesinados a sangre fría. Al ser cuestionado al respecto, de manera imprudente repetí la versión que apenas acababa de recibir de los órganos de inteligencia. Al parecer los asesinos iban en busca de rivales que —suponían— estaban en la fiesta y mataron a varios muchachos. Mi respuesta a una pregunta en esa rueda de prensa a minutos de la tragedia fue completamente desafortunada y se interpretó en el sentido de que había criminalizado a los jóvenes victimados.

Mi reacción fue regresar de inmediato a México e ir directo a Ciudad Juárez. Desde el avión di instrucciones para que en la localidad fronteriza se preparara una reunión con una representación lo más amplia posible de la comunidad. El equipo de giras se movió con rapidez y consiguió el salón de eventos más grande que estaba disponible en la ciudad. Mandó invitaciones a organismos de la sociedad civil, asociaciones de víctimas de la delincuencia, cámaras empresariales, sindicatos, autoridades civiles, militares, religiosas y medios de comunicación. Al mismo tiempo, solicitamos a los padres que me permitieran reunirme con ellos, de manera individual o en grupo, para ofrecerles una disculpa y poder dialogar con ellos. Fue lo primero que hicimos Margarita y yo al llegar a Juárez. En un salón de la escuela de la comunidad donde los jóvenes habían sido asesinados nos esperaban los padres, salvo una de las madres. Hablamos con ellos, los escuchamos con atención, ofrecí disculpas por el descuido en mi comentario inicial hecho desde Japón. Al final oramos con algunos y convenimos una agenda de tareas pendientes, que iban desde intensificar la búsqueda de los responsables hasta la construcción de un espacio deportivo en el lote baldío donde los muchachos practicaban futbol americano.

Enseguida nos trasladamos al salón donde tendría lugar el encuentro con representantes de la sociedad civil. Estábamos reunidos con los titulares de los poderes locales, el alcalde de Juárez, el obispo de la ciudad, además de otras autoridades religiosas. Había también una vasta gama de representantes empresariales, sociales, sindicales, organismos no gubernamentales y medios de comunicación locales, nacionales e internacionales.

La sesión fue tensa, cargada de acusaciones y mucho, mucho dolor y preocupación. En un momento dado, la madre de dos muchachos asesinados que no había querido asistir a la reunión con los padres de familia me recriminó con fuerza en la sesión pública. Ante la confusión de los organizadores, di órdenes claras de permitirle hablar el tiempo que quisiera. Una vez que terminó, Margarita bajó del estrado, fue a su encuentro y la abrazó. La mujer sollozaba.

Aquella reunión fue muy importante. A partir de ese momento implementamos una de las estrategias más completas e integrales para resolver el problema de inseguridad en Ciudad Juárez. Le llamamos Todos somos Juárez, y contenía una serie de políticas tanto de prevención como de reforzamiento de las agencias de seguridad.

En la parte preventiva, por ejemplo, construimos al menos cinco unidades adicionales en el sistema de educación superior: tanto en la Universidad Autónoma de Ciudad Juárez como en el Tecnológico de Juárez y la Universidad Tecnológica, entre otras instituciones. Sin embargo, el componente más importante fue la participación ciudadana. Divididos en varios comités, mujeres y hombres juarenses que gozan de gran reconocimiento público comenzaron a trabajar de la mano con las autoridades, con un enorme recelo al principio, pero con una gran compenetración al final. A través de esos comités se procesaban las denuncias de extorsión y secuestro que agobiaban a la sociedad. De no haber existido ese mecanismo, tal vez nunca se hubiera podido canalizar la información de las víctimas. Presupuestalmente, a Todos somos Juárez le destinamos más de 5 mil millones de pesos, casi equivalente, en términos reales, a todo lo asignado a la prevención a nivel nacional en el sexenio posterior al nuestro.

Más allá de los elementos delictivos que actualmente se le imputan a César Duarte, debo decir que su llegada generó una mayor cooperación estatal. En particular, la fiscalía y el Tribunal de Justicia fueron más expeditos y eficaces en procesar casos de detenidos. La administración anterior había estado prácticamente ausente en la búsqueda de soluciones a los conflictos de Juárez, y se había empeñado en transferir toda la culpa al gobierno federal. No obstante que el gobernador Reyes Baeza había pedido por escrito y de manera verbal la intervención de las fuerzas federales, en público insistía en referirse a la problemática de Ciudad Juárez como "la violencia que Calderón nos creó" o "nos trajo".

Fueron muchos los obstáculos de carácter político que frenaron la eficacia de la estrategia de seguridad. En la mayoría de los casos se debió a la falta de cooperación práctica de los gobernadores, reflejada en la renuencia a aplicar a fondo exámenes de control de confianza, o a sustituir agentes policiacos o ministeriales que reprobaron tales controles, o en algunos casos actuando con franca complicidad con la delincuencia, o simplemente renuentes a actuar en contra de ella. En otros, por la falta de cooperación legislativa. Por ejemplo, fue el caso de una iniciativa que presenté para combatir el robo de combustibles. Cuando se detenía alguna pipa sospechosa, primero tenía que demostrar Pemex que era el legítimo dueño de la gasolina para que prosperara una acusación penal contra el presunto ladrón. Yo proponía que se estableciera la presunción legal de que la gasolina era de Pemex (entonces la única alternativa para vender gasolinas), y que el sospechoso de robarla fuera quien tuviera que acreditar con papeles la legítima propiedad del combustible. Legisladores del PRI y del PRD bloquearon esa propuesta.

LOS DIÁLOGOS DE CHAPULTEPEC

En 2011 surgió el Movimiento por la Paz con Justicia y Dignidad (MPJD) con un justo reclamo a las autoridades de los tres órdenes de gobierno para alcanzar la seguridad plena en el país. En el corazón del movimiento estuvo, desde un inicio, el poeta Javier Sicilia, quien sufrió la dolorosa pérdida de su hijo, Juan Francisco, a manos de criminales sin escrúpulos que lo secuestraron y asesinaron en Morelos.

Javier Sicilia convirtió su dolor en fuerza para protestar contra la violencia y convocó a una marcha desde Cuernavaca hacia la capital del país en mayo de ese año. A su llamado se unieron muchas organizaciones de la sociedad civil y ciudadanos y, en especial, víctimas de la violencia. En un mitin desde el Zócalo, Javier Sicilia y los demás integrantes del movimiento lanzaron un llamado al gobierno federal para sostener un debate público sobre lo que él consideraba "la estrategia de guerra".

La invitación —para muchos un desafío— significó para mí una decisión sumamente compleja: ¿qué había que decir? Mi impulso natural era aceptar el diálogo y el debate. Recordé entonces que en 2006 quise dialogar con Andrés Manuel López Obrador después de las elecciones, y nunca aceptó. Ahora sentía las mismas ganas de dialogar con Javier Sicilia y, al mismo tiempo, tenía el temor de que se tratara de una trampa. Había, de parte del movimiento, una serie de exigencias y demandas que apuntaban a que el evento podía desvirtuarse en un espectáculo favorable a los intereses políticos de los sectores más radicales de la oposición. Por ejemplo, se pretendía que toda la producción estuviera a cargo del inescrupuloso propagandista Epigmenio Ibarra, y que en la sede del evento sólo se autorizaran cámaras de su casa productora, excluyendo a cualquier otro medio de comunicación. También se pretendía que sólo hubiera público convocado por las organizaciones. Esto llevó a negociaciones tensas, que por momentos amenazaban con romperse.

Al final me decidí por correr el riesgo de realizar este diálogo en vivo y ante todos los medios de comunicación, porque pensé que era fundamental escuchar a la sociedad civil y exponer mis razones. Estudié lo más a fondo posible el pensamiento y los argumentos de Sicilia, y en ello tuve mucha ayuda de alguien que ha leído ampliamente sus libros y poemas: Margarita. Ella, católica ejemplar, reconocía en Javier a una persona de bien, uno de los pocos intelectuales con fe, y congruentes con ella; con sentimientos genuinos y con quien sí se podría hablar en buena lid, algo difícil de encontrar en esos años de una ya enorme polarización política. También recibí opiniones y mensajes de otros liderazgos dentro y fuera del gobierno que me hicieron inclinarme por el diálogo.

El primer encuentro tuvo lugar el 23 de junio de 2011, en el Castillo de Chapultepec. Ahí, ante los ojos de todo México, los líderes del MPJD me expusieron sus razones y argumentos y escucharon los míos y los de mi gabinete. Ellos fueron muy claros en sus posturas. En muchas había coincidencias, pero en otras había claras diferencias. Lo importante fue que pudimos conversar sobre todas ellas de buena fe, con apertura y sinceridad. Sicilia me reclamó por "no tratar el tema de las drogas como un asunto de salud pública, sino de seguridad nacional". Le respondí que compartía su dolor y el de los representantes de organizaciones de víctimas ahí presentes, y dije:

Me pesan los miles de víctimas de una violencia homicida y suicida de las bandas criminales. Los muchachos que han sido reclutados, apenas en su adolescencia; los jóvenes, sin esperanza, que han encontrado la muerte, sin saber a ciencia cierta por qué; los que conocieron una AK-47, o la muerte misma, antes que un amigo sincero. Todas, todas esas víctimas me duelen y me pesan. Y me duelen más, especialmente, las víctimas inocentes […] Y más, más me duelen los cientos de padres de familia que en todas partes me piden ayuda, una y otra vez, para encontrar a sus hijos, que un día levantaron […] Como padre de familia, como mexicano, y como Presidente de la República, me duele profundamente este dolor de México.

Expuse mis argumentos, que son básicamente los mismos que planteo en este libro, sobre cómo la guerra no fue declarada por el gobierno, sino que fue traída a la sociedad por el crecimiento de las bandas criminales y su lucha por el control territorial, y afirmé que:

Si de algo, de algo en todo caso, me arrepiento […], no es de haber enviado fuerzas federales a combatir a criminales, que nadie combatía porque les tenían miedo, o porque estaban comprados por ellos. De lo que, en todo caso, me arrepiento, es de no haberlos mandado antes, es no haber tenido un operativo justo en Cuernavaca, precisamente, que pudo haber atrapado, primero, a la banda que mató a Juan Francisco. Es, precisamente, no haber actuado entre todos con más fuerza. Y en ese perdón tenemos que ir todos los que fuimos omisos en eso, y también quienes se han empeñado en frenar la acción del gobierno cuando actúa contra los criminales.

Y ante su acusación de haberme "lanzado, junto con esas instituciones que no responden a la seguridad de los ciudadanos […] a una guerra que tiene al país en una emergencia nacional […] sin haber hecho antes una profunda reforma política y un saneamiento de las instituciones" le respondí:

Sí, don Javier, entré sin que hubiera reforma política y sin haber reformado las instituciones, porque pienso que tienen que hacerse al mismo tiempo. Porque yo oigo la voz que usted escuchó en toda esa caravana, la de las señoras que les llevan a sus hijos, que les matan a los hermanos. Es una historia, como ustedes bien dicen, de miles. Y ¿sabe qué?, no puede decirle a la gente: espérenme tantito, voy a hacer primero una reforma política y a reformar a las instituciones. Tengo que actuar con lo que tengo. Y estoy seguro de que usted hubiera hecho exactamente lo mismo que yo. Sabe que, si estuviera en la posibilidad de evitar un crimen y no tuviera más que piedras en la mano, lo haría con las piedras, esperando que, por lo menos, tuviera un momento el aliento de David para hacerlo.

El diálogo se desarrolló con gran respeto y emotividad. Pude escuchar no sólo a Sicilia, sino a otros líderes ciudadanos que habían perdido a seres queridos a manos de la delincuencia y escuchar sus justas demandas. El evento concluyó con abrazos entre Javier Sicilia, los líderes del movimiento y yo que, me parece, simbolizan la buena fe con la que los mexicanos deberíamos unirnos para combatir juntos a la delincuencia.

En los días siguientes las reacciones en la prensa consignaron positivamente el hecho inédito de que, en un país con una larga tradición autoritaria, un Presidente se dispusiera a escuchar y debatir con sus críticos por tres horas de cara a toda la sociedad. En especial, una frase de una columna de Jesús Silva-Herzog Márquez me parece digna de recordar: "Ni el antecesor de Calderón, ni quien estuvo a punto de ocupar su puesto en 2006 hubieran podido encarar la quemante inconformidad, el reclamo rabioso o la exigencia serena y honda de pedir perdón".

A partir de esa experiencia comencé a buscar más activamente el diálogo con los distintos sectores de la sociedad para escuchar sus críticas y propuestas y poder también expresar y hacer público nuestro punto de vista y las razones que nos motivaban. Por eso, a la reunión con Javier Sicilia siguieron cerca de 20 reuniones más con iglesias, empresarios, académicos, organizaciones de la sociedad civil y muchos otros grupos. Cada uno de esos encuentros ayudó a mejorar y fortalecer la estrategia del gobierno. Hoy estoy convencido de que fue la decisión correcta y es, efectivamente, lo que corresponde hacer a un gobierno democrático que no teme al juicio de la sociedad, porque sabe que está actuando en su defensa y en el marco de la ley.

LA ESTRATEGIA BAJO FUEGO

Cuando se pusieron en marcha los operativos conjuntos hubo un apoyo generalizado a la estrategia. Gobernadores y alcaldes de todos los partidos, incluido el PRD, entonces amalgamado en torno de López Obrador, editorialistas de la más variada gama, dirigentes y legisladores de varios partidos, todos encomiaban el esfuerzo del gobierno. Partíamos, me parece, de una verdad elemental: la delincuencia debe combatirse, y mientras más peligrosa, más contundente debía ser la acción del Estado.

Sin embargo, a medida que pasaba el tiempo, las autoridades locales se iban acomodando (literalmente) a la presencia de las Fuerzas Armadas, posponiendo indefinidamente la urgente y estratégica tarea de evaluar y renovar los cuerpos policiacos en sus entidades. Crecían las quejas de los comandantes militares y navales de que no podían operar conjuntamente con las autoridades locales: la información de inteligencia que compartían, por ejemplo, de inmediato se hacía del conocimiento de los criminales. Y a medida que la violencia seguía, fruto de ese choque brutal y múltiple entre grupos criminales, crecían las críticas al gobierno. Como en el caso del asesinato del candidato del PRI en Tamaulipas, surgió una peligrosa narrativa política, según la cual, en los homicidios que observábamos, el gobierno era el asesino. Ningún juicio de valor, ninguna condena, es más, ninguna referencia a los criminales, los verdaderos responsables, los verdaderos asesinos. El oportunismo se encontró con una veta poderosa para el desahogo de revanchas políticas contra el gobierno. Era algo cómodo, pues el mío fue un gobierno que jamás persiguió a nadie por sus ideas o expresiones y siempre respetó la libertad de expresión, y eso lo sabían muy bien mis críticos. En cambio, a los criminales mis adversarios políticos no los tocaban ni con el pétalo de una declaración, lo cual les daba dividendos políticos sin riesgo.

Una de las críticas recurrentes que se me hacían y aún se hacen es que mi mayor error fue combatir a los delincuentes. Es curioso cómo se utiliza con enorme ligereza y frecuencia la expresión "la guerra contra el narco de Calderón". Si se es estricto, ni fue guerra (era la aplicación de la ley como deber del Estado), ni fue específicamente contra el narco (era contra toda criminalidad), ni era una cosa meramente mía. Me explico: *the war on drugs* ("la guerra contra las drogas") es una expresión acuñada en 1971 por el Presidente de Estados Unidos Richard Nixon; no es una expresión mía ni la usaba con frecuencia. Nunca pronuncié de manera textual "guerra contra el narco"; tampoco hubo tal cosa como una declaratoria de guerra, y, sin embargo, es recurrente en muchos, incluido el actual Presidente, referirse a un supuesto momento en el que Calderón "le declaró la guerra al narco", que muchos dan por sentado sin la menor curiosidad intelectual de preguntarse si tal declaratoria existió. No fue así. Una parte de la autodenominada "intelectualidad", resentidos algunos de ellos —me consta— por ambiciones personales insatisfechas, acuñó la frase. Eso provocó un efecto mediático muy negativo que debilitó la acción del gobierno y distorsionó por completo el sentido de la estrategia de seguridad, entre otras cosas porque el concepto de *guerra* tiene una connotación negativa. ¿Quién puede estar a favor de una guerra *per se*?

Tan sólo en actos oficiales, como Presidente, di más de 3 mil discursos, muchos referidos a la problemática de seguridad. Entre ellos, apenas un puñado de veces mencioné la palabra "guerra". Una, es cierto, al inicio del gobierno, cuando hablé en sentido metafórico de "guerra a la delincuencia" (no al narco). Otras veces, por ejemplo, utilicé una analogía para referirme a los avances tecnológicos con los que dotaba a la Policía Federal, y dije: "En las guerras termina dominando el que tiene mejor tecnología". Pero eso dio pie a una devastadora campaña mediática, que, reconozco, no supimos neutralizar y dobregó los esfuerzos de comunicación del gobierno.

Creo que entre las peores tradiciones del viejo régimen político en México está la idea predominante de que lo mejor es no combatir a los delincuentes más poderosos, y que es preferible arreglarse con ellos. ¿Qué es lo que opinaba yo entonces? Lo mismo que opino ahora: a la delincuencia hay que combatirla, es un mandato constitucional, pero también un mandato político y ético. Es un imperativo categórico para cualquier gobierno. Por eso tomamos la firme determinación de combatir por igual a todos los grupos delincuenciales del país. Y aunque se ha llegado a sugerir que en mi gobierno se daba tratos diferenciado a las organizaciones criminales, esto es totalmente falso, la prueba es que la lista de los criminales más buscados estaba integrada por miembros de los más importantes cárteles de México en aquel momento y las detenciones también incluyeron a presuntos delincuentes de todas esas bandas.

Si de errores se tratara, *el error que se cometió en México no fue haber combatido a los criminales, sino no haberlos combatido a tiempo,* especialmente en el ámbito local, que es el más cercano al ciudadano. Estoy convencido de que hay que combatir a la delincuencia, incluyendo la organizada, porque de lo contrario se produce la captura del Estado.

CONSEJO DE SEGURIDAD: GOLPES BAJO LA MESA

Cuando quise que el sistema de control de confianza se aplicara de forma obligatoria a todas las policías estatales y municipales, tuvo lugar una célebre reunión del Consejo Nacional de Seguridad en noviembre de 2011. A lo largo del sexenio organicé puntualmente las reuniones de ese consejo cada seis meses, tal como lo mandata la Constitución. En realidad, el diseño del consejo en tiempos del poder presidencial absoluto era casi decorativo, pero en el periodo democrático que nos tocó vivir, sin mayoría en el Congreso y con la mayoría de los gobiernos estatales provenientes de otros partidos políticos, llegó a ser una verdadera trampa para el Presidente, pues las decisiones deben tomarse por consenso, lo que le daba de hecho una posibilidad de veto a cualquiera de los gobernadores sobre las decisiones del consejo.

Cuando logramos la modificación de la Ley de Seguridad Pública en el Congreso, algunos gobernadores (incluyendo alguno del PAN) estaban renuentes a implementarlo en sus estados y se pusieron de acuerdo para que la medida quedara sin efectos o se pospusiera. Así, llamaron a que en el seno del consejo se discutieran "los mecanismos de implementación" del control de confianza.

Fue en el contexto de aquella sesión cuando un gobernador pidió la palabra: "Todos quisiéramos tener ya certificada nuestra policía al cien por ciento —dijo—. Sin embargo, *nuestra realidad es otra. No aspiremos a una realidad como en Suiza o alguno de esos países tan avanzados"*. Este gobernador propuso cancelar el polígrafo y quedarse con "un esquema simplificado" integrado por el examen toxicológico, el patrimonial y el de antecedentes personales, elogiando finalmente a las policías comunitarias de su estado que vigilaban sin sueldo y tenían las "estadísticas de menor incidencia delictiva".

Aquella sesión, que se prolongó durante varias horas, quizá fue definitoria de lo que ocurriría en México. En mis intervenciones insistí en que los mexicanos no podíamos esperar más tiempo para construir las policías que merecíamos con el lento ritmo que llevábamos. Y la solución no era simplemente posponer las metas, sino modificar los métodos para cumplir con los objetivos en el plazo requerido. Con total franqueza, apunté que no existían cuerpos policiacos confiables a nivel local y federal. Construirlos implicaba un verdadero *cambio de paradigma en la administración pública.* No había posibilidad de reducir los índices de criminalidad en México, expliqué, sin una policía confiable. *La dinámica criminal había cambiado y lo que tenía que cambiar a un ritmo mayor era la institucionalidad.* Y ese cambio no era condición suficiente, pero sí era condición necesaria que tuviéramos policías confiables. La vía para tenerlas la estableció la Ley de Seguridad Pública en 2008, vigente a partir de 2009: se trataba de iniciar un proceso de revisión y renovación de arriba abajo, entre otras cosas, por medio del control de confianza.

"¿Acaso hay alguna otra prioridad en sus gobiernos más apremiante, más urgente?", cuestioné a los gobernadores. "¿A quién le va a llamar el ciudadano cuando lo estén robando o secuestrando si sabe que su policía no es confiable? Sabemos que muchos delincuentes están metidos en la policía y protegidos por ella. Lo peor que podemos hacer —puntualicé— es dejarlos dentro de la policía."

Señalé que no podíamos dejar "al zorro dentro del corral de las gallinas", que era mejor tener una policía pequeña pero confiable, que multitudinarias policías en manos de criminales. Y le contesté al gobernador: "Tenemos, es cierto, distintos niveles de desarrollo, pero nuestra gente tiene el mismo derecho que un ciudadano suizo a contar con policías confiables y eficaces". Pocos gobernadores apoyaron de manera abierta y clara la decisión de sostener el examen poligráfico dentro del control de confianza para todos los casos, entre ellos Rodrigo Medina, de Nuevo León, y Osuna Millán, con cierto matiz. Fue penosa la actitud de muchos de ellos, que sin decirlo abiertamente trataban de que se pospusiera la medida, entre ellos Marco Adame, del PAN. Al final, perdí: quitaron el polígrafo de la mayoría de los exámenes.

Y la cruel paradoja: el gobernador que argumentó que yo quería "policías como en Suiza", y que ello no era posible, era el gobernador de Guerrero, Ángel Aguirre. Nunca aplicó a cabalidad el examen poligráfico en el estado, y de los que se llegaron a practicar, aun incompletos, nunca removió a los policías que reprobaron. Y entre esos policías que trabajan para los criminales y no para los ciudadanos están los que, tiempo después, secuestrarían, y tal vez asesinarían, a los 43 jóvenes normalistas de Ayotzinapa.

Es interesante el caso de Nuevo León. El gobernador Rodrigo Medina fue uno de los pocos que me apoyaron, y el que más abiertamente lo hizo en esa sesión del Consejo de Seguridad. En ese estado todos los policías fueron sometidos a los controles de confianza, incluyendo el polígrafo, en particular los nuevos jóvenes agentes que integraron la nueva Fuerza Civil. Se podrá decir, quizá con razón, que el gobernador lo hizo tras la ejemplar presión que ejercieron la sociedad civil y los empresarios de Monterrey, pero el hecho es que estas acciones fueron cruciales para el triunfo de la estrategia y para que la criminalidad en la zona metropolitana disminuyera de forma considerable.

Pienso que un error que tuve como Presidente fue el no haber presionado más arriesgadamente, con todos los instrumentos a mi alcance, a los gobernadores para que asumieran su responsabilidad.

Me queda claro que eso también hubiera podido provocar una reacción política de consecuencias incalculables para mi gobierno, en el
contexto político tan complejo que me tocó vivir. Es muy probable
que el PRI, dadas las condiciones de minoría en las que se encontraba
mi gobierno, hubiera actuado para bloquear por completo legislativa
y políticamente a mi gobierno y, eventualmente, hubiera abusado de
su condición mayoritaria, lo que sumado al boicot permanente del
lopezobradorismo habría traído costos funestos para el país. Es un
hecho que algunos gobernadores como los de Veracruz, Coahuila,
Tamaulipas, entre otros, se agrupaban y defendían sus intereses, muchas veces mezclados con los de los criminales. Otro grupo, muy
grande, se alineaba ya con quien sería el candidato del PRI, el gobernador Enrique Peña Nieto, quien era reacio al control de confianza,
a grado tal que nunca se pudo implementar ni en la policía ni en la
Procuraduría del Estado de México, a ningún nivel. Quizá la grave
problemática de seguridad que vive esa entidad ahora —feminicidios
incluidos— tenga algo que ver con ello. Paradójicamente, entre quienes aceptaron el control de confianza, incluyendo el polígrafo, estuvo Marcelo Ebrard, quien envió a Manuel Mondragón y Miguel
Ángel Mancera a practicarse las pruebas respectivas con los expertos
del Cisen, las cuales fueron positivas. Y sí, durante ese sexenio, los
niveles de seguridad en la Ciudad de México fueron relativamente
mejores que en algunos estados.

El hecho es que el grupo de gobernadores priistas sabía usar el poder político que derivaba de esa circunstancia, y su capacidad de negociación aumentaba proporcionalmente con el radicalismo de López
Obrador. La actitud de este último no me dejaba otra alternativa más
que negociar, en condiciones muy desventajosas, con el PRI. Si López
Obrador y la izquierda hubieran decidido jugar un papel constructivo
durante mi gobierno, mucho habríamos podido hacer para enfrentar
los más poderosos intereses económicos, políticos y criminales que
frenan el desarrollo pleno del país. Me quedó claro entonces, como
ahora, que ese grupo político, hoy aglutinado en Morena, prefiere
pactar con el viejo PRI, que ayudar a México. Esa mezquindad de entonces conlleva una responsabilidad histórica.

Hubo otros estados que sí avanzaron en la construcción de los Centros de Control de Confianza y en el inicio de la realización de los exámenes, como es el caso de Michoacán con Lázaro Cárdenas, y aunque el proceso siguió a su salida nunca cambiaron a los policías que reprobaban, por miedo o desidia, no sé si complicidad. Yo le decía a Leonel Godoy:

—Mira, gobernador, veo que no nos vamos a entender, pero por lo menos hay que cambiar a la gente del C4, la que recibe las llamadas de emergencia, porque la gente que se atreve a denunciar en el teléfono de emergencia es a la primera que amenazan. Los Templarios están controlando el C4 estatal.

—Estoy de acuerdo, los vamos a cambiar —respondió.

Pasaba el tiempo, y cuando le preguntaba por qué no había cambios, contestaba:

—Presidente, no hemos podido hacerlo porque habría que indemnizarlos y no tenemos presupuesto, estamos muy mal...

—Bueno, le pediré al Secretario de Hacienda que te apoye para liquidar a los del C4.

Pasaba un mes, y cuando le insistía nuevamente:

—Presidente, tratamos de hacerlo pero no pudimos, está muy complicado. Es que resulta que son gente que está en el sindicato, y el sindicato no quiere...

Nunca los cambió. Luego entró Fausto Vallejo, con el antecedente electoral ya descrito. De las primeras cosas que le pedí y acordamos fue remover al personal del C4 que estaba al servicio de los Templarios y que había dejado Leonel Godoy. La historia fue la misma:

—Yo me encargo, Presidente, pero no hay cómo liquidarlos, ¡nos dejaron en la ruina total!

—¡Pero el presupuesto ya se lo mandamos al gobierno saliente! —respondí—. En fin, se lo volvemos a mandar, la cosa es que se haga.

Y así fue, enviamos una partida adicional para las liquidaciones. Después, cuando le pregunté por qué no los había removido, contestó: "Porque están sindicalizados y el sindicato se opone". Al término de mi Presidencia seguían los hampones en el C4 que reciben llamadas de emergencia y articulan la primera respuesta. Y no sé si continúen ahí.

¿QUÉ OCURRIÓ DESPUÉS?

En el caso de Ciudad Juárez, con la estrategia Todos Somos Juárez, que se basaba en el mismo trípode —enfrentar a los criminales, reconstruir las instituciones de seguridad y justicia y restituir el tejido social—, finalmente la tasa de homicidios comenzó a bajar hacia 2011. El caso de Juárez es el más notable porque llegó a ser considerada la ciudad más peligrosa del mundo; ahí la tasa de homicidios bajó 83% desde su pico.

Es muy común escuchar, hasta el cansancio, que nuestra estrategia no funcionaba y que, al contrario, aumentaba la violencia y los homicidios. Contra lo que se dice y se da por hecho, los homicidios se redujeron drásticamente, no sólo en Juárez sino en otras ciudades como Tijuana y Monterrey, donde los homicidios cayeron 89% desde su pico. A nivel nacional también comenzó a verse una tendencia descendente en los homicidios (25% entre 2011 y 2012) que continuaría inercialmente a la baja dos años más. Una manera en que lo veo es la siguiente: al llegar a la Presidencia encontré dos procesos paralelos que amenazaban al Estado mexicano en la materia: por un lado, las instituciones de seguridad y justicia se deterioraban con rapidez, erosionadas por la corrupción y en un proceso de captura por parte de la delincuencia, y por otro, el crimen organizado crecía exponencialmente en el país, se fortalecía y alcanzaba niveles cada vez más poderosos en la captura del Estado. Al final de la Presidencia los procesos se habían invertido: por una parte, había un proceso sólido de construcción y fortalecimiento de instituciones de seguridad y justicia confiables y eficaces, y por la otra el crimen organizado había frenado su proceso de crecimiento y la acción del gobierno lo había debilitado. Todos los índices delictivos estaban a la baja.

Desgraciadamente, la estrategia que implementamos fue abandonada en el sexenio posterior al nuestro; el número de homicidios y delitos de todo tipo repuntó dramáticamente a partir de 2015, hasta alcanzar los niveles sin precedentes que ahora registran.

AVERIGUACIONES PREVIAS DE HOMICIDIOS DOLOSOS EN CIUDAD JUÁREZ

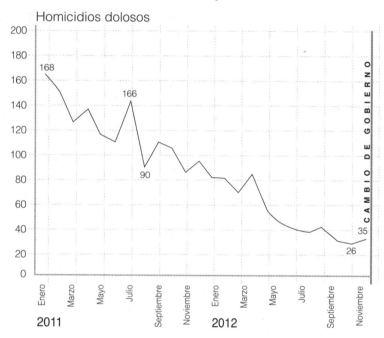

Fuente: Secretariado Ejecutivo del Sistema Nacional de Seguridad Pública.

MÉXICO: HOMICIDIOS
REDUCCIÓN DE LA INSEGURIDAD

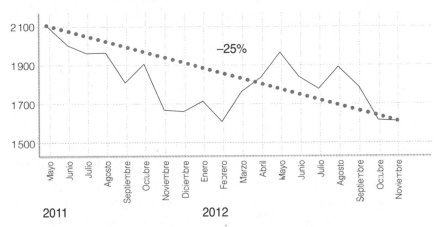

Fuente: Secretariado Ejecutivo del Sistema Nacional de Seguridad Pública.

Promover el cambio de paradigma siempre fue difícil y encontré muchos obstáculos en los esfuerzos por combatir la crisis de inseguridad, pero logramos avances nada desdeñables. El desafío que representan la inseguridad y la violencia en México requiere, y así lo señalé en numerosas ocasiones, de un esfuerzo sistemático y permanente por parte de las instituciones del Estado. Y en efecto, la tarea iniciada durante mi administración si bien empezó a dar resultados notables en la reducción de delitos y en particular de homicidios dolosos, exigía la continuidad y profundización de las políticas adoptadas. Sin embargo, el gobierno del Presidente Peña Nieto abandonó la estrategia trazada durante mi administración y consensuada con los diversos actores políticos en el Acuerdo Nacional por la Seguridad, la Justicia y la Legalidad.

Sólo por mencionar algunos puntos relevantes en los que se perdió la continuidad, baste señalar que se desapareció la Secretaría de Seguridad Pública concentrándose las tareas de seguridad en la oficina encargada de la política interior, lo que irremediablemente conduciría al abandono del enfoque técnico por uno de carácter político. Se detuvo el crecimiento de la Policía Federal. Mientras que en mi gobierno el número de elementos creció más de 500%, en la siguiente administración no alcanzó ni 5%. Un dato que ejemplifica la falta de compromiso para enfrentar a los criminales fue la notoria disminución en el decomiso de armas de fuego que para 2017 había decrecido en 93% con respecto a 2011. Esta relajación podría explicar en parte el incremento en las cifras de homicidio doloso. Se deterioró la relación de cooperación e intercambio de información e inteligencia con las agencias de seguridad de los Estados Unidos. En materia de inteligencia también hubo importantes retrocesos: se abandonó la alimentación y el uso del Sistema Único de Información Criminal y de la Plataforma México y se desmanteló la red de inteligencia en materia de seguridad pública, operada desde el Cisen. Asimismo, se redujo el esfuerzo en materia de prevención del delito, al punto de que el programa establecido para ese fin fue dejado sin presupuesto después del cuarto año de la administración.

Me parece que uno de los hechos que más han incidido en el retroceso en materia de seguridad fue que se relajó por completo el sistema de exámenes de control de confianza. Ya desde el Consejo de Seguridad, que describí líneas atrás, varios gobernadores impulsaron la disminución del universo de policías que debían someterse a controles de confianza donde se incluyera el examen poligráfico. Después, legisladores de varios partidos promovieron una y otra vez que el plazo para concluir la depuración de policías se ampliara un año a partir de enero de 2013, luego solicitaron otra prórroga, y así sucesivamente.

Con el argumento de la falibilidad de la prueba poligráfica, se buscó la relativización del examen de control de confianza. Así, se terminó por vulnerar el plan de revisión y renovación de las policías. Por ejemplo, si un policía era reprobado, podría acudir con su jefe y demandar la "revisión integral" del expediente. Tal vez esto sonaba bien, pero si el jefe tenía arreglos con la mafia, y los reprobados eran sus secuaces, lo más probable es que con la "revisión integral" aprobaran y así ingresaran a la policía.

Otra modificación fue que el examen se aplicaría sólo a mandos superiores, policías en tareas delicadas y "policías de carrera". Esto bastó para que se reclutara a policías que no eran "de carrera" y pudieran exentar el examen, o que se cambiara de funciones a agentes reprobados para hacerlos permanecer en el cuerpo policiaco.

Nosotros logramos casi duplicar el presupuesto de seguridad a lo largo del sexenio y aun así sólo alcanzamos a rascar 1% del PIB (en países como Colombia el presupuesto de seguridad ha llegado a casi 4 puntos del PIB). A nivel estatal fue lo contrario: si se hace un análisis sobre el uso de ingresos propios en las entidades federativas para temas de seguridad, se verá que en promedio en términos reales el presupuesto para la seguridad ha sido el mismo en más de una década. En otras palabras, no invierten en seguridad.

Otro elemento que revela el abandono de la estrategia de seguridad en el sexenio 2012-2018 fue el surgimiento y auspicio de las llamadas "autodefensas". Esto no revela sino la dimisión del Estado de asumir sus responsabilidades en materia de seguridad pública y la falta de compromiso con un auténtico Estado de derecho.

Estoy convencido de que la inseguridad y la violencia criminal son el desafío más grande que enfrenta el país. La responsabilidad del Estado es ofrecer la seguridad que demandan los ciudadanos. Enfrentar y someter a los delincuentes, sí, pero al mismo tiempo construir y reformar las instituciones de seguridad y justicia, y sobre todo reconstruir el tejido social a través de oportunidades para el desarrollo.

Asimismo, una tarea prioritaria es visualizar a las víctimas como lo que son, seres humanos con historia, con dignidad, con nombre y con familia. Cualquier compromiso de las autoridades en todos los niveles no será suficiente si no existe sensibilidad por el dolor de las víctimas de la violencia. El problema de la seguridad es ciertamente complejo, pero debe quedar claro que de un lado están los criminales que cotidianamente abusan y afectan a la población y del otro están los ciudadanos que son víctimas de esa acción criminal. Con absoluto respeto al orden legal, a la autoridad le corresponde proteger a las víctimas con todos los instrumentos a su disposición.

En México se necesitan diagnósticos claros y realistas de la problemática criminal y voluntad política para hacerle frente: que cada quien asuma su tarea. En la construcción de un país seguro, de un país de leyes, no existen atajos ni salidas fáciles.

UNA REFLEXIÓN FINAL

Lejos de afirmar que lo hecho en mi sexenio está más allá de todo reproche, soy muy consciente de las enormes limitaciones que enfrentamos en nuestro intento por recuperar la paz y la tranquilidad de los mexicanos, así como de los errores cometidos en esta tarea.

Al llegar a la Presidencia afirmé, sin ambigüedades, que la inseguridad y la falta de Estado de derecho eran los mayores desafíos que enfrentaba México. Por desgracia eso es aún más cierto y más grave hoy que entonces. Y aunque teníamos señales claras de la naturaleza del problema, la magnitud del reto que enfrentábamos se fue revelando desde los primeros meses del sexenio y se hizo más patente en los años siguientes. Con un diagnóstico mucho más decantado, llamamos en 2008 a la construcción de un Acuerdo Nacional para hacer frente al problema. Concurrieron en él los poderes de la Unión, los gobiernos de las entidades federativas y otros actores políticos y sociales de gran relevancia. En ese entonces estaba convencido, y ahora lo estoy aún más, de que se trata de un problema en cuya solución deben concurrir todos los poderes del Estado y la sociedad en su conjunto. Es un problema de Estado, no del Presidente. Es un asunto que nos compete a todos como mexicanos.

Enfrentarlo exige altura de miras, que permita superar diferencias ideológicas y partidistas. Contrario a lo que se me ha criticado, no lo veo y no debe verse como un asunto de guerra y de paz, es un asunto que tiene que ver con la aplicación de la ley y con llevar ante la justicia a quienes la violan y agreden y lastiman a la gente de bien. Por eso, en mi administración, trazamos un plan de acción y su consolidación como política de Estado.

Lamentablemente no tuve éxito en que la seguridad y la política para lograrla se asumieran como un asunto de Estado. La estrategia se planteaba en primer lugar llevar ante la justicia a los delincuentes, empezando por quienes más violencia ejercían: el crimen organizado. En segundo lugar, reformar leyes e instituciones de seguridad y justicia para acelerar la tarea del Estado en la procuración de justicia y acabar con la impunidad. En tercer lugar, reconstruir el tejido social para que dejara de ser caldo de cultivo del crimen y la violencia.

Iniciamos un proceso de reconstrucción institucional que iba en el camino correcto. A la distancia, pienso que debí haber ido muchísimo más aprisa en esa tarea, y a pesar de haber duplicado el presupuesto en materia de seguridad —algo sin precedentes—, lo debí haber aumentado mucho más y de manera más rápida. Esperar a que las cosas cambiaran en los estados y municipios, aun con la presión y tensión que se generó con sus representantes, sólo retrasó la acción. Quizá con estrategias políticas más arriesgadas para obligar a los gobernadores a reformar las policías locales, bajo el nuevo modelo policial, aunque tampoco había mucho margen de maniobra política. En ese mismo sentido, la modernización de la procuración de justicia, incluyendo profundizar en la limpieza y la reforma de la procuraduría. Aunque creció de manera importante, debió hacerse exponencialmente, sin esperar el largo proceso de transición que preveía la Constitución para la reforma judicial. De manera errónea, creímos que la reforma al sistema de justicia penal era un cambio de tal magnitud que debía implementarse gradualmente y que se aceleraría a medida que se acerca el plazo para su implementación, después de mi gobierno.

Nunca pensé que la administración siguiente frenara el proceso de modernización de las agencias de seguridad y procuración de justicia, al grado de abandonar por completo algunas de las áreas a las que me he referido. Debí impulsar con mayor vigor ese cambio histórico. Por otra parte, debimos haber puesto mucho más atención y énfasis en las víctimas de la violencia. Hacia el último tercio del gobierno creamos ProVíctima y reenfocamos la acción del gobierno hacia las víctimas de la violencia. Sin embargo, ese impulso debió haber sido dado desde el principio y, por lo mismo, el esfuerzo de centralidad en ellas y la creación de instancias de protección y apoyo a las víctimas de la violencia fue insuficiente. Hoy, por cierto, estos esfuerzos están prácticamente abandonados.

Y no eludo la responsabilidad: no logramos completar el objetivo que más queríamos: recuperar la paz y la tranquilidad de los mexicanos. Sin embargo, los mexicanos debemos perseverar en ese esfuerzo, y para lograrlo es vital cuestionarse, sin los prejuicios en boga que ahuyentan toda racionalidad en el debate, cuáles son las causas de la violencia y la inseguridad, y sobre todo, qué funcionó y qué no funcionó. Por lo mismo, también puedo afirmar que, después de un periodo muy difícil en 2010 y 2011, la estrategia comenzó a rendir sus primeros frutos hacia el final de mi administración. La violencia y los delitos se redujeron 25% hacia el último año y siguieron con esa tendencia dos años más, hasta que el abandono del esfuerzo que hicimos causó que se revirtiera la tendencia. Y si a nivel nacional hay evidencia, la hay también en lugares específicos y particularmente complejos. Así lo demuestran casos específicos como Ciudad Juárez, Tijuana y Monterrey, donde al aplicarse integralmente la estrategia con la colaboración de las autoridades locales la criminalidad se redujo drásticamente.

El mensaje claro hacia los delincuentes de que el gobierno no solaparía sus conductas, el fortalecimiento de las instituciones de seguridad y justicia, y la intervención del Estado para rescatar espacios públicos y apoyar a los jóvenes empezaban a calar, pero exigían la continuidad y no el abandono de la política. Desde luego que en muchos sentidos la estrategia era mejorable. Muchas tareas quedaron pendientes. Reconozco la incapacidad de mi gobierno para lograr una cooperación más decidida de las autoridades locales. Algo que reconozco y lamento muy profundamente es que no fuimos capaces de lograr que la sociedad y la clase política identificaran a los delincuentes como los verdaderos enemigos y los causantes de la inseguridad y la violencia, y dejaran de ver a éstas como responsabilidad exclusiva de las políticas del gobierno en turno. Éste sigue siendo un mal que aqueja a México, seguimos sin hablar, sin condenar a los verdaderos perpetradores de la violencia y el crimen: narcotraficantes, secuestradores, huachicoleros, extorsionadores, violadores, sicarios y hasta los ladrones de ocasión. Hoy es más fácil encontrar una serie de televisión exaltándolos que cualquier documental que explique a la gente el daño que le hacen a México.

Al mismo tiempo veo hacia atrás y pienso que las opciones que estaban frente a mí eran pocas, complejas, decisiones muy difíciles de tomar, aunque, paradójicamente, en términos éticos eran claras: podía combatir a la delincuencia, o podía optar, como me dijo mi antecesor, por no meterme en ese tema. Opté por hacerle frente, obedeciendo lo que siempre consideré mi deber legal, político, ético y moral. Como lo expresé en los inéditos diálogos con líderes de la sociedad civil en Chapultepec en junio de 2011: si de algo me arrepiento, es de no haber enviado a las fuerzas federales antes a muchas zonas del país para defender a las familias y combatir a los delincuentes, a esos que nadie combatía porque les tenía miedo, o porque estaba comprado por ellos.

Siempre argumenté que no combatir a los criminales no solucionaría el problema. Dos Presidentes han llegado al cargo después de mí. Ambos repudiaron lo hecho en mi sexenio y fueron muy claros e insistentes en decirle al pueblo de México que yo hice las cosas mal y que ellos las harían mucho mejor. En buena medida, ambos ganaron las elecciones prometiendo el cambio definitivo de la estrategia, ese fin a la detestada "guerra de Calderón". Uno aseguraba que, en vez de la fuerza, usaría prevención e inteligencia. No usó ninguna de las tres cosas, y todo empeoró. El otro no se cansaba de decir que la solución es "abrazos, no balazos" y declaró, ufano, "el fin de la guerra". El desastre de Culiacán de octubre de 2019, la masacre de mujeres y niños en la Sierra de Sonora ocurrida días después, así como las cifras históricas de violencia, son el resultado de convertir ocurrencias de campaña en política de Estado. El hecho es que en el México de finales de 2019 la situación es mucho peor que en el México de 2012, cuando entregué la banda presidencial. Esto no me consuela para nada. El dolor de México me sigue doliendo tanto como cuando era Presidente. La seguridad sigue siendo la tarea inconclusa, y por eso siempre buscaré aportar mi experiencia y mis ideas para ayudar a México a superar este desafío.

SOBRE LA DETENCIÓN DE GARCÍA LUNA

Entregado mi texto a la editorial, ocurrió la detención del Ing. Genaro García Luna en los Estados Unidos. Espero que, como en el caso de cualquier persona, se realice un juicio justo y apegado a derecho, en el que se respete la presunción de inocencia del acusado. Si llegara a demostrarse su culpabilidad, y se probaran los hechos de los que se le acusa, ésta sería una gravísima falta a la confianza depositada en él por la sociedad, y en especial por sus propios compañeros de la Secretaría de Seguridad Pública y de otras dependencias que arriesgaron e incluso perdieron la vida en la lucha por la seguridad de los mexicanos.

La sola discusión de este caso muestra que uno de los principales desafíos del país es impedir que el poder corruptor del crimen organizado logre la *captura del Estado* a la que insistentemente me he referido. Ello representa una amenaza para cualquier gobierno, tanto federal como local. Precisamente por ese enorme poder corruptor es prioritario hacer frente a las organizaciones criminales con toda determinación. Hoy que se habla tanto de "adversarios" en la política, conviene recordar que los verdaderos adversarios de la sociedad son los delincuentes.

La política de seguridad de mi administración no era, ni remotamente, producto de las decisiones de un solo funcionario. En ella colaboraban muchos servidores públicos —civiles y militares— y, desde luego, también había una cooperación estrecha con el gobierno de Estados Unidos y sus agencias de seguridad y de justicia. La información en la que se sustentaba la estrategia de seguridad provenía de múltiples fuentes.

Siempre he estado y estaré del lado de la justicia y de la ley. Y más allá de que el poder corruptor de la criminalidad pueda alcanzar a este o aquel servidor público, el hecho es que mi gobierno combatió con determinación a la delincuencia organizada en el país con la acción conjunta de todas las dependencias integradas en el gabinete de seguridad. No sólo eso: en esa etapa se construyó la fuerza policial civil más profesional que ha tenido México, se avanzó en reformas jurídicas e institucionales fundamentales en la lucha contra el crimen, como la reforma al sistema de justicia penal, el nuevo modelo policial, la ley general de seguridad pública, así como importantes leyes en materia de lavado de dinero y extinción de dominio. El verdadero debate sigue siendo acerca de cuál es la estrategia de seguridad que el país necesita. Con aciertos y errores, con limitaciones, sigo considerando que la Estrategia debe construirse sobre la base de tres ejes: combatir con determinación a la delincuencia, construir las agencias de seguridad y justicia confiables y eficaces que necesita el país, y reconstruir el tejido social.

12

El PAN, el principio del fin

Ya como Presidente de la República, la relación con el PAN pasó por momentos muy distintos entre sí. El primer año fue ambivalente. Por un lado, había una militancia alegre por el triunfo, deseosa de cooperar para que el gobierno —para muchos el primero verdaderamente panista— tuviera éxito en su gestión. Un símbolo de "ese apoyo sí se ve" fue la bancada de diputados que me acompañó a defender la tribuna de San Lázaro, pues aun poniendo en riesgo su propia integridad, hicieron posible que tomara posesión como Presidente. Con esa experiencia política, emocional, histórica, del 1 de diciembre de 2006, nuestra vinculación se hizo muy profunda, una verdadera hermandad.

Por otro lado, la presidencia del PAN tomaba una actitud totalmente distinta. Espino prácticamente abandonó la causa desde la semana posterior a las elecciones. Un par de días después de éstas se fue a unas largas vacaciones en Europa, en plena disputa por el proceso —el pretexto era recorrer el camino de Santiago para "agradecer" el resultado electoral—, por lo que tuvimos que hacer frente a la embestida de López Obrador y su intento de desestabilización sin el apoyo del partido, asumiendo todos los costos y riesgos. Con ayuda de los militantes y muy poca de la dirigencia, afrontamos todo el proceso de impugnación y los embates verdaderamente violentos de los seguidores de AMLO, que varias veces quisieron tomar por asalto nuestras oficinas. Incluso el apoyo del gobierno federal —si es que lo hubo— fue titubeante. Al presidente nunca lo pude ver sino ¡hasta septiembre!, una vez que el Tribunal Electoral resolvió en definitiva el caso.

En alguno de los cables enviados al Departamento de Estado —uno de los documentos filtrados a la prensa en la operación llamada WikiLeaks—, el embajador de Estados Unidos en México, Tony Garza, lo describe así:

> Mientras los voceros de Calderón han hablado constantemente a su favor, la estructura del PAN ha hecho muy poco para apoyar al presunto Presidente electo. Durante los ataques iniciales de AMLO contra Calderón, el liderazgo del PAN literalmente se fue de vacaciones. Más recientemente, líderes del PAN manipularon a Calderón una muy pública serie de derrotas poniendo a sus competidores políticos a cargo de la facción del PAN en el Senado (Santiago Creel) y en la Cámara de Diputados (Héctor Larios). Esto significa que Calderón tendrá que negociar con su propia facción, adicional a la del PRI, a fin de lograr que sus iniciativas de reforma pasen a través de la recién constituida 60ª Legislatura. El Presidente Fox no ha ocultado el hecho de que, aunque aliviado de que AMLO aparentemente no ganó, no tiene amor perdido por Calderón. Calderón, por su parte, tiene motivos para estar irritado porque las repetidas fallas de Fox para mantener lo que los mexicanos consideran una distancia apropiada de la elección empañaron aún más la estrecha victoria de Calderón.[1]

Una vez asumido el cargo, Espino se dedicó a torpedear la acción del gobierno. A veces con cosas totalmente infantiles, como cuando invité a una de mis primeras giras internacionales a los presidentes de los partidos políticos. Asistieron todos, con excepción de los de los partidos coaligados con López Obrador (PRD, PT y Convergencia) y... el dirigente del PAN. En otro caso, en el que desde el principio sostenía con firmeza nuestras convicciones democráticas frente a Hugo Chávez, con quien mantenía un fuerte diferendo público, Espino declaraba que iría a visitar al dictador y que personalmente se ofrecería como "mediador". También en el ámbito internacional, y estando

---

[1] Cable 06MEXICO4937, fechado 11 de septiembre de 2006, disponible en http://wikileaks.samizdat.net/cable/2006/09/06MEXICO4937.html.

yo en plena visita oficial en España, Espino realizó tronantes declaraciones contra el gobierno español que me había invitado. Ante los ojos del gobierno y la opinión pública —España tenía un cohesionado sistema de partidos— era difícil explicar cómo el dirigente de mi propio partido saboteaba de esa manera la visita.

La andanada se prolongaría hasta mediados de 2007, cuando tuvo lugar una asamblea del PAN en León, Guanajuato. Días antes, Espino había incrementado su ataque al gobierno, pero se le revirtió de manera muy penosa: miles de asambleístas lo recibieron con recelo, y terminaron abucheándolo durante su discurso, quizá los minutos más largos de su vida. Fue su fin. Su estrepitosa caída duró hasta que se renovó la dirigencia del PAN, en diciembre de 2007. En esa ocasión el Consejo Nacional eligió a Germán Martínez Cázares, a quien conocí cuando se acercó al PAN siendo estudiante lasallista. Nos identificamos con mucha facilidad, no sólo por la cercanía común con Castillo Peraza —la mía ya para entonces de larga data—, sino por ser originarios de Michoacán, un poderoso elemento de identidad. Germán me acompañó en algunas ocasiones durante la campaña a gobernador de Michoacán, en 1995. Cuando fui presidente del PAN lo nombré abogado del partido. Fue un amigo cercano y de los defensores más entusiastas de mi candidatura. Tanto él como César Nava hicieron un extraordinario papel como abogados y representantes del PAN ante el IFE, y de ellos fue el insistente consejo de no apartarnos de la ley en el tema de la reapertura de paquetes electorales.

Germán, arropado con el equipo que entonces encabezaba Juan Camilo Mouriño, con inteligencia, afecto y sólido liderazgo, ganó fácilmente la postulación y la elección del PAN. ¿Influyó esa condición, ser amigo y colaborador cercano mío, además de identificarse como parte del equipo que había ganado la elección presidencial? Desde luego que sí. Y me parece que es lógico que así ocurriera, en un momento en que los militantes estaban ávidos de estar cerca y hacer equipo con el gobierno, como debe ser en las democracias, siempre y cuando no se rompan las barreras legales y éticas, que no era el caso. A ningún consejero se lo presionó, a nadie se lo amenazó, jamás utilizamos dinero del gobierno para actividades políticas, ni dentro ni fuera del PAN. Tan sólo era un momento extraordinario de vinculación del PAN con su gobierno.

Así pues, para principios de 2008, había una clara coordinación con el partido y yo trataba de ser perceptivo de lo que los panistas requerían. No sólo eso: la relación con otros partidos y con el Congreso mismo había mejorado significativamente. Habíamos instaurado con Juan Camilo una clarísima vía de comunicación, no sólo con el PAN, sino con los partidos políticos con los que podía dialogarse. De hecho, organizaba frecuentes desayunos y otras reuniones con legisladores de varios partidos políticos. Los reuníamos por grupo parlamentario o por comisiones. Era una auténtica navaja de doble filo: por una parte, se establecía un vínculo cercano con muchos legisladores; pero al mismo tiempo, las peticiones de favores, presupuestos, obras, iban rayando cada vez más en lo pedestre. Eso dificultaba el trato, pues cuando algo no me parecía decía "no", y eso tensaba las relaciones con ellos. En el caso del PAN, el proceso se hacía cada vez más desgastante. La conversación era sólo ya sobre puestos y presupuestos.

La trágica muerte de Juan Camilo Mouriño cambió toda la ecuación. Se trataba de un líder nato, que había ganado amplias simpatías en el partido, y su vinculación con la oposición era eficaz. El 4 de noviembre de 2008, poco después de que habíamos logrado que se aprobara la reforma en materia de energía, asistió a una gira a San Luis Potosí. Yo esa tarde estaba en Jalisco entregando viviendas. Al terminar, el general Castillo me pidió con urgencia hablar a solas, me preguntó que si sabía que había caído un avión en la Ciudad de México. Le dije que no. Pienso que sabía la verdad y no me quiso decir más. Y ordené: "¡Vámonos, deprisa!" Al salir de la vivienda donde habíamos conversado pedí que me comunicaran con Juan Camilo para pedirle información. Aitza Aguilar, mi asistente, se me acercó y me dijo: "Presidente, parece que el avión que se cayó era el de Juan Camilo". No lo podía creer. Aturdido subí al helicóptero, y de ahí al avión, tratando de asimilar la noticia, incluso tenía todavía una remota esperanza —vana— de que no se confirmara. En el avión, lo primero que pensé fue en un sabotaje, un homicidio, reforzada la idea por el hecho de que con él viajaba el subprocurador contra la Delincuencia Organizada, Santiago Vasconcelos. No sé de dónde me vinieron fuerzas para tranquilizarme. Pensé que, ante la situación tan grave para el país —más si era un atentado—, debía aparecer yo sereno y en control de las cosas. Ordené al general Castillo que el Estado Mayor tomara de inmediato control del lugar. Me cambié en el avión, le pedí su corbata al teniente coronel Castro —la del uniforme militar es negra— y di una conferencia de prensa en el hangar presidencial. Dije que no descartábamos ninguna hipótesis, que haríamos una investigación profunda y no anticiparíamos conclusiones. Envié el pésame a su familia. Margarita ya estaba para entonces con la esposa de Iván y con sus hijos.

Al arribar al gobierno, había en la Secretaría de Gobernación un Learjet 45. En teoría había sido comprado para las tareas del Cisen, pero en realidad era un avión ejecutivo comprado para el Secretario anterior. Los funcionarios de la Secretaría, en acatamiento de la instrucción de la manera más ortodoxa posible con todo tipo de contratos, licitaron la operación y mantenimiento del avión. Ganó la empresa que tenía las mejores calificaciones en la parte operativa —el dueño era a su vez quien tenía el taller de mantenimiento de LearJet en Toluca— y además presentó la mejor propuesta económica. Meses después —se sabría con la investigación— fue despidiendo a la plantilla de pilotos que presentó en su nómina al momento del concurso, y comenzó a contratar a pilotos por evento. Así, para el vuelo de Juan Camilo volaba un capitán, quizá muy conocido de la empresa operadora, pero sin la experiencia necesaria.

De la investigación, realizada por aeronáutica civil y con la colaboración de agencias aeronáuticas de Estados Unidos, Canadá (el avión era LearJet, de Bombardier), Francia e Inglaterra, se llegaría a una conclusión que a mí me pareció convincente. Se trató de un grave error del piloto, quien al solicitar que se le permitiera entrar al cono de aproximación del aeropuerto de la Ciudad de México no redujo suficientemente la velocidad ni guardó la distancia debida, se colocó extremadamente cerca del Boing 767 que le precedía, y el Learjet fue envuelto por la turbulencia de estela de ese enorme avión. En las conversaciones de la cabina se escucha a los pilotos hablar de que están muy cerca del otro avión y que están siendo afectados por la turbulencia. El jet giraría sobre su eje longitudinal para quedar de cabeza a 500 metros de altura sobre el piso, y aunque el copiloto —con más experiencia— trataba de recuperar el control se impactaría en segundos. Toda la noche estuve con la gente de la SCT insistiendo en recopilar datos, buscando fuentes de inteligencia y revisando reportes que pudieran confirmar algún atentado, analizando hipótesis del accidente. Carlos Mouriño, padre de Juan Camilo, que no estaba en México al momento del accidente, llegó por la tarde del día después. Cuando lo vi, le di un abrazo y dije alguna tontería sobre las probables causas del accidente. En un momento tan delicado, tan doloroso, recuerdo que me dijo: "Ahora es importante que tú estés bien". Me impactó aún más. Sólo hasta la noche del día siguiente, que llegaron a Los Pinos mis hermanos Cocoa y Juan Luis, pude desahogarme. En lo personal, fue el golpe más duro que me tocó vivir, aunque estoy consciente de que hubo muchos eventos muy graves. Pero perdía yo a uno de mis mejores amigos, al líder del equipo y a mi operador político. Y huelga decir lo doloroso que fue para sus pequeños hijos, para sus padres y hermanos. Para todos los que lo queríamos, que éramos muchos.

De manera repentina, ahora necesitaba buscar a alguien que ocupara la Secretaría de Gobernación. Al día siguiente del funeral reuní a los más cercanos, algunos analistas o asesores, para establecer los criterios del perfil del puesto, como solía hacerlo. Pedí que propusieran nombres abiertamente, establecimos varios criterios sobre los cuales cada uno de los asistentes votaba desde su propia computadora (los resultados se reflejaban en una pantalla), y luego tomaría mi decisión final entre tres finalistas. Fernando Gómez-Mont y yo habíamos sido compañeros en la Libre de Derecho, pero también en el PAN. Nuestros padres fueron aguerridos y abnegados luchadores en las horas más negras de México. Fuimos candidatos al mismo tiempo, él por San Ángel, yo por Venustiano Carranza e Iztacalco. Él decidió hacer carrera y patrimonio como brillante penalista que es. Yo tomé el camino del PAN y el servicio público. Llegué a pensar en él como un posible Procurador General. Lo cité en mi despacho la tarde siguiente. Sin que nadie se lo dijera, sabía a qué lo había invitado. "Quiero pedirte que seas Secretario de Gobernación." Aceptó de inmediato, ecuánime y sin sobresaltos. Fernando me pidió hacerse cargo plenamente de la relación con los partidos, con el Congreso y con otros poderes, sin intervención de la Oficina de la Presidencia. No lo pensé mucho. Por una parte, confiaba por completo en él, en su talento y criterio político, se las arreglaría bien. Por otra, quería salirme de la dinámica de las reuniones con legisladores que terminaban en lo mismo: peticiones de delegaciones, poder, presupuesto. En lo que yo me equivoqué fue en alejarme de la relación con los partidos y el Congreso, y en particular con el PAN.

El 2009 fue un año demasiado complicado. Como he dicho, la peor crisis financiera en los últimos 90 años estalló desde el año previo y con terribles consecuencias económicas para México. Nuestra economía venía cayendo a tasas anualizadas de -9 y -10% en el primero y segundo trimestres de ese año. Era inevitable que la crisis golpeara con fuerza al partido gobernante. La presidencia de Germán Martínez había contado con un gran soporte en la conducción del PAN. No obstante, al llegar el 2009 comenzó a negociar posiciones clave del partido con la derecha y extrema derecha, es decir, con quienes eran las cabezas visibles del Yunque y, en otra época, del MURO. No tenía ninguna necesidad de hacerlo. Aun así, lo mismo ocurrió a la hora de seleccionar candidaturas. Yo le sugerí que considerara incluir cuadros jóvenes, técnicamente muy talentosos y leales al proyecto y que formaban parte de la administración pública. Simplemente ignoró la sugerencia. En las listas incluyó perfiles muy vinculados a la derecha y otros desvinculados del PAN y del gobierno. Al margen de sus virtudes, que desde luego tenían, no contaban con la capacidad técnica para las discusiones de política pública que había que dar en el Congreso y algunos de ellos no tardaron en ser férreos opositores a nuestro propio gobierno. En lo que coincidimos fue en buscar quién fuera coordinador parlamentario y al mismo tiempo pudiera sostener exitosamente las banderas del partido y conducir los debates intrínsecos a la campaña electoral. El mejor perfil era Josefina Vázquez Mota, cuya relación con el SNTE había sufrido el comprensible desgaste que esa organización significa y era conveniente operar un relevo en la Secretaría de Educación. Incluso le comenté a ella que mi propia candidatura presidencial se había forjado en la coordinación parlamentaria y que ella podría tomar también esa ventaja (después de todo así ocurrió). No fue fácil, pero al final aceptó con generosidad. Integrado el equipo, fuimos a elecciones.

El resultado electoral no me sorprendió. Era esperable, dada la crisis económica y el pujante crecimiento del PRI, apoyado en una masiva disponibilidad de recursos de sus gobernadores —absolutamente ilegal, pero debido a la opacidad local, difícil de rastrear y probar—. Lo más doloroso fue perder las gubernaturas de Querétaro y San Luis Potosí, que no esperábamos. A pesar de que, también contra algunos pronósticos, ganábamos Sonora. El PAN obtuvo 28% de los votos, por 43% de la Alianza PRI-Verde (estos últimos promocionando sus spots con actores de Televisa y las promesas de "pena de muerte a secuestradores", y otras linduras que nunca se atrevieron a llevar adelante). Aunque todas las derrotas son dolorosas, dadas las circunstancias, el 28% del PAN me parecía más que explicable. Sin embargo, Germán tomó entonces una iniciativa personal: me dijo que renunciaría a la presidencia del PAN, y tal como lo dijo en medios, invocó la importancia de nutrir la política mexicana con la "cultura de la dimisión". De cualquier manera, su decisión me tomó por sorpresa, le pedí que reconsiderara y se quedara, pero al final la respeté. Creo que debí haberle insistido. Éramos el partido en el poder sobreviviendo a la peor crisis económica, el resultado era entendible, podíamos salir adelante. Un inesperado proceso de renovación interna, realizado a trompicones, complicaría mucho las cosas.

Recurrí de nuevo al proceso de invitar a colaboradores cercanos y algunos analistas para revisar el tema del relevo. Hicimos una lista de posibles asistentes, con ponderaciones por atributos, y en la lista final aparecían varios nombres, entre otros, César Nava y Ernesto Ruffo. Traté de hablar con este último para explorar su disponibilidad. Estaba de vacaciones y no pensaba interrumpirlas. Ante el apremio de la convocatoria, César Nava me comunicó que él buscaría la presidencia;

me pareció bien y le deseé éxito. Héctor Larios me buscó para decirme que participaría como candidato. Me pareció bien. Ambos comenzarían a organizar su equipo de campaña, se registrarían, luego Larios declinaría diciendo que había "dados cargados". Ya muy adelantado el proceso, cerrados los registros, me visitó Ernesto Ruffo diciendo que él quería ser presidente del PAN, que sabía que yo lo había buscado y se imaginaba que era para eso. Le dije que el proceso ya estaba en marcha, los plazos vencidos y los candidatos en campaña. "Dile a César que se baje", me dijo. Me pareció una petición improcedente, de pésimo gusto. No obstante, fui a explorar la disponibilidad de César, quien se limitó a contestarme que él estaría de acuerdo en reabrir el registro y que le dijera a Ruffo que se registrara. Al final, César resultó electo con abrumadora mayoría.

La breve presidencia sustituta de César contó con un liderazgo de opinión nítido y decisiones audaces que trajeron nuevamente al PAN a la senda del triunfo. Lo más relevante fue la decisión de ir en alianza con el PRD en varias elecciones locales, muchas de las cuales serían ganadoras: Rafael Moreno Valle en Puebla, Mario López en Sinaloa, y Gabino Cué en Oaxaca. El mérito de ello radica en que se logró derrotar al PRI en bastiones muy importantes. Por lo mismo, el PRI lo tomó como un agravio y amagó con romper de arriba abajo con el gobierno. Los gobiernos de coalición fueron deplorables, salvo el caso de Moreno Valle, hábil político y buen administrador púbico. El problema con él es que desarrolló un estilo de gobierno autoritario, persecutor de opositores, incluso de nuestros propios cuadros como Ana Teresa Aranda o Eduardo Rivera. Fue implacable y en muchas ocasiones inescrupuloso. Elemento clave del "consorcio" que dominaba el PAN, al final fue traicionado por las ambiciones de Ricardo Anaya y su camarilla. Fallecería junto con su esposa, Martha Erika Alonso, ya convertida en su sucesora como gobernadora, en un trágico accidente de helicóptero ocurrido ya bajo el gobierno de López Obrador, que la había hostigado aun ya como Presidente constitucional, sin que al escribir estas líneas se hayan establecido las causas y, por tanto, despejado las sospechas.

Para ese 2010 habría nuevas elecciones en el PAN. César Nava decidió no reelegirse, era entonces acremente atacado por un departamento adquirido después de haber salido del gobierno y había tenido fortísimas discrepancias con Gómez-Mont, en parte por las alianzas, a grado tal que Fernando decidió renunciar al PAN luego de uno de esos episodios. La relación del gobierno con el PAN estaba al borde del caos. Al relevo en Gobernación llamé a otro gran panista, esta vez nacido y forjado en un barrio marginado de Tijuana, de origen modesto, pero con vasta inteligencia y carisma, que tenía una gran chispa e innatas habilidades políticas: Francisco Blake. Cansado de que de todo lo que ocurría en el PAN se me culpara a mí, me alejé deliberadamente de dar cualquier indicio de mi propia preferencia. Es decir, tomé la decisión de no influir de ninguna manera en la elección de la nueva presidencia del PAN. Creo que ése fue un error cuyas consecuencias se extenderían durante largo tiempo. Para la contienda se registró media docena de candidatos, incluyendo varios que fueron alguna vez cercanos amigos o colaboradores: Francisco Ramírez Acuña, Alejandro Zapata, Roberto Gil y el propio Gustavo Madero, además de las candidaturas de Cecilia Romero y Judith Díaz. Esto terminó por crear desconcierto: mi propio equipo, con el cual hicimos todo el recorrido desde la campaña interna hasta la Presidencia, se dividió. Al final, en la elección dentro del Consejo (a la que no pude asistir por atender la Cumbre Iberoamericana en Buenos Aires) prevalecieron los errores. La primera votación quedó muy dividida entre Gustavo Madero y Roberto Gil. Gente tan cercana como Margarita y Cocoa, respetando algún acuerdo de género tomado entre las mujeres consejeras, habían votado en primera ronda por una de las precandidatas. Entiendo que en las siguientes y decisivas lo harían por Gil. Sin embargo, antes de la segunda ronda, Germán se acercó a Roberto y, absurdamente, le pidió que mejor declinara por Madero, que eso sería más honroso. No sé por qué lo hizo Germán —sus cartas no siempre están sobre la mesa—, ni por qué le hizo caso Gil. Craso error, pues es probable que Roberto hubiera ganado en rondas sucesivas. Al final, en la composición del CEN, Madero excluiría por completo al propio Gil y a todo su equipo.

EL PAN COMO OPOSICIÓN

Ya en la campaña interna me había dado cuenta de que la verdadera intención de quien a la postre resultaría ganador, Gustavo Madero, era afirmar al PAN como un partido opositor. En efecto, sostuvo que el partido era de oposición, como candidato y luego como presidente del PAN. Recuerdo perfectamente que Madero reveló varias veces al calor de las discusiones su verdadera opinión: ni el gobierno ni yo representábamos un activo para el PAN. Éramos para él un pasivo del cual había que deslindarse. Incluso a mi salida de la Presidencia, la dirigencia del partido se dedicó a reiterar críticas, muchas injustificadas, a mi gobierno, y a elogiar al Presidente Peña Nieto. Madero llegó a decir que el Presidente Peña "se había cubierto de gloria".

Muchos de los esfuerzos por reordenar la estrategia del PAN se fueron a la basura. Por ejemplo, cierta vez nos reunimos un fin de semana en las oficinas del CEN para rediseñarla. Después de diversas evaluaciones llegamos a acuerdos de diversos tipos para levantar al partido, para las elecciones de 2012. Entre éstos estaban: dedicar el mayor número de recursos económicos del partido para la campaña de gobernador en el Estado de México; retomar el papel de *incumbent*, es decir, del partido que defiende la posición de gobierno y busca persuadir al electorado de seguir adelante; organizar una elección interna de candidato presidencial que pudiera atraer la atención del electorado, para lo cual había que repetir el modelo que de manera brillante diseñó en gran parte Alonso Lujambio en 2005: rondas sucesivas que atrajeran al público al proceso electoral del PAN.

Ninguno de esos acuerdos se cumplió: al candidato a gobernador del Estado de México, Luis Felipe Bravo, el partido le asignó 10 millones de pesos y lo abandonó a su suerte. Se trataba de una cantidad ridícula para la dimensión estratégica del Estado de México. Si bien es cierto que se veía muy complicado obtener el triunfo ahí, lo que habíamos acordado era invertir con fuerza en esa campaña para construir una estructura electoral que nos permitiera competir en la presidencial el siguiente año. No se hizo. Madero incluso obligó a los precandidatos a la Presidencia a realizar actos y contribuciones a la campaña del Estado de México, lo cual deterioró mucho sus propias posibilidades.

Tampoco se cumplió la idea de hacer rondas sucesivas en la elección interna de candidato presidencial, de manera que se fueran generando expectativas entre el electorado, y que los aspirantes con menos posibilidades se fueran descartando a medida que avanzaban las rondas. Desafortunadamente, el incumplimiento de ese acuerdo obligó a varios de los aspirantes más cercanos a llegar a un pacto: en determinada fecha, quien fuera más adelante en las encuestas abiertas recibiría el apoyo del resto. De haber seguido el método de rondas sucesivas estoy seguro de que alguna de las otras candidaturas hubiera descollado, por ejemplo, la de Alonso Lujambio.

Al llegar la fecha acordada, quien iba más avanzado en las encuestas de ese grupo era Ernesto Cordero. En cumplimiento de lo acordado, declinaron Alonso Lujambio, Heriberto Félix y Javier Lozano. En el caso de Alonso, nunca sabremos qué hubiera pasado: a los pocos días de declinar comenzó a sufrir los síntomas de un cáncer devastador que lo llevaría en pocos meses a la muerte, a la cual llegó con una enorme dignidad y valor.

Ni hablar sobre el resto de lo que habíamos acordado: el partido se comportó como lo que mejor sabía hacer, un feroz opositor. No era algo nuevo. Ya habíamos detectado desde antes que en el Senado y en la Cámara de Diputados el partido y sus legisladores habían dejado de defender al gobierno en los últimos años. Se limitaban a escuchar la andanada de mentiras que el PRI, el PRD y toda la oposición nos propinaba todos los días. No le veían caso a la defensa y concluían que tales discursos no tenían ningún efecto.

LA CAMPAÑA DE JOSEFINA

"¿Qué falló en las elecciones de 2012?", pregunté en la sesión del Consejo Nacional posterior a la elección. Hice una reflexión que resumiría así: *Todos* fallamos. ¿Era responsable el gobierno de Acción Nacional? Sí, era responsable. Podría pensarse que como tal fuimos incapaces de generar bienes públicos. "Honestamente —dije—, creo que no fue así." El PAN en el gobierno transformó a México en muchas vertientes. La nación estaba en curso de convertirse en una sociedad con una creciente clase media, y el porcentaje de población en pobreza extrema había disminuido casi 30% durante los gobiernos panistas, con algunos logros alcanzados por pocas naciones, como la cobertura universal de salud. Había programas sociales que pusimos en marcha con gran impacto social, como el de Estancias Infantiles, que fue considerado por la ONU uno de los tres programas más exitosos del mundo para la incorporación de las mujeres al mercado laboral. Habíamos superado la peor crisis económica global, y la economía estaba en su mejor momento. Nuestro gobierno tuvo la mayor inversión en infraestructura de la que haya registro. "En todo caso —concluí—, una cosa en la que claramente fallamos fue en la difusión de logros y en la explicación de nuestras decisiones y políticas."

En efecto, Josefina ganó la elección interna con gran mérito. Su personalidad, su facilidad de palabra y, sobre todo, posicionarse como opositora al gobierno, le permitieron ganar en un proceso en el cual el partido se jugó todo en la interna. Sabedor de la importancia de que la interna no se convirtiera en un factor de fractura sino de unión, hablé con todos los gobernadores de Acción Nacional los dos días previos a la elección. Les pedí que no intervinieran, que no impulsaran la movilización de operadores, que dejaran que la elección se desarrollara en paz.

Así fue. Aunque con un margen menor al que muchos esperaban, Josefina le ganó a Ernesto Cordero y a Santiago Creel, que tuvo una votación marginal, y se convirtió en la candidata de Acción Nacional. Como era previsible, la elección interna y el inicio de la campaña generaron expectación entre la gente. De hecho, en algún momento la carrera se cerró, Josefina llegó a estar a poco más de dos puntos de distancia de Enrique Peña, y aunque era transitorio, la diferencia se sostuvo en cuatro puntos una semana más. Sin embargo, continuaba la percepción entre el público de que la elección constitucional ya estaba prácticamente decidida a favor del PRI.

Con la encuesta en la mano, tomé una decisión: me presenté en la reunión anual de consejeros de Banamex a la que había sido invitado, hablé de la situación de México, tanto política como económica. Era inevitable hablar de las elecciones. No hice juicios de valor de las campañas ni de los candidatos. Presenté los datos de la encuesta. La sorpresa entre los consejeros fue mayúscula. Se trataba de los liderazgos más importantes en cada una de sus regiones. Y estaba, desde luego, toda la prensa. Dentro de la ley, aunque en terreno controversial, esa información podría servir a la campaña de Josefina. Así fue. Sin embargo, ni ella ni su comité lo reconocieron jamás. Quienes sí registraron el gesto, y fueron inclementes en mi contra, fueron los integrantes del equipo de Peña Nieto. Al contrario, al sobrevenir los malos resultados, fueron acuñando el estribillo de "no nos apoyaron". Era más bien una excusa. Si el apoyo que buscaban de mí era económico, sabían muy bien que no podía —a estas alturas seguramente estaría ya en la cárcel— ni quería —pues era contrario a la democracia por la cual luchamos— apoyarlos con dinero público.

Lejos de aprovechar el ímpetu del resultado de la elección interna, la cohesión lograda en el PAN —incluyendo a Ernesto Cordero y su equipo— y la encuesta que registraba un empate técnico, al día siguiente de la presentación de la encuesta en Banamex nuestra candidata salió de gira en un avión privado hacia Sudamérica. Mientras tanto, sus adversarios, Peña y López, recorrían el país con el pretexto de celebrar reuniones preparatorias con sus equipos de campaña, que eran auténticos actos de campaña. La autoridad electoral fue increíblemente complaciente con ello. Seis años antes, a mí me habían sancionado por haber asistido a una función de teatro y por haberme reunido en privado con la cúpula de la Cámara México-Alemana de Comercio durante la llamada "tregua electoral", que va desde el proceso interno hasta el inicio formal de las campañas.

Mientras tanto, la dirigencia del partido se tropezaba una y otra vez con sus propios errores. El desgaste comenzó con un pésimo proceso de selección de candidatos, el cual respondía más que otra cosa a componendas entre grupos controladores de padrones internos, un problema crucial del PAN que está en la raíz del desastre que vive. En abril de 2012, durante la tregua, con los candidatos del PRI y del PRD recorriendo el país y Josefina visitando a Michelle Bachelet y a Cristina Kirchner, varios de los procesos de selección de candidatos en el PAN estaban en crisis. Un ejemplo es lo que ocurrió en Nuevo León.

La dirigencia nacional de Gustavo Madero impuso como candidato a diputado plurinominal, en el primer lugar de la lista, al exalcalde Fernando Larrazábal, quien se había ganado una pésima reputación en temas de corrupción. Pesaba en su contra un escandaloso video donde su hermano recibía dinero de manos del administrador de un casino en sus propias instalaciones: justo en una sociedad agraviada por la multiplicación de casinos en el área metropolitana de Monterrey, dados los permisos que por cientos otorgó la Secretaría de Gobernación en 2005 —todavía bajo el mandato de Santiago Creel; en mi gobierno no otorgamos uno solo, salvo los requeridos por orden de algún juez, ya que tuvimos que batallar judicialmente con los reclamos de los permisionarios— y cuando el tema estaba extremadamente sensible, debido al repudiable atentado del Casino Royale de 2011.

El Norte y otros medios de comunicación pusieron en el primer lugar de la agenda la crítica a la nominación de Larrazábal. Semejantes conflictos por designaciones centrales de candidatos estallaban por todas partes. En las encuestas semanales yo veía cómo la preferencia electoral del PAN se desplomaba. Al final, el PAN tuvo que rectificar, pagando un costo elevadísimo. El mal manejo de las candidaturas en febrero y marzo le costó al PAN una caída en las preferencias electorales de más de 10 puntos porcentuales.

La cadena de errores seguiría con la campaña misma. En el evento de proclamación de la candidatura de Josefina el PAN no tuvo cuidado de presentarla de manera oportuna. La Comisión Electoral se apropió del escenario con largos discursos hablando de sus propias maravillas. Cuando Josefina llegó al Estadio Azul y comenzó a hablar, la gente ya se estaba retirando. A muchas personas las habían transportado desde las afueras de la Ciudad de México, cansadas de una jornada que seguramente había comenzado en la madrugada y por haber sido obligadas a pasar muchas horas bajo el rayo del sol. Un rotundo fracaso de inicio.

Poco tiempo después, al segundo día de giras de la candidata, una reunión en el World Trade Center de la Ciudad de México fue saboteada por miembros del Sindicato de Mexicana de Aviación. Antes, y a partir de mi experiencia, le había aconsejado a Roberto Gil, el coordinador de la campaña (al menos formalmente), que empezaran con actos muy sólidos, seguros, en estados con alta presencia panista, y que las incursiones en los bastiones de López Obrador fueran tiros de precisión y empezaran después. De hecho, habían empezado, y bien, en Teziutlán, Puebla, de donde es originaria la familia de Josefina. La idea era que siguieran en Querétaro, Morelos, o en algún estado gobernado por el PAN. Cuando le pregunté a Roberto por qué habían llevado a Josefina en el segundo día a la Ciudad de México, donde los fanáticos de Andrés Manuel —muchos y muy violentos— podían sabotear el evento, me dijo que él no había decidido eso, que lo había decidido el equipo de Josefina que coordinaba la relación con la sociedad civil (Francisco Sánchez y Ernesto Ruffo), y que los manifestantes de Mexicana no se habían infiltrado al evento: ¡ellos mismos los habían invitado!

El tiempo transcurría. El primer set de spots de la campaña decepcionó a muchos de los más acérrimos seguidores de Josefina: presentados en tonos rojos y negros, parecían haber sido diseñados para perjudicarla. Y en el primer debate Josefina tuvo un rol deslucido. En las encuestas la señalaban como la perdedora frente a la revelación que fue Gabriel Quadri, articulado y práctico, y la sorpresa de un Peña empático y resistente a los ataques. Para el segundo, tuvo un mucho mejor desempeño. Llevaba consigo material demoledor contra sus contendientes… que no utilizó.

La derrota, pues, obedeció a cuestiones multifactoriales. El gobierno tuvo la responsabilidad de no haber podido, por las razones que fueran, refrendar su victoria. En lo económico, el país estaba creciendo a tasas superiores a 4% por tercer año consecutivo. De hecho, los tres últimos años de mi gobierno han sido los de mayor crecimiento continuo en los últimos 20 años, y por lo que se ve, seguirán siéndolo durante un tiempo. Pero fuimos incapaces de traducir esto en el bienestar de la gente o, al menos, de hacerlo perceptible. En materia de seguridad, las cifras de homicidios en el país venían bajando consistentemente, a una tasa de reducción de 25% anual, y con ejemplos de éxito claro en casos tan delicados como los de Ciudad Juárez y la zona metropolitana de Monterrey. De hecho, todas las cifras delictivas venían reduciéndose en el último tercio de mi gobierno. Y sin embargo, ello no fue suficiente para generar la percepción de seguridad y eficacia. A los ojos de mucha gente, habíamos fallado en el resultado. A pesar de esto, el gobierno gozaba de aceptación. Al terminar la administración mi gobierno tenía 68% de aprobación según una encuesta del diario *Reforma*. El hecho de que el PAN haya obtenido 26% de los votos habla de una debilidad crónica para traducir en apoyo partidista la aprobación gubernamental.

También tuvo que ver con la renuencia panista a asumirse plenamente como partido en el gobierno. ¿Por qué ese nivel de aceptación no se tradujo en un mejor resultado electoral? En mi opinión, falló la estrategia discursiva y de mensaje. De lo poco o mucho que he aprendido en cuestiones electorales, una de las primeras decisiones estratégicas que se deben tomar es definir el rol del partido y su candidata o candidato frente al gobierno en turno. Básicamente hay que decidir si se presenta una estrategia de cambio o una propuesta de continuidad. En general, el *incumbent* ("al que le incumbe", diríamos en español, el que tiene la responsabilidad del gobierno) debe proponer un discurso de continuidad, y hacer una campaña con el énfasis en que las cosas tienen que seguir. Eso ayuda a reposicionar aún más al gobierno, lo cual beneficia al candidato del partido en el gobierno y viceversa. Se genera así un círculo virtuoso que ayuda a ambos, al gobierno y al partido. En cambio, si se está en la oposición, la primera decisión debe ser la de proponer un discurso de cambio. De hecho, durante su larga historia de oposición, el PAN fue consistente con su discurso de cambio. Sólo en los casos en que la administración titular está totalmente perdida, el candidato del partido en el gobierno, ante el desprestigio de éste, hace un acto arriesgado en extremo, que es proponer un discurso de cambio. Es como hablar contra sí mismo. A veces funciona, dicen. Yo nunca he visto triunfar a un *incumbent* con una estrategia de cambio.

Y no era el caso porque, como ya he dicho, nuestro gobierno gozaba de un alto nivel de aceptación al inicio de la campaña (66% en la encuesta de *Reforma*). "Si logramos traducir en votos al menos la mitad del porcentaje de aprobación, Josefina estará en la pelea", comentaba yo en las reuniones con la dirigencia. Sin embargo, el equipo de campaña optó por hacer una propuesta de cambio. "Josefina diferente", o "diferente" a secas, fue el lema de campaña. "Apoyaremos al campo, pero de manera diferente...", "Apoyaremos a las pequeñas empresas, pero de manera diferente", eran los lemas en la campaña.

De este modo, en la campaña había cuatro ofertas de cambio muy buenas: Peña, López, Quadri... y Josefina. De entre esas cuatro propuestas de cambio, la del PAN era la menos atractiva o la menos creíble, en parte por estar asociada al gobierno, en parte por el perfil de la candidatura. Es más, en una de esas campañas presidenciales sí hubo elementos de continuidad, pero no fue en la del PAN, sino en la del PRI. En efecto, el PRI tuvo la habilidad de colgarse de los méritos de mi gobierno y proponer la continuidad de determinadas políticas. Por ejemplo, había spots del PRI garantizando que, para combatir la inseguridad, el ejército continuaría en las calles.

Sin campaña de continuidad la imagen del gobierno se fue debilitando ante el golpeteo incesante de los spots de la oposición y del propio PAN, lo cual a su vez debilitaba a su candidata, sin que el gobierno pudiera defenderse por estarle vedada la posibilidad de participar en la campaña electoral. El resultado era más que predecible: perdimos.

DE ESCUELA DE CIUDADANÍA
A MERCADO POLÍTICO

Lo que destrozó al PAN fue haberlo cancelado como instrumento de participación ciudadana y, combinado con ello, la destrucción de su vida democrática. Desde la dirigencia de Madero hasta nuestros días, se construyeron mecanismos que llevaron al *control clientelar* de los padrones internos, a la pérdida de calidad de la militancia y al envilecimiento de la democracia interna del partido. Al pernicioso espíritu de grupos y facciones que ya existía desde hacía buen rato —a la *onda grupera*, como le llamaba el veterano militante Luis Mejía—, se sumó el poder del control del padrón y la prebenda. Este proceso de deterioro ha sido muy poco analizado. Aquí doy mi propio análisis, comenzando por explorar lo que viví dentro del PAN, cuando era opositor al autoritarismo.

"LOS MEJORES Y MÁS BRILLANTES"

Parte del crecimiento electoral y la reputación que el PAN tuvo durante décadas se debió a una estrategia, no explícita si se quiere, pero operante, de buscar siempre a los "mejores y más brillantes" en cada comunidad, en cada campaña. El PAN era conocido por tener a gente honesta y postular a candidatos honrados, por más que sus adversarios, pretendiendo ser despectivos, lo tildaban de ser el partido "de la gente decente".

En efecto, el empeño de los viejos dirigentes, entre ellos mi padre, y de muchas de las generaciones a las que fui cercano desde niño, era siempre buscar a las y a los ciudadanos más notables y respetados de la localidad: al profesor universitario, a la doctora reconocida en la comunidad por su integridad, al empresario justo y valiente. En aquellos tiempos difíciles siempre se buscaba a los mejores, tanto para ser candidatos como para ser militantes. Y cuando alguien, excepcionalmente, aceptaba compartir la durísima carga de organizar una oposición pacífica y democrática en un México autoritario y hasta violento, el PAN se enriquecía. Poco a poco, pero de manera constante, el PAN elevó la calidad de su militancia y de los candidatos que postulaba, y fue forjando una reputación cada vez más nítida: un partido marcado por la honestidad en un México de corrupción, lo que lo hacía el mejor partido político, a pesar de sus pocas probabilidades de triunfo.

DEL REDIMENSIONAMIENTO
AL ACHICAMIENTO

Cuando en 1993 el brillante Carlos Castillo Peraza fue electo presidente del PAN y me confió la enorme responsabilidad de ser su secretario general (entonces yo tenía 30 años), él tenía muy claro el reto. El PAN venía creciendo en votos y en responsabilidades de gobierno de manera muy importante. Entonces me dijo: "Mira, haz de cuenta que nosotros tenemos una tienda de abarrotes a la que le está cayendo de repente toda la clientela del Aurrera, y ahí andamos tratando de adaptarnos, poniendo y quitando cajas de mercancía por toda la banqueta, y al mismo tiempo cobrando y sacando el cambio de las bolsas del mandil. O cambiamos para que nuestra tienda sea del tamaño del Aurrera, o nuestra clientela volverá a ser la de la tienda de abarrotes de siempre".

Ante el diagnóstico que ofrecía, Carlos acompañaba una potencial solución al problema, utilizando otra metáfora, quizá un poco fisiócrata, pero muy descriptiva:

¿Cómo resuelven los organismos vivos, como el mismo ser humano, su problema de crecimiento? En su evolución, seguramente trataban de nutrirse devorando todo a su paso. Eso indudablemente debe de haberles traído todo tipo de problemas: indigestión, envenenamiento, enfermedades y muerte. Eso le pasa al PAN: de repente, por crecer, admitimos cualquier cantidad de bichos, gente corrupta, sin ética alguna que, cuando gobierna, termina por matar al partido por desprestigio. Tal vez en tempranas etapas de esa evolución hubo individuos timoratos que, al ver morir así a compañeros de especie, asumieron una estrategia defensiva contra el envenenamiento y dejaban de comer; entonces se morían en perfecto estado de salud: se morían de hambre. También eso le pasa al PAN: no nos vayan a invadir, mejor cerramos la afiliación. Y morimos de hambre.

"¿Cómo resolvió la evolución el problema de la nutrición y el crecimiento?", se preguntaba Carlos con ese extraordinario sentido del humor que tenía en aquellos años, y se respondía: "Desarrollando un aparato digestivo".

> Entonces —explicaba— todos los sentidos se enfocan en distinguir lo que la experiencia personal o la cabeza ajena les ha enseñado: qué alimento hace bien y cuál hace mal, y seleccionan el alimento que pudiera nutrirles. Pero no basta con ingerirlo —decía Carlos—, antes se necesita una tremenda demolición en la boca, para después descomponer esa materia con los ácidos más poderosos, hasta hacerlo en el intestino algo *asimilable*, es decir, algo *similar* a las proteínas del cuerpo humano, y es cuando aquel alimento se vuelve un verdadero nutriente y es *asimilado*, contribuyendo así a la sobrevivencia y al crecimiento [...] y lo que no sirve, simplemente se desecha. Así debemos abordar el tema de la militancia: no dejar de alimentarnos, no dejar de buscar nuevos y mejores militantes, pero a los nuevos hacerlos nutrientes *similares* a nosotros, y para eso sólo la capacitación constante y la transmisión en la práctica de la mística cotidiana puede lograrlo.

Para él, el proceso "digestivo" tenía un componente esencial, aparte del mero reclutamiento cuidadoso: era la capacitación y la reflexión constante y colectiva sobre la identidad, los valores y las propuestas del PAN.

Me divertían y a la vez me impactaban sus reflexiones. Con ellas a cuestas y por encargo suyo, avanzamos en una planeación interna discreta, pero eficaz. Con la ayuda del entonces Instituto de Planeación Estratégica del Tecnológico de Monterrey, este esfuerzo concluyó en un proyecto de largo plazo llamado Redimensionamiento del PAN. Una de sus metas era ganar la Presidencia de la República en el año 2000. No es la idea detenerse en los detalles de ese proyecto, pero sí señalar que el crecimiento sostenido del PAN tuvo que ver con una constante actualización programática, una cuidada selección de candidatos, y una estrategia eficaz de reclutamiento y selección de militantes en dos vertientes: por una parte, la estrategia era activa, se buscaba a los "mejores y más brillantes", y por otra, defensiva, se establecían criterios de "control de calidad" para los múltiples solicitantes que llegaban día con día a ese PAN creciente. Cuando había un bloqueo local a las solicitudes de registro de personajes destacados, intervenía el Comité Nacional, para seguir con ese proceso de enriquecimiento de la militancia y de los representantes y funcionarios públicos emanados del partido. Asimismo, el Comité Nacional ejercía, si era menester, un poderoso veto a las decisiones locales en términos de candidatos y dirigentes.

Mi presidencia en el PAN terminó en 1999. Un año después, gracias a la fuerte candidatura de Vicente Fox, el partido ganó la Presidencia. Entonces, el proceso se detuvo. El partido no se ocupó más de seguir reclutando a los "mejores y más brillantes", y extendió su reclutamiento hacia líderes de otros partidos que se sumaron al PAN de forma oportunista. Creo que todos caímos en el error de no ver en este cambio una semilla de destrucción de la organización. Al mismo tiempo, desde la dirigencia nacional cundió el temor de contrariar a las dirigencias locales, el Comité Nacional se desentendió de los procesos de crecimiento en calidad y cantidad de la militancia, y dejó en manos de los comités municipales el "derecho de admisión" al partido, con lo cual comenzó una dinámica terriblemente perversa: en lugar de buscar gente más valiosa afuera, un gran número de dirigentes locales comenzó a ver en los ciudadanos distinguidos que se acercaban al partido no una oportunidad de mejora sino una amenaza a sus propias aspiraciones. Si ese liderazgo ciudadano entraba al PAN, podía "quitarle" al dirigente municipal "su pluri", o "su regiduría", y después "su delegación", un nuevo espacio de poder y puestos que se abrieron con nuestros gobiernos. El padrón comenzó a ser manipulado: entraban los de confianza y subordinación del equipo que controlaba el pequeño comité, se rechazaban a los adversarios internos y, lo peor de todo, se les cerraron las puertas a los ciudadanos.

Es cierto que durante la dura campaña interna por la presidencia del PAN en 2005 había insistido en asegurarnos de que en todas las áreas de gobierno debía haber gente honesta y capaz, de la que había que esperar un mínimo de lealtad al proyecto "humanista". Con ello se inició un proceso de incorporación al gobierno de los que se consideraban, dentro de los más honestos, los más capaces ciudadanos afines al proyecto. De manera natural, muchos de esos nuevos delegados fueron militantes reconocidos por su trayectoria en Acción Nacional.

De alguna manera, la política de selección de "los mejores y más brillantes" que había yo aprendido de la historia del PAN se trasladaba ahora al gobierno, para cuyo éxito necesitaba ahora a los mejores cuadros. Es paradójico que esto comenzara a debilitar la calidad de la propia militancia y de la dirigencia panista, pues los mejores se incorporaron al gobierno, siendo sustituidos en responsabilidades partidistas por otros que no siempre portaban las mismas credenciales de probidad y capacidad.

Para colmo, el proceso de reclutamiento de "los mejores y más brillantes" dentro de la administración pública terminaría con uno de los acontecimientos más dolorosos y disruptores de mi gobierno: el trágico fallecimiento del Secretario de Gobernación, Juan Camilo Mouriño. En su calidad de gran operador político a Iván le había confiado la relación con el PAN, y con ello el nombramiento de servidores públicos que reunieran los perfiles requeridos dentro de la organización. Con su muerte quedó en el aire un tema delicadísimo: los delegados y la importancia de éstos en la relación con el PAN. Entre el equipo de Juan Camilo en Gobernación y el de Gerardo Ruiz, primero, y Patricia Flores, después, en Presidencia se había armado un grupo que procesaba todas las peticiones de los delegados. Poco a poco ese equipo fue quedándose con gente cada vez menos calificada, de un perfil más burocrático, lo cual no había sido dañino mientras estuvieron bajo la supervisión de Mouriño. Su lealtad y olfato político hacían que ese asunto tan sensible llegara a buen puerto. Con su dolorosa pérdida, estas tareas fueron delegadas al grupo que venía operando ese proceso; pero este grupo se quedó al garete: esa burocracia tomó forma, absorbió el poder del anterior Secretario de Gobernación, y comenzó a operar para sus intereses y no para los del país ni para las prioridades del Presidente. Fernando Gómez-Mont y yo estábamos metidos en otros temas, fundamentalmente en el de seguridad, pues para entonces se hacía cada vez más evidente la profundidad del deterioro de la vida institucional del país. No había mucho tiempo para voltear la mirada a lo partidista.

Así, la relación con el PAN fue adquiriendo una nueva vertiente que se fue tornando poco a poco en una experiencia decepcionante: lo único que les interesaba a los dirigentes del partido a nivel local, y en no pocos casos a nivel nacional, era cómo el gobierno panista distribuiría las delegaciones del gobierno federal. Desde el segundo o tercer año de la administración, toda la atención y la energía del PAN en su relación con el gobierno se centró en ello, no había nada más. No había preocupación acerca de la congruencia entre las acciones del gobierno y los principios, nada.

Otro factor que contribuyó a la pérdida de la calidad en la militancia fue que se impidió a toda costa que los mejores ciudadanos entraran en el partido. Cualquiera que mostrara cierto talento, cualquiera que destacara y tuviera liderazgo se veía como una amenaza. Todo era tema de quién controlaba los padrones internos. He dicho metafóricamente que el PAN era, como dicen los muchachos, un "antro" que se hizo famoso y al que todo mundo quería entrar, y de pronto los "cadeneros" se dieron cuenta de su poder. Dejaban entrar sólo a sus amigos e intereses, dejaban fuera a todo el de buena voluntad. Permitían el paso sólo a quienes les rendían su apoyo, y lo cerraban a todos los demás, no importaba que fuesen ejemplares ciudadanos. Así, los cadeneros se apoderaron del lugar, y lo arruinaron.

USTEDES ESTÁN HACIENDO TRAMPA

Estos "cadeneros", los que controlan el padrón interno, se van poniendo de acuerdo entre sí para hacer prevalecer sus intereses. Digamos que, como en los antros, el de la puerta uno se pone de acuerdo con el de la tres, el de la puerta en Nuevo León con el de Michoacán: "Tú dejas pasar a unos míos y yo a unos tuyos". Lo mismo como militantes que como candidatos y dirigentes, se centraban en sus interminables grillas internas, orientaban toda su energía a vencer en padrones internos cada vez más manipulados y cerraban la puerta durante años a nuevos ciudadanos honestos. En lugar de ir por ellos y organizarlos en todos los rincones del país, el PAN fue consumiendo electoralmente capital político.

Madero supo entender esa dinámica perversa y hacerse beneficiario de ella. Pactó casi con todos los que controlaban el padrón interno ("los cadeneros"), entre ellos, los gobernadores Francisco Vega de Baja California, Rafael Moreno Valle de Puebla o Guillermo Padrés de Sonora. Miguel Ángel Yunes de Veracruz, Ricardo Anaya de Querétaro, Larrazábal (junto con otro par, a los que aún llaman "la Santísima Trinidad") de Nuevo León, Marco Cortés de Michoacán, Luis Alberto Villarreal de Guanajuato, Ulises Ramírez del Estado de México, Jorge Romero de la Ciudad de México (exdelegado en Benito Juárez, famoso por los casos de corrupción que constantemente empresas extorsionadas revelaban. Un amigo suyo, y sobrino mío, me relató que dejó de trabajar con él cuando el propio Romero le confesó que asociaciones de ambulantes y otros le representaban a "su grupo" ganancias de 7 millones de pesos al mes. Con ellos, además, había infiltrado el padrón del PAN en toda la ciudad) y Santiago Creel, sin influencia en padrones, pero contento en su papel de carátula política del resto. Estos conspicuos liderazgos se llamaban a sí mismos "el Consorcio" y se reunían periódicamente en el Club de industriales de la Ciudad de México.

Este "Consorcio" tomó el control del PAN. A dos años de la elección interna para escoger al sucesor de Madero, ya ningún ciudadano capaz, honesto y de buena fe pudo afiliarse al partido. El truco era (a mi salida estaba vigente aún) en verdad perverso. Para afiliarse había que ingresar a la página electrónica del PAN y tomar un curso de capacitación; con ello, el ciudadano podría avanzar en el proceso (no sin dificultad) hasta llenar en una computadora su formato de afiliación. Sin embargo, al final del proceso aparecía una leyenda que decía más o menos: "¡Felicidades! Has completado tu afiliación al PAN, bienvenido. Busca el próximo curso disponible en tu localidad para terminar tu proceso de afiliación". Resulta que la persona interesada abría la pestaña de cursos (de acuerdo con los estatutos, en la localidad debería haber un curso cuando menos cada dos semanas para nuevos miembros), y aparecía siempre otra leyenda que decía: "No hay cursos disponibles". Así quedaron rechazados *de facto* cientos de miles de mexicanas y mexicanos que, pudiendo refrescar y renovar al PAN, no fueron aceptados porque desequilibrarían y harían perder el control en estados específicos y a nivel nacional a los cadeneros del "Consorcio".

Durante el periodo de Madero se exacerbó una política de manipulación del padrón en extremo perniciosa que continuaron, corregida y aumentada, tanto Ricardo Anaya como Damián Zepeda y Marco Cortés sucesor de ambos. En su momento, en el padrón interno hubo inserciones masivas que incluyeron casos no sólo escandalosos, sino que rayaron en la manipulación y el fraude. En el mismo sentido, para cualquier miembro que no fuera afín al "Consorcio" el padrón interno no se podía consultar salvo en el número total y los nombres de los militantes, pero ningún domicilio, ningún teléfono, ningún correo electrónico, lo cual dejaba inerme a cualquier potencial contendiente de cualquier miembro del "Consorcio" o de quien representara sus intereses, fuera para un cargo de dirección o de elección popular. A Manuel Gómez Morin, aspirante a la dirigencia, se le dio acceso al padrón interno un mes antes de la elección. Marco Cortés, su contrincante, en cambio, siempre tuvo acceso a él, correos y teléfonos incluidos, y tenía *call centers* operando a su favor incluso durante la campaña a la Presidencia de la República.

El poder de esta camarilla se debía, desde luego, a la manipulación del padrón, pero se alimentaba y crecía gracias a la capacidad de designar arbitrariamente candidatos y dirigentes, que de ser una facultad excepcional se convirtió en regla, y también a la enorme capacidad del gobierno de Peña Nieto les dio para manejar miles de millones de pesos en presupuestos, tanto para las alcaldías como para los gobiernos regidos por el PAN, en especial a través de una partida multimillonaria cuyas asignaciones podían hacerse a discreción con la sola decisión del coordinador parlamentario (la de los "moches"). A cambio de ello, los grupos parlamentarios fueron dóciles y obsequiosos con el gobierno de Peña Nieto, en particular en materia de presupuesto, donde, invariablemente, le autorizaron déficits y niveles de endeudamiento cada vez mayores, así como una absoluta opacidad en el manejo de determinadas partidas.

La enorme dependencia que tenían gobernadores, y sobre todo los alcaldes panistas respecto del "Consorcio", los hacía subordinarse por completo a sus intereses, y utilizar sus propios presupuestos y estructuras burocráticos a su favor. Propició, además, una enorme corrupción, puesto que el control presupuestal se hacía a través de la célebre partida de "moches". La camarilla pedía un porcentaje sobre lo asignado, y en ocasiones imponía constructoras y despachos de asesores para ejecutar la obra. Son célebres los casos. Uno se hizo público en el ayuntamiento de Celaya, donde el cabildo tuvo que discutir el monto de la "comisión" de ¡30%! que diputados —entonces Luis Alberto Villarreal, miembro del "Consorcio", era el coordinador— pedían por la asignación de recursos que la ciudad necesitaba. El otro le tocó al dirigente actual del PAN, Marco Cortés: el periódico *Reforma* dio cuenta de cómo, en el ayuntamiento de Numarán, en el Bajío michoacano, éste asistía a la inauguración de un boulevard, para el cual él había asignado los recursos discrecionalmente como coordinador, y ahora cobraba el rédito político en su favor. Por cierto, el boulevard también se llamó Marco Cortés.

Con ese poder de la camarilla más el de los gobernadores agregados al "Consorcio", la manipulación del padrón se hizo escandalosa hasta hacerla nugatoria del proceso de elección interna. Hay muchos casos, citaré dos únicamente.

Sin ir más lejos, el caso de mi propio estado, Michoacán. Al 6 de noviembre de 2018 tenía 11 mil 099 militantes. Como he dicho, no hay acceso a ese padrón, ni a sus datos elementales, pero la última información que pude obtener es de mayo de 2016, cuando estaba integrado por 17 mil 712 militantes, antes del proceso de "depuración", donde se dio de baja a más de 6 mil. El padrón ha estado cerrado a todo ciudadano interesado en afiliarse desde el primer semestre de 2014. Sin embargo, la regla no era para todos: desde las oficinas del propio PAN, Marco Cortés y su equipo incrustaron a miles de personas que podían controlar, algunos a través de gobiernos municipales, totalmente dependientes de sus intereses. Además de lo tramposo del proceso de afiliar simpatizantes en la mesa del Comité Estatal, ilegalmente, es igualmente sorprendente analizar los números. De los 17 mil 712 militantes que había en 2016, 9 mil 836, es decir 56%, más de la mitad fue afiliada tan sólo en 2013 y 2014. Y ríase de lo siguiente:

En apenas cuatro meses (de noviembre de 2013 a febrero de 2014) afiliaron a casi 40% de todos los militantes del PAN (6 mil 882) en Michoacán. En 15 días, del 1 al 15 de enero de 2014, injertaron en el padrón a 2 mil 468 personas, 14 por ciento. Y reitero, ese padrón de 17 mil 712 en 2016, fue reducido a 11 mil 099 en 2018. Es presumible que una buena cantidad de esos 6 mil excluidos hayan sido militantes adversos a Cortés, incluyendo a quienes inquisitorialmente se les consideró simpatizantes del alcalde independiente, Alfonso Martínez. Pero asumamos que tales bajas se hayan dado sin sesgo —algo inverosímil—, aun así, de los 11 mil 099 militantes del PAN en Michoacán actuales, casi 9 mil 836 (¡88%!) afines a Cortés y al "Consorcio" fueron subrepticiamente afiliados en 2013 y 2014, cuando el registro estaba cerrado al público.

El otro caso es el de Baja California, donde el PAN ganó su primera gubernatura. En septiembre de 2014 diputados locales del PAN, entre otros Cuauhtémoc Cardona, presentaron una denuncia en el Comité Nacional del PAN. En ella denunciaron el ingreso de ¡12 mil nuevos afiliados en tan sólo 11 días! Y tal como explican en su escrito, Baja California, a pesar de la larga historia de lucha, contabilizaba en todos esos años apenas 8 mil miembros activos. Pues bien, dicen en su escrito: "No obstante que estaba suspendida la afiliación [...], por alguna situación se permitió el ingreso de solicitudes de afiliación en Baja California por un lapso de 11 días, lo que derivó en el procesamiento de 12 mil nuevas solicitudes de afiliación, más que en toda la historia del PAN en el estado". El propio Cardona lo narra:

Fui al CEN a presentar la impugnación, Carmen Segura (funcionaria del Comité) me enseñó las cajas de los expedientes y me permitió que verificara [...] En efecto, estaban los expedientes completos, con copia de la credencial, firmas y constancia del curso de capacitación del CEN por internet. ¡En 11 días que abrió el sistema! Ella misma me comentó su extrañeza. Y para mi sorpresa, en el distrito del cual provengo que es la parte norte de Tijuana (donde el PAN nunca ha ganado casillas), investigando, supe que los meseros, trabajadoras sexuales y las personas que viven y trabajan en la colonia Coahuila, ¡eran parte de los nuevos afiliados! ¿Cómo era posible? Cuando hicimos algunas visitas en campo supimos la verdad: estas personas sí habían dado sus datos y mostrado su credencial de elector, pero no para afiliarse al PAN, sino ¡cuando se les afilió al Seguro Popular para que tuvieran acceso a servicios médicos. Sin embargo, habían manipulado y usado esos expedientes del Seguro Popular […] Una vergonzosa manipulación orquestada desde la Oficialía Mayor de Gobierno.

La democracia interna del PAN quedó totalmente destruida por una camarilla. La estrategia de los *padroneros*, los "cadeneros" del PAN en Michoacán, Baja California y en todas partes, era y es excluir y borrar a los que no simpatizan con sus intereses, e incrustar votantes manipulables. Como le escribí a Juan Molinar, en algún intercambio epistolar a propósito de estos temas: *ni el PRI se había atrevido a tanto.*

De la elección interna para acá, en menos de un año, han más que duplicado el padrón interno, con inserciones masivas que incluyen casos no sólo escandalosos, sino que rayan en la manipulación y en el fraude. Peor aún, el padrón interno no se puede consultar salvo en el número y nombres. Somos muchos los que hemos solicitado una copia para ejercer nuestros derechos políticos internos y se nos ha negado. Quienes están en esa coalición de intereses, en cambio, hasta mandan cartas de Navidad al domicilio personal y electrónico de todos los casi ya medio millón de militantes.

Impedir el ingreso de mujeres y hombres de bien que espontáneamente quieren registrarse y a la vez afiliar corporativamente desde los gobiernos estatales, negar el padrón a disidentes internos, pero utilizarlo en provecho personal por Ustedes […] ni el PRI se había atrevido a tanto. Y no hablemos, por ahora, de los recursos económicos que utilizan. Eso merece capítulo aparte […] aquí, Juan, *Ustedes están haciendo trampa.*

Ocurrió así una marcada caída en la calidad de la militancia y los liderazgos. Los cadeneros se agruparon aún más en torno de la renovada dirigencia de Gustavo Madero. Patrocinados por apoyos fáciles, algunos de ellos de dudosa procedencia, el partido comenzó a vivir una degradación moral. No pocas veces vi con tristeza cómo los dirigentes o precandidatos, aun antes de ganar la elección interna, se veían obligados a negociar entre los intereses de los grupos, algunos de ellos inconfesables, con las distintas facciones del partido, concesionaria cada una de un trozo del padrón interno.

En esa época los ejemplos bochornosos abundaron y se exacerbaron. Para muestra, los coordinadores parlamentarios: el de la Cámara de Diputados y sus operadores más cercanos, sorprendidos en una fiesta en Puerto Vallarta con trabajadoras sexuales en una bacanal en 2014. Como le dije a Juan Molinar en ese intercambio epistolar, alegaba que el PAN seguía siendo el mismo de sus fundadores: "Entre la consigna de Gómez Morin de 'Que nunca falten motivos espirituales' y el '¡Ánimo, Montana!', yo sí alcanzo a ver diferencias". Algún candidato y coordinador parlamentario a quien, en el calor de una campaña, le publicaron conversaciones telefónicas que revelaban una relación con una menor de edad, a la que luego se le presionaba para abortar… Obviamente dijo que éstas eran falsas, así como también era repudiable el espionaje mismo; pero no conocí a nadie dentro de la dirigencia del PAN entonces que dudara de la autenticidad de los hechos. Y otro caso, bochornoso, es del quien era operador político más cercano a Madero, Gustavo Villalobos. Uno de los muchos enjuagues que hizo fue el de incluir como diputada del PAN a la famosa novia de Joaquín *el Chapo* Guzmán, correspondiendo a quién sabe qué órdenes, peticiones o favores. Los tres, y todos los demás controladores del padrón, algunos exgobernadores, siguen siendo militantes destacados de este nuevo tipo de "liderazgo" del PAN. Esto no es sino expresión de una caída moral, cultural, política, de todo el partido.

Aunque a algunos de sus dirigentes decían que les "pesaba" la imagen del gobierno, la verdad es que la mayoritaria opinión positiva que el gobierno panista tenía entre la población le generaba una inercia positiva al PAN, por más agresivos, violentes e intimidadores que fueran nuestros adversarios, tanto en el PRI como en el PRD. Aunque disminuía, en gran parte a medida que los propios dirigentes panistas denostaban al gobierno del PAN, esa inercia todavía le permitió y le permite al partido altas votaciones a la camarilla de "padroneros", y por ende tener decisiones clave, jugosos presupuestos, gobiernos enteros, burocracias completas, aquí y allá. Esto implica dividendos políticos y económicos para los dirigentes, quienes, con cada vez más raras excepciones, convirtieron a Acción Nacional no en una escuela de ciudadanía, sino en un mercado político controlado. Una vergüenza.

De este modo, numerosos candidatos serían del gusto de esa militancia, pero no del de la ciudadanía; del gusto de la acotada membrecía empequeñecida, mutilada, raquítica, pero ya nada tenían que ver con los reclamos de los electores. El colmo fue que pretextando la poca confiabilidad del padrón —que ellos habían generado— el "Consorcio", decidió, contra lo que Gustavo Madero y Ricardo Anaya habían prometido en sus campañas, sustituir las elecciones entre militantes —una suerte de primarias con voto directo para elegir candidatos—, con designaciones hechas a modo desde el órgano máximo de dirección, el CEN primero y la Comisión Permanente después. Si se observa, ningún candidato del PAN a gobernador de una entidad federativa ha surgido de elecciones internas, todos han sido designados. Lo mismo, si no todos, la mayoría de candidatas y candidatos a cargos de elección popular fueron puestos "por dedazo" del "Consorcio". La falta de procesos pulcros y transparentes incrementó las divisiones y también los litigios, convirtiendo a la dirigencia del partido en una barandilla, y a las decisiones del CEN, en un mercado de puestos, presupuestos y prebendas. Este *quiebre moral* provocó la pérdida de ejemplaridad en la vida pública que alguna vez detentó Acción Nacional. Quizá por eso hoy su liderazgo no despierta ninguna confianza y no representa nada para los ciudadanos.

En la misma carta que cito, le dije a Juan Molinar:

El verdadero problema es que el PAN les ha cerrado la puerta a los ciudadanos. Sus voces, sus representantes, [...] se representan a sí mismos, no a los ciudadanos. Antes no sólo se les abrían, se los invitaba a entrar [...] Ahora, en cambio, les han cerrado las puertas a los ciudadanos literalmente. A servidores públicos leales e intachables. Nadie se ha podido afiliar desde hace más de un año. Me refiero a los ciudadanos que de buena fe y *motu proprio* han querido hacerlo, particularmente en esta hora crítica del país donde renace la urgencia ciudadana de participación y la necesaria existencia de un instrumento adecuado para ello.

EL CASO DE MARGARITA

Margarita Zavala y yo hemos estado casados por 27 venturosos años. Lo relevante para el punto que estoy abordando es que los dos tenemos carreras políticas distintas. Aunque coincidentes, nuestras trayectorias son diferentes e independientes. Sin embargo, sobre todo a partir de mi precandidatura del PAN a la Presidencia de la República, ella optó por llevar un bajo perfil mediático en el ejercicio de su propia vocación política. Más aún con el antecedente extrovertido, protagónico y, quizá por lo mismo, ampliamente rechazado de quien le precedió como primera dama. Terminada la Presidencia de la República, y guardado un plazo de dos años en que tanto ella como yo estuvimos prácticamente ajenos a toda escena pública, retomó su propia participación política. No le fue difícil. Margarita, además de muy inteligente y extraordinaria abogada, tiene un excepcional don de gentes. Siempre escucha, siempre atiende, siempre se solidariza con los que más sufren. Ella es una expresión de las bienaventuranzas.

Cuando regresamos de Boston en 2014, comenzaban las discusiones respecto de la integración del Congreso de la Unión, a elegirse a mediados de 2015. Las cosas estaban ya muy tensas con la dirección de Gustavo Madero, por las razones expuestas. Sin embargo, había una idea general, dada la gran aceptación que ella tenía no sólo en el PAN sino entre el público, de que lo natural sería que ella fuera candidata al Congreso. Ponderó el tema, lo conversó con varios miembros de la dirigencia nacional, la mayoría le ofreció claramente su apoyo. Sin embargo, a la hora de elaborar las listas de candidatos al Congreso, la votación del CEN se hizo de manera totalmente arbitraria. A los miembros de la Comisión Permanente que votaron, después de presionarlos y chantajearlos uno a uno, se les obligó a hacerlo con plumines de colores distintos, que permitían identificar al emisor del voto en aquella reunión de 40 miembros. Don Luis Álvarez, indignado, pondría "Margarita Zavala" en todas las boletas, de todas las circunscripciones, y se retiraría indignado de la sesión. Sería la última vez que asistiría a una reunión del partido. Margarita fue excluida arbitrariamente, siendo sustituida en las listas por un torvo personaje, operador electoral de Rafael Moreno Valle, quien a la postre nada hizo. Nadie se acuerda siquiera de su nombre y, ciertamente, ni vale la pena acordarse. Pero el punto es describir el espíritu de exclusión y de ventaja de la camarilla que controlaba el PAN.

Tal arbitrariedad no hizo más que catapultarla. Sin que ella se lo propusiera, la hicieron víctima clara de un atropello, y su nombre comenzó a crecer en la opinión pública. Cuando comenzaron a realizarse las primeras encuestas por la Presidencia de la República, su nombre empezó también a aparecer espontáneamente en todas partes. Se fue convirtiendo poco a poco en la candidata del PAN esperada por los ciudadanos.

Así, desde las primeras encuestas en que ella fue valorada, saltó rápidamente en la preferencia de los electores como la posible candidata. Para marzo de 2016 ya aparecía como puntera en la encuesta de Buendía y Laredo: Margarita Zavala 30, López Obrador 25, Osorio 29. Incrementaría su preferencia a 33 puntos en julio. En la encuesta de *Reforma* de agosto de 2016 también aparecía como puntera: MZ 34, AMLO 32, OCH 18. En otras palabras, si las elecciones a la Presidencia hubieran sido entonces, Margarita Zavala le habría ganado a López Obrador.

Durante esos últimos años tomé la decisión de hacer todo lo posible para corregir el rumbo del partido. Asistí prácticamente a todas las reuniones de consejo y de la Comisión Permanente. En particular, solicité de manera formal, una y otra vez, que se discutiera en el órgano máximo del partido el evidente conflicto interno que estábamos teniendo, al no existir reglas claras ni solventarse las irregularidades manifiestas que impedirían tener una elección interna democrática y equitativa. El punto más evidente era tener un presidente del PAN que estaba también jugando como candidato. Durante más de siete décadas el presidente del PAN había sido el gran árbitro imparcial, la autoridad que, a pesar de sus preferencias, no actuaría como candidato y preservaría la unidad interna a través de la organización de un proceso democrático y equitativo. La manipulación burda e inadmisible del padrón a la que me he referido, más la doble y ambigua posición de Ricardo Anaya como presidente del PAN y autoridad máxima del proceso interno, y a la vez como aspirante a la candidatura, lo hacían juez y parte, además haciendo uso y abuso de recursos públicos para alimentar su imagen personal, incluyendo los spots de Acción Nacional a su favor (más de dos millones de spots), evidencia de un proceso profundamente antidemocrático; y ni así podía ganarle a Margarita en las encuestas externas, y mucho menos a López Obrador.

A Ricardo Anaya le dije, en púbico y en privado, que deberíamos resolver esa cuestión como siempre las había resuelto el PAN: democráticamente, con reglas equitativas, con legalidad, equidad y justicia, única manera en la que podía prevalecer la unidad del partido y lo que don Efraín González Luna llamaría alguna vez "la camaradería castrense". Le comentaba, por ejemplo, la experiencia del PRI en 2006: Roberto Madrazo, por aferrarse a la candidatura siendo presidente del partido, dividió al PRI y lo llevó a una estrepitosa derrota electoral. Lo mismo le podía pasar al PAN, le dije. Y eso sucedió. Ricardo se aferró, canceló toda posibilidad democrática de decidir la candidatura, atropelló toda noción de equidad, dividió al PAN y lo llevó a su peor derrota electoral. Por increíble que parezca, nunca se discutió dentro de la Comisión Permanente ni en el Consejo Nacional el tema de la elección presidencial, ni la inequidad y la falta de reglas claras de la competencia, ni el doble papel de Ricardo Anaya como claro aspirante y dirigente nacional. Y cada vez que planteaba yo el tema, la breve conversación terminaba en expresiones verdaderamente ofensivas para mí, de parte de mis propios "compañeros". La dirigencia, además, fue despectiva y arrogante con el equipo de Margarita, que una y otra vez ofrecía vías de solución al tema. Sólo ignoraron esas propuestas. Se consumaba un atropello; además de torpe —es increíble la falta de visión y de entendimiento de este grupo, nunca midió las consecuencias— y antidemocrático, en el fondo era un acto de profunda misoginia.

Porque en efecto a Margarita la despreció el PAN, y le impidió competir de manera democrática en lo interno, fundamentalmente, por ser mujer. Pensaron quizá que, como ocurre con muchas mujeres que sufren violencia física, al final "aguantaría y se quedaría", y actuaría como "mujer abnegada", que es como creen que deben ser las mujeres. Diego Fernández, a quien con medida extrema pedimos que mediara para resolver el tema democráticamente y en paz, en lugar de tratar de construir un acuerdo que permitiera una salida democrática al conflicto y evitara consumar el atropello, fue a tratar de convencer a Margarita. De manera indignante, misógina —qué se podía esperar— le dijo: "Si tú, como gran dama que eres, te repliegas elegantemente, te ganarás el respeto de todos". Como es lógico Margarita lo mandó… muy lejos, eso sí, con gran elegancia y dignidad. Entre otras razones, Margarita y su equipo no aceptarían un atropello más a mujeres, menos a ese nivel. Fernanda Caso, una joven talentosa que coordinó la candidatura independiente de Margarita, lo describió así:

> En octubre, en las vísperas de la decisión de Margarita de renunciar al PAN, me acerqué con ella a platicar del tema. Yo estaba convencida de la importancia de dar un mensaje a la clase política y dejar claro que pasar encima de las mujeres debía tener consecuencias. Hacer trampas, también debía tenerlas. Quedarnos en el PAN era solaparlo y perpetuar realidades que a mí me enfurecían. "Margarita —le dije—, el viaje será oscuro, pero al final hay un destino que vale la pena." "No —me contestó—, es el viaje el que vale la pena." Ella tenía razón. Sin duda lo valió. Gracias, Margarita, por invitarme a tu viaje.

Luego vino la campaña presidencial. Margarita logró ser la primera candidata independiente a la Presidencia de la República en la historia de México, una verdadera proeza porque en cuatro meses, y con magros recursos, logró reunir más de un millón de firmas con la proporcionalidad requerida por la ley en todo el país. Sin embargo, ya como candidata, le cerrarían todas las puertas a la equidad. Mientras el PAN, por ejemplo, tenía un presupuesto federal de mil 400 millones

415

de pesos, a Margarita sólo le asignaron siete… una burla. Cuando fue imposible seguir por falta de recursos, y sobre todo ante el chantaje o la genuina preocupación de que dividiría el voto, ella declinó la candidatura para dejar la responsabilidad de decidir a los votantes entre los candidatos con mayor posibilidad.

Lejos de buscar un puente razonable de entendimiento, las primeras declaraciones del PAN a la salida de Margarita fueron del tono de las de Ernesto Ruffo: "Siento alivio, es como si se hubiera salido la pus". Después el propio Anaya dijo que su salida era para beneficiar al candidato del PRI, cantaleta altamente indignante y con la que siguieron hasta el final. Semanas antes de las elecciones me entrevisté en mi oficina con Ricardo. Aunque la conversación fue difícil, pude decirle que a él le tocaba generar espacios y razones para apoyarlo; espacios y razones que, dados los agravios, nosotros no veíamos. Dijo que se esforzaría. A los cuantos días, su equipo estaba presentando una burda e infundada denuncia en contra mía en la PGR. Increíble.

Y su estrategia electoral, un desastre. Apostaron a generar un voto útil a favor de Ricardo, pero en lugar de buscar simpatía entre los votantes priistas, con la esperanza de que luego lo apoyaran, se dedicaron a insultarlos… nadie quiso a Ricardo como segunda opción en el PRI, y los votos se fueron directamente a López Obrador. Los resultados electorales fueron terribles.

¿Tiene remedio el PAN? Después de varios años de buscarlo dentro de la organización, tanta indolencia y ofensa me convencieron de que no. A diferencia de otras crisis, esta vez no era sólo su dirigencia, sino también una parte fundamental de su militancia estaba ya totalmente atrapada en ese juego de intereses, a la espera de que un día "le toque". Todos los procesos internos implicaban ya un "¿Qué me vas a dar?", "¿Qué me toca a mí?", "Danos el apoyo ($) y te apoyamos". Y "en el remoto y poco probable caso" de que se decidiera abrirlo a la ciudadanía, no sólo los "cadeneros", sino ya también los militantes mismos verían en el nuevo ciudadano que arriba una amenaza. Eso cancelaba todos los incentivos y posibilidades para su transformación. A esa conclusión llegué y por eso renuncié a Acción Nacional, a través de una carta que aquí reproduzco íntegra:

Ciudad de México, a 11 de noviembre de 2018

Sr. Marcelo Torres
Presidente en turno del Partido Acción Nacional
Presente

Porque el Partido Acción Nacional ha dejado de ser el instrumento de participación ciudadana para la construcción de un México mejor que pensaron sus fundadores.

Porque la camarilla que controla al partido ha abandonado por completo los principios fundamentales, las ideas básicas y las propuestas del PAN, y no le interesa sostenerlos, actualizarlos o fortalecerlos.

Porque el diálogo respetuoso y serio sobre problemas fundamentales del país ha quedado cancelado, siendo suplido por decisiones cupulares que responden a intereses personales y de grupo.

Porque "el consorcio" que controla el PAN ha destruido la democracia interna, llegando al extremo de que durante los últimos años ninguna de las candidaturas relevantes del partido ha sido electa por los militantes, sino impuesta por designación a la membresía.

Porque la destrucción de la democracia interna se ha hecho a través del uso indebido de los recursos que recibe el partido y el acceso privilegiado e inequitativo a la base de datos de la membresía en beneficio de dicho grupo, además del condicionamiento de apoyos políticos a legisladores, alcaldes y gobernadores electos de Acción Nacional, a quienes se les amenaza con el aislamiento y el abandono si no se ponen al servicio de ese "consorcio".

Porque esa destrucción de la democracia interna es irreversible, dado que se ha hecho a través de la manipulación del padrón de militantes mediante exclusiones e inclusiones selectivas e ilegales, con lo que se ha dejado el control de la que fue la mejor alternativa política de los mexicanos en manos de los intereses de esa camarilla.

Porque mediante la cancelación de nuevas afiliaciones espontáneas por quinto año consecutivo, se ha impedido la entrada de nuevos ciudadanos genuinos y desinteresados, y en cambio se ha incrustado subrepticia e ilegalmente a miles y miles de personas por el mero hecho de ser funcionales a la camarilla en el poder.

Porque esa obstrucción deliberada que se ha hecho a mexicanas y mexicanos de bien para poder entrar al partido, y que ha alejado al PAN de la ciudadanía, obedece a que la participación de gente honesta en las decisiones internas iría en contra de esa complicidad de intereses que controla al PAN.

Porque, cancelada la democracia interna, es imposible revertir por mecanismos democráticos la actual situación, y la elección interna sólo corrobora ese control envilecedor, siendo la próxima dirigencia una fiel expresión de la corrupción, la mediocridad y la manipulación que la ciudadanía ha castigado severamente en las urnas.

Porque México requiere urgentemente una opción de participación política a cuya creación ya vienen contribuyendo nuevas voces ciudadanas, especialmente de jóvenes, y permanecer en el PAN sólo implica una desviación y pérdida neta de tiempo, recursos y capacidad de organización que deben dedicarse a impulsar ese esfuerzo con todo vigor.

Por las razones expuestas, renuncio a mi militancia en el Partido Acción Nacional.

Agradezco el apoyo, la camaradería castrense, y el honor de compartir la lucha por México durante toda mi vida a los miembros del partido que lo son de veras, y les deseo éxito en el cumplimiento del deber político.

Felipe Calderón Hinojosa

13

Más México en el mundo
y más mundo en México

Puse especial empeño en fortalecer las relaciones internacionales de México. La consigna era "Más México en el mundo y más mundo en México". Como Presidente realicé 76 giras internacionales en las que visité más de 40 países: visitas de Estado y de trabajo, asistencia a la Asamblea General de Naciones Unidas, cumbres de las Américas, latinoamericanas, centroamericanas, norteamericanas, al Foro Económico de Davos (en 2012 me fue otorgado el Premio al Estadista del Año), Cumbres América Latina-Unión Europea, a la Comunidad Económica Asia Pacífico (APEC)... Fueron años de intensa actividad, en los que también México fue visitado por decenas de jefes de Estado y de gobierno.

En el caso del continente, la relación con las antípodas, Estados Unidos y Cuba era compleja. Generalmente México oscila entre ambos países y en no pocas ocasiones ha fungido como mediador. Pero se da el caso de que al estar muy cerca de uno hay enemistad o al menos distancia diplomática con el otro. Al llegar a la Presidencia estábamos peleados con ambos: por una parte, el Presidente George W. Bush no ocultaba su molestia con mi antecesor. Me lo comentó en persona, para él era entendible que México no se involucraran en el tema de Irak —una decisión acertada que tomó Vicente—. Eso lo entendía, pero lo que le reprochaba era que nunca le había dado una respuesta definitiva al apoyo solicitado a México en las resoluciones de Naciones Unidas para el caso de Irak. Años más tarde, el Presidente Bush narraría este episodio:

Cuando le dije a Vicente que le estaba hablando acerca de la Resolución de la ONU, me preguntó que a cuál me refería [...] él dijo que lo pensaría y me diría después. Pasó una hora, y entonces Condi [Condoleezza Rice, Secretaria de Estado] escuchó de la embajada que el Presidente Vicente Fox había entrado a un hospital para una operación de la espalda (que obviamente estaba programada). Nunca volví a escuchar una palabra de él sobre este asunto.[1]

Por el lado de Cuba, todavía pesaba la vergüenza de que el Presidente de México haya sido humillado por Fidel Castro, pues cometió la ingenuidad —mal asesorado por su canciller, Jorge Castañeda— de abordar por teléfono con él un tema tan delicado como el de pedirle a Castro que se retirara después de la comida con jefes de Estado, que se celebraría en ocasión del Foro de Financiamiento para el Desarrollo en Monterrey, con el fin de que no coincidiera con la llegada del Presidente Bush. Como era de esperarse, Fidel Castro lo grabó, se encargó de que se repitiera palabra por palabra lo que Fox le decía, varias veces, en particular el explícito pedido de "pues... comes y te vas". Y por supuesto, Fidel Castro lo divulgó cuando así convino a sus intereses. Por su parte, la relación con el resto de países de América Latina se había tensado a partir de la fallida Cumbre del Comercio en Buenos Aires, en 2004, en la que Estados Unidos, con el apoyo de México, proponía un Acuerdo de Libre Comercio de América (ALCA), propuesta que fue rotundamente derrotada por los gobiernos de izquierda, que en su lugar formaron la Alba, Alianza Bolivariana de América, y desde entonces establecieron un comportamiento político dominante en la región.

En fin, había mucho que hacer.

Comienzo por América Latina. La tensión empezaba con Venezuela; desde el inicio del gobierno manifesté mi desacuerdo con la política económica y exterior de Hugo Chávez. Eso me produjo una andanada de insultos y descalificaciones de su parte. Hay que advertir que entonces el gobierno venezolano no había desarrollado aún su

[1] George W. Bush, *Decision Points*, Broadway Paperback, Nueva York, p. 246.

perfil dictatorial: Hugo Chávez había sido electo democráticamente y se celebraban, aunque cada vez con parámetros menos democráticos, procesos electorales. Corrían muchas historias. Por ejemplo, un prominente empresario venezolano que había tenido que ir al exilio me comentó que se habían transportado recursos en vuelos de Caracas a La Habana, y de ahí a la embajada de Cuba en México para apoyar la campaña de la izquierda. Eso era imposible verificarlo, no había más pruebas al respecto, así que dejé el asunto por la paz. Por otra parte, un momento muy importante de mi campaña electoral se basó en comparar a Andrés Manuel López Obrador con Hugo Chávez, a partir de la similitud de sus discursos y desplantes y en particular por el ataque de ambos hacia Vicente Fox, al que ambos públicamente le gritaban "Cállate", aderezado en el caso de López Obrador con el despectivo "chachalaca".

Sin bajar la guardia, logramos medio componer la relación con diversos países. En el caso de Brasil, la tensión original venía quizá, más que de su Presidente Lula da Silva, de su cancillería, la cual seguía una política casi independiente del propio Presidente de Brasil. Yo le llamaba "la hermana República de Itamaraty" a su Ministerio de Relaciones Exteriores, pues así se le conoce al palacio que lo alberga en Brasilia.

Aún en transición hice una gira relámpago por varios países de Centro y Sudamérica. Ahí conocí a Lula. Su trato fue amable, aunque en una comida protocolaria a la que él no asistiría, auspiciada por Celso Amorim en Itamaraty, de manera increíble había decenas de manifestantes en contra mía por las elecciones dentro del edificio de la cancillería, al pie de la escalinata. Era claro que el teatrito había sido no sólo tolerado sino alentado por el anfitrión, quizá para congraciarse con la molestia de sus amigos mexicanos seguidores de AMLO, de seguro molestos por mi visita a Lula. Me ofrecieron entrar por un elevador desde el estacionamiento. Lo rechacé. Entré por la puerta principal, donde estaba la guardia de honor y la alfombra, y caminé entre los manifestantes que, azorados, me dejaron pasar. Pocos minutos después se fueron. Y ya como Presidente, volví a ver a Luiz Inácio Lula da Silva en una reunión que sostuvimos en Davos, Suiza, en enero de 2007. De entrada, me reclamó airadamente que no hubiera asistido —México era observador permanente— a la reunión del Mercosur celebrada en Brasil. Yo le contesté con la verdad: que la cancillería mexicana había consultado con la brasileña, la cual dijo que México no estaba invitado. Se lo reclamé señalando con el índice al canciller Celso Amorim que estaba ahí presente. Lula guardó silencio y con prisa cambió de tema.

Luego pudimos llevar una relación bastante constructiva. Uno de los temas más prometedores en el que avanzamos fue la posibilidad de construir un tratado de libre comercio entre México y Brasil. Eso podría —y puede aún— crear las sinergias económicas más poderosas de la región; además, compensaría al menos en parte la enorme dependencia de México hacia Estados Unidos, así como la de Brasil con China. Cuando el comercio se libera, ganan todos: productores y consumidores, exportadores e importadores. El comercio es el motor más importante del crecimiento económico global.

Al principio fueron los empresarios mexicanos los que, preocupados por el prejuicio de la fuerza de Brasil, temían ser arrastrados por los empresarios brasileños. Pero luego fue quedando de manifiesto el potencial de México. Por ser una economía mucho más abierta, y a partir de los cambios que impulsamos con el fin de elevar su competitividad, México se consolidaba como la gran potencia exportadora de manufacturas. Fue un acierto el acuerdo que tomamos de que los sectores económicos de ambos países pudieran entablar diálogo entre ellos, y que si llegaban a algún acuerdo bilateral de inmediato trataríamos de implementarlo. Así, por ejemplo, el sector automotriz llegó a un acuerdo en un tiempo relativamente corto y comenzó a implementarse. Poco a poco las resistencias comenzaron a presentarse en São Paulo. Las políticas proteccionistas de Brasil habían debilitado su competitividad. La apertura comercial de México que habíamos profundizado le daba a nuestro país una enorme fortaleza respecto de los productores brasileños, salvo en el sector del campo donde, curiosamente, ha estado la mayor protección a productores mexicanos. De manera que, entre las resistencias de algunas de las partes del sector agrícola mexicano y de amplios sectores industriales brasileños, las negociaciones poco a poco se estancaron, sobre todo a partir de la llegada de Dilma Rousseff al poder.

Entre el brasileño y el mexicano común hay una gran empatía. Sin embargo, el gobierno de Brasil actuaba con enorme suspicacia respecto de México, influenciado por la República de Itamaraty. Su canciller Celso Amorim y en especial su sucesor Antonio Patriota no perdían oportunidad de decir que México ya pertenecía "prácticamente" a Estados Unidos, y que Latinoamérica sólo estaba representada por Sudamérica, liderada por Brasil. Por eso, hicimos todo lo posible por neutralizar esa postura, y pusimos siempre a México en las primeras líneas de la política de América Latina.

Para entonces sólo existía un mecanismo formal que unía a la mayoría de los países latinoamericanos, con exclusión de Cuba y todos los países del Caribe. Se trataba del llamado Grupo de Río, que estaba cayendo en la obsolescencia. Sus frecuentes cumbres ya convocaban a muy pocos, y sus acuerdos eran cada vez menos relevantes. Al inicio de 2008 estaba por celebrarse en Santo Domingo una cumbre más. Cuando la cancillería aún valoraba si era conveniente o no que yo asistiera, una tarde recibí la llamada de Leonel Fernández, Presidente de República Dominicana. Me pedía encarecidamente no sólo que asistiera a la cumbre de Santo Domingo, sino que México asumiera el liderazgo del Grupo de Río, aceptando sucederlo en la secretaría *pro tempore* que, según me dijo, "nadie con la capacidad de llevar y relanzar el Grupo quería aceptar". Me dijo con honestidad que le había pedido lo mismo al Presidente Lula. Éste no sólo había rechazado la petición, sino que salió a declarar que el Grupo de Río estaba muerto y que no asistiría a la reunión de Santo Domingo. Me sentí muy comprometido con la petición, pero no sólo eso: en el fondo vi en ello la oportunidad de que México incrementara su relevancia en la región, así como de impulsar algo en lo que yo creía: la integración latinoamericana. Así que acepté asistir y asumir la secretaría *pro tempore* del Grupo de Río, advirtiendo a mi contraparte dominicana que teníamos que hacer ajustes severos al mecanismo del grupo.

En esos días ocurrió un hecho inesperado: aviones del ejército colombiano, a partir del Plan Colombia, reforzado poderosamente con apoyo de Estados Unidos, habían bombardeado un campamento guerrillero de las FARC en territorio ecuatoriano. La situación era muy complicada: por una parte, el Presidente Álvaro Uribe hacía pública la acción, anunciando la "baja" de uno de los líderes guerrilleros más importantes de las FARC. (En el campamento guerrillero se encontraba una activista mexicana.) Del lado de Rafael Correa había una enérgica protesta, con declaraciones de ambas partes cada vez más hostiles, en los límites de la ofensa personal. Dada la historia latinoamericana, había claramente la posibilidad de que se desatara una guerra regional.

Esa tarde logré comunicarme por teléfono con ambos, para tratar de contribuir a apaciguar el ambiente. Ambas conversaciones comenzaron con los airados reclamos respectivos. Les ofrecí de buena fe la mediación de México. No se veía ninguna salida sensata en el corto plazo. Conversé también largamente con Hugo Chávez y con Raúl Castro. A ambos les pedí una contribución activa para que pudiéramos atenuar el conflicto con cordialidad y contribuir a resolverlo. Ellos hablarían con Rafael Correa y yo con Álvaro Uribe; coincidíamos en la necesidad de evitar que se escalara aún más el problema y que se materializara la posibilidad de un conflicto armado.

A pesar de que las declaraciones continuaban subiendo de tono en los medios, fuera de la arena mediática avanzaban las negociaciones. Patricia Espinosa y su equipo trabajaban a toda prisa dialogando con ambas partes y con otros gobiernos regionales. Todo indicaba que la cumbre de Santo Domingo y con ella el Grupo de Río estarían condenados al fracaso. Sin embargo, nunca cejamos en nuestro esfuerzo de atemperar los ánimos y de negociar la cancillería con sus pares y yo con los míos, los Presidentes.

Llegó el día, 6 de marzo de 2008, y aunque pesaba en el ambiente un gran escepticismo, la cumbre de Santo Domingo inició con una tensa calma. Hacia la noche la cancillería y su equipo habían avanzado notablemente, y para la mañana habían logrado al fin un acuerdo unánime, que incluía la firma tanto del gobierno de Ecuador como del de Colombia. Cuando se hizo público el comunicado final de la cumbre de Santo Domingo, y se declaró aprobado por unanimidad, hubo una explosión de júbilo no sólo entre los Presidentes asistentes, sino entre los invitados y la prensa. Nadie lo podía creer. Los Presidentes de Colombia y de Ecuador se dieron la mano. No estaban resueltas las tensiones, pero la diplomacia tuvo un logro notable. En ese marco en especial emotivo, asumí la secretaría *pro tempore* del Grupo de Río. En mi discurso me pronuncié con ímpetu por convertir el Grupo en lo que debiera ser la primera organización política de América Latina en sus casi 200 años de vida independiente; dije: "Hoy México asume la secretaría *pro tempore* con la convicción de que el Grupo de Río debe ser la base para una verdadera asamblea de pueblos latinoamericanos, que sea […] una Organización de Estados latinoamericanos […] la base de una verdadera Latinoamérica unida".

Me comprometí a darle concreción en nuestra próxima reunión en México. Los acuerdos avanzaban con rapidez, impulsados con entusiasmo por muchos de los países. La reacción de Itamaraty no se hizo esperar, incierta y errática: primero manifestó sus dudas de que México pudiera concretar la propuesta, criticó desde el nombre mismo (Unidad Latinoamericana) que yo había sugerido, arrastró los pies durante la negociación, y cuando vio que todo avanzaba hacia la reunión convocada en México para febrero de 2009, Brasil convocó a última hora a una Cumbre del Mecanismo de Integración Latinoamericana, a celebrarse el 15 de diciembre de 2008, en Salvador de Bahía. Era un burdo albazo. Y aunque me resistía a convalidarlo, al final asistí en mi calidad de secretario del Grupo de Río. Los propios asistentes reconocían en sus mensajes la iniciativa de México y anunciaban la confirmación de su asistencia a nuestra cumbre del 23 de febrero de 2010, que reconocían como la constitutiva de Comunidad de Estados Latinoamericanos y Caribeños (Celac).

A la cumbre de México asistirían prácticamente todos los jefes de Estado y de Gobierno de América Latina y el Caribe. Había una atmósfera de emoción y entusiasmo en el evento que tuvimos en la Riviera Maya. En todos los discursos hablaban de un hecho verdaderamente histórico: la constitución de la primera organización política formal de todos los países latinoamericanos y caribeños desde nuestra vida independiente, que estaba por celebrar su bicentenario en toda la región. Un verdadero triunfo para México.

En el curso de la sesión fundacional, el Presidente Álvaro Uribe insistía en hacer uso de la palabra para denunciar, según me dijo, la interferencia de Venezuela en asuntos colombianos, al albergar a peligrosos líderes guerrilleros de las FARC en territorio venezolano. Afectuosa pero enfáticamente le pedí que, dada la trascendencia de la reunión, guardara eso para otra ocasión, cosa que hizo y le agradezco. Sin embargo, a la hora del almuerzo, mientras discutíamos un poco cómo ayudar al pueblo haitiano que había sufrido la devastadora tragedia de un terremoto, Uribe insistió en tomar la palabra para abordar su asunto. Así lo hizo.

De acuerdo con algún protocolo, los asientos en la mesa del almuerzo habían sido dispuestos como sigue: a mi izquierda estaba Álvaro Uribe, a mi derecha creo que Lula da Silva. Frente a mí Raúl Castro, y a su derecha Hugo Chávez, de manera tal que Hugo y Álvaro quedaron uno frente al otro. Al hacer uso de la palabra, Álvaro Uribe, en tono firme y agraviado, relató la manera en que el gobierno venezolano estaba protegiendo a líderes de las FARC, que operaban desde territorio venezolano.

La tensión subía. Hugo Chávez se levanta para retirarse y dice: "Ya me voy, no quiero oír más estupideces". Y en eso se levanta también Álvaro Uribe, considerablemente de menor corpulencia y estatura que Chávez. Envalentonado, lo reta: "¡No se vaya! ¡Quédese a escuchar lo que tengo que decirle! ¡Sea varón! ¡Sea varón y quédese!" A lo que Chávez respondió: "¡Es usted un estúpido!" Estaban por llegar a las manos. Por fortuna la mesa tenía un ancho de como metro y medio, que les impedía llegar a los golpes. Por instinto, Raúl Castro se levantó a contener a Hugo Chávez, y yo a la vez a calmar a Uribe. Mientras tanto, la guardia de boinas rojas de Chávez trataba de entrar al salón en tropel, siendo contenidos a empujones y órdenes a voz en cuello por el Estado Mayor Presidencial, responsable de la seguridad del evento, que no permitió la entrada de ningún otro elemento de seguridad. Si no, aquello hubiera sido un caos, un aquelarre.

Por último Raúl Castro invocó con emoción la importancia del momento, lo mucho que la izquierda había esperado un paso tan significativo hacia la Unidad Latinoamericana y que una trifulca sería, además de vergonzosa para sus protagonistas, una mancha que borraría la trascendencia de la creación de la Celac. Yo por mi parte le dije que a pesar de que entendiera su causa y simpatizara o no con ella, tenía que respetar el lugar, y que dicho comportamiento no era ni el modo ni el trato que México merecía. Los dos se fueron serenando, en medio de una gran exaltación en la mesa. Seguimos con el tema de Haití, comenzando por escuchar a su Presidente, quien literalmente lloraba por la terrible situación que vivía su gente. Comenzaron los discursos complacientes, pero con muy poco compromiso. Ahí mismo tomé mi libreta Moleskine y les pedí a los Presidentes que, más allá de vagas solidaridades, expresaran en términos de miles de dólares o millones lo que iban a donar, y que lo registraría en mi libreta en ese momento. Yo por mi parte ofrecí 10 millones de dólares disponibles en un plazo de ocho días para los haitianos. Lo mismo hizo Brasil y así sucesivamente. Por cierto, el donativo de México tardó meses en poderse concretar: el gobierno de Haití insistía en que la transferencia se hiciera a cuentas distintas de su Banco Central. Algo, al menos, inusitado. Mientras tanto la ayuda mexicana se fue concretando en especie. La Semar y la Sedena estuvieron en la isla con puestos móviles de comida caliente, y quizá sirvieron cientos de miles de comidas. Dado que la ayuda se solicitaba para adquirir tiendas de campaña, Bruno Ferrari, Secretario de Economía, consiguió en el mercado internacional casas de campaña a un precio significativamente menor al que calculaba el Presidente haitiano. Algo así como 70 mil, que estuvieron meses y meses albergando a damnificados del terremoto.

Por otra parte, el Mercosur no era como su nombre lo indica un mercado libre de América del Sur, sino una mal diseñada unión aduanera, burocratizada y completamente contraria al comercio abierto. Algo más delicado: con la invitación a Venezuela y Bolivia como "observadores", el Mercosur se convirtió en un instrumento de articulación política de la izquierda populista en el continente. Lula da Silva, Hugo Chávez, Evo Morales y Cristina Kirchner resolvían poco o nada de los obstáculos que les impedían comerciar, no sólo con el mundo sino entre ellos mismos, pero utilizaban el mecanismo a sus anchas para hacer política internacional. Algo había que hacer.

La preocupación y la tensión por el grado de articulación y demagogia de nuestros colegas se mostraban sobre todo durante las cumbres. Lo de menos era el tedioso trámite de escuchar sus discursos interminables: así se concediera un máximo de 10 minutos por intervención, había quien llegaba a tomarse hasta una hora. Era evidente la empatía que teníamos entre otros Presidentes, de cuño más liberal y democrático. Y de manera natural comenzamos a concebir otro tipo de alianza regional económica, y también política. Los equipos de comercio de varios países ya venían negociando ciertos acuerdos. Chile y Perú ya habían sido líderes en una apertura comercial exitosa, que se reflejaba en altas tasas de crecimiento para Chile, y aún más altas para Perú. Alan García, después de un primer periodo de gobierno desastroso en los ochenta, populista, que quebró la economía y las finanzas de Perú, supo mantener una política de libertad económica y de comercio que hizo de su país un paradigma de crecimiento económico.

Al finalizar alguna de las múltiples cumbres en las que coincidimos invité a un grupo de países del Pacífico, concretamente a Chile, Perú y Colombia, para que discutiéramos un acuerdo de más fondo. Ése sería el principio de la Alianza del Pacífico. En parte respondía a lo que veíamos Chile, Perú y México, los tres pertenecientes al Foro de Cooperación Económica Asia–Pacífico (APEC, por sus siglas en inglés), en donde se habían forjado poderosas alianzas de libre comercio, una de las cuales, la más fuerte entre Australia, Nueva Zelanda, Singapur y Brunéi, sería el origen de los esfuerzos del llamado Acuerdo Transpacífico (TPP, por sus siglas en inglés).

Nos propusimos construir una alianza comercial que permitiera replicar el éxito de nuestros colegas asiáticos del APEC, dando un paso adelante a partir de lo que desde hacía tiempo venían dialogando nuestros equipos comerciales. Recuerdo que en mi discurso mencioné el arco latinoamericano, haciendo alusión a la bella silueta de la costa del Pacífico latinoamericano, pero también y sobre todo asumiendo la metáfora de que ese arco podía lanzar una poderosa flecha hacia el mundo que detonara el crecimiento y la prosperidad de nuestros países. Con el tiempo, y en nuestras conversaciones más privadas, se empezó a consolidar el que sería uno de los mejores acuerdos comerciales en aquellos años, así considerado incluso a nivel internacional: la Alianza del Pacífico. En esencia un gran acuerdo de carácter comercial, que permitiría liberar nuestras economías y reducir a cero los aranceles entre nuestros países tanto para el comercio como para los servicios y el movimiento de capitales, e incluso quitar barreras a la migración. Sin precedentes entre nosotros, avanzó rápido y con gran éxito. Incluso hablábamos de crear una bolsa de valores común. Al mismo tiempo íbamos estableciendo una relación personal mucho más cercana, ya que teníamos amplias coincidencias ideológicas y políticas entre los Presidentes de Chile, Sebastián Piñera; de Perú, Alan García; de Colombia, Juan Manuel Santos —antes lo había conversado con su predecesor, Álvaro Uribe— y por mi parte de México; la Alianza del Pacífico fue suscrita por nosotros cuatro en Lima el 28 de abril de 2011, al día siguiente de mi visita de Estado a Perú, y comenzó a devenir en algo más: un punto de encuentro que nos permitiría dialogar y equilibrar la excesiva y abrumadora influencia política del Mercosur, que en realidad era la Alba, la cual tenía todo menos intenciones de liberación comercial. Para el anecdotario, tres de los cuatro Presidentes aparecemos firmando con la mano izquierda: Piñera, Santos y un servidor, los tres zurdos.

Por aquellos años, en uno de tantos actos vejatorios de su gobierno, Hugo Chávez expropió varias empresas, dos mexicanas de las más importantes a nivel global: Cemex, cuyo presidente ejecutivo era Lorenzo Zambrano, y Maseca, presidida por Roberto González. La intervención arbitraria de Chávez nos indignó muchísimo. Apenas supe la noticia, le telefoneé personalmente, manifestándole nuestra extrañeza y exigiéndole el inmediato resarcimiento de las empresas a sus legítimos propietarios, en su mayoría mexicanos. Le dije que como Presidente de México no podía aceptar un agravio así. Chávez trató de tranquilizarme y me aseguró que se trataba de una medida general, pero que no habría problema con las empresas mexicanas y que desde luego llegaría a un acuerdo con ellas. "Yo así lo espero, Hugo, pero entenderás que como Presidente de México yo no puedo tener una relación con Venezuela como si nada hubiera pasado, así que mientras no se resuelva eso, y confío en tu palabra que será pronto, yo no podría poner un pie en Venezuela, y tú tampoco podrás poner un pie en México." Se lo dije porque nuestros equipos preparaban ya la agenda de lo que sería la visita por parte de Hugo Chávez a nuestro país, del cual siempre hablaba con gran entusiasmo, cantaba canciones rancheras, etcétera. Se exaltó un poco, pero finalmente mantuvo la calma y decidimos seguir conversando sobre el asunto.

Pasaban los meses y, aunque continuaban las negociaciones, no había avances sustanciales. Con el tiempo se fueron conjuntando algunas circunstancias que influirían en el desenlace de esta disputa. La cumbre constitutiva de la Celac en México había sido exitosa y había tenido una extraordinaria acogida. En las negociaciones para decidir la siguiente sede, prevaleció la búsqueda de equilibrios a través de la alternancia: en una ocasión un Presidente de la izquierda cercano a la Alba, a la siguiente un Presidente de ideas liberales. Es decir, después de Leonel Fernández, yo encabecé el grupo en la cumbre fundacional, y luego le tocaría a Chávez en Venezuela, para que después estuviera en manos de Piñera, de Chile.

El hecho es que Hugo Chávez estaba en verdad ilusionado con encabezar la siguiente cumbre, dos años después. Nuestro equipo presionaba más para una solución de los casos de Cemex y Maseca. Chávez hablaba, entusiasmado, y describía cómo sería precisamente esa cumbre en Caracas. Quería en los hechos convertirla en la reunión fundacional, a pesar de que se hubiera creado en México. Imaginaba que frente a la espada de Bolívar, yo le trasladaría el emblema de la nueva comunidad de reciente creación. El sueño del libertador en tierra venezolana, ni más ni menos…

Como no avanzaban las negociaciones, le pedí a la cancillería que en todo momento les recordaran a sus interlocutores lo que había hablado con Chávez: ni él vendría a México ni yo iría a Venezuela mientras no se arreglara el asunto. Como consecuencia de ello, comenzaron a moverse las cosas. Tanto Lorenzo Zambrano como Roberto González recibían —por fin— insistentes llamadas del gobierno venezolano, asegurando que habría algún tipo de arreglo y de hecho ofreciendo algunos avances, pero nada sustancial, y exigiendo a la vez que presionaran mi visita a Caracas, sin la cual —decían— no habría acuerdo posible. Yo le dije al líder de Cemex, con quien tenía una muy buena relación: "Mira, Lorenzo, entiendo que debes estar presionado por el gobierno de Venezuela, pero yo necesito que no aflojes en lo más mínimo. Aguanta la presión; estamos haciendo fuerza para que a todos los que han confiado en Cemex se les garantice el pago que merecen ante un hecho tan arbitrario, y si no logramos un arreglo elemental antes de la cumbre, no hay ninguna razón para esperarlo después. No es sólo un tema de Cemex, es de México. Es la única oportunidad, así que cuando tengas algo verdaderamente sustancial, me llamas". Algo semejante le dije a don Roberto González Barrera, presidente de Maseca.

Dos días antes de la cumbre me telefoneó muy temprano:

—¿Que no vienes a Caracas? ¡No puedes hacerme esto!

—De verdad no puedo ir, Hugo. Pero no te preocupes, México estará presente y llevará la mejor representación posible en la persona de la canciller Patricia Espinosa…

—¡Eso no puede ser, Felipe! —me replicaba, exasperado—. No me puedes dejar solo en estos momentos… lo que significa que me entregues la bandera de Latinoamérica unida. ¡El sueño de Bolívar en Venezuela no puede ser de otra manera! ¡Eso tiene una dimensión y un significado que tú debes comprender!

—Y lo entiendo, Hugo, y tú debes entender que los mexicanos no podemos aceptar, así como así, que le quiten el valor de su trabajo a mexicanas o mexicanos que han sido despojados. ¡Arregla el asunto como me prometiste!

—¡Pero se está arreglando —me dijo exaltado.

—Pero ya no se arregló, Hugo.

—Te doy mi palabra de que se arreglará, pero tienes que venir. ¡México pagará un alto costo por no asistir a la cumbre más importante de América Latina en siglos!

—Así es, Hugo, y y te doy mi palabra: en cuanto se arregle este asunto, estaré ahí. Pero tu equipo no te apoya. Te están saboteando este capítulo de la Historia. Confío en tu palabra para que podamos vernos pronto en Caracas.

En la víspera de la cumbre, casi a las 6:30 p. m., me habló Lorenzo Zambrano:

—Presidente, nuestros abogados en Venezuela están llegando a un acuerdo…

—Pero dime una cosa, Lorenzo, ¿nada más un acuerdo o te han pagado algo?

—Pues mire, Presidente, nos están haciendo un depósito en este momento por varios millones de dólares, en nuestras cuentas en Nueva York. Otra parte sustancial nos la dieron ya en bonos garantizados con la factura petrolera venezolana, que por ahora es muy segura, y la última parte en acciones de PDVESA —la empresa petrolera nacional de Venezuela—. En esencia, Presidente, es un arreglo de casi 600 millones de dólares, que la verdad no imaginábamos que se pudiera lograr, y menos en estas condiciones. Le agradezco muchísimo el apoyo, y para nosotros es un enorme paso en un momento tan delicado como el que vive la empresa.

Le agradecí la llamada. Casi una hora después estaba recibiendo la visita de Roberto González, *el Maseco*.

—Adelante, don Roberto, cuénteme cómo está.

—Muy bien, señor Presidente, vengo en persona a agradecerle su gestión y la del gobierno mexicano para que nos arreglaran el asunto de Venezuela.

—¿Y se lo van a pagar, don Roberto? ¿Cómo quedaron las cosas?

—Mire, Presidente, nos van a devolver varias empresas y nos pagaron centavo por centavo las demás al precio que consideramos que es justo. Ahora bien, uno de los primeros mercados en los que yo invertí fuera de México fue precisamente Venezuela. Le tengo mucho cariño al país, creo en su economía, y seguiremos invirtiendo en Venezuela. Vengo a darles las gracias por su gestión.

—Pues como usted diga, don Roberto, a mí me preocupa mucho el futuro de Venezuela, pero usted de negocios sabe más que yo, así que gracias por decírmelo.

Nos despedimos con un abrazo, y una hora después estaba yo abordando el avión presidencial hacia Caracas, a donde arribé la madrugada del día de la cumbre el 2 de diciembre de 2011. El evento se dio tal como había dicho Hugo Chávez: la espada de Bolívar de testigo. Lo que no estaba en su *script* era la gente protestando masivamente en la calle. El auditorio estaba lleno de huestes leales a Chávez. Me enteraría después de la muerte de varios manifestantes asesinados a mansalva, cobardemente, por tiros a distancia.

EL FACTOR SARKOZY

En medio del complejo entendimiento con Brasil, hubo un factor que lo tensó: la relación con el Presidente francés Nicolas Sarkozy. Entre él y yo tuvimos, al principio, un trato constructivo que derivaría en cooperación de diversos tipos, desde consejos y experiencias compartidas en la persecución de delitos (Francia es pionera en la investigación criminológica a partir de muestras de ADN), o la creación de un grupo de Amistad México-Francia, y el acuerdo para celebrar El Año de México en Francia, hasta colaboración en temas muy específicos.

Por desgracia esta buena relación se dañó severamente porque Sarkozy tomó como estrategia electoral asumirse como un campeón de la liberación de franceses en el exterior. Por ejemplo, un grupo de religiosas que tenían un orfanatorio en África habían sido acusadas de "robar niños" por facciones políticas radicales musulmanas, y el gobierno francés logró liberarlas, incluso la primera dama fue a recogerlas en un avión presidencial. Luego supe mediante una llamada que me hizo Álvaro Uribe, Presidente de Colombia, que Francia estaba empeñada en liberar a una ciudadana colombiana francesa, Ingrid Betancourt, que siendo candidata a la Presidencia de la República en algún lance electoral, había ido a dialogar con las FARC y había sido secuestrada por las mismas. El gobierno francés había armado un grupo de negociación en teoría muy efectivo, y le exigían a Uribe que liberara a varios guerrilleros prisioneros, entre ellos a un peligroso terrorista, que era condición de las FARC, amenazándolo de culparlo si su operación fracasaba. Uribe —cuyo padre fue asesinado por la guerrilla y se caracterizó por un combate frontal y exitoso en contra de la guerrilla y el narcotráfico—, cedió a las exigencias del gobierno francés, liberó a los guerrilleros… pero nunca liberaron a Ingrid. Meses después el propio gobierno de Uribe organizaría un operativo espectacular del ejército colombiano, e Ingrid Betancourt y otros rehenes fueron liberados por un helicóptero encubierto, una acción de película.

El caso es que tratándose de hermanas de la caridad, o víctimas de secuestro, la historia se veía no sólo romántica sino heroica. El problema es que esta vez se le ocurrió a Sarkozy liberar a una francesa acusada de secuestro. En efecto, todavía bajo el gobierno de Vicente Fox —algo que desmiente a quienes afirman que yo la detuve para legitimar mi gobierno— la señora Florence Cassez había sido capturada en compañía de su pareja, el líder de una peligrosa banda de secuestradores, y con quien habitaba la casa rumbo a Cuernavaca; de hecho, el día de su captura fueron liberadas tres víctimas en esa casa, entre ellas un menor de edad.

Estábamos en la mejor disposición de dialogar con el Presidente sobre el tema. Por desgracia, en la visita de Estado, Sarkozy fue increíblemente descortés. Gracias a gestiones hechas con algún empresario mexicano se había conseguido para él y para su esposa un hermoso lugar de descanso en la costa del Pacífico los días previos al inicio de la visita oficial, y le organizamos una visita a Teotihuacán, almuerzo y "charreada" en su honor la víspera de la visita, fuera del programa oficial, como una cortesía que tuvimos con algunos otros jefes de Estado en el rancho de don Juan Sánchez Navarro, en Teotihuacán.

Contra el acuerdo expreso de nuestras cancillerías de no abordar temas sustanciales materia de la visita, Sarkozy se lanzó con todo a abordar el tema de la señora Cassez desde el almuerzo con nuestras esposas. Le dije que era un asunto que deberíamos tratar al día siguiente, por tener ese encuentro un carácter estrictamente social y de amistad, pero él insistió. Llegó a confesarme: "Bueno, debes saber que en Francia ninguna persona está en la cárcel más de 10 años", que Florence estaría en una cárcel cerca de la casa de sus padres, a los que visitaría los fines de semana, y que la liberarían, pero que me prometía no hacer nada "antes de tus elecciones" (las intermedias de

2009). Cuando su esposa abordó el tema, tanto Margarita como yo fuimos muy claros y contundentes acerca de la grave problemática del secuestro en México y de lo que había pasado con la señora.

Florence Cassez era pareja sentimental del jefe de una peligrosa banda de secuestradores. En atención a las evidencias, las cuales incluían los testimonios de las víctimas, las operaciones del jefe de la banda, quien había sido su pareja, habitaba la misma casa donde habían sido liberadas las víctimas, jueces y magistrados en primera y segunda instancia y en el amparo condenaron a prisión a la banda, incluyendo a Florence Cassez, por el delito de privación ilegal de la libertad.

Condenados en última instancia, estábamos en presencia de lo que los abogados llaman un "caso firme", o "cosa juzgada". Ocurrió también, desgraciadamente, que el día de su captura, una vez que se tuvo conocimiento del operativo, alguien en el gobierno anterior avisó a las cadenas televisoras, que entonces tenían una influencia abrumadora en las decisiones de gobierno, del operativo de captura. Éstas insistieron en tener la cobertura en vivo de los hechos y la gente de comunicación se los concedió.

A llegar las cámaras de televisión al momento en que se desarrollaba el rescate de las víctimas en el inmueble donde estaban secuestradas, las dos cadenas televisoras hicieron enlaces con sus reporteros, quienes transmitían en vivo, que pidieron que se recrearan los hechos, y sus reporteros señalaban que los hechos ocurrían prácticamente en ese momento. Habían ocurrido minutos antes, estando ahí presentes las víctimas como los secuestradores. Sin embargo, eso justificó después la liberación de Cassez, pues en opinión de los ministros que la liberaron —luego de una abrumadora presión diplomática y una obsecuente disposición del gobierno posterior al mío—, el hecho de que los delincuentes hayan aparecido en la televisión en el momento en que se liberaba a las víctimas había contaminado el criterio de los jueces que los sentenciaron... cosa que en mi opinión era improcedente, porque los jueces nunca tomaron como evidencia la transmisión de la noticia, y porque las evidencias del caso y los testimonios de los testigos eran pruebas absolutamente relevantes, determinantes y coherentes entre sí. Los jueces habían administrado justicia a las víctimas, con base en las evidencias a su alcance, y no en la cobertura noticiosa.

En fin, ese día y los dos días siguientes que duró la visita de Estado, el Presidente Sarkozy fue insistente y machacón y llegó a velar alguna amenaza, diciendo que yo "no conocía la historia que daba fe del poder diplomático de Francia", a lo que yo le contesté: "Quien no la conoce es usted —aludiendo a la batalla del 5 de mayo— porque entonces sabría de lo que somos capaces los mexicanos". Y más allá de nuestras enormes diferencias políticas, entre los mexicanos de diversos partidos se formó un verdadero consenso en el sentido de rechazar las pretensiones de Sarkozy. No obstante que se había acordado que en su visita tanto a la Cámara de Diputados como a la de Senadores no se abordarían más que asuntos de cortesía y protocolarios, el Presidente francés abundó el tema en ambas, llevándose un rechazo contundente de todos los partidos políticos sin excepción, además del rechazo de la prensa y los editorialistas. Era evidente que había hecho un mal cálculo. Como llegó a deslizar, lo más fácil —para él— era llevarse en su propio avión de regreso a Florence Cassez. Pero ni México era una excolonia francesa marginada y pobre, ni Florence era una hermana de la caridad a cargo de un orfanatorio. Por supuesto, el Presidente francés regresó a Francia con las manos vacías.

Después de aquella visita Sarkozy quedó muy agraviado y no perdió oportunidad de ser ofensivo. Su canciller declaró que continuarían con las celebraciones del Año de México en Francia, pero que promoverían que cada uno de los eventos conmemorativos fuera utilizado para recordar la injusticia que sufría aquella ciudadana francesa. Nosotros dijimos públicamente que queríamos a Francia, pero que era un contrasentido convertir eventos inspirados por la amistad en actos de hostilidad y que cancelábamos entonces el Año de México en Francia.

La tensión siguió. Al poco tiempo Nicolas Sarkozy anunció que una multimillonaria inversión que haría la empresa de helicópteros Eurocopter, entre cuyos accionistas estaba el gobierno francés, ya no se haría en México, sino en Brasil. Pocas horas después del anuncio me hablaba el propio director de la empresa para decirme, apenado, que se arrepentía de lo que había dicho su Presidente; que las decisiones de Eurocopter se tomaban con un criterio de negocios, no en función de intereses políticos del Presidente francés, y que, aunque el gobierno tenía una importante presencia accionaria, las decisiones se seguirían tomando en Eurocopter según lo que más convenía a la empresa. Que comprendiera que por prudencia él no podía contradecir públicamente al Presidente, pero que por supuesto me aseguraba que la inversión se haría en México, porque era el país más competitivo para hacerla, y así fue.

Sarkozy anunció al mismo tiempo que haría una visita de Estado a Brasil, según él su gran aliado en América Latina. Y en efecto, con bombo y platillo se anunció que él y su esposa habían pasado unas maravillosas vacaciones de Navidad en las costas brasileñas, tras lo cual anunciaría inversiones francesas multimillonarias en dicho país. Tiempo después, tendría lugar otra cumbre de jefes de Estado en América Latina. Al finalizar ésta, estábamos en el almuerzo que se suele ofrecer a los mandatarios fuera ya de agenda. En una mesa redonda estábamos: a mi derecha Lula, hacia su derecha Hugo Chávez, a mi izquierda el Presidente Torrijos de Panamá —con quien llevé una excelente relación—, más a su izquierda Zelaya de Honduras y otros mandatarios más. Mientras comíamos, Lula y Chávez no dejaban de conversar, casi a gritos, pavoneándose de sus hazañas: Chávez hablaba de que había comprado un millón de fusiles para armar "al pueblo venezolano" en la defensa de su soberanía. Imagino que muchos de esos fusiles son los que ahora se disparan cobardemente en contra del pueblo venezolano por parte de las brigadas rojas bolivarianas. Lula a su vez se ufanaba de su "nuevo amigo", el Presidente Sarkozy, que había estado en Brasil y había pasado unas "extraordinarias" vacaciones de fin de año con Carla Bruni, su esposa.

La conversación fue subiendo de tono, literal y figurativamente. Luego, por supuesto, mencionó el tema de Eurocopter: "Mi amigo Sarkozy —decía Lula— me ofreció que Eurocopter invirtiera miles de millones de euros en Brasil, y yo le dije que el primer cliente sería el gobierno brasileño, porque el Ejército brasileño le compraría 60 helicópteros para hacer la mayor fuerza aérea de América Latina". Yo sólo comía, escuchando, como inevitablemente teníamos que hacerlo todos los comensales, la charla del par, que estaban, como decimos en México, "como niños chiquitos". Y Chávez, que no se quería quedar atrás, le dijo que ¡claro! Y que Venezuela compraría otros tantos para el Ejército Bolivariano... y de repente suelta: "¡Y juntos, Brasil y Venezuela, vamos a invadir México! Ja, ja, ja, ja". Ambos soltaron una estruendosa carcajada, tras la cual se hizo un silencio en la mesa. Sentí cómo las miradas pesaban sobre mí. Yo seguí comiendo unos segundos, pero no resistí: dejé pausadamente mis cubiertos en el plato, levanté la vista hacia ellos, y les dije en voz clara y fuerte: "¡Y juntos, o por separado, nos la pelan a los mexicanos!" Volví a mi plato y seguí comiendo. Hubo alguna voz de estupor, luego silencio, hasta que Torrijos atinó a romperlo con algún comentario respecto de los acuerdos de la cumbre. Terminó el almuerzo, nos despedimos, seguí varios minutos pensando si me habían entendido lo que había dicho. "Por supuesto que te entendieron", me dijo con una sonrisa alguno de los Presidentes amigos.

OTRA VISITA POSPUESTA

Con Cuba la relación fue tensa también. Al principio estaba totalmente destrozada por la disputa entre Fidel Castro y Fox, marcada por el famoso "comes y te vas". Desde el principio mostramos y sentimos también voluntad de los cubanos de reconstruirla. En eso estábamos, cuando vino la invitación a una visita de Estado a Cuba. Una condición que siempre establecí fue la de poder entrevistarme con la disidencia cubana; y aunque la condición no se había aceptado, se estableció una fecha y comenzaron los preparativos. Ya he narrado que, en un acto hostil, inútil y agresivo, cuando se desató la crisis de la influenza, los hermanos Castro cancelaron todos los vuelos de México hacia Cuba. En consecuencia cancelé mi viaje a Cuba, "dada la política cubana de no admitir vuelos provenientes de México". La relación se enfriaría, tendría altas y bajas, pero no volvimos a hablar de mi visita de Estado a Cuba, ni viceversa. Ya en el último año de gobierno, Patricia Espinosa me externó su preocupación. Sería yo el primer Presidente mexicano en quién sabe cuántas décadas que no iba a Cuba. Le dije que no quería ir. Que discrepaba por completo del régimen cubano, e incluso había tenido un fuerte diferendo, ya que Fidel Castro había elogiado a López Obrador en *Granma*, y en otra ocasión, hablado de las elecciones de 2006, como si en ellas hubiera habido fraude. Le contesté con firmeza en una carta.

La carta no había tenido respuesta. Parece que para el Presidente Raúl ya había sido suficiente lío el artículo de su hermano. La canciller me pidió que le diera una nueva fecha para acuerdo para exponer sus últimos argumentos. Cuando ésta llegó, para mi sorpresa venía acompañada de un hombre al que quise entrañablemente, el embajador de México en Cuba, Gabriel Jiménez Remus.

—¿Qué hace aquí, don Gabriel? —le pregunté.

—Me pidió mi canciller que viniera a convencerlo de ir a Cuba y obedecí con mucho gusto.

Me alegró mucho verlo. Bromeamos, conversamos bastante en la oficina. Me reiteró todo tipo de argumentos, me dio nuevos:

—A ver, Presidente, ¿en dónde quiere usted sentarse como Presidente de México en el funeral de Fidel Castro? ¿Hasta adelante, o en la puerta del lugar, no sé si adentro o afuera? Piénselo.

—No me importa, Gabriel, si no tengo asegurado un lugar, pues no iría y se acabó —respondí.

—Presidente, o más bien, Felipe, como yo lo he conocido siempre, le voy a dar mi último argumento: ¡no sea más papista que el Papa! —insistió.

—¿Cómo? —le cuestioné.

—Sí, que no sea más papista que el Papa. ¡Si hasta el Papa va a ir a Cuba!, que no vaya usted, imagínese, ¿cómo vamos a quedar?

—Imposible, Gabriel —repliqué—. Yo he visto a su santidad Benedicto XVI en dos ocasiones: en mi visita de Estado al Vaticano y con motivo de la canonización de Juan Pablo II. Le he expuesto que México quiere al Papa. Que México es el segundo país con el mayor número de católicos en el mundo (después de Brasil) y el mayor de habla hispana. Que además México estaba pasando por una crisis terrible de violencia. Que parecía que, si el diablo existe, está en México, y con mayor razón necesitábamos la paz y el consuelo del vicario de Cristo. Y me insistieron, tanto él como el cardenal Bertone, Secretario del Estado Vaticano, que, a pesar de querer hacerlo, por prescripción médica para el Papa es imposible: tiene prohibido hacer viajes largos, como es otro viaje a América. El papa no va a ir a Cuba.

—¡Va a ir a Cuba! ¡Se lo aseguro! Bueno, nomás no lo diga: me lo dijo en secreto de confesión don Jaime Ortega, cardenal de La Habana. ¡Va a ir a Cuba! —insistió Gabriel.

Quedé estupefacto con la noticia.

—No puede ser —y después de un largo silencio—: No puede ser, Gabriel. Si el Papa va a Cuba, y no viene a México, ¿qué caso tiene defender públicamente mi propia fe y mi propia Iglesia como un jefe de Estado católico? Mira que trabajo me ha costado el defenderme y ser como soy, con mis creencias y tradiciones. Dejaré de hacerlo, me siento incomprendido por mi propia Iglesia. ¿Y México? ¿No se dan cuenta en verdad de lo mucho que México necesita al Papa?

—¡No diga eso, Felipe! —me pidió Gabriel.

—No es culpa tuya, embajador, te agradezco, pero no hay nada que agregar.

Di por concluida la reunión… Quince días después llegaría la aceptación del papa Benedicto XVI para visitar México. Fue una visita maravillosa. Se confirmaba también que visitaría Cuba. Y como bien dijo Gabriel, no podía ser más papista que el Papa. Así que acepté realizar la visita, sin cejar en mi petición de tener interlocución con la disidencia cubana. Una mañana, Patricia pidió verme con urgencia. Me dijo que la había buscado el embajador de Cuba con dos temas: uno, que le preocupaba mucho, es que habían sorprendido a cuatro jóvenes mexicanos en La Habana con propaganda subversiva. Aprovechando la visita del Papa, repartirían volantes entre la multitud congregada llamando al derrocamiento del gobierno cubano. Una increíble ingenuidad. No lo podía creer. "Dicen que están vinculados a quien fue secretario particular de José Luis Luege, un señor de apellido Bolio." De inmediato asocié las cosas. Este Bolio pertenecía a grupos de extrema derecha, en verdad locos, y lo demostraba de nuevo esta estupidez. La versión cubana era absolutamente verosímil. "El embajador me dijo que estaba muy preocupado porque eso en Cuba, en el caso de extranjeros, se penaliza con fusilamiento o cadena perpetua." Estaba en manos del gobierno cubano. Ahora toda mi capacidad de negociación tendría que orientarse a rescatar a esos muchachos de su estupidez. "¿Y cuál es la otra preocupación del embajador?", pregunté. "Que si usted está todavía interesado en hablar con la disidencia cubana." "Dile al embajador —ya no tenía alternativa— que ya no insistiré en hablar con la disidencia, y que le encargo mucho a esos muchachos." Tuve que ceder. La visita oficial a Cuba duró menos de 24 horas, entre el 11 y el 12 de abril de 2012. Hablé varias horas —un diálogo muy interesante, hasta eso— con Raúl Castro, de muchos temas, incluyendo el perdón de esos jóvenes. La reunión con disidentes me la cambiaron por una reunión con el cardenal, de la que salí francamente molesto y enojado con él. Decía que los cubanos a su oficina "sólo iban a quejarse del gobierno". "¿A dónde más quiere que vayan y qué quiere que le digan?", repliqué. Regresamos a México. Pocos días después fueron liberados los muchachos. A Gabriel lo vi por última vez, comimos en Guadalajara, me contó sus peripecias para liberarlos. También me compartió que le había rechazado la petición de Germán Martínez de incorporar asuntos de un cliente suyo en la agenda con Raúl Castro. Gabriel moriría unos meses después. Lo quise mucho. El estúpido que había mandado a esos muchachos a Cuba, ni las gracias. Mi mayor interés con los disidentes era hablar con Oswaldo Payá, del Movimiento Cristiano de Liberación, un pacifista, por quien recabé firmas, a quien propusimos —creo que se lo merecía— al Premio Nobel de la Paz. Dos meses después, Payá moriría en un extraño accidente. Su valiente familia insiste en que fue homicidio. El no haber visto a Oswaldo me sigue pesando hasta estos días.

DIPLOMACIA Y CAMBIO CLIMÁTICO

En el año 2009 la atención del mundo entero se volcó a la cumbre sobre cambio climático en Copenhague, a la que asistiríamos más de 100 jefes de Estado y de Gobierno, en medio de una gran expectativa. Desde el principio, el viaje había estado muy intenso. Primero recibí el reporte de un enfrentamiento registrado en Cuernavaca, entre elementos de la Marina y un grupo armado. Había muertos y heridos de ambas partes. Luego se confirmaría que uno de los civiles fallecidos era nada menos que Arturo Beltrán Leyva, líder del grupo criminal que lleva sus apellidos. Di a conocer a la fuente que me acompañaba los hechos y mi pésame a los deudos, haciendo un reconocimiento al marino fallecido en el cumplimiento del deber, así como a los heridos. Horas después, durante su funeral, un grupo de sicarios llegó al modesto panteón de Tabasco donde inhumarían los restos del marino, y asesinó a mansalva a varios miembros de la familia, incluidos niños y mujeres. Uno de los muchos actos de barbarie cometidos contra inocentes.

Vuelvo al tema de la cumbre. En el preludio, Gordon Brown, ese gran primer ministro de Inglaterra, me entregó un reconocimiento en materia ambiental otorgado por la Conferencia Mundial de Legisladores, "The Globe" (literalmente un globo terráqueo), por las acciones y compromisos asumidos por mi gobierno en ese ámbito. Después vendría el plenario, los discursos anticipadamente triunfalistas de los mandatarios… y el caos. La presidencia, en manos del primer ministro de Dinamarca Lars Rasmussen, y su brillante ministra de medio ambiente, Connie Hedegaard, había preparado un documento muy profundo. Sin embargo, la falta de negociación adecuada y la marginación de la que se sintieron objeto muchos participantes, además, claro, de la vasta alineación de intereses en contra de los acuerdos, harían fracasar la conferencia. Se fueron sumando los errores. Por la noche, un reducido grupo donde estaban Obama, Hu Jintao, Rasmussen, Lula y otros se reunió para negociar; no llegaron a ningún consenso y lo único que hicieron fue irritar a todos los demás.

El día de la clausura, frustrado el consenso, sin acuerdos, se anunció que la próxima cumbre sería… ¡en México! Aunque ya lo sabía, sentí un sudor frío. Les decía a los cercanos que me sentí como en las caricaturas del Correcaminos, cuando el Coyote recibe en sus manos una "bomba marca Acme" a punto de estallar. No se veía futuro, en lo absoluto, para la cumbre de México. Lejos de amilanarnos comenzamos a trabajar desde el mismo vuelo de regreso. Necesitábamos conocer más a profundidad qué había fallado y corregirlo. Una primera conclusión era que había fracasado la diplomacia. La ciencia es muy clara respecto del cambio climático, sí, pero la COP15 había sido fundamentalmente un fracaso diplomático. Así que la primera medida que tomé fue pasarle la responsabilidad de la coordinación a la Secretaría de Relaciones Exteriores. Una decisión difícil, porque implicaba sustituir el liderazgo que siempre había tenido en el tema la Semarnat, pero por fortuna conté con la comprensión y la colaboración de Juan Elvira y su equipo. Otra decisión fue alinear a todo el gabinete en el tema: México no podía fracasar en la organización de la COP16, y requería de la colaboración de todos, en particular de Hacienda. Agustín Carstens y su equipo entendieron claramente la instrucción y colaboraron, lo cual fue crucial.

En enero de 2010 teníamos ya en marcha una estrategia integral. Por una parte, los Secretarios de Relaciones Exteriores como de Medio Ambiente y un servidor contactaríamos, cada quien con sus pares, a los gobiernos que se habían opuesto al acuerdo de Copenhague. Observamos que las verdaderas razones eran muy diversas. Por ejemplo, se había opuesto el llamado Grupo de los 77, que en teoría reúne a países en desarrollo. Sin embargo, era evidente que las razones para oponerse de los países africanos, necesitados de ayuda y demasiado pobres para poner de su parte, eran diametralmente distintas a las de Arabia Saudita, que tenía una poderosa industria petrolera, o las razones de China, recelosa de los acuerdos encabezados por países desarrollados. Todos dentro del G77.

Negociamos con todos por separado. Por ejemplo, viajé a reunirme con los líderes africanos que estarían en Uganda a propósito de la cumbre de la Unión Africana. Conversé con varios de ellos y me permitieron dirigir un mensaje en la reunión previa y otro en el pleno. Expliqué la importancia para África del cambio climático, y la posibilidad de canalizar nuevos fondos de ayuda para reducir las emisiones, preservar las selvas, mejorar la agricultura, así como mi idea de crear un fondo para financiar el "crecimiento verde". Ahí conocí a Muamar el Gadafi. Tenía la mirada totalmente perdida, ausente, incapaz de articular palabra, como si estuviese fuertemente medicado. Sin embargo, pude llegar a acuerdos con Libia a través de la gente de su gabinete ahí presente. Regresé con los votos de los países africanos. Era 25 de julio, cumpleaños de Margarita. Como el avión presidencial tenía poco alcance, tuvimos que hacer varias escalas: una en España, otra en Estados Unidos. Salimos de Uganda casi de madrugada, y llegamos a México muy noche, más de 20 horas de vuelo, y pudimos cantarle "Las mañanitas" a Margarita "en tres continentes".

Con China llevamos intensas negociaciones que culminaron en una bilateral con el Presidente Hu Jintao de China en la reunión del APEC de Japón ese año. Muchos culpaban a China del fracaso de Copenhague. A mí me tocó ver al representante chino jugar una estrategia de dilación en las mesas. El Presidente me explicó lo mucho que China estaba trabajando en temas de cambio climático. Habían reforestado millones de hectáreas. Enfatizó que China era el país que más energía renovable generaba. Le pregunté entonces por qué no habían apoyado el acuerdo de Dinamarca. Me respondió que China quería colaborar, pero que no estaban dispuestos a aceptar obligaciones y menos bajo la supervisión de Estados Unidos y otras potencias (una concepción "antiimperialista", entendí). Estas premisas subyacían en la concepción de los "compromisos vinculantes" de otras COP. Se me ocurrió sugerirle que pensara en asumir compromisos contra el cambio climático de manera unilateral, sin la supervisión de las potencias. Y recordé mis clases de derecho: hay obligaciones que nacen de "declaraciones unilaterales de voluntad", no necesariamente de contratos o "acuerdos de voluntades". Sí así podíamos contar con China, valía la pena explorar la modalidad. Al poco tiempo llegó una respuesta: el gobierno chino estaba dispuesto a considerar la posibilidad de proponer acciones específicas de mitigación durante la COP16 como un compromiso firme unilateral, de reducción de emisiones. Este procedimiento sería la semilla de lo que en Cancún fueron los compromisos unilaterales de los países firmantes, que después derivarían en los NDC (*nationally determined contributions*) de París, pieza clave del éxito de las negociaciones sobre cambio climático en 2015, que inició precisamente en México, en la COP16 de 2010.

Me preocupaba Arabia Saudita. Por fortuna encontré un interlocutor inmejorable. El ministro de petróleo, Ali-al-Naimi, era un viejo conocido mío. Cuando yo fui Secretario de Energía tuve varias conversaciones con él a propósito de las reuniones de la OPEP, a las que México era invitado. Siempre fui honesto, respetuoso y directo con él, y me correspondió. "Señor ministro —le dije—, entiendo perfectamente la situación del país petrolero más importante del mundo, pero le pido que me ayude a que México logre concluir exitosamente la cumbre de Cancún sobre cambio climático." A lo que me contestó: "Su excelencia, desde hace tiempo, discretamente, Arabia Saudita ha venido analizando el problema; es mucho lo que está en juego para nosotros, pero tenga la seguridad de que actuaremos responsablemente con la Comunidad Internacional, y en especial con México, país hermano de Arabia Saudita", con mucho cuidado en el fraseo de sus compromisos, y Arabia Saudita no fue un obstáculo para los acuerdos de Cancún, gracias a él.

Los Estados insulares del Pacífico se habían opuesto por razones distintas: con un aumento de la temperatura de 2 °C quedarían cubiertos por el incremento del nivel del mar; no aceptaban más de 1.5 °C. Les dije que la única manera de llegar a 1.5 °C —que se alcanzaría en París— era empezar estableciendo un máximo, por ahora 2 °C de calentamiento. Aceptaron. Por último, quedaba el grupo más aguerrido: los países pertenecientes a la Alba, la izquierda latinoamericana. Fue difícil abordarlos, pero de alguna manera la identidad, la amistad que nos une a los latinoamericanos sirvió como elemento de solidaridad con México. Mi impresión es que Brasil no quería perder el rol de líder de los países "rebeldes del tercer mundo". Sin embargo, al hablar con Lula da Silva entendí su genuino interés de que las cosas salieran bien, sin exponer su liderazgo. "No seremos muy vocales, pero no estorbaremos", fue en pocas palabras su mensaje. Nicaragua cuidaba las formas con México, en un momento de buena relación entre Presidentes y cuando estaba en marcha un programa de financiamiento de transporte público de México a este país. El caso de Chávez tuvo que ser más cordial: conversamos un par de ocasiones, echando mano de todo el afecto posible, desde su gran cariño por México y el mío por Venezuela, hasta nuestra común afición por la música ranchera. Aún no escalaba la tensión que narré a propósito de la expropiación de empresas mexicanas. Después de entonar "al alimón" algunas estrofas de canciones mexicanas, me ofreció por teléfono algo parecido a lo de Brasil: siempre defensores de los países en desarrollo, apoyando a sus colegas bolivarianos, pero no bloquearían el acuerdo en Cancún. Cada 15 días, a las siete de la mañana, organizaba una videoconferencia con cuatro o cinco jefes de Estado de las regiones que fueran lo más variadas posible, por ejemplo, uno de cada continente. Kevin Rudd, primer ministro de Australia, diría en la pantalla: "Es una maravilla poder avanzar así a distancia, pero yo tengo una ventaja sobre Felipe: yo ya terminé mi día de trabajo y tengo un whiskey, mientras él apenas empieza con un café".

Faltaba preparar el terreno mismo del acuerdo. Trataba yo de imaginar las ocho columnas de la prensa del día siguiente. ¿Qué dirían? Suponía el peor escenario, uno en el cual no lográramos obtener consenso. Al menos deberíamos tener listos "entregables", es decir, resultados que implicaran acuerdos más viables de alcanzar, algo que mostrar como resultados. En esto coincidimos con varios aliados de gran ayuda. Uno fue el primer ministro de Noruega, Jens Stoltenberg, personaje clave en la lucha contra el cambio climático, ahora secretario general de la OTAN, y quien vino a México en una visita de trabajo. Conversamos durante dos días sobre el tema. Propuso incorporar a los acuerdos de la COP los llamados mecanismos de Reducción de las Emisiones derivadas de la Deforestación y Degradación del Suelo (REDD), con lo que podríamos sumar a muchos países y darle al acuerdo mayor contenido.

Fue muy importante para mí proponer el Fondo Verde, que tomé en buena parte del Protocolo de Montreal, el cual permitiría financiar una transición hacia una economía baja en carbono. Gracias al mexicano Mario Molina, el mundo pudo enfrentar el grave problema conocido del debilitamiento de la capa de ozono que nos protege de los rayos ultravioleta que causa serios daños a la salud, cáncer de piel, entre otros. El agujero de ozono se forma por la liberación de gases (fluorocarburos) utilizados en la industria de refrigeración. El doctor Molina propuso una solución: sustituir esos gases en la industria por otros que no destruyeran la capa de ozono. Por sus investigaciones y propuestas, el doctor Molina, para orgullo de México, obtuvo el Premio Nobel de Química. Para ello se celebró el Protocolo de Montreal, que estableció un fondo precisamente para financiar dicha transición. Gracias a ello, el problema está en vías de solucionarse.

Por último, fue invaluable la aportación del Banco Mundial, encabezada por Robert "Bob" Zoellick, y su mano derecha de entonces, el británico Andrew Steer. Generosos, dedicaron enorme cantidad de tiempo y recursos técnicos y humanos a diseñar un paquete de medidas que fuera presentable a la opinión pública y a la comunidad internacional, que marcara un resultado positivo aun en el caso de que no se llegara a consenso en la convención.

CONSENSO NO ES UNANIMIDAD

Mientras avanzábamos teníamos el temor de que se repitiera la experiencia de Copenhague. ¿Qué había pasado en el derecho internacional, que un grupo de países en franca minoría pudo frenar un acuerdo tan importante, en una cumbre a la que habían asistido casi 100 jefes de Estado o de Gobierno? La explicación reiterada de que "no se había alcanzado el consenso" me parecía inaceptable. Y me volvía el recuerdo de mis clases de derecho en la Libre: del Constitucional, los distintos tipos de mayoría previstos en la Carta Magna: simple, absoluta, calificada, la requerida para modificar la Constitución, o la requerida para nombrar Presidente sustituto o interino. O el derecho de veto del Presidente, previsto de manera explícita y superable por el Congreso. Del civil y mercantil, la manera de integrar quorum en asambleas. Del electoral y del parlamentario, cómo distinguir entre "evidente mayoría", votación nominativa, el valor de las abstenciones, o de la "no objeción". Del internacional, la Carta Constitutiva de la ONU, el funcionamiento de su Asamblea y de su Consejo de Seguridad. Algo estaba mal en la regla de la COP.

Así que empezamos a revisar en mi oficina la presentación de los documentos base de las convenciones.

—Empiecen con la Carta de las Naciones Unidas —les pedí.

—Perdone, señor Presidente —me decía Patricia Espinosa—, nos perderíamos un poco y quizá sea mejor entrar directamente a revisar la Convención Marco.

—Me gustaría ver qué dice la Carta de las Naciones Unidas, en concreto, ¿cuál es la regla para modificarla? ¿Se requiere unanimidad, se establece alguna mayoría? —le repliqué.

Y en efecto, ni siquiera la Carta de las Naciones Unidas requiere unanimidad. Si bien es cierto que se requiere el voto de esos cinco miembros permanentes para reformarla, tanto esa disposición como la regla de unanimidad y el veto del Consejo de Seguridad están explícitamente consignados en la carta, lo que no ocurría con la unanimidad que *de facto* se pregonaba para la COP. Y si la propia modificación de la Carta de las Naciones Unidas no requiere la unanimidad, sino sólo la aprobación de las dos terceras partes de los países miembros, ¿por qué una de sus muchas convenciones requería un consenso que todo mundo entendía como unanimidad? Ni el veto ni la unanimidad están previstos en las reglas de la COP.

—Así se ha interpretado, señor Presidente —me dijo la Secretaria.

—¿Entonces es una cuestión de interpretación? —le repliqué—. Porque puede haber muchos criterios de interpretación. Yo interpreto, por ejemplo, que bajo el principio de "mayoría de razón", que para muchos abogados se frasea como "el que puede lo más, puede lo menos", si se puede reformar la Carta de las Naciones Unidas por mayoría calificada, no por unanimidad, una Convención de Naciones Unidas también puede decidirse por mayoría. Además, si se quisiera garantizar el derecho de veto de un solo miembro, se haría explícitamente, y eso no está en ninguna parte —tenía otra pregunta en mis notas—: en caso de duda, ¿qué órgano tiene la facultad de interpretación de las normas de la ONU, o específicamente de la convención?

La Secretaria respondió con mucha seguridad:

—La presidencia, señor Presidente.

—¿Estás segura? —insistí.

—Sí, señor, la presidencia de la convención tiene la facultad de interpretación.

Fue entonces cuando tomé la decisión:

—Entonces, canciller: negociemos con todos, tratemos de alcanzar un consenso. Pero si a la hora final se ve que claramente la convención está de acuerdo en algún documento, y de repente dos o tres quieren sabotear el resultado, vamos a invocar los artículos de la convención que nos dan la atribución de interpretar la palabra consenso, y asumamos desde aquí una decisión: consenso no es unanimidad. Tenemos sólidos argumentos para sostener la decisión, por controversial que parezca.

Lo que siguió es historia. La COP16 de Cancún contó con más de 12 mil participantes de 193 países. Conforme a lo planeado, se negoció abierta e incesantemente el documento con los delegados, a través de mesas que coordinaban ministros de medio ambiente o cancillerías amigas en el lugar mismo. No hubo documentos paralelos ni borradores ocultos. Al final se llegó a un documento muy sólido, que contó con el consenso real de la convención. Sólo una delegación, Bolivia, objetó el acuerdo final, por verdaderas ridiculeces. Por ejemplo, objetaba que en los documentos se mencionaran los "mercados de carbono", porque ellos no creían en el mercado. E invocó su propio voto en contra para demostrar que no había consenso y que, en consecuencia, no podía aprobarse el documento de la convención. Claramente un sabotaje. Patricia Espinosa, que presidía la sesión, le dijo que respetaba su opinión, pero que había un consenso en la Asamblea y que ella debía hacerlo respetar. Y en uso de las atribuciones de la presidencia y considerando que consenso no significaba unanimidad, decretó la aprobación de los documentos, y golpeó con el martillo la base, en medio de un estruendoso aplauso de pie, que se prolongó por varios minutos, de todos los asistentes… salvo uno.

Fueron muchos los logros en esa COP. Por primera vez se estableció el objetivo de evitar que el aumento de la temperatura promedio de la tierra supere los 2 °C. Se creó el mecanismo para que los países puedan establecer compromisos voluntarios de acciones nacionales de mitigación; ésta fue la base para el establecimiento de los NDC clave del éxito del acuerdo de París en 2015. Por primera vez, países en desarrollo establecieron compromisos de reducción de emisiones de carbono. El compromiso de reducción de emisiones acordado en Cancún medido en toneladas de carbón fue más del doble que el comprometido hasta entonces a través de protocolo de Kioto. Se creó a iniciativa de México el Fondo Climático Verde, y se incorporaron los mecanismos de REDD+, abriendo una enorme avenida al esfuerzo de preservar la capa forestal como mecanismo para reducir la concentración de CO_2 en la atmósfera y contribuir así al combate al cambio climático. La COP16 fue también una poderosa contribución a la diplomacia global, al multilateralismo, que estaba en peligro de fracasar por completo. Dos años después, también en México, tuve oportunidad de ser anfitrión del G20. Por primera vez este importante grupo adoptó en sus resolutivos el llamado "Crecimiento Verde". Desde entonces, México construyó un sólido prestigio internacional en temas ambientales y en particular en cambio climático.

LA RELACIÓN CON ESTADOS UNIDOS

Si para muchos países la relación internacional más compleja es la que se tiene con Estados Unidos, lo es más para México, que somos el vecino y, en cierta parte, la frontera de resistencia de América Latina y el mundo. Privilegiados en un sentido por la vecindad, sufrimos por otra parte con los temas que marcan los asuntos más delicados de la relación: drogas, armas y migración. En el primero, el tráfico de drogas, se había seguido una política de recriminación y de certificación por parte de los estadounidenses hacia los países "proveedores", en particular México, acompañada de una enorme desconfianza. Una de las primeras decisiones —exitosas— fue romper ese círculo vicioso de las acusaciones recíprocas, y a la vez conseguir un apoyo sustancial para combatir la delincuencia y la inseguridad en México, asociadas en los casos más graves, en efecto, al tráfico de drogas. Había que hacer que Estados Unidos asumiera su responsabilidad y colaborara con firmeza en la solución y, al mismo tiempo, recuperar la confianza recíproca entre ambos países. Así apostamos fuertemente a una política de responsabilidad compartida.

Algunas circunstancias fueron contribuyendo a reconstruir esa confianza. Por ejemplo, se resolvieron varios amparos que tenían pendientes algunas extradiciones muy importantes y, en consecuencia, se concedieron las extradiciones. El hecho de que el gobierno mexicano asumiera desde el primer día un compromiso firme, indubitable con el Estado de derecho y la seguridad pública, contribuyó a crear ese ambiente. Así, en la primera reunión que tuve con el Presidente Bush, nuestros equipos ya lograrían un acuerdo fundamental, que sería conocido como la Iniciativa Mérida. En ella se estableció, por primera vez en la historia de la relación, el principio de responsabilidad compartida como paradigma y principio toral de la agenda bilateral. Con ella, además, la ayuda de Estados Unidos hacia México en la materia pasó de 37 millones de dólares en 2006, a mil 400 millones de dólares para los siguientes tres años. En alguna de esas conversaciones entre el Presidente Bush, la Secretaria de Estado, la canciller mexicana y un servidor, además de los intérpretes, le pedí ayuda de inteligencia y apoyo tecnológico. En broma, le pregunté acerca de una serie televisiva que había estado en boga en los primeros años de la década, donde aparecía un despliegue tecnológico excepcional, no muy alejado de las capacidades tecnológicas hoy disponibles. "¿Recuerda usted el programa *24*, con Jack Bauer?, pues bien, necesitamos todas las herramientas." De broma o no, pero México tuvo un salto en capacidades tecnológicas en materia de seguridad y seguimiento de bandas criminales.

La relación con Barack Obama fue también muy buena. Fui el único Presidente con el que tuvo un encuentro como Presidente electo, en su periodo de transición, y fui también el primer jefe de Estado extranjero al que invitó a una visita de Estado a la Casa Blanca y al Congreso. Nuestra colaboración fue genuina, aunque, como es lógico, la naturaleza de los temas implicaba una carga tremenda para ambos. Era inevitable abordar el tema del consumo de drogas en Estados Unidos, y la exigencia de que frenaran, a como diera lugar, el flujo de dinero y de armas hacia grupos criminales mexicanos. En alguna de nuestras conversaciones surgió la posibilidad de explorar el tema de la regularización o legalización de ciertas drogas. Los argumentos económicos orientados a reducir por esta vía el sobreprecio de mercado negro y en consecuencia los incentivos económicos hacia el delito estaban presentes. Yo diría que nuestros interlocutores coincidían, en principio, con la necesidad de plantear el tema, pero insistían en que era políticamente impensable aplicar una medida así.

En efecto, a lo largo del gobierno, de manera muy discreta estuvimos analizando las alternativas asociadas con cambios en la legislación de drogas. El tema era por demás delicado por varias razones. Una porque era un tema rechazado de manera abrumadora por la mayoría de los mexicanos. Más de 80% se oponía a cualquier tipo de regulación. En ese sentido, el costo político de impulsar el tema públicamente sin tener apoyo político ni legislativo era inmenso, un suicidio político. Dos, porque para que una legalización sea exitosa, se requiere que se realice de manera universal, es decir, en el mercado relevante que no es el local, sino el internacional, y en particular el de Estados Unidos. Y los estadounidenses no arriesgan en lo más mínimo su capital político en el asunto, ni dejarán que México lo haga. Tres, como justo ocurre ahora, la mera especulación pública, sin estrategia definida sobre el tema, causa un enorme daño en la moral de la tropa. ¿Qué pensará un soldado que se está jugando la vida en un retén, o un ministerio público que está procesando a un peligroso narcotraficante cuando oye que el Presidente o el Secretario tienen dudas sobre el tema? ¿Qué sentirán cuando están arriesgando la vida mientras el Secretario de Seguridad Pública federal, como ocurre ahora, declara que "a título personal" está a favor de la legalización de la droga? ¿Para qué arriesgar la vida?

El tema estaría subyacente, quizá en segundo plano, pero presente en la relación. Luego de aquella discusión con el Presidente George W. Bush, lo abordamos después con el Presidente Obama y la Secretaria de Estado Hillary Clinton. Del primero la respuesta de rechazo era rápida y absoluta. En cuanto a los demócratas, el planteamiento era escuchado con atención, pero de inmediato advertían que era simple y sencillamente imposible plantear y mucho menos procesar dicho tema en la política estadounidense. De cualquier manera, acordamos construir un grupo binacional llamado Blue Sky (cielo azul), cuya tarea confidencial sería explorar "alternativas", pensar "fuera de la caja" (*out of the box*). El grupo, por desgracia, nunca se concretó.

Por nuestra parte, lo seguimos analizando en un grupo muy reducido y confidencial, básicamente Agustín Carstens, con el apoyo de diversos funcionarios tanto de Hacienda como del Banco de México. Tuve oportunidad de dialogar en dos ocasiones con Gary S. Becker, Premio Nobel de Economía, y quien había escrito a favor de la legalización. Me quedó claro que había ventajas y desventajas, tanto económicas como sociales, y en mi opinión nada concluyente. Primero habría que confirmar o descartar algunas hipótesis económicas muy socorridas: una es la que asume que la demanda por drogas es "inelástica" (una presunción intuitiva de muchos economistas, pero que aún no se ha podido corroborar con evidencia empírica por la naturaleza clandestina del mercado), que provocaría una baja del precio en el mercado negro, sin aumentar sustancialmente la cantidad demandada, y con ello una reducción de los estímulos económicos. En algún documento que presentó Becker refrendaba la hipótesis para algunos casos, pero anotaba algunas dudas: analizados los datos de cantidad y precio que estaban disponibles por decomisos y trabajo de inteligencia tanto de México como de Estados Unidos, en ciertas regiones de nuestro país y de Centroamérica, la cocaína en concreto, los estudios no eran concluyentes acerca de la elasticidad en esas zonas. Es decir, si, contrario a lo que daba por sentado, en algunos casos analizados la demanda por droga es elástica y se libera, un menor precio llevaría a un consumo más elevado, lo cual genera un mayor estímulo para ese mercado. Y la cuestión es mucho más grave socialmente. Ni siquiera existe un estudio de fondo: la liberación llevaría a un mayor consumo, dada la facilidad para el acceso a las drogas, y a comenzar las adicciones a una edad más temprana. ¿Cuáles serían las consecuencias sociales de una acción así? ¿Cuál para las familias y los barrios en concreto? ¿Cuál para la seguridad, la violencia misma? Un estudio de esa naturaleza, objetivo y profundo, está todavía pendiente. Muchos de quienes pregonan la legalización como solución a nuestros problemas ni siquiera se plantean estas preguntas.

Una observación importante: cualquiera que sea el régimen legal de las drogas, lo que determina la violencia asociada a las mismas es el tamaño, confiabilidad y eficacia de las instituciones y agencias de seguridad y justicia. La diferencia entre países con violencia asociada al crimen organizado no radica en que los que legalizan la droga son pacíficos y los que la prohíben son violentos, decir eso es una increíble ingenuidad y una muestra de ignorancia. En general, la mayoría de los países "prohibicionistas", sea Estados Unidos o Canadá, todos los países europeos y la mayoría de los países asiáticos y árabes, no tiene violencia. ¿Por qué? Porque tienen instituciones fuertes, policías confiables, fiscales eficaces, autoridades decididas a cumplir y a hacer cumplir la ley. Estado de derecho, *enforcement*. Ésa es la clave, y es justo lo que no tenemos en México. No el régimen legal de las drogas.

Pero, además, hay un factor global, enorme e ineludible: la oposición del gobierno y el Congreso de los Estados Unidos a la legalización. Las drogas son "bienes" cuyo precio se determina en el plano internacional. De nada serviría legalizar en México y no en Estados Unidos, porque ¡el precio relevante es el de allá! Y más allá de ello, la presión sobre México en este tema no es trivial. La desconfianza y la hostilidad que por tradición venían ejerciendo los estadounidenses sobre gobiernos mexicanos a través de "certificaciones", cierres de frontera, etcétera, eran factores que había que revertir con urgencia.

Con ese espíritu empezamos a construir lo que sería la Iniciativa Mérida, que permitió canalizar a México más recursos de la cooperación estadounidense de los que nunca habíamos recibido, sobre todo para formación de capacidades institucionales, pero menos de los que todo mundo cree que se recibieron, y mucho menos en comparación con el Plan Colombia, que a la postre fue decisivo para el fortalecimiento del Ejército y la Policía Nacional de Colombia, lo cual propició y cambió en la correlación de fuerzas entre el gobierno y la guerrilla/narcotráfico a favor del primero. Eso permitió recuperar el control casi completo del territorio colombiano y generar condiciones de ventaja para negociar después la paz. Quizá hubiéramos recibido más apoyo económico, pero nos negamos a aceptar algunas condiciones: la entrada de agentes estadounidenses armados, permitir todo tipo de operaciones y la introducción de aviones de guerra (en el caso de Colombia, incluso la instalación de una base aérea). Nada de eso permitimos en México.

Tiempo después, en una reunión de trabajo que tuvimos en la Casa Blanca, y cuando almorzábamos la Secretaria de Estado Hillary Clinton, la canciller Patricia Espinosa, el Presidente Barack Obama y un servidor, insistí en el tema de explorar el régimen legal de las drogas. Como no queriendo la cosa, nuestros interlocutores develaron un hipotético escenario. En lo que parecía un diálogo preparado, el Presidente Obama le preguntó a la Secretaria: "Hillary, ¿que pasaría si un país amigo legalizara unilateralmente la droga?" "Seguramente habría consecuencias muy serias, impulsadas tanto por el gobierno como por el Congreso —contestó ella—; no lo sé con exactitud, pero podría llegar hasta cancelar acuerdos comerciales relevantes, por ejemplo." Interrumpí y les dije que si habíamos llevado adelante una relación de tanta confianza, no había lugar a deslizar semejantes amenazas. Que no teníamos la intención de tomar ninguna medida unilateral, que sabíamos que había que trabajar juntos y así lo habíamos demostrado una y otra vez, pero que si decidiéramos cambiar nuestra legislación tampoco les íbamos a pedir permiso. Concluimos todos en el afán que siempre habíamos tenido: trabajar juntos en los temas bilaterales, estrechar la cooperación. A la distancia veo que Obama y Hillary cumplían con su tarea de presionar, de cumplir con el *script* que la política y el establishment imponían; yo cumplía con el mío de rechazar esas presiones e insinuaciones. Pero nunca tensaron a reventar ninguna cuerda. El Presidente Obama tenía en mí un interlocutor confiable y yo en él, uno confiable y solidario. También acordamos revisar de manera confidencial en el grupo Blue Sky el espinoso tema del régimen legal de drogas. Cosa que nunca ocurrió.

La relación se complicó de manera notable con la llegada de un nuevo embajador de Estados Unidos, Carlos Pascual. Le dio por intervenir en los temas de la vida nacional, y opinaba cada vez con mayor frecuencia sobre asuntos internos. Comenzó a ser crítico de las acciones del gobierno, de las fuerzas armadas. Yo alguna vez tuve la cortesía —y la equivocación— de llevarlo en la comitiva presidencial a algún evento binacional en la frontera. Al regreso, conversamos en el privado del avión presidencial. Su tema era que se estaba incrementando la violencia en el noreste de México, lo cual era una obviedad, y que debíamos hacer un mayor esfuerzo, lo cual era también más que obvio. Los comentarios eran en verdad molestos. Él sabía a la perfección que estábamos desplegando todas nuestras capacidades, y que en realidad quienes deberían desplegar más eran los propios estadounidenses. La discusión fue tornándose incómoda. No había mayor avance en nuestros reclamos a los estadounidenses. El consumo de drogas seguía subiendo en su país, nada hacían ellos para detener la millonada de dólares que entraba a los cárteles mexicanos de parte de consumidores y criminales estadounidenses. Por un momento sentí que no tenía un interlocutor confiable.

Uno de los asuntos que habíamos exigido una y otra vez de Estados Unidos era la actuación contra el tráfico de armas de asalto. La exigencia era invariable. Parte del problema era que la ley estadounidense que prohibía la venta de armas de asalto automáticas (Assault Weapons Ban, que fue propuesta por el Presidente Clinton y aprobada en el Congreso) expiró en 2004. Desde entonces, los grupos de crimen organizado mexicano han tenido un acceso masivo a armas de asalto: AR-15, AK-47, granadas y lanzamisiles. Esto, por seguro, fue uno de los detonantes de la violencia a partir de 2005. Durante mi gobierno llegamos a decomisar más de 160 mil armas; de las que era susceptible detectar su origen, más de 85% habían sido vendidas de manera "legal" en Estados Unidos.

Ante la exigencia mexicana, la fiscalía general de Estados Unidos ofreció a la PGR realizar un esfuerzo extraordinario para investigar y llevar a juicio a los traficantes de armas; parecía una buena idea. Con el tiempo se revelaría lo que esa acción implicaba: las agencias federales pusieron chips en determinados paquetes de armas para poder detectar su recorrido (trazabilidad). Así sería posible reunir evidencia judicializable en contra de los vendedores de armas. En definitiva las cosas se les salieron de control. En San Luis Potosí, dos agentes estadounidenses viajaban en una camioneta blindada cuando fueron interceptados por un grupo armado. Uno de ellos abrió la ventana y fue asesinado. Paradójicamente, el arma homicida era de las inducidas al mercado criminal a través de la operación Rápido y Furioso. Tiempo después, *el Mamito*, un peligroso líder zeta, declaró al ser capturado que tenían sobornados a algunos agentes estadounidenses comisionados a la operación y que ellos mismos les decían qué fusiles de asalto tenían chips del programa Fast and Furious y cuáles no, para utilizar los primeros y quitarles el chip a los segundos. La lista de agravios con el embajador de Estados Unidos crecía, en particular entre los miembros de las fuerzas armadas, cada vez más incómodos con su intervención. La tensión siguió y se complicó con algunos temas personales.

Tiempo después, en el marco de las filtraciones masivas de Wiki-Leaks, fue publicado el contenido de los memorandos enviados por el embajador Pascual al Departamento de Estado. Había de todo. Desde el espionaje dirigido a mí y a otros funcionarios, hasta las opiniones del embajador sobre el Ejército mexicano, al que consideraba ineficaz, "adverso al riesgo", por no decir timorato o cobarde. Era demasiado. La gente de Pascual trató de decir que el material era secreto y fue ilegalmente revelado, lo cual era cierto, pero eso no justificaba sus dichos ni los hacía más comprensibles a las fuerzas armadas. En la siguiente oportunidad hablé con Hillary Clinton y le dije que el embajador se tenía que ir. Que lo removían ellos o lo expulsaba yo. Fue una conversación tensa. No hubo respuesta inmediata y tampoco quise reaccionar de manera impulsiva, pero estaba decidido.

Semanas después hicimos una nueva visita de trabajo a Washington. Entrevistado por el *Washington Post* previo a una reunión con Obama, a pregunta expresa hice fuertes declaraciones contra el embajador Carlos Pascual. Yo no sabía que el Presidente Obama lo iba a remover y me lo transmitiría horas después, junto con el reclamo sobre mis declaraciones en la prensa ese día. Tenía toda la razón, habida cuenta del hecho, había cometido yo un exceso contra Pascual. No sé si la cancillería sabía de su remoción, yo no. Desde entonces quedó muy resentido conmigo. Así ocurren las cosas.

En cualquier caso, debo reconocer que mi relación con los dos mandatarios, George W. Bush y Barack Obama, fue respetuosa y de honesta colaboración. Muy distintos ambos, creo que actuaron hasta donde sus propias circunstancias políticas les permitían. Pero en este tema toral, en el de las drogas y la violencia, ninguno de los dos gobiernos con sus respectivos congresos le dio a México lo que tanto demandamos y que se necesita: cesar el flujo de dinero y de armas a los criminales mexicanos. Esto podía ser reduciendo la demanda de drogas en Estados Unidos, cosa que nunca ocurrió, o estableciendo controles de dinero más estrictos con recursos y tecnología que no tenemos, pero ellos sí. Harto de la falta de respuesta, llegamos a explorar demandar judicialmente a los fabricantes de armas estadounidenses. La idea era atractiva pero no logró consolidar su viabilidad. Protestamos de manera constante sobre el tema. A instrucciones mías, el Ejército fabricó un monumental anuncio con la soldadura de restos de decenas de armas decomisadas a las fuerzas armadas. Colocamos el espectacular en la frontera, de modo que fuera visible desde Estados Unidos y lo leyera todo el que cruza hacia México. El letrero decía "No more weapons".

En ocasión de la visita de Estado que hice, fui invitado a hablar ante el pleno del Congreso. La primera parte de mi discurso, en la que hablaba de mi compromiso con el Estado de derecho (The Rule of Law), fue aplaudida de pie y largamente por ambas bancadas. Después me adentré en temas escabrosos. Era muy arriesgado, pero valoré que era la única oportunidad de hacer oír fuerte la voz de México en temas torales. Entonces abordé el asunto de las armas y la importancia de regularlas. Llegué a decirles a los congresistas que respetaba la segunda enmienda, pero que esas armas no estaban siendo empuñadas por buenos ciudadanos queriendo defender a su familia y a su patria, sino por criminales que estaban asesinando mexicanos y que, esperaba que no, algún día podrían también apuntar a los ciudadanos honestos estadounidenses. La sesión del Congreso subía de tensión. La bancada demócrata aplaudía, muchos republicanos permanecían sentados. Lo mismo cuando abordé los temas migratorios. Al salir, pensé que pude haber hecho un discurso más cortés (*polite*), quedar bien con todos y ser elogiado por todos. No fue así, yo lo decidí. Había que abordar los temas ahí en nombre de los mexicanos. Me quedó la duda, como queda siempre cuando se toman decisiones difíciles.

El tema de la regulación global de las drogas lo comenzamos a discutir en privado con otros gobernantes, en particular con Juan Manuel Santos de Colombia y Otto Pérez Granados de Guatemala. Juan Manuel fue más allá, y aprovechó la celebración de la Cumbre de las Américas celebrada en Cartagena para iniciar la discusión del tema. Más adelante, los tres sometimos una propuesta a la Organización de las Naciones Unidas para que se celebrara una convención urgente sobre el tema. En mi última intervención ante la Asamblea General hice referencia a la Declaración de Mérida que habíamos acordado con otros jefes de Estado del Mecanismo de Tuxtla, y abordé el tema: "Es urgente lograr una sensible reducción de la demanda de drogas ilegales por parte de los países consumidores [...] si esto no es posible las autoridades de esos países tienen la obligación moral de explorar todas las alternativas para eliminar las estratosféricas ganancias de los criminales, incluyendo explorar las opciones regulatorias o de mercado, orientadas, precisamente, a ese propósito".

Junto con la violencia asociada al narcotráfico y el comercio, el tema más complicado de la relación es el tema migratorio. Por fortuna la migración neta de trabajadores mexicanos a Estados Unidos se ha venido reduciendo consistentemente, a grado tal que hoy es negativa, es decir, regresan más trabajadores mexicanos a México que los que se van a Estados Unidos. Esto es por buenas y malas razones: las malas, la recesión en Estados Unidos, el temor al crimen organizado y, por último, la administración estadounidense endureció su política antiinmigrante. Las buenas razones han sido que el crecimiento de la economía mexicana fue casi el doble que el crecimiento de la economía estadounidense durante varios años. Más empleos y más oportunidades de estudio están también entre las causas de este menor flujo migratorio, que en 2010 llegó a cero en términos netos. Sin embargo, fue difícil mantener la postura firme que sostuvimos. Estaba por un lado la queja por asesinatos de mexicanos a manos de las agencias fronterizas que reclamamos en todos los terrenos: el diplomático, el mediático y el judicial.

En el discurso ante el Congreso fui enfático en la defensa de los mexicanos: critiqué la ley antiinmigrante de Arizona, impulsé la reforma integral en materia migratoria que aún se discutía en el Congreso, insistí en la aportación de los mexicanos a la economía estadounidense. Esta parte tensó enormemente al Congreso. Los demócratas aplaudían, muchos republicanos apretaban los puños. Creo que hice lo correcto, pero me reveló el nivel y tensión que el tema provocaba. Había que revisar la estrategia. Desde mi predecesor, a impulso de Jorge Castañeda, México siguió una política de exigencia total y sin concesiones en materia migratoria. El propio canciller la bautizó como "the whole enchilada". Era inevitable engancharse en ella, por la presión discursiva que los propios grupos de migrantes impulsaban, era lo políticamente correcto. Y la seguí. No fue lo mejor. En algún momento hubo colosales manifestaciones a favor de la reforma migratoria. Quizá más de un millón de manifestantes en las ciudades más importantes de Estados Unidos. A los pocos días me telefoneó el Presidente Bush. En síntesis, me dijo que no podía seguir impulsando la reforma migratoria como habíamos conversado. Me dijo que lo habían buscado varios congresistas republicanos, "me reclamaron que por qué tenían que defender una reforma que exigían miles de personas en las calles que reclamaban tener la ciudadanía americana… ondeando banderas mexicanas". Le expresé mi decepción, pero claro que tenía un argumento. La radicalidad en las exigencias migratorias genera temor en el estadounidense promedio, provee de argumentos a los antiinmigrantes, y genera fenómenos políticos racistas como el que llevó a Trump a la Presidencia. Una política más pragmática y moderada, orientada al empleo transitorio, sería más eficaz.

EL G20

A principios de 2012 el mundo seguía sufriendo las consecuencias de la recesión global de 2009; la economía europea, con varios de sus países en crisis (Grecia, España, Italia, Portugal, Irlanda, Islandia), no parecía tener salida. Se especulaba la desaparición del euro. Fue en ese contexto que asumí la presidencia del G20, después de una tormentosa y fallida reunión en Cannes, Francia, donde las sesiones eran interrumpidas groseramente para la mayoría de los participantes, cuando Francia, Alemania y otros presionaban en privado a sus pares de Grecia e Italia, De hecho, ambos primeros ministros renunciarían poco después a sus cargos. México sería el primer país latinoamericano anfitrión, y el segundo entre los países en desarrollo (después de Corea).

Un personaje clave en la generación de soluciones financieras viables y creativas a la crisis fue Gordon Brown, del Reino Unido. Siguiendo la línea de solución que se había venido construyendo desde Londres (básicamente distinguir países con problemas de insolvencia de los que tenían problemas de liquidez, que eran la mayoría, y en este último caso, dedicar garantías masivas disponibles en instituciones financieras internacionales, como el FMI, algo que se conoció en el argot como "la bazuca"). Con esos antecedentes trabajamos arduamente para lograr acuerdos útiles en nuestra reunión. Asistí a reuniones tanto de cancilleres como de Secretarios de Hacienda y del Tesoro del G20. Ese intenso intercambio de opiniones y propuestas de ministros muy calificados bosquejó lo que al final se plasmaría en las conclusiones del G20 en Los Cabos.

Incluso abordamos casos específicos. Con la asesoría de Agustín Carstens enviamos una carta al gobierno español de Mariano Rajoy, sugiriendo que si Alemania y su Banco Central no acudían a respaldar a España con su problema de liquidez (cada punto porcentual que subía la tasa de interés obligaba a su gobierno a pagar 1% del PIB por año adicional sólo por intereses), recurriera entonces al FMI, que con el respaldo del gobierno de Estados Unidos hubiera sido visto como un enorme garante, con lo cual bajarían las tasas de interés y los países en cuestión podrían salir de su crisis. En torno de la reunión del G20 nos reunimos con muchos de los involucrados. Angela Merkel, por ejemplo, dijo que a pesar de las restricciones constitucionales de su Banco Central para ayudar a países extranjeros, Alemania podía tratar de ayudar a otros países; pero nos dijo algo así en tono sarcástico: "Pero por lo menos que España me lo pida. ¿Cómo voy a ayudar a otro gobierno con dinero de los alemanes, cuando el otro gobierno ni siquiera ha pedido mi ayuda?" Cuando hablamos con Rajoy y le planteamos no sólo el tema de Alemania, sino la importancia de pedir ayuda al FMI, contestó que no lo haría, porque "si el gobierno de España pide ayuda al FMI, el mundo pensará que España tiene graves problemas". Y le contesté: "Presidente, el mundo *ya sabe* que ustedes tienen serios problemas. Lo que tiene que saber ahora es qué respaldo tiene para resolverlos". Al final Rajoy no solicitó la ayuda. La verdad es que manejó políticamente el tema del "Rescate" —como él le llamaba— como una invasión de soberanía, un argumento de la izquierda latinoamericana de los setenta. Luego alegaría sobre condicionalidad —la cual nunca llegó a plantearse— cuando España ya había aceptado condiciones severísimas de parte de la Unión Europea. Hacia el final de su gobierno aseguró con orgullo que España había salido de la crisis sin recurrir al FMI. Tenía razón, después de años de contracción económica saldrían de la crisis porque su problema no era de solvencia sino de liquidez. Aun así, pienso que si España hubiera renegociado la deuda con apoyo del FMI, el brutal sacrificio económico que hicieron millones de españoles durante casi cinco años de recesión hubiera podido ser evitado o al menos aliviado. Una parte del sufrimiento fue innecesaria.

En otros temas se avanzó de manera notable en las negociaciones de fondo. No pretendo decir que fueron los acuerdos de Los Cabos los que resolvieron la crisis. Lo que digo es que la interacción de secretarios y ministros de Finanzas de los países clave, incluyendo Estados Unidos, China, Rusia, el Reino Unido y otros más de la Unión Europea durante el periodo previo y en los propios días de la reunión contribuyó a ir diseñando la salida a la crisis. Unos días después de la del G20 tuvo lugar la reunión de la Unión Europea. La percepción económica en el mundo cambió notablemente. La menor incertidumbre se reflejó también en los mercados: las tasas de interés de los bonos de los países europeos comenzaron a bajar desde entonces. A finales de 2013 Europa (salvo España) ya estaba saliendo de la recesión. Desde luego que la reunión, las decisiones y los acuerdos clave fueron de los europeos, tomados no en el G20 sino en su reunión a finales de junio de 2012. Pero creo que la reunión de Los Cabos y las preparatorias de ésta tuvieron mucho que ver en esa solución.

Ningún honor puede ser más grande que servir a México. Lo es aún más si se hace en momentos de crisis y tribulaciones como los que me tocó vivir. En el plano internacional, la estrategia que seguimos y las decisiones que tomamos nos permitieron cumplir con nuestro propósito: más México en el mundo y más mundo en México. Los reconocimientos y muestras de afecto y aprecio hacia nuestro país eran generalizados. Al terminar la reunión, el Presidente Obama tomó la palabra y expresó de manera muy generosa su agradecimiento y reconocimiento en los siguientes términos: "Con el liderazgo de México hemos podido ver progresos en una amplia gama de retos que son vitales para prosperar: la seguridad alimentaria, el crecimiento económico verde, el combate al cambio climático, la educación financiera… Todo esto se dio en gran parte por el liderazgo del Presidente Calderón". Después de él lo haría Angela Merkel, y luego la mayoría de los Presidentes asistentes. Fue un momento muy emocionante para mí, pienso que también fue relevante para México. Los Presidentes y primeros ministros más importantes del mundo, reunidos por primera vez en nuestra tierra, elogiando a nuestro querido país.

14

Sobre el presente

Escribo algunas reflexiones acerca de los retos que México enfrenta hoy. Como se sabe, Andrés Manuel López Obrador finalmente logró ganar la Presidencia, y lo hizo con un amplísimo margen.

En lo personal, me gustó mucho el primer discurso que dio el Presidente electo el mismo día de la elección en un hotel de la Ciudad de México. Fue un discurso cuidadoso en el que parecía que genuinamente llamaba a la reconciliación y a la unidad nacional. Eso tranquilizó tanto a ciudadanos como a mercados. Sin embargo, un par de horas después daría otro discurso, esta vez a sus simpatizantes, en el zócalo de la ciudad, donde develó su agenda clientelar: dinero para adultos mayores, para jóvenes que estudian, para jóvenes que no estudian, dinero para plantaciones masivas, dinero para todos. Muchos años antes, como jefe de Gobierno de la Ciudad de México, no invirtió nada en el Metro o en el transporte público, tampoco en el tratamiento de aguas residuales, incluso canceló un enorme préstamo del Banco de Japón para este propósito (la Ciudad de México sólo trataba 8% del agua que utilizaba, una barbaridad). El entonces jefe de Gobierno decidió orientar el dinero a programas clientelares que le dieron desde entonces una enorme base electoral, a costa de las inversiones estructurales en la capital. Lo mismo —pensé— hará a nivel federal, donde los servicios públicos y las inversiones en infraestructura básica, en instituciones sólidas de seguridad y justicia o incluso de salud, serían sacrificados a cambio de una base electoral monumental a favor de su partido. Por desgracia, todo parece indicar que así será.

Aun así, el López Obrador del primer mes como Presidente electo fue sobresaliente. Dijo, en una muestra de autenticidad (¿y de arrogancia?), que quería ser el mejor Presidente de México. Puede serlo —pensé— si hace lo correcto, porque tiene el mayor apoyo político que ningún Presidente ha tenido en casi 40 años. Sin embargo, su perfil cambió rápidamente en los meses posteriores, tornándose cada vez más demagógico, mostrando el perfil agresivo y polarizante que siempre le conocimos y delineando las propuestas de política pública que pueden significar la ruina del país por muchos años, nuevamente.

Aun antes de tomar posesión como Presidente, anunció la cancelación del gran proyecto del Aeropuerto Internacional de la Ciudad de México. El peso mexicano se devaluó de manera importante esos días. Se trata de un proyecto largamente planeado. Un aeropuerto que no sólo la Ciudad de México, sino el país entero necesita. Desde los tiempos del Presidente Ernesto Zedillo se habló del tema. Vicente Fox intentó llevarlo a cabo y lo anunció, pero con tal torpeza y pusilanimidad, que dio marcha atrás ante la violenta reacción de ejidatarios del pueblo de Atenco que el gobierno no supo manejar. Durante mi administración nos dimos a la tarea de preparar el proyecto de forma discreta y cuidadosa. Por medio de las Secretarías de Comunicaciones y Transportes, de la Reforma Agraria y de la Comisión Nacional del Agua, el gobierno federal fue comprando, pacientemente, miles de hectáreas alrededor del vaso de Texcoco, con lo cual se crearía una enorme reserva natural, varias veces mayor en superficie a las tres secciones combinadas del Bosque de Chapultepec. Se trabajó intensamente con los técnicos, en especial con los expertos de MITRE, la agencia de estudios aeronáuticos más prestigiada a escala internacional, vinculada con el Instituto Tecnológico de Massachusetts, a fin de proyectar uno de los aeropuertos más grandes del mundo con seis pistas para tres pares de operaciones simultáneas; donde la mayoría de ellas quedaría en los terrenos federales de lo que fue el lago de Texcoco, sin la problemática social asociada a la propiedad ejidal de la tierra.

Por último, se desarrolló un gran plan de contingencia hidráulica en la zona oriente del Valle de México, creando varias lagunas de regulación; y, lo que es más importante, con José Luis Luege desarrollábamos un plan para captar y tratar toda el agua que escurre desde los volcanes y las serranías hacia el lado oriente del Valle de México, lo cual implicaba rescatar el lago de Xico que está entre Chalco, Tláhuac y Xochimilco, cuyos pintorescos canales se recuperarían procesando y reinyectando al subsuelo el agua ya tratada, en lugar de mandarla a decenas de kilómetros lejos del valle, como se hace ahora. Ello permitiría recuperar en parte el acuífero ahora sobreexplotado del Valle de México e incluso comenzar a frenar el hundimiento de la ciudad. Un proyecto colosal, verdaderamente transformador, sustentable, y que cambiaría para bien la vida de millones de personas en la zona más marginada de la Ciudad de México.

Cuando el proyecto estuvo listo, comenzaba el año electoral de 2012. Dado que en el proceso se prohíbe publicitar o anunciar obras públicas, y para evitar que la polarización electoral acabara con el proyecto del aeropuerto, lo presentaríamos después de las elecciones y lo pondríamos a disposición de quien fuese el ganador. Durante la transición me empeñé en poner todo lo que estuviera a mi alcance para que a la nueva administración le fuera bien. De hecho, cada semana organicé reuniones encabezadas por el Presidente entrante y el saliente, con el fin de exponer los detalles de cada uno de los temas de la administración pública. (Esas sesiones se dieron por concluidas mes y medio después a petición del equipo del Presidente electo.) Cuando llegó el momento de hablar sobre la SCT, revisamos los detalles de todos los proyectos que teníamos y expusimos el del nuevo aeropuerto que anunciaríamos en breve. Comunicárselo al Presidente electo era una cortesía política elemental. Sin embargo, a través del Secretario de Gobernación Alejandro Poiré —quien me acompañó con su talante analítico en diversos cargos—, el equipo del Presidente electo pidió que no se presentara el proyecto como estaba previsto, pues "era un anuncio que correspondía al próximo Presidente". Me pareció muy injusta la petición, dada la larga y brillante labor realizado hasta entonces, pero al final accedí: no anunciaría el aeropuerto y dejaría que lo hiciera la siguiente administración. Había decidido apoyar al Presidente entrante y actúe en consecuencia.

Contrario a lo que esperaba, el anuncio del aeropuerto no se hizo ni en la toma de posesión del nuevo gobierno, ni a los 100 días, ni al cumplir un año. Si eso hubiera ocurrido, el aeropuerto ya estaría terminado y funcionando. Se pospuso, y cuando se anunció, se hablaba muy poco del enorme parque que sería el nuevo pulmón de la Ciudad de México y de cómo resultaba indispensable en la zona con la peor calidad de aire. Mucho se ha dicho acerca de la probable especulación y corrupción hechas durante la administración siguiente sobre esos terrenos. De hecho, supe algo indignante: se le habían regalado unos terrenos estratégicos al sur del vaso a la organización Antorcha Campesina. Imagino lo que pudo haber pasado con el resto y que mucha de esa probable corrupción con los terrenos pudo haber llegado a los oídos del Presidente electo López Obrador. Pero, cualquier cosa que hubiese ocurrido, el remedio que debió haber puesto su administración era investigar y castigar cualquier acto de corrupción y rescatar o preservar las reservas territoriales que habíamos asegurado para la construcción exitosa del aeropuerto y del nuevo parque, llamado a convertirse en el mayor parque artificial de Latinoamérica.

No fue así. A medida que avanzaba el periodo de transición en 2018 se empezó a especular sobre la cancelación del aeropuerto. El solo debate era un sinsentido. No conozco un empresario destacado que no haya escuchado, directa o indirectamente, de personeros del gobierno, fundamentalmente Alfonso Romo, que el aeropuerto de Texcoco, por supuesto, se construiría. Al poco tiempo, el propio Presidente electo fue bordando la idea de someter a una consulta popular la cancelación del proyecto del aeropuerto. De acuerdo con la Constitución, las consultas sobre un proyecto de gobierno sólo pueden hacerse a la par de las elecciones federales, que no tendrían lugar sino hasta 2021, la validez de las preguntas debe ser calificada por el Poder Judicial y el ejercicio mismo debe ser realizado por el INE, la autoridad electoral. Cuando López Obrador insistió en que la consulta la haría a su manera, organizada por las bases electorales en Morena, que aún repetían sus consignas de campaña (entre otras la cancelación del aeropuerto de Texcoco), caí en la cuenta de que había, contra toda racionalidad económica, altas posibilidades de que se cancelara. Así ocurrió.

El daño económico es quizás uno de los mayores que se le ha infringido a México derivado de la sola decisión de una persona. Y no me refiero a la deuda que hubo que pagar innecesariamente, ni a los contratos que hubo que liquidar, cuyo monto asciende a unos 13 mil millones de dólares; tampoco a todo el dinero tirado literalmente en el sitio de la construcción (el aeropuerto superaba ya 35% de su construcción cuando se canceló de forma definitiva). Me refiero a la cancelación de importantes vertientes de actividad económica estranguladas ya, y quizá por décadas, por la falta del nuevo aeropuerto. Simplemente, la actividad turística en todos los sitios del interior del país, con excepción de algunos destinos de playa que tienen vuelos internacionales directos. El aeropuerto de la Ciudad de México funciona como el principal nodo de conexión para decenas de ciudades cuyo potencial turístico quedará cancelado. Desde mi propia tierra, Morelia, hasta Oaxaca o Tuxla Gutiérrez. El BBVA calculó que el daño económico derivado de la cancelación del aeropuerto equivaldría a dos puntos del PIB.

Además, la decisión dañó, quizá de forma irremediable, la confianza de los inversionistas en el gobierno de López Obrador. Difícilmente una empresa global invertirá en el largo plazo mientras dure un gobierno que puede cancelar, sin más y de la noche a la mañana, inversiones tan cuantiosas. Eso ya se ve reflejado en los flujos de inversión extranjera directa. Para el primer trimestre de 2019, fue de 10 mil 162 millones de dólares, que es casi 20% menor a la registrada en 2018 y la más baja en siete años. Paradójicamente, el Presidente anunció en una de sus conferencias que era la más alta de la historia. Nadie de la prensa lo cuestionó y tal vez nadie en su oficina le dijo que estaba equivocado. Por lo que toca al crecimiento económico, el dato no es nada alentador: por primera vez en más de un lustro la economía pasó ya por una recesión y registró una contracción de -0.1%) respecto del 2018. En otras palabras, en lugar de crecer 4%, como prometió el Presidente, la economía mexicana está detenida y en algunos sectores se ha perdido tamaño, con fatales consecuencias para todos los mexicanos. Simplemente el empleo formal para el primer semestre fue el más bajo en los últimos 10 años; no sólo no se generan ya los casi

100 mil empleos mensuales que se llegaron a generar, sino al contrario, ¡se estaban perdiendo los empleos existentes! En mayo de 2019 apenas se generaron en términos netos menos de 4 mil y en junio se perdieron 15 mil empleos más de los que se generaron. En todo 2019 se generaron 342 mil 077 empleos, es decir, casi la mitad de los generados en 2018.

Pemex venía registrando una severa caída en la producción debido al agotamiento natural del yacimiento de Cantarell, que de milagro había generado más de 60% del petróleo que México produjo durante más de dos décadas. Eso era reflejo, en gran parte, de una disminución en la llamada "tasa de restitución de reservas", es decir, la velocidad de reposición de reservas probadas (1P) de petróleo respecto de unidades de petróleo vendidas, básicamente porque desde la llamada "crisis del tequila" se había cortado de tajo la inversión en exploración y producción petrolera. Cuando llegué a la Presidencia, dicha tasa apenas alcanzaba 41%, es decir, se vendía más del doble del petróleo que el que se descubría, y así la vida media de las reservas era de tan sólo 9.6 años. La única manera de revertir esa tendencia era y es invertir fuertemente en exploración y producción para llevar la tasa a su punto óptimo. Eso hicimos: destinamos montos históricos a ello, y en seis años se duplicó la inversión en Pemex.

Los resultados fueron muy positivos. Se logró revertir el declive en la producción de petróleo. A principios de 2012 Pemex alcanzó una tasa de restitución de reservas probadas ligeramente arriba de cien por ciento. Además, Pemex logró el primer descubrimiento de un sistema petrolero en aguas profundas del Golfo de México: el pozo Trión-1, por ejemplo, estaba entre los 10 más profundos del mundo (2 mil 870 metros de tirante de agua más 6 mil metros debajo del fondo marino). Duele decirlo, pero este esfuerzo se perdió en la siguiente administración. Según la actual dirección de Pemex, el gasto de inversión bajó en 2018 de casi 500 mil millones de pesos que habíamos invertido en 2012, a menos de 200 mil millones de pesos (ambas cantidades actualizadas a 2019), es decir, una pérdida anual real de 13.7% durante el sexenio pasado, lo cual llevó a que la tasa de reposición de reservas cayera por debajo de 30%, y con ello la producción una vez más se vino abajo.

La actual administración tuvo la oportunidad de rectificar el rumbo y llevar la inversión de Pemex a los niveles que habíamos dejado en 2012, lo cual implicaba asignarle 300 mil millones de pesos más. Sin embargo, se le asignó menos de la cuarta parte, y algo peor, para obras que han sido consideradas inviables, como la refinería de Dos Bocas —el Imco, por ejemplo, ha estimado en 98% la probabilidad de que sea inviable; mientras que el Instituto Mexicano del Petróleo afirmó que el costo mínimo sería de 16 mil millones de dólares, y que no estaría terminada en menos de cuatro años, lo cual provocó que se le pidiera la renuncia a su director—. En suma, asignación ineficiente de recursos de capital, prácticamente perdidos, que no mejoran la capacidad de pago ni la viabilidad de Pemex. Y los mercados, los analistas especializados y, por supuesto, los inversionistas, se dan cuenta de ello. En consecuencia, México ha bajado de nivel en perspectivas y calificación financiera. Los bonos de Pemex han perdido el grado de inversión, pues han caído ya en la categoría de "especulativos" (prácticamente basura), por parte de las calificadoras Moody's y Fitch. La razón es la grave situación económica que se vislumbra para México y para el mundo, pero también y fundamentalmente la decisión de la empresa de invertir el poco dinero que tiene en proyectos no rentables como la refinería de Dos Bocas, en lugar de invertir donde está el verdadero negocio de Pemex, es decir, en la producción de petróleo y gas. La decisión agrava la situación precaria de la empresa y la empuja a ser siempre deficitaria y, en consecuencia, incapaz de servir su deuda, con el consiguiente daño a las finanzas nacionales y a la credibilidad financiera de México, el encarecimiento del crédito y la fuga de inversiones, todo lo cual ha llevado a que, en unos cuantos meses, el panorama económico del país se ha vuelto totalmente sombrío.

★ ★ ★

Quisiera ver un mejor panorama en otro gran tema: el de seguridad, el cual considero el más apremiante. Sé muy bien que un problema tan grave como éste no puede resolverse en el corto plazo. Sin embargo, fue el propio Presidente el que prometió soluciones mágicas de la noche a la mañana. En efecto, en entrevista con Ciro Gómez Leyva, señaló que desde el primer día de su gobierno se iban a ver resultados, pues "el Presidente va a ser honesto, no va a robar, y eso se va a aplicar en cascada".[1]

Sin embargo, de acuerdo con la organización Semáforo Delictivo, citada por el semanario *Proceso*, "de enero a marzo de 2019 el secuestro se disparó 550%, mientras que la extorsión aumentó 127%, robo a negocio 62%, homicidios 48%, robo de vehículo 46% y narcomenudeo 31%, todos delitos relacionados con el crimen organizado". Los homicidios, por su parte, han seguido en aumento. Para junio de 2019 se registraron más de 100 homicidios al día, más de 3 mil al mes. En el último mes de mi administración, la cifra —que venía reduciéndose sistemáticamente desde hacía casi dos años— estaba alrededor de mil 600, es decir, en 2019 hubo casi el doble de homicidios que al final de mi gobierno. Muy probablemente 2019 haya sido el año más violento del cual se tenga registro en la historia del país, con 35 mil 588 homicidios registrados en el año.

En parte, como señala Alejandro Hope, es porque en la Ciudad de México el presupuesto de la Procuraduría de Justicia —a pesar de tener un cambio estructural de sistema de justicia— apenas creció 7%, y entre 2018 y 2019 tuvo una reducción presupuestal de 2.5%, ambos en términos reales. Algo más grave ha ocurrido a nivel federal, pues en la Fiscalía General de la República a la Unidad Anti-Secuestros se le había aplicado un letal recorte de 22% en términos reales en 2019, lo mismo que a la Coordinación Nacional Antisecuestros de la Secretaría de Seguridad y Protección Ciudadana, a la cual ¡se le redujo 24%! el presupuesto en términos reales; y como muestra del interés y el grado de prioridad de estos temas para el gobierno, permanecía acéfala, en manos de un encargado de despacho, al momento de escribir estas líneas.

Es muy claro que el gobierno de México está equivocando la estrategia. Y no, no es cierto que en la administración pasada ni en

[1] Entrevista con Ciro Gómez Leyva, el 8 de mayo de 2017.

ésta hubiese una continuación de la estrategia que implementamos en mi gobierno. En el caso de la anterior, creo que fue un error haber descuidado el eje estratégico de la construcción de agencias y dependencias confiables y eficaces responsables de la seguridad y la justicia: policías, ministerios públicos y jueces. Para empezar, desapareció la Secretaría de Seguridad Pública, dándole a esa área un control totalmente político. A la seguridad pública se le redujo el presupuesto y se abandonó, por ejemplo, la Plataforma México, inutilizando el instrumento tecnológico más importante de la época en el combate al crimen. Sin embargo, con el actual gobierno las cosas no mejoran: en su afán de dedicar el esfuerzo presupuestal al otorgamiento de apoyos en efectivo para el mayor número de beneficiarios, presupuestos como el de la procuración de justicia se han visto reducidos de manera considerable.

Y no sólo en materia de seguridad: entre las áreas sacrificadas se encuentran cientos de hospitales, en particular los de alta especialidad; pacientes con cáncer, cuyo programa de tratamiento fue suspendido por falta de medicinas; lo mismo que con pacientes de VIH. Se cancelaron arbitrariamente las estancias infantiles, ese programa que alguna vez fue reconocido por la ONU como el programa más eficaz en materia de incorporación de las mujeres al mercado laboral. La ciencia y la tecnología reciben el presupuesto más bajo en 15 años, a grado tal que los científicos tienen que financiarse por su cuenta los viajes a congresos científicos internacionales, y un largo etcétera...

El retroceso en materia de seguridad traerá serias consecuencias no sólo en la tragedia cotidiana vivida por millones de mexicanos, sino en la voluntad del gobierno que se debe ver reflejada en el presupuesto, las está generando ya en la economía mexicana. A mi juicio, si algo merma notablemente el crecimiento económico, es la falta de un auténtico Estado de derecho. Robert Barro, economista de la Universidad de Harvard, hace énfasis en esta relación entre *legalidad* y *crecimiento*. En un estudio que realizó y tituló "Determinantes del crecimiento económico: un estudio empírico a través de los países", demuestra que una de las variables más importantes que determinan el crecimiento económico es la *legalidad*. Según su estudio, la diferencia en el crecimiento entre los países que gozan y los que no gozan de pleno Estado de derecho puede llegar a ser de 35% por década, es decir, una diferencia de más de 3% anual.[2] Y éste puede ser el caso de México. Esos dos o tres puntos que cada año nos hacen falta para crecer a nuestro potencial, no se logran precisamente por el frágil o ausente Estado de derecho en México.

★ ★ ★

En lo personal me entristece el retroceso en otras áreas, concretamente en materia ambiental. En contra de los compromisos signados por México en relación con el cambio climático, la CFE ha establecido como tarea intensificar el uso del carbón (el más contaminante de los combustibles fósiles y la mayor amenaza entre los gases de efecto invernadero) y ha cancelado una serie de subastas de energía renovable, así como un importantísimo proyecto para construir una línea de transmisión en el Istmo de Tehuantepec que permitiría la conducción de miles de megawatts de capacidad de energía eólica instalados ahí, liberando el increíble potencial del viento.

Algo también muy grave fue el cambio del destino de los Certificados de Energía Limpia (CEL), que se diseñaron para respaldar inversión en nueva energía renovable, eólica y solar, y que ahora se desviarán para tapar el déficit financiero de la CFE, dañando las finanzas de las empresas que ya invirtieron masivamente en México y minando la confianza en el país. Contrario también a la transición energética en el mundo (Noruega, por ejemplo, prohibirá la venta de vehículos con motores de combustión interna en 2025), el gobierno se empeña en construir la ya señalada refinería en Dos Bocas, Tabasco, uno de los sitios más vulnerables del mundo al aumento del nivel medio del mar derivado del cambio climático, con alta propensión a inundarse como consecuencia de ello. Sin contar con autorizaciones ambientales (que por lo demás, hubieran sido contrarias a la ley), el gobierno ha talado más de 300 hectáreas de manglares en esa zona.

[2] Robert Barro, "Determinants of economic growth: A cross-country empirical study", *National Bureau of Economic Research*, 1996.

Se ha anunciado asimismo la construcción del Tren Maya, del cual el Presidente ha dicho que se hará "sin talar un solo árbol". Sin embargo, en los estudios preliminares ya se prevé la tala de una superficie superior a la extensión de las tres secciones del Bosque de Chapultepec, justo en la reserva de la Biósfera de Calakmul, una de las más importantes selvas tropicales del continente.

En mayo de 2019, la Ciudad de México sufrió la peor crisis de contaminación del aire en casi dos décadas. La razón: incendios forestales alrededor del Valle de México contaminaron la capital, los cuales se combinaron con una ausencia de vientos y lluvias. En realidad, todo el país estaba sufriendo numerosos incendios forestales. Es cierto que quizás el cambio climático ha ocasionado que se presenten esos eventos ambientales extremos, pero también es cierto que el gobierno actual redujo dramáticamente el presupuesto de la Comisión Nacional Forestal. En 2012, el último año de mi gobierno, la Conafor tuvo un presupuesto de 6 mil 800 millones de pesos; en 2019 era tan sólo de 2 mil 700 millones, es decir, una cuarta parte en términos reales. Para colmo, con el plan de austeridad se canceló la posibilidad de contratar empleo temporal, que es vital para que, mediante el pago de uno o dos jornales, ejidatarios y comuneros se incorporen al trabajo preventivo de incendios (abrir brechas cortafuego, clarear o "chaponear" orillas de carreteras, etcétera), y cuando éstos se presentan, constituyen una fuerza imprescindible para combatirlos.

★ ★ ★

Finalmente, está el tema de la relación con Estados Unidos. Es cierto que al gobierno mexicano no pudo haberle tocado un Presidente estadounidense más hostil y antimexicano que Donald Trump. Abusivo, desconocedor de la política exterior, déspota, ha tomado a México como piñata política: primero en su carrera a la Presidencia de su país y ahora en busca de la reelección. Sin embargo, pienso que el gobierno mexicano ha equivocado la estrategia al someterse a los caprichos de Trump, con fatales consecuencias para el futuro. A principios de junio de 2019, justo durante la semana en que se presentó al

Congreso de Estados Unidos el renovado Tratado de Libre Comercio para su aprobación, Trump amenazó con imponer aranceles a México de manera creciente, empezando con 5%, con la posibilidad de llegar hasta 25%, en todas nuestras exportaciones, "si no se resolvía el problema de la migración ilegal". Se trató de una amenaza totalmente violatoria a lo dispuesto en el propio TLC y a las reglas de la OMC, con base en las cuales, en mi opinión, México debió defenderse. En lugar de ello, permitió que se utilizara la relación comercial para que se impusiera la agenda migratoria de Estados Unidos.

Ciertamente, el conflicto surgió de una política migratoria demagógica e imprudente emprendida por el nuevo gobierno, inducida desde la campaña presidencial. En efecto, López Obrador, como candidato y como Presidente electo, manifestó con insistencia que México no sólo aprobaría la entrada de migrantes centroamericanos, sino que el gobierno mexicano les daría becas, empleo y refugio. Señaló que la construcción del Tren Maya permitiría dar empleo a los centroamericanos que lo necesitaran. Es decir, se dedicó a enviar todo tipo de señales totalmente equivocadas que detonaron la irrupción masiva de migrantes centroamericanos en México con dirección a Estados Unidos. Esto generó serios problemas para muchas familias mexicanas a lo largo de la ruta migrante, desde la frontera con Guatemala, y aún más, un conflicto con Estados Unidos que al final hizo crisis, como era de esperarse. La propia Secretaria de Gobernación presidiría actos multitudinarios donde les otorgaba el ingreso franco en México a diversos grupos de migrantes —incluso uno constituido por más de 6 mil hondureños— y les daba la bienvenida a ciudadanos africanos y asiáticos.

El 17 de mayo de 2019, Trump buscó telefónicamente a López Obrador, pero éste no le respondió porque dijo que se encontraba en una zona "donde no había señal". Me parece muy triste que la decisión de prescindir de los medios que necesita un Presidente para estar en posibilidad de comunicarse y actuar en todo momento, incluyendo el uso de avión, helicóptero o teléfono satelital —decisión tomada por demagogia y cálculo electoral—, lleve a López Obrador al total aislamiento. (Una circunstancia similar se dio el 17 de octubre de 2019 en Culiacán, en medio de una de las mayores crisis de seguridad ocurridas en mucho tiempo.) Creo que el motivo de la llamada del Presidente estadounidense pudo ser el tema migratorio. Una conversación a tiempo entre Presidentes sobre un tema de tensión creciente en la relación hubiera permitido abordar, atenuar o al menos anticipar la crisis diplomática entre Estados Unidos y México. Pocos días después, Trump estallaría en un tuit amenazando a México con las sanciones arancelarias.

En mi opinión, México debió haber respondido sin permitir que la discusión dejara el terreno de los aranceles. En términos de las cláusulas del propio tratado, nuestro país puede imponer medidas retaliatorias, como efectivamente lo hicimos en 2011, por medio del denominado *carrousel*. Incluso el solo hecho de la imposición de 5% de impuestos a productos mexicanos hubiese causado un enorme daño a la propia economía de Estados Unidos, dada la alta integración de nuestras economías a través del comercio. Tan es así que congresistas e industrias americanas completas (como la automotriz o la alimentaria) comenzaron a presionar para evitar que Trump cumpliera su amenaza. Según un estudio de Perryman Group publicado por CNN, con la imposición de 5% de aranceles a productos mexicanos, Estados Unidos perdería 400 mil empleos formales, de los cuales 117 mil serían sólo en el estado de Texas.

Insisto, aranceles retaliatorios dirigidos a determinadas industrias y sectores hubiesen tenido un efecto disuasivo en la política estadounidense. Pienso, por ejemplo, en la soya o la carne de cerdo: cuando China decidió enfrentar las bravatas de Trump con medidas retaliatorias, provocó una caída de casi la totalidad de las importaciones de soya de Estados Unidos. Los agricultores de Iowa, un estado con fuerte presencia republicana, vieron desplomarse el precio de sus cosechas. Paradójicamente, ¡fueron las compras mexicanas las que sustituyeron a las chinas! Si los mexicanos hubiéramos replicado las medidas implementadas por China, las bases electorales de Trump, congresistas, donantes y políticos locales, hubieran sido los primeros en pedir el cese de la absurda e ilegal guerra comercial.

No se sostiene el argumento de que nuestra economía hubiera caído casi dos puntos del PIB de no haber cedido, pues se estaría haciendo a un lado la interacción de muchas variables: el tipo de cambio flexible, por ejemplo, que antes de que hubieran entrado en vigor los mentados aranceles, ya se habría depreciado lo suficiente para compensar el arancel mismo. En lugar de ello, según el economista Mauricio González, "quizá el canciller Ebrard no fue advertido de esta posibilidad, o si lo fue, la desestimó, se aceleró (tal vez se apanicó) y cedió ampliamente en el tema migratorio. Con ello le mostró de modo implícito al adversario Trump que México podría claudicar en otros temas en el futuro (combate a drogas, seguridad y política exterior), con tal de no padecer una nueva amenaza comercial".[3]

Ante las presiones, México otorgó, en palabras de los estadounidenses, "las mayores concesiones en varias décadas", algunas de las cuales ni siquiera ellos mismos esperaban. Si bien es cierto que la absurda y demagógica política de puertas abiertas a la migración tenía que rectificarse, no tenía por qué haber ocurrido a partir de una agenda impuesta por Estados Unidos, más aún, cuando entre las medidas acordadas hay algunas que son verdaderamente inadmisibles. Por ejemplo, México se comprometió a recibir a los migrantes de todo el mundo (es de suponerse que los que entran por nuestro territorio), a proporcionarles hospedaje, alimentación, educación, salud y otros servicios. Como señaló Jorge Suárez-Vélez: "Cuando Turquía accedió a ser receptor de migrantes sirios, porque Grecia carecía de la estructura para recibirlos, la Unión Europea les dio 6 mil millones de euros (130 mil millones de pesos) para invertir en las condiciones necesarias para albergarlos. López Obrador comprometió nuestro dinero para dar a decenas de miles de centroamericanos alimento, refugio, salud y educación, más de lo que muchas comunidades de México reciben".[4] El argumento es similar a un tuit de León Krauze: "Dice @lopezobrador_ que con 130 millones de dólares que se obtendrán del avión presidencial bastará para financiar el plan para la crisis migratoria. Es una fantasía. El presupuesto del @DHSgov [Departamento de Seguridad Nacional] para el hospe-

[3] Mauricio González, "Calambres", *Reforma*, 12 de junio de 2019.
[4] Jorge Suárez-Vélez, "No debimos doblarnos", *Reforma*, 13 de junio de 2019.

daje y cuidado de refugiados en Estados Unidos es de 2 mil 800 millones de dólares". Peor que eso: si el avión presidencial se vendiera sin malbaratarse, ese dinero no podría usarse para nada porque el producto de su venta apenas alcanzaría para cubrir el adeudo adquirido con la compra del avión, como ha señalado el propio Secretario de Comunicaciones.

Otro aspecto en serio lamentable es haber aceptado las condiciones impuestas por el gobierno de Trump para obligar a México a contener la migración con la recién creada Guardia Nacional. En primer lugar, me parece una tarea humillante para los militares, que por ahora la integran en su totalidad. En segundo, desvía un recurso tan escaso (agentes del orden y la seguridad) en el momento en que el país vive probablemente la peor crisis de inseguridad en la historia moderna. En tercero, porque legitima a Trump, que, utilizando su xenofobia y antimexicanismo rumbo a su reelección, ya comienza a decir que México hace las veces de muro para contener la migración, es decir, que con esto cumpliría su promesa de que habría un muro y que México lo pagaría.

★ ★ ★

Finalmente, un último aspecto a evaluar es el político, en particular el resurgimiento de un partido hegemónico en México, por increíble que parezca. El poder concentrado por el Presidente y su partido tiene un claro precedente: parece la recreación del PRI del poder absoluto. Esto es resultado de las elecciones democráticas de 2018, sí, pero también del estilo personal del propio Presidente. En efecto, Morena tiene ahora un poder hegemónico: más de la mitad de los diputados de la cámara —255, incluyendo los cinco que el mal llamado "Partido Verde" cedió a Morena—. A ellos hay que agregarle 30 del PES y 28 del PT, prácticamente mayoría de dos terceras partes (constitucional), y el colmo, que en ocasiones el PRI y Movimiento Ciudadano ¡y hasta el propio PAN! acompañan sus votaciones. Como fue en el caso del restablecimiento de la prisión preventiva por delitos de corrupción o electorales —que abre la puerta a la persecución penal a opositores por motivos políticos— o en la ley de extinción de dominio, lo que preocupa a muchos ciudadanos por su carácter confiscatorio. En ambos casos contó con el voto del PAN. También logró la mayoría en 19 de los 32 congresos locales.

En tal contexto, y como cierre de este breve balance del presente, vale la pena citar el exitoso libro de Levitsky y Ziblatt, *Cómo mueren las democracias*, donde estos dos académicos de Harvard desarrollan lo que han llamado un "test de autoritarismo". Ahí agrupan diversas variables en cuatro grandes grupos que sugiero explorar para el caso de México.

La primera prueba consiste en *saber si el poder "rechaza con palabras o acciones las reglas del juego democrático".* Una prueba contundente de esto son las consultas a mano alzada, sin respetar reglas democráticas, como suele hacerlo el Presidente, en especial en el caso de la cancelación del Aeropuerto de la Ciudad de México, o la reducción sistemática de los presupuestos a órganos reguladores y autónomos, en particular al INE.

La segunda: ¿el gobernante rechaza la legitimidad de sus oponentes? La respuesta es sí: quienes discrepamos del Presidente, en su opinión no tenemos legitimidad para hacerlo: o tenemos intereses perversos o somos "fifís", como la aristocracia que derrocó a Madero, pero nunca porque puede haber razón en quien discrepa.

La tercera: ¿el gobernante fomenta o tolera la violencia? Es un hecho que las constantes agresiones verbales a sus críticos desencadenan actitudes violentas por parte de sus seguidores. Y la violencia se tolera cada día con más frecuencia: tomo las notas del día al momento de escribir estas líneas: 92 operadores de autobuses fueron secuestrados por normalistas durante una semana. El gobierno no intervino salvo para premiar esa acción delictiva con la garantía de plazas magisteriales para los extorsionadores; un alcalde en Chiapas es arrastrado impunemente por una camioneta "por no cumplir sus promesas". En semanas anteriores, tres marchas muy violentas de anarquistas destrozaron mobiliario urbano y comercios en plena Ciudad de México, sin intervención de la policía. En el colmo de la irresponsabilidad, el gobierno presionó a los burócratas a salir a la calle a resguardar físicamente los edificios, arriesgando su vida e integridad, ante una claudicación de las autoridades a cumplir con su deber de preservar mediante la fuerza pública, si fuese necesario, la vida, la integridad y el patrimonio de los ciudadanos.

Cuarta y última: ¿el gobernante amenaza o restringe las libertades civiles, incluyendo la prensa? Por ahora, el problema se concentra más en la autocensura. Aunque es un hecho que periodistas como Loret de Mola, Víctor Trujillo y otros han dejado sus programas estelares después de haber sido críticos del gobierno, o que el Presidente se dirige reiterada y despectivamente al diario *Reforma*, que ha sido crítico de todos los gobiernos, incluido el mío. Esa actitud se ha extendido, según él, a prácticamente toda la prensa, pues para el Presidente "en México no hay periodismo profesional, independiente", e hizo su crítica extensiva a varios medios de comunicación como *Excélsior, El Universal*, calificó a la prensa de conservadora y acusó a los periodistas de "echarse a perder", sus editorialistas "puro conservador", criticó explícitamente a Pascal Beltrán del Río, a Loret de Mola y otros, y dijo que las excepciones eran Federico Arreola (dueño de SDP —acrónimo del nombre original "El Sendero del Peje"—, quien ha sido durante años promotor político del Presidente, y al mismo tiempo trabaja para Televisa y ha reconocido haberme calumniado con una vileza), Enrique Galván y Pedro Miguel (estos dos últimos de *La Jornada*).

¿QUÉ HACER?

¿Es inevitable que nuestra democracia se convierta en un régimen autocrático? Por supuesto que no. Existe, primero, la posibilidad de que el propio Presidente rectifique. Ojalá eso ocurra. Pero también, y más importante, los ciudadanos tenemos la oportunidad de organizarnos para contener al poder político a través de los mecanismos democráticos que aún tenemos, especialmente el voto. Lo que menos podemos hacer es resignarnos. De ninguna manera aceptar la "obediencia anticipada" que ha llevado a las sociedades a claudicar ante poderes hegemónicos, que sólo se fortalecen a partir de la pasividad y la sumisión de los ciudadanos. Hoy más que nunca es necesario fortalecer la participación y organización ciudadana a través de organizaciones de la sociedad civil que cumplan con el propósito de vigilar al gobierno, observar sus aciertos y sus yerros, documentarlos. Llamar la atención de la opinión pública y llamar a la acción al resto de los ciudadanos.

La participación en las redes sociales, la crítica seria y sin insultos es fundamental. Lo es también la participación en las marchas que se organizan. *Todo eso cuenta, pero no basta.* La manera más efectiva de intervenir e influir en las decisiones de gobierno, además de ser la única reconocida tanto por la Constitución como por la ley, es la organización ciudadana a través de partidos políticos. Como he dicho, la correcta definición de la política, en "sentido amplio", es la gestión ciudadana del bien común. Es una tarea propia de los ciudadanos, un derecho, pero también un deber. Y ya más relacionado con el gobierno mismo, el sentido ético, el fin último de la política, el bien común, sigue siendo el factor determinante. Así, la política en "sentido estricto" es la actividad humana encaminada al *acceso, ejercicio y vigilancia* del poder, *para subordinarlo a la consecución del bien común.*

Como ha dicho Margarita Zavala, "tenemos que pasar de la indignación a la acción". O si se quiere, de la preocupación a la acción. Son muchos, miles, los ciudadanos que he encontrado en la calle, en el aeropuerto, en el súper o en el templo, que coinciden en su expresión de preocupación acerca del destino de nuestro querido México. "¿Qué vamos a hacer?", es una de las preguntas más repetidas. Pues bien, ésta es mi respuesta: hay que organizarnos. Y organizarnos para participar, para intervenir, para irrumpir en la vida pública de México. Y la manera de hacerlo es a través de la política partidista, a través de los partidos políticos. De los existentes (que ojalá rectifiquen sus evidentes errores) o, si se considera, como yo lo hago, que ya no representan opciones aceptables, crear otras organizaciones. Ése es justo el paso que tanto ella como yo hemos dado para contribuir a la creación de México Libre. A ese empeño hemos dedicado el mayor de nuestros esfuerzos, personales, de tiempo, económicos. Crear un espacio de participación política que millones de mexicanos necesitan y desean para participar legítima y eficazmente en la vida pública. Es vital recuperar los equilibrios políticos en el país por la vía democrática, y una oportunidad clave para ello serán las elecciones de diputados en 2021. Hacia allá deben encaminarse los esfuerzos de todos los ciudadanos preocupados por el rumbo del país, cualquiera que sea su preferencia política. Es la participación política la que puede cerrarle la puerta al autoritarismo.

No había comenzado 2020 cuando ya se sabía internacionalmente del surgimiento de un nuevo virus, contagioso y mortal, surgido en China, de un origen que se presume está asociado con los murciélagos, el Coronavirus, SARS-Cov-2 o Covid-19. Fue inevitable para mí asociar ello con la pandemia del AH1N1 que sufrimos en 2009. "Ojalá actuemos rápido", pensé para mis adentros. Urgía una campaña operativa y presupuestal para preparar hospitales y comprar equipo de protección personal, para doctoras, médicos, enfermeras, enfermeros, trabajadores de salud en general, y tomar medidas de aislamiento, higiene personal y distanciamiento social. Como comentó Alejandra Sota —colaboradora mía desde que era yo presidente del PAN—, decidida e inteligente, "Nadie quiere aislamiento, nadie quiere mucho tiempo estar confinado en sus casas; es complejo para las familias, es complejo para los padres estar con sus hijos tanto tiempo, pero la vida es más importante que cualquier consecuencia política o económica".

Era inútil: desde los primeros días el Presidente descalificaba todo el esfuerzo realizado alrededor de aquella pandemia. No sólo eso, en un mes crítico para evitar la propagación del virus, desdeñó todo esfuerzo de salud. Invitó a continuar ignorando el "distanciamiento social", continúo con sus giras en las que saludó a cientos de personas y dio los besos que le solicitaban, incluso a una menor de edad que se resistía al gesto. Ya registrados contagios en México y con noticias cada vez más espeluznantes de muertos y contagiados en Europa, el Presidente seguía diciendo "No es algo terrible, fatal, ni siquiera es equivalente a la influenza". Luego "Hay que abrazarse, ¿eh?, no pasa nada". Invitaba a asisitir a restaurantes y fondas: "Si pueden hacerlo, si tienen posibilidad económica, sigan llevando a la familia a comer. Esto es fortalecer la economía familiar, vamos a seguir haciendo la vida normal".

Por supuesto, fue cuestionado acerca de si esto no iba en contra del distanciamiento social, a lo que contestó: "¿Por qué no ir [a fondas]? No está prohibido".

Y cuando la prensa atinó a preguntar al vocero lo obvio: "¿No resultan las giras del Presidente contrarias a las recomendaciones de distanciamiento social?" El doctor Hugo López-Gatell contestó algo que quedará en los anales de la lambisconería, testimonio vivo del sacrificio de la ciencia en aras de agradar al poderoso: "La fuerza del Presidente es moral, no es una fuerza de contagio". Y cuando echó mano de ese recurso bajo, pero tan frecuentemente usado por el Presidente, que es la manipulación de los sentimientos religiosos del pueblo mexicano, habló del escudo protector contra el nuevo virus: "La honestidad", y sacó un Detente, un Sagrado Corazón con la popular leyenda: "Detente, enemigo, que el corazón de Jesús está conmigo". Y cuando ya se multiplicaban los contagios, decretados ya el aislamiento y el distanciamiento social por su propio gobierno, el Presidente pregonaba: "¡No dejen de salir! ¡Todavía estamos en la primera fase! Ya nosotros… yo les voy a decir cuando no salgan". Y el colmo: "No nos van a hacer cambiar, o sea que nos vino esto como anillo al dedo para afianzar el propósito de la transformación". En fin, es evidente el descuido, la negligencia del Presidente, incluso contrariando las indicaciones ya dadas al público de parte de su propio cuerpo técnico, en el momento en que pudo haberse minimizado la velocidad de contagio. Los meses que tuvo México para ver la evolución de la pandemia desde lejos, antes de registrar casos, se desperdiciaron. Incluso, López-Gatell reconoció ante el corresponsal del *Financial Times* que una reserva importante de equipo de protección personal —que se había creado desde la época de Julio Frenk y que reforzamos después de la dura experiencia del H1N1— se había vendido, entre esto importantes lotes de cientos de miles de cubrebocas a China en febrero pasado.

Otro error lamentable del gobierno fue el minimizar el número de pruebas realizadas. Mientras que la Organización Mundial de la Salud recomendaba "Pruebas, pruebas, pruebas" porque no se puede combatir una pandemia como ésta a ciegas, y varios países habían realizado más de mil pruebas por cada 100 mil habitantes (Italia, Australia, Corea del Sur), México apenas había realizado... ¡20! Apostaban a un modelo muestral, no diseñado con rigor estadístico, y asumían un número de casos supuestos de 8.3 veces los detectados, algo realmente difícil de asumir para el caso de un virus nuevo, cuyo comportamiento se desconoce. Incluso con esos datos, el doctor en Ciencias Matemáticas Arturo Erdely[5] descubrió una serie de contradicciones que la Secretaría de Salud nunca aclaró. Por ejemplo, las autoridades presentaron un esbozo de la metodología del "Modelo Centinela" el 8 de abril, con base en datos al cierre de la semana epidemiológica 13 (28 de marzo). Si el número de casos confirmados al 28 de marzo eran 848, el factor que multiplica el número de casos confirmados para obtener los estimados es de 31.27. Sin embargo, el vocero decidió usar el número de casos confirmados de varios días después (8 de abril), 3 mil 181. Con esto el factor que multiplica los casos confirmados para obtener los estimados se redujo de una manera totalmente arbitraria a 8.3; con lo cual también se redujo el número de casos posibles. El hecho es que la subestimación de casos reales, tanto en contagios como en defunciones, deja a México sin capacidad de tomar las decisiones adecuadas para enfrentar el problema, y sin saber a ciencia cierta cuándo podrá darse por superada esta crisis epidemiológica. Dos ejemplos: el promedio de casos de tuberculosis registrados durante los cuatro años anteriores era bastante estable, fluctuando alrededor de 3 mil casos hasta la semana 11; en 2020, a esa semana ya se registraban más de 9 mil casos. ¿De verdad se han triplicado los casos de tuberculosis, o más bien han sido registrado como tales a pacientes de Covid-19? Claramente es lo segundo. Para el caso de enfermedades respiratorias agudas en el mes de marzo (de la semana 10 a la 13), en 2019 se registraron 2 millones 154 mil casos. En 2020, en esas mismas semanas, se registraron 2 millones 305 mil casos, es decir 151 mil más casos tan sólo en marzo, y que no fueron registrados como Covid-19, sino como otras enfermedades respiratorias agudas.

[5] Erdely, Arturo: "Algunas dudas sobre la Aritmética de la Secretaría de Salud", Revista *Nexos*, 20 de abril de 2020. https://www.nexos.com.mx/?p=47756

La tasa de mortalidad por el Covid-19 sobre casos confirmados en México es cercana a 10%, una de las más altas del mundo. A pesar del subregistro de datos, la desinformación del gobierno y los yerros y contradicciones del Presidente, una buena parte de la población decidió voluntariamente aislarse y adaptar el distanciamiento social, así como intensificar las medidas de aseo personal —quizá en parte como una reminiscencia del aprendizaje colectivo de la crisis de la influenza en 2009, y sobre todo por la impactante influencia que las redes sociales tienen sobre la población actual—. Las noticias trágicas de España, Italia y Estados Unidos alertaron a millones de mexicanos que incluso se anticiparon a los anuncios del gobierno, por ejemplo, al quedarse en casa y al usar tapabocas, algo que el gobierno comenzó a implementar casi al terminar el mes de abril. Espero y deseo de todo corazón que gracias a ello México pueda superar esta pandemia y salir adelante con un bajo número de fallecimientos en términos relativos.

Sin embargo, lo que sigue en lo económico es también muy preocupante: el gobierno carece de un plan efectivo para hacer frente a la terrible recesión económica que se viene. Sus prejuicios ideológicos le impiden darles facilidades de pago a las empresas, en particular a las pequeñas y medianas que simplemente no pueden sobrevivir a una crisis como ésta. Ello culminará en la mayor mortandad de empresas y empleos en la historia de México. Y sí, una parte de ésta puede atribuirse al arribo de un virus desconocido, pero otra también, y mucha, se debe a la falta de preparación, al desdén, a los prejuicios ideológicos y a la absoluta falta de un plan coherente de parte del Presidente y su equipo para hacer frente a esta tragedia. Pudiendo haber reasignado prioridades hacia la salud, a fin de habilitar hospitales que están terminados pero no en operación, comprar equipo médico de protección, respiradores etcétera, el Presidente insiste en sostener un gasto injustiicable en tres elefanes blancos: el aeropuerto de Santa Lucía, la refinería de Dos Bocas y el Tren Maya. Es una irresponsabilidad que será registrada como histórica. Ojalá me equivoque, pero los pronósticos de Banamex Citibank hablan ya de una recesión de ¡-10%! para el año 2020. Una destrucción masiva de empleo, riqueza e inversión que se pudo haber evitado. Sería algo terrible para México.

Carta al Presidente

Antes de concluir este libro, me gustaría dar a conocer la versión íntegra de una carta que le envié al Presidente de la República el 2 de diciembre de 2019. Contra toda expectativa, el Presidente López Obrador puede rectificar y convertirse en un gran Presidente, pasar a la historia recordado y respetado por todos, y no como alguien que polarizó al país, destrozó su economía, reconstruyó el poder hegemónico y en cuyo mandato se consolidó la captura del Estado por parte del crimen organizado. México no lo merece.

Ciudad de México, a 1 de diciembre de 2019

Señor Licenciado
Andrés Manuel López Obrador
Presidente de México

Como millones de mexicanos he seguido con detenimiento el desempeño de su gobierno. Son públicas mis discrepancias con Usted, y sin embargo, deseo de verdad que tenga éxito en sus propósitos y que se cumplan los objetivos que se ha propuesto, entre otros el de combatir la corrupción, poner fin a los privilegios y aliviar la pobreza.

Quiero felicitarlo por cumplir un año ya como Presidente de México. Es un momento propicio para ponderar lo logrado y lo que falta por hacer. Por mi propia experiencia, sé que tienden a prevalecer las voces cercanas, las de los más entusiastas partidarios, y las voces críticas aparecen ya como eso, como críticas a las que no se les concede, quizá por el fervor de la rivalidad política, ninguna posibilidad de razón. Eso es algo peligroso, evítelo.

Una sugerencia que me atrevo a hacerle es que recupere la estatura de ser Presidente de todos los mexicanos. No de los de su partido, ni sólo de quienes votaron por Usted, sino de todos y para todos los mexicanos. Y eso sólo se logrará en la medida que recuerde que, independientemente de que podamos pensar diferente, cada ciudadana y cada ciudadano somos igualmente importantes. La manera en que Usted etiqueta, califica y descalifica a quienes no piensan como Usted, agrupándolos despectivamente en una categoría de malos mexicanos y negándoles cualquier legitimidad, está haciendo daño a México y está dañando su propia Presidencia. Al inicio del segundo año de gobierno, Usted puede recuperar sus propias palabras y la actitud de respeto y tolerancia que mostró en su primer mensaje a la Nación, justo después de su holgada victoria. Ahí mismo dijo, pienso que genuinamente, que quería ser "el mejor Presidente de México". Este es mi consejo, séalo. Pero entienda que, si respetar a todos los mexicanos no garantiza que logre ser el mejor Presidente, tenga la seguridad de que si no respeta a todos, nunca lo será.

Su Presidencia está hasta ahora marcada por una serie de problemas que empañan sus manifiestas intenciones. Uno de ellos es la falta de crecimiento económico. Es la primera vez en décadas que, sin crisis o recesión externa, la economía mexicana crece muy por debajo de la de Estados Unidos. Hubo años en los que crecíamos al doble que la economía americana. Ahora simplemente no crecemos. Las razones de nuestro estancamiento son internas. Y no hay que ir muy lejos para saber por qué. Usted lo dijo como candidato: si no hay inversión, no hay crecimiento ni empleo. Y en efecto, está cayendo dramáticamente la inversión. Al momento de escribir estas líneas, el último dato disponible de la inversión fija bruta en México registraba en julio una caída de 9.1% respecto del año anterior. Eso explica que nuestra economía haya registrado ya una recesión y que la economía, en lugar de crecer a las tasas que Usted prometió, haya caído 0.2% anual al tercer trimestre de 2019. Eso se está reflejando en la caída del empleo: en el primer semestre se generó apenas la mitad del número de empleos nuevos que se habían registrado en el Seguro Social el año anterior en el mismo periodo, con meses como mayo o junio en que se perdieron mucho más empleos que los que fue posible crear, por primera vez desde la Gran Recesión Global de 2009. No existen "otros datos", Presidente: la realidad se impone y se refleja en la mesa de las familias, en su bolsillo, en su vida diaria.

Señor Presidente: *no hay inversión en México porque los inversionistas le tienen miedo a Usted*. Ven que cambia políticas y reglas de un día para otro, y que no respeta las reglas establecidas. Ven que, por mucho que invoque el Estado de Derecho, simplemente no cumple con él. Un ejemplo más claro y también el más dañino a la confianza en su gobierno fue la cancelación del Nuevo Aeropuerto de la Ciudad de México, hace ya más de un año. Mire Usted la forma en que lo hizo: aún no era Presidente, y sin embargo organizó una consulta básicamente entre los seguidores de Morena, sin respetar lo que dice la Constitución al respecto de la Consulta Popular —es decir, quebrantando la ley—, para finalmente cancelar el proyecto.

Estoy bien consciente de que, como Usted dice, tal vez hubo actos de corrupción, como ocurrió, por desgracia, en muchos actos de la pasada administración. Pero eso, señor Presidente, a lo que obliga no es a cancelar el aeropuerto, sino a investigar los casos y castigar a los culpables con apego a la ley, como su gobierno lo está haciendo en varios casos notables de corrupción. El otro argumento, el rescate del lago, es simplemente insostenible. Y algo verdaderamente grave: el aeropuerto que Usted está proponiendo, Santa Lucía, no es viable desde el punto de vista técnico. Todas las voces expertas, empezando por las principales organizaciones de seguridad aérea y varias aerolíneas, las asociaciones de pilotos se lo han expresado una y otra vez: Santa Lucía no es viable. No sólo no resuelve el problema de saturación aeroportuaria del Valle de México, sino que además su operación simultánea con el actual aeropuerto Benito Juárez, además de compleja e ineficiente, plantea riesgos que no vale la pena correr, pues se trata de vidas humanas. Sé que su decisión se basó en algún comentario del Grupo Aeropuertos de París Ingeniería, que su gobierno contrató como asesor. Pues bien, señor Presidente, hasta este grupo francés ha dicho en días pasados, con honestidad, que en Santa Lucía no podrán operar las dos pistas proyectadas de manera simultánea, y que una pista sólo servirá para despegues y otra sólo para aterrizajes. En otras palabras, es inviable para el propósito. ¿por qué seguir en algo que no va a funcionar?

Permítame hacerle una sugerencia con la que haría Usted un gran bien a México: *relance el proyecto del Nuevo Aeropuerto de la Ciudad de México en Texcoco*. Meta a la cárcel a los corruptos, rehabilite el lago de Xico como hábitat sustituto del Nabor Carrillo, construya el parque natural que estaba previsto y realice las obras de infraestructura hidráulica planeadas. Y no invierta ni un peso de dinero público en el sitio: haga una licitación transparente para concesionar la construcción y operación del nuevo aeropuerto, condicione a quien gane a que construya una línea de Metro que llegue hasta el lugar. Piense en los millones de mexicanas y mexicanos que viven en el oriente de la ciudad y que podrán encontrar oportunidades de empleo en una zona que tiene décadas sin recibir inversión productiva. Piense en los millones de personas que alimentan a su familia gracias al turismo en todo el país. Piense especialmente en quienes viven en lugares no vinculados a destinos de playa, como mi querido estado de Michoacán y el suyo de Tabasco. Si no hay una conexión de calidad con el tamaño, las condiciones de seguridad y conectividad integral —en el mismo lugar— del Aeropuerto de Texcoco, nunca van a poder llenar sus hoteles, aunque los turistas internacionales quisieran venir a ocuparlos. Por cierto, el proyecto de Santa Lucía, además de los impactos que denuncian los moradores de la zona, va a generar un inmenso daño, ahí sí, a los ecosistemas y en especial a la fauna de Zumpango, el único lago prehispánico del Valle del Anáhuac que queda vivo.

Además de los inmensos beneficios económicos del aeropuerto, una rectificación como ésa daría al mundo una señal poderosísima de que Usted tiene *visión de Estado*. Ese día los flujos de inversión se dispararían, el peso se apreciaría, las tasas de interés bajarían, contribuyendo todo ello a un círculo virtuoso de inversión, crecimiento, empleo, consumo. Por supuesto, la señal serviría para marcar su compromiso con el respeto a las inversiones de largo plazo. Por eso es muy importante que Usted modifique su discurso hacia los inversionistas nacionales y extranjeros. ¿Hay inversionistas corruptos? ¡Castíguelos! Se lo aplaudiría México y también los inversionistas honestos, que son la abrumadora mayoría. Lo que alarma a muchos, es que etiqueta a todos como corruptos, "conservadores", "neoliberales" y, curiosamente, a algunos de los que son verdaderamente abusivos su gobierno hasta contratos les asigna.

Las señales a los inversionistas deben ser, todas, en la misma dirección: ciertamente hacia la honestidad que Usted pregona —la corrupción reciente llevó al hartazgo no sólo a los votantes, sino también a los inversionista— y, sobre todo, certeza jurídica y de largo plazo, protección de derechos de quien invierte, y también viabilidad económica de sus proyectos. De esto carece, por ejemplo, el proyecto de refinería en Dos Bocas: ante la posibilidad de una quiebra en Pemex, lo que los inversionistas esperan es ver que el mucho o poco dinero que el gobierno pueda invertir en la empresa se destine al área que le genera más ingresos: la producción de petróleo y gas, y que la inversión que aún haga falta la pueda hacer el sector privado. En cambio está destinando dinero a un negocio que tiene pérdidas —aún en su gobierno— de decenas de miles de millones de pesos (la refinación) y que aún muy bien manejado tendría márgenes muy estrechos. Ven que "le está metiendo dinero bueno al malo", y por lo mismo, no destina lo suficiente a la producción de petróleo y gas, cuyo repunte podría sacar a Pemex adelante —es loable su esfuerzo, pero, por destinar a Dos Bocas, la inversión en exploración y producción aún no llega en términos reales a los niveles de inversión que destinamos a Pemex en este rubro en 2012—. Además, el sitio escogido está lejos de los mercados de consumo de la gasolina, que están básicamente donde hay déficit: en la zona central del país, desde la Ciudad de México hasta Guadalajara. Si hubiera que hacer una, habría que hacerla ahí. Algo más: hay un exceso de capacidad de refinación alrededor del Golfo de México. Por eso tampoco es buen negocio. También hace inviable el proyecto el hecho de que está en una zona que, debido al calentamiento global y al incremento del nivel del mar, terminará tarde o temprano bajo el agua.

Este tema me lleva a otro asunto medular: el medio ambiente y el cambio climático. No sólo es el problema más urgente en el plano global de nuestro tiempo, sino que, por estar en zona de huracanes, por nuestra orografía y por otros factores como la deforestación, México es uno de los países que mayores daños sufrirá a consecuencia del cambio climático. Si la humanidad quiere evitar daños catastróficos incalculables debido a eventos climatológicos extremos, debe reducir las probabilidades de que la Tierra se caliente más de 2 °C por encima de su promedio histórico. En consecuencia, debe reducir a cero para la segunda mitad del siglo sus emisiones de gases de efecto invernadero, principalmente las que derivan de la quema de combustibles fósiles como lo son, en orden de gravedad, el carbón, el petróleo y el gas. Eso ha generado una poderosa transición energética, entre otras cosas, hacia electrificación y energía renovable. Los automóviles eléctricos serán tan competitivos en precio como los automóviles de combustión interna para mediados de la próxima década. Y para dentro de veinte años, Dos Bocas podría quedar obsoleta a mitad de su vida útil, dado que la mayoría de los vehículos que se venderán en México serán eléctricos.

Imagino, y me preocupa, que algunas decisiones que Usted toma puedan obedecer a la visión que hundió a México a finales de los años setenta, incluyendo en los temas ambientales. En esa época todavía existía, por ejemplo, la Comisión Nacional de Deforestación, con presupuesto asignado y voluminosa burocracia, cuya misión era desmontar, es decir, talar todos los árboles de selva y bosque posibles para abrir terreno a la agricultura. Dentro de esa visión, persistía la idea de que había que proteger "nuestros recursos no renovables para las futuras generaciones" refiriéndose al petróleo. Señor Presidente, lo que México y el mundo necesitan es fomentar las *fuentes renovables* de energía, *no las no renovables*. Es decir, ahora es completamente al revés. Y su gobierno está obstruyendo las renovables: canceló la construcción de la línea eléctrica del Istmo, vital para la transmisión de energía eólica ahí generada; canceló las nuevas subastas de energía renovable de CFE, destinará recursos para generar más electricidad con carbón, y ahora está matando los Certificados de Energía Limpia (CEL) al desviarlos para darle recursos a CFE y no para promover nueva energía renovable como estaba previsto. Con eso, además, daña el patrimonio de muchas empresas que creyeron en México al invertir (y daña también, otra vez, la credibilidad de su gobierno). El director de esta empresa, por cierto, parte de una visión totalmente equivocada. Él insiste en decir que la energía renovable es cara; me tocó discutir con él de estos temas cuando fui Secretario de Energía, pero desde entonces los precios se han reducido radicalmente. En ese entonces, un MegaWatt/Hora de electricidad fotovoltaica podía costar más de 600 dólares. El año pasado, la propia CFE compró electricidad generada por el sol a tan sólo 21 dólares el MWh, es decir, muy por debajo del costo promedio de las propias fuentes de generación de CFE. Los costos han bajado más del 95%, y parece que no se han dado cuenta en la CFE.

Y lo mismo ocurre con el Tren Maya: éste podría, como Usted señala, promover el turismo, pero lo haría a un costo inaceptable no sólo para México, sino para el planeta, al partir una de nuestras principales reservas naturales en dos con un proyecto terriblemente devastador, al cual se oponen todos los especialistas serios en medio ambiente. Además, no es viable económicamente. Los trenes de pasajeros en todo el mundo reciben un fuerte apoyo gubernamental para operar, porque sus costos son elevadísimos, incluyendo los trenes con mayor número de pasajeros, como el Londres-París, o los que conectan la costa este de Estados Unidos. Y eso que comunican ciudades de millones de personas. En el caso del Tren Maya, el costo por pasajero será mayor, porque no conecta dos centros habitados, sino uno con una alta población variable y flotante en la Riviera Maya, con otro donde no hay absolutamente nadie: la reserva de la biósfera de Calakmul, con una longitud total de proyecto que es equivalente a la distancia que hay entre la Ciudad de México y Houston. En resumen, no tiene viabilidad ecológica, económica ni logística. Ya sé que Usted ha dicho que "no se tirará ni un árbol", pero eso no es cierto. Revisé los proyectos presentados por el área encargada de Turismo, y ya se piden partidas presupuestales para derribar una vasta superficie de selva, impactando la mayor reserva de la biósfera de México y una de las últimas reservas de puma americano en el continente. Por favor, no lo haga, al menos no hasta Calakmul. Rehabilite las vías que conectan la península —ya se había rehabilitado prácticamente toda la red carretera en la región— pero deje la selva en paz.

Quizá prevalezca en el gobierno la vieja visión de que los trenes son los que llevan el progreso. Ya no es así, señor Presidente. En este siglo de la información y la tecnología, lo que lleva el progreso es el conocimiento, el cuál por cierto Usted está afectando gravemente, al devolverle el control de la educación a sindicatos que, lógicamente, anteponen los intereses de sus agremiados al interés superior de los alumnos. Con el retroceso en materia educativa, está condenando a decenas de millones de esos niños de una generación entera a permanecer en la pobreza en la que viven sus padres. Reasuma como prioridad la educación de calidad, aún por encima de sus alianzas políticas.

Ahora, señor Presidente, permítame abordar un tema fundamental, el que a mi juicio es el problema más importante de México: la seguridad pública. Por supuesto que en este tema me hubiera gustado tener éxito y haber dejado un país completamente seguro a los mexicanos, una tarea que quedó inconclusa. Sin embargo, mi experiencia le puede ser útil. Usted puede usarla o ignorarla, pero mi deber es compartírsela.

Veo con preocupación que Usted está enfrentando la misma problemática que yo enfrenté, ahora agravada, y es importante entender correctamente las causas para que pueda implementar correctamente las soluciones. Y no, la causa no es la decisión que yo tomé de enfrentar a la delincuencia. La violencia se generó y se sigue generando ahora, por la lucha cruenta entre grupos criminales por el control territorial, situación que está llevando peligrosamente a la captura del Estado. Ésa es la amenaza de fondo, que si se permite, conllevaría el envilecimiento de la vida de los mexicanos, quizá de manera permanente.

Yo no patcé ningún "avispero", como Usted dice. El "avispero" ya estaba adentro de la casa, y las "avispas", cada vez más violentas y venenosas, se estaban dispersando por toda la casa común y estaban lastimando a muchos y amenazando a todos los mexicanos. Su jefe de asesores, Lázaro Cárdenas Batel, fue el primero de muchos gobernadores que, responsablemente, solicitaron a mi gobierno la presencia de las fuerzas federales, ante el avance implacable de la delincuencia.

Y explico las causas asociadas a la disputa territorial: gracias al Tratado de Libre Comercio y al proceso de estabilización económica que se registró desde finales del siglo pasado y en la primera década de éste, México registró un fuerte incremento de su ingreso per cápita, lo cual aumentó la capacidad de consumo de los mexicanos. Al hacerlo, dejó de ser un país solamente exportador de drogas, para convertirse también en país consumidor. Y aquí viene lo importante: para poder distribuir drogas localmente —el narcomenudeo—, los criminales necesitan tener el control de múltiples puntos de venta: "tienditas", bares y centros nocturnos, bases de taxis, etc., es decir, necesitan *control territorial. La búsqueda de control territorial los lleva a entrar en conflicto brutal, armado, contra otras organizaciones. Éste, y no la acción del gobierno, es el verdadero origen de la violencia en México.* Al buscar control territorial, los criminales corrompen o amenazan —la *ley de plata o plomo*— a las policías y a los fiscales para apoderarse de ellos. Eso lleva a la captura del Estado: las órganos del Estado encargados de la seguridad y la justicia, y que ejercen el monopolio de la fuerza pública, comienzan a trabajar para los criminales y no para proteger a los ciudadanos. Una vez que los criminales logran apoderarse de esas instituciones, se dedican a explotar lo que pronto descubren es un gran negocio: extraer rentas de la gente a través de la extorsión, el secuestro y el derecho de piso. Vencida la autoridad, se colapsa la seguridad. Si se permite eso en todo el país, será el fin de México. No lo permita.

Es la disputa territorial, y no la acción del gobierno, lo que detona la violencia. Mientras no se entienda esto como causa de la violencia, se seguirán haciendo diagnósticos erróneos, como consecuencia se seguirán diseñando y aplicando "soluciones" equivocadas y México seguirá sufriendo. Ojalá fuera cierto que todo se debe a que el Estado confronta a los criminales (a la "guerra contra las drogas", como Usted dice). Ojalá fuera así, pues si la causa hubiera sido una supuesta "declaración de guerra", entonces bastaría "declarar la paz", y con eso se arreglaba el problema. Pero si Usted ya declaró "el fin de guerra", si los soldados no pueden ni siquiera actuar en defensa propia, ¿por qué entonces sigue habiendo tantos homicidios? Si su gobierno no ataca a la delincuencia, y dice que no quiere capturar a sus líderes ni realiza operativos que permiten neutralizar estructuras completas de criminales y cómplices, ¿por qué sigue la violencia? Usted ya declaró la paz, ofreció amnistía, prometió "abrazos y no balazos", liberó a quien, buscado por la justicia internacional, desafío al Estado, su organización provocó muerte de civiles y militares y amenazó a sus familias, y sin embargo, la violencia sigue más alta que nunca. La respuesta evidente, para quien no está cegado por la ideología o la política, es que enfrentar a la delincuencia no es la causa de la violencia. No lo fue en mi sexenio, y no lo es ahora.

Peor aún, Presidente, no sólo sigue la violencia sino que la gente está más desprotegida que nunca. Ahora, en muchas regiones del país, está en manos de los delincuentes, que recorren impunemente las calles y los caminos, sabedores de que su gobierno, el único que puede enfrentarlos, no los enfrentará. Vea Usted el caso de la familia LeBaron, señor, una cruel, inhumana masacre de mujeres y niños, asesinados y quemados en Sonora, miembros de una familia trabajadora que estaba amenazada y a la que hace años ya le habíamos otorgado protección. Nadie los protegía ahí, nadie fue en su auxilio, y la autoridad tardó varias horas en llegar. Y en otras partes de la República, la gente se siente desprotegida, porque ha visto que en sus recorridos le piden la ayuda de presencia militar en la zona, y Usted, sin importar cuán buenas sean sus intenciones, en el fondo, los deja condenados a su suerte. Y a esa pobre gente la siguen secuestrando, vejando, extorsionando, pidiendo derecho de piso y finalmente asesinando en zonas cada vez más amplias del país, sin que el gobierno federal, que Usted encabeza, voltee a verlos. Y esas familias mexicanas, y lo que les ocurra, eso sí es responsabilidad suya, señor Presidente.

Usted me sigue culpando de la inseguridad y violencia que vivimos. Si eso sirviera para verdaderamente arreglar el problema, si eso evitara una sola muerte, si eso permitiera bajar la inseguridad, adelante, sígalo haciendo. Pero, señor Presidente, por favor no se equivoque. La responsabilidad de actuar y resolver el problema es suya, de nadie más. Ha pasado ya un año desde que tomó posesión y las cosas están peor de lo que estaban cuando comenzó. Y no, no ignoro que es un problema que no se puede arreglar en el corto plazo, mire si lo sabré yo. Pero el hecho es que Usted mismo fue quien prometió que este grave problema se arreglaría desde el primer día.[1] Usted también ha dicho que si el Presidente no es corrupto, la corrupción desaparece. Yo no lo fui y, sin embargo, sé que eso no es suficiente para que la corrupción se desvanezca y para que todos los gobernadores, alcaldes, los funcionarios de todos los niveles y, en general, la sociedad entera se comporte honestamente. Ya ve que no es así.

Creo que le interesa la verdad, y por eso debe saber que el objetivo fundamental de mi gobierno fue hacer de México un país de leyes, un auténtico Estado de Derecho, donde se cumpla la ley y se haga cumplir, que implica entre otras cosas perseguir a quien delinque y defender a las familias. Ése, la protección de los mexicanos, fue el principal objetivo de mi gobierno en materia de seguridad. Y estoy totalmente de acuerdo con Usted en que, para recuperar la seguridad, es fundamental reconstruir el tejido social, abrir oportunidades de educación y empleo para los jóvenes y luchar contra las adicciones. En eso coincidimos plenamente. Pocos se quieren acordar, pero durante mi gobierno tuvimos una estrategia que no fue sólo de fuerza: se invirtió mucho en atender las causas sociales del delito, combatir adic-

---

[1] "esto va a cambiar. Si el Presidente es honesto, los gobernadores van a ser honestos, los presidentes municipales y todo el pueblo [...] Pero claro que sí, desde el inicio porque vamos a ganar, ¿sí? La primera semana de julio del 18 y a partir de ahí, ¿sí?, porque no hace falta esperar hasta el día 1° de diciembre." Entrevista con Ciro Gómez Leyva, el 8 de mayo de 2017.

ciones, recuperar espacios públicos, crear nuevas universidades. Qué bueno que su gobierno también ponga énfasis en ello. Pero eso no exime al gobierno de la responsabilidad de actuar con determinación para defender a las familias ahora. Bien sabe Usted que las carencias sociales no son las únicas raíces de la violencia. Resolverlas tomará mucho tiempo, quizá una generación o más, pero no se terminará la criminalidad y la violencia sin un gobierno que, cumpliendo con su deber constitucional y moral, haga valer la ley. Es decir, deben hacerse ambas cosas: resolver las causas sociales, y proteger a las familias de la delincuencia.

Contrario a lo que hoy se dice, la estrategia que pusimos en práctica sí comenzó a dar resultados. La estrategia funciona cuando se aplica integralmente, es decir, cuando se le asignan los recursos suficientes, se trabaja en la construcción de instituciones confiables de seguridad y justicia, se reconstruye el tejido social, colaboran las autoridades locales, y se es consistente con ella. En el gobierno que tuve el honor de encabezar sí logramos generar un "punto de inflexión", un momento a partir del cual la criminalidad comenzó a reducirse, justo en 2011, casi dos años antes de que concluyera mi administración. Por ejemplo, en Ciudad Juárez y Monterrey, los homicidios bajaron más del 80% desde su pico. A nivel nacional, la criminalidad se redujo 25% hacia el final de mi mandato y continuó bajando durante dos años más, hasta que, como consecuencia de abandonar la estrategia, los delitos volvieron a repuntar en la siguiente administración.

Y aquí debo ser claro: falta a la verdad quien asegura que la administración posterior a la mía siguió la misma estrategia de mi gobierno. Todo lo contrario: en ese sexenio desaparecieron la Secretaría de Seguridad Pública, desmantelaron la Plataforma México, redujeron consistentemente el presupuesto de seguridad, distorsionaron los exámenes de control de confianza y se siguió la política de no enfrentar, sino soliviantar a la delincuencia, todo ello en un contexto de mucha, mucha corrupción y connivencia con los criminales. A nadie debe sorprender que, a partir de 2015, los homicidios y todos los delitos volvieron a repuntar hasta llegar a las cifras más altas y tristes en la historia de México, que son las que a Usted le ha tocado enfrentar y que subsisten hasta nuestros días.

¿Cuáles son las causas de la violencia, y quién o quiénes son los responsables? Revise caso por caso de los que seguramente le reportan todos los días. Cada homicidio, cada asesinato vil, no son muertes que se den en abstracto, sino que son responsabilidad de criminales en específico. Y no, no son homicidios que comete el gobierno. No son crímenes cometidos por Usted o por alguien que terminó su responsabilidad hace 7 años. Son homicidios cometidos por asesinos que tienen nombre y apellido. *No es la acción del gobierno, señor Presidente, ni la mía, ni la suya*, la que causa esos crímenes. La responsabilidad es, aunque parezca obvio, de delincuentes en concreto, con nombre y apellido. Cada una de las víctimas de la violencia, de cuyo homicidio Usted recibe un reporte diario, es víctima de un delincuente que debe ser investigado, perseguido y finalmente castigado por los órganos competentes del Estado.

Lo que sí es responsabilidad del gobierno y de quien hoy lo encabeza es la protección de las familias, la investigación de los delitos y la procuración de la justicia. Mientras persista un ambiente de impunidad, mientras siga generalizándose la idea de que quien delinque no es castigado, la realización de todo tipo de delitos seguirá creciendo. Reducir el ambiente de impunidad, investigar, capturar, llevar a juicio y lograr que sean condenados todos esos delincuentes es responsabilidad del gobierno en funciones, de su gobierno. Señor Presidente, asuma plenamente su responsabilidad, investigue a los delincuentes verdaderos, a los que están desangrando a México, y llévelos ante la justicia. Tenga por seguro que el pueblo se lo agradecerá.

¿Qué hacer? Dado que una parte fundamental del problema es que el Estado mexicano no cuenta con órganos suficientemente confiables y eficaces para enfrentar y reducir los delitos, una parte fundamental de la solución será la de crear y fortalecer los órganos de seguridad y justicia que merecen los mexicanos. Tenemos que centrar nuestra atención en fortalecer las instituciones. En efecto, existen policías municipales en muchas partes del país que están controladas por criminales que, como se ha visto, disponen de cantidades enormes de efectivo, tienen una capacidad de fuego superior a ellas y un uso de la crueldad sin límites, lo que hace que caigan fácilmente en su poder. Policías y alcaldes claudican sin presentar resistencia, lo mismo muchas policías estatales e incluso gobernadores, algunos de los cuales están ahora bajo proceso, y no sé hasta dónde haya llegado esta captura del Estado a nivel federal. Y aquí con mucho respeto le sugiero, señor Presidente: revise bien la casa. Debe Usted asegurarse de que no exista de parte de nadie en su gobierno acuerdo alguno con ningún grupo criminal. Es fundamental que Usted sepa claramente qué terreno está pisando, para saber en quién puede confiar y en quién no en el gobierno. Manténgase muy cerca de los procesos de control de confianza de la Guardia Nacional y de la Fiscalía General. Ordene que lo que quede del Cisen investigue si hay penetración criminal y hasta qué grado ha llegado.

En mi gobierno nos esforzamos como nunca antes por crear una policía civil fuerte, profesional y capaz, para que los soldados y marinos pudieran regresar a sus cuarteles. Lamentablemente, tanto mi sucesor como Usted decidieron que este esfuerzo no valía la pena, y hoy la Policía Federal ha desaparecido. Aunque considero que es un grave error, respeto esa decisión y ahora lo que toca es apoyar el fortalecimiento de la ya creada Guardia Nacional, deseando que logre convertirse, más pronto que tarde, en una policía civil confiable y eficaz, con capacidad de investigación y de fuerza mucho muy superior a la de cualquier organización delictiva y a la de todas ellas en su conjunto. A diferencia de quienes ya no estamos en ningún cargo, Usted tiene el Mando Militar y el de la Guardia Nacional, los servicios de inteligencia, la mayoría absoluta en ambas Cámaras y en 19 Congresos Estatales y un presupuesto sin precedentes en México que es casi la cuarta parte del Producto Interno Bruto. Con todo ese poder, señor Presidente, haga valer el Estado de Derecho. Reorganice sus prioridades para asignar recursos y tiempo del Presidente que deben ser dedicados a resolver este tema de la inseguridad, que sí tiene solución.

También es fundamental crear instituciones de procuración de justicia independientes y eficaces. Le comparto con franqueza que, aunque la Reforma al Sistema de Justicia que hicimos fue la correcta, no la acompañamos en mi administración ni en la siguiente con la atención y los recursos suficientes para adaptar y modernizar las fiscalías. Le aconsejo no quedarse corto en este tema y le comparto otro aprendizaje derivado de experiencias vividas: escuche a la sociedad civil. Escuche a las voces que, con seriedad, con análisis y con datos duros le plantean propuestas para fortalecer a las instituciones. Yo me reuní muchas veces con ellos, en privado y en público, y también sostuvimos debates muy intensos ante todos los mexicanos, como ocurrió en Chapultepec en 2011, y en un gran número de mesas de discusión nacionales y locales. Créame que esos diálogos, así como las críticas y los consejos de buena fe que recibí de líderes de la sociedad civil, siempre me hicieron reflexionar y cambiar muchas decisiones para bien.

Usted tiene la oportunidad y la responsabilidad de darle al país las policías, los fiscales y los jueces que necesita. ¿Costaría mucho? Sí, implica un esfuerzo presupuestal enorme. Pero su gobierno cuenta con recursos que el mío nunca tuvo: 6 millones de millones de pesos anualmente. Créame, señor presidente, que con menos del 5% de ese presupuesto, dirigido a incrementos anuales en seguridad y justicia, tendríamos las instituciones que México necesita.

Fui testigo, como todos los mexicanos, de los fatales acontecimientos del 17 de octubre de 2019 en Culiacán, Sinaloa. Sé muy bien que en la Presidencia hay momentos terribles en los que el Jefe de Estado debe tomar decisiones y créame, yo entiendo bien sus circunstancias y aprecio en lo que vale su argumento de salvar vidas. Pero más allá de valoraciones de momento a momento, vista toda la operación en su conjunto, se evidencia un error mayúsculo que costó vidas humanas y que ha afectado al Estado Mexicano. Me preocupó que, en un momento tan delicado para el país, Usted como Comandante Supremo haya quedado incomunicado e inmovilizado en el transporte que abordó a Oaxaca. Es evidente para todos el testimonio que con eso ha querido dar de sencillez, pero también ha quedado claro que el tiempo del Presidente para poder comunicarse con su equipo, recibir y valorar información de importancia vital, y tomar en total privacidad decisiones en los que va en juego la vida de personas y el destino del país, es mucho más valioso que eso. A final de cuentas, la verdadera humildad no es ostentación de privaciones personales, sino abandono de la soberbia, que ha sido siempre el veneno de la humanidad, o si Usted lo prefiere, el pecado mayor del hombre. Si tratara a los demás con respeto, mostraría claramente la grandeza que busca demostrar.

Culiacán generó una terrible y equivocada percepción que debe ser revertida cuanto antes: de que el Estado Mexicano es frágil y derrotable, además de infringir una inmerecida humillación a nuestros soldados, la cual debe ser resarcida con apoyo presupuestal y político en su actuar. Esa falsa y engañosa señal, aunada a los constantes mensajes de que los delincuentes no serán perseguidos, está empoderando a los criminales en todo el país. El resultado de todo ello es la destrucción de la regla básica de convivencia, según la cual, la sociedad puede convivir pacíficamente mientras prevalezca la idea de que quien delinque será castigado. De que violar la ley tiene un costo enorme para quien lo hace. Al generalizarse la idea contraria, de que delinquir genera beneficios a quien lo hace, se crea un poderoso incentivo para que la comisión de delitos se generalice entre la población, incluso entre personas que antes no delinquían. En algunos casos, la idea de dejar que la gente viole la ley con tal de no usar la fuerza pública va en perjuicio de las personas mismas. Fue el caso de Tlahuelilpan: la Policía Federal y el Ejército pudieron haber controlado a la población y evitar que se acercara al ducto que explotó. Pero recibieron órdenes de no utilizar su autoridad, y murieron 135 personas cuya muerte pudo haberse evitado.

Ha dicho también Usted que ya no quiere "guerra contra las drogas". Señor Presidente, si Usted está convencido de que el narcotráfico ya no debe perseguirse, es muy respetable su opinión. Lo que ya no es admisible es que siga abusando de la frase juarista de "nada por la fuerza, todo por la razón y el derecho", y al mismo tiempo abiertamente proponga violar la ley vigente, que le obliga a Usted a perseguir y castigar los delitos, incluidos los delitos contra la salud, y a defender a los ciudadanos, lo cual implica enfrentar y vencer a la delincuencia. Lo que ya no se vale es que ordene a las Fuerzas Armadas realizar operaciones muy peligrosas, y a la hora de la hora contraórdenes de su gabinete las dejen sin respaldo. Si no quiere ya encarcelar capos, ¿para qué las envía a capturarlos? Si ya no lo quiere hacer, sea al menos congruente, señor Presidente, y legalice el narcotráfico. Tiene amplia mayoría en el Congreso para hacerlo. En lo personal pienso que esto no arreglaría las cosas, porque estoy convencido de que es la falta de Estado, es decir, la falta de instituciones confiables y eficaces de aplicación y cumplimiento de la ley, el verdadero problema. La mayoría de los países en el mundo tienen un régimen prohibitivo de drogas y, sin embargo, no tienen la violencia ni los homicidios que hay en México porque el Estado en esos países cuenta con agencias e instituciones capaces de cumplir y hacer cumplir la ley. Eso es lo que nuestro México necesita.

En lugar de seguir con una polarización inútil, tome las duras experiencias recientes de Culiacán, Bavispe y otras para reflexionar y, sobre todo, cambiar el rumbo de su gobierno. Dedique toda su energía y el presupuesto que se requiere a construir las agencias de seguridad y justicia que México necesita. Usted puede construirlas a nivel federal, y con todo el poder político que tiene puede hacer que los gobernadores e incluso los alcaldes hagan lo propio, APÓYELOS ECONÓMICAMENTE y "haga que lo hagan". El día que México cuente a nivel federal y en cada uno de los Estados con policías y fiscalías confiables y eficaces, que protejan a los ciudadanos y no a los delincuentes, México será distinto. Ese día la gente podrá salir a las calles, a su trabajo, a la parcela, a la escuela con seguridad y confianza. El turismo vendrá al país a raudales, los inversionistas pondrán su dinero en México, seguros de su futuro promisorio, y nuestro querido México florecerá. Sus esfuerzos para ayudar a los más pobres serán coronados. México podrá alzarse, finalmente como una Nación desarrollada, próspera, justa, democrática, garante de la legalidad. Será el México que todos queremos ver.

Señor Presidente, rectifique el camino y gobierne con todos y para todos. Goza Usted todavía de un amplio y vigoroso respaldo social, así que no hay motivo para el rencor, la amargura o la mezquindad. Concilie y no divida. Busque el acuerdo y no el encono entre mexicanos. México no merece perder más tiempo. Si lo hace, seremos muchos los mexicanos que lo apoyaremos, la Historia se lo reconocerá, y lo más importante: Usted habrá cumplido con su deber.

Respetuosamente,

Felipe Calderón Hinojosa
ExPresidente de México

Epílogo

Mi vida ha sido muy intensa, afortunadamente. He alcanzado la posición de mayor honor y de mayor honra a la que un mexicano pueda aspirar: la Presidencia de la República. Concluyo estás líneas sobre decisiones difíciles que me ha tocado tomar, algunas acertadas, otras desafortunadas, así como las circunstancias que las rodearon. Pero no quisiera dejar el libro, ni mi vida, sólo en un recuento de lo que ya ocurrió. Para mí, el futuro tiene que ser mejor que todos los pasados. La vida sigue, por eso no es sólo un llamado a la reflexión, sino a la acción. La obligación de servir a los demás, de darle sentido y trascendencia a nuestra propia vida permanece. El deber de construir un mejor país, el deber de todo mexicano de servir a la patria continúa. Hoy refrendo lo que escribí en una carta al terminar mi administración: seguiré sirviendo a México hasta el último de mis días. Se las comparto con mi gratitud por haberse interesado en este libro.

México, D. F., 30 de noviembre de 2012

Muy estimadas mexicanas,
Muy estimados mexicanos.

Me dirijo a ustedes por última vez, como Presidente de la República, y lo hago fundamentalmente para darles las gracias. Gracias, porque hace seis años me dieron un voto de confianza, que me acompañó durante todo este tiempo. Gracias por su esfuerzo de cada día y por sacar, entre todos, adelante al país. Mi corazón está y estará siempre con cada una y con cada uno de ustedes.

Gracias a las mujeres trabajadoras en el campo, en la ciudad. A las profesionistas, a las mamás, a las amas de casa, a todos los trabajadores, gracias a ustedes logramos que hoy México esté de pie, a pesar de haber vivido una de las crisis económicas internacionales más graves de la historia.

México es hoy distinto y es mejor, entre otras cosas, porque juntos logramos la cobertura universal de salud en éste que fue el sexenio de la salud.

Gracias a todos los soldados, los marinos, los policías, los ministerios públicos valientes por defender a las familias mexicanas. Gracias, porque cuando la patria los necesitó, ustedes dieron un paso adelante para defenderla. A los servidores públicos, a todos aquellos que han trabajado incansablemente por México, muchas gracias. Con su esfuerzo, hoy somos un país más fuerte y que puede mirar al futuro con mayor confianza y optimismo.

Desde luego, a Margarita, mi esposa, y a mis hijos, muchas gracias por su cariño, por su paciencia, por todo su apoyo. Gracias a todas y a todos los mexicanos por su comprensión, ante las muy difíciles decisiones que tuvimos que tomar para hacer frente a tantos y tan complejos desafíos.

Más allá de mis capacidades y limitaciones, les aseguro que he puesto toda mi voluntad y mi entendimiento para construir el bien común de los mexicanos. Me voy con la conciencia de haber actuado en cumplimiento de mi deber y responsabilidad al servicio de México. He trabajado para dejar una patria más fuerte, con un mejor sistema de justicia y con una economía sólida. Deseo al gobierno que está por iniciar el mayor de los éxitos, porque quiero que le vaya bien a México.

Servir a la patria es el más grande honor que puede tener un mexicano. Servirla como Presidente es el más grande, también. Pero servir a México en momentos de dificultad, como los que nos ha tocado vivir, sin duda alguna, es un honor mucho mayor.

Hoy termina esta tarea, pero no mi compromiso. Como ciudadano seguiré sirviendo a la patria apasionadamente hasta el final de mis días, agradecido por siempre del privilegio que me ha dado la vida de ser mexicano.

Muchas gracias y hasta pronto, México,

Felipe Calderón Hinojosa

Agradecimientos

Gracias especialmente a Ángeles, "Quiti" Arronte y a Aitza Aguilar, no sólo por su afanosa labor orientada a recuperar mis notas y documentos, sino por su invaluable ayuda durante muchos, muchos años. Igualmente gracias a Gloria Escobar por su diligente apoyo. Han sido clave en distintas etapas de mi vida. A Tomislav Lendo, Luis Espino, Jairo Jiménez, Ricardo Smith y José Manuel Villalpando, por su apoyo y cuidado de la redacción de mucho de lo aquí escrito. Agradezco la paciencia de Roberto Banchik y su equipo editorial (Ricardo Cayuela, Enrique Calderón y Eduardo Flores), que me esperaron durante años para "el momento oportuno". Tenían razón: ése no existe.

Agradezco también a quienes marcaron mi vida con sus enseñanzas y que ya no están, comenzando con mis padres, Luis Calderón Vega y Carmen Hinojosa; les agradezco sus bendiciones de entonces, y las de ahora; los extraño y les agradezco que sigan cuidando de mí. A quienes me impregnaron una impronta ética y política: aparte de mi padre, mi querido padrino Luis Héctor Álvarez y Carlos Castillo Peraza; a quien traté menos de lo que hubiese querido pero de quien aprendí muchísimo, Efraín González Morfín, y a quien no conocí pero me considero su discípulo: Manuel Gómez Morin.

Finalmente, a quienes han sido mis compañeros, amigos, que además han sido parte sustancial de los distintos equipos que se han formado a lo largo de mi vida compartiendo ideales y propósitos. Sería imposible nombrarlos a todos, pero a todos gracias de corazón. Saben bien que me refiero a Ustedes. Éxito a todos y que siempre tengan un ideal sublime que le dé sentido a su vida y razones para luchar por un México mejor.

Índice onomástico

FELIPE CALDERÓN HINOJOSA (Morelia, 1962) fue Presidente de México de 2006 a 2012. Es abogado por la Escuela Libre de Derecho, tiene una maestría en economía por el Instituto Tecnológico Autónomo de México y otra en administración pública por la Escuela John F. Kennedy de la Universidad de Harvard. Cuenta con una larga trayectoria en la política y en la administración pública.

Fue representante en la I Asamblea del Distrito Federal, diputado federal en dos ocasiones y coordinador de la bancada del Partido Acción Nacional, partido que lo postuló a la Presidencia de la República y del que fue secretario general y presidente. Fue director de Banobras y Secretario de Energía. Fue considerado «Estadista del Año» por el Foro Económico Mundial y «Campeón de la Tierra» por las Naciones Unidas, entre otros reconocimientos. Actualmente es presidente honorario de la Comisión Global sobre Economía y Clima que busca demostrar que es compatible tener crecimiento económico y combatir el cambio climático, presidente de la Comisión de Medio Ambiente y Sustentabilidad de la FIA, y miembro del Consejo del Instituto de Recursos Mundiales (WRI). En México es presidente de la Fundación Desarrollo Humano Sustentable, y participa en el Comité Organizador del partido México Libre, que busca promover la participación de los ciudadanos en la vida pública de México. Está casado con la licenciada Margarita Zavala y tiene tres hijos: María, Luis Felipe y Juan Pablo.